K8272897

웹2.0과 미디어2.0

웹 2.0 과 미디어 2.0

김영재 사회언론시론집

한국학술정보(주)

대한민국 역대 대통령 사상 가장 큰 표 차로 당선됐던 이명박 정부가 출범 100여 일만에 사실상 '식물정권'인 지지율 12.4~22.6%대로 추락했다. 그것은 이명박 정부가 정치적 이데올로기로 표방하는 "실용"이 국민들이 생각하는 "실용"과는 개념과 패러다임 자체가 근본적으로 다르기 때문이다. 이명박 정부는 대통령에 취임하자마자 '미국산 쇠고기 파동'을 초래했다. 국민들은 이를 "검역주권을 포기한 숭미사대주의 조공외교"라고 하는 데도, 정부와 수구언론은 "한미혈맹외교", "실용외교"라 강변한다.

'국민의 신뢰' 잃고 '정권의 신뢰' 획득

이명박 정부의 "실용"과 국민들의 "실용"이 첨예하게 부딪히면서 거대한 '촛불'이 삼천리 방방곡곡을 뒤덮고 있다. 수구언론이 국민을 외면하고 권력의 편에 서서 입노릇을 마다 않자 국민들은 '촛불' 현장에서 평생절독운동과 광고철회운동을 전개했다. 한국언론사상 최초로 전개되는 수용자운동이자 소비자운동이다.

이명박 정부의 권력촉수로서 여론의 바람막이를 자임한 수구언론은 '정치권력의 신뢰'는 얻었으나, '국민의 신뢰'를 잃었다. 동서고금을 막론하고 정치권력의 신뢰를 얻지 못한 언론은 번창했으나, 국민의 신뢰를 잃은 신문이 시장생존했다는 얘기는 들은 적 없다.

따라서 수구언론이 앞으로 시장에서 생존하기 위해선 보다 더 노골적으로 정치권력에 편입되어 권력기관화·제도언론화를 추구하는 수밖에 없다. 이명박 정부는 '민영화'라는 구실아래 수구언론의 이권을 하나하나 챙겨줄 수밖에 없는 구조다. 이명박 정부하의 언론정책은 이 하나의 상징으로서 이미 그 본말이 결정되었다 할 것이다. 이 책을 통해 독자들은 모름지기 이명박 정부 시대의 언론을 미리보기 할 수 있다.

보수정권 퇴조 수구세력 권력 복귀

이 책은 노무현 정권하의 한국언론 현안에 대한 언론비평과 언론시론을 엮은 언론칼럼집이다. 노무현 정권은 대한민국 역대 정권 가운데 가장 민주적인 정권으로서 언론개혁에 대한 기대치가 가장 높은 정권이었다. 그러나 권력 운용을 지나치게 폐쇄적으로 했다. 소위 말하는 '코드정치'에 입각해 국가를 마치 '운동권 단체' 운영하듯 함으로써 총체적 위기를 스스로 불러들인 꼴이 됐다.

그 가운데 가장 큰 패착은 한나라당이라는 수구적인 정치세력을 애써 배제하고 오로지 족벌언론과의 권력투쟁에만 골몰함으로써 궁극적으로는 수구세력의 부활을 초래한 점이다. 한국사회에서 언론파시즘 체제를 구축한 족벌언론은 수구세력을 대신해 사사건건 노 정

권과 맞섰다. 언론권력은 노 정권의 출범과 동시에 '진보세력', '좌파
정권'이라는 이데올로기 공세를 폈다. 노 정권은 이에 대해 반격은
고사하고, 실제는 지독하게 '보수정권'이면서 오히려 자신들이 시민
사회세력을 대변하는 권력인양 은근히 '진보'와 '좌파'를 즐겼다. 노
정권이 취임과 동시에 '레임덕'을 맞아 총체적으로 실패하게 되는
연유는 여기에 있다.

이 책은 시종일관 수구언론의 교활한 정치적 이데올로기 공세를
비판한다. 아울러 아마추어리즘을 벗어나지 못하는 노무현 정권의
졸렬한 언론정책을 안타까운 심정으로 따진다. 그렇게 함으로써 후
일 다시 자유와 민주주의를 신봉하는 양심적인 보수정권이 탄생했을
때, 올바른 언론정책 수립의 노둣돌이 되었으면 한다.

이 책의 기본 텍스트는 지역언론개혁운동과 민주언론건설을 추동하
는 "大邱新聞研究院의 커뮤니케이션&저널리즘 블로그(blog.naver.com
/tgpress)"에 게재되었던 글들이다. 소위 말하는 '불룩(*blog+book*)'이
다. 이제 이를 "김영재의 사회언론시론집"이라는 타이틀 아래 한 권의
책으로 엮어 한 시대의 언론상황을 독자들에게 전하고자 한다. 시대를
치열하게 살아왔던 지난날이 올곧게 배어있어 새삼 감회가 새롭다.

아울러 이 책을 정해년 삼월 삼짇날(2007년 4월 19일) 세상을 떠
나신 아버님 영전에 삼가 올린다.

졸고를 기꺼이 펴내 준 출판사에 감사를 드린다.

대한민국 90년 7월 15일.

김영재.

차 례

여는 글; 웹2.0과 미디어2.0 ·······················11

제1부 윈도우XP 프로페셔널 저널리즘 ···············29

조중동의 노조말살 보도 ························ 31

김대중 칼럼과 여론전횡 ························ 35

재벌대변인 정운영 칼럼 ························ 38

동아일보의 한건주의 보도 ······················ 42

대북사업과 남북경협의 진실 ···················· 47

'개의 해'와 언론 ···························· 55

신문법과 수구언론 ··························· 60

재벌회장과 언론 ···························· 63

수구언론 조선일보 개혁론 ······················ 68

기사담합과 기자실 개혁 ······················· 76

언론통제 세력과 언론보도의 성역 ·················· 81

'한미FTA'와 미디어산업 ······················· 85

언론의 사대주의와 북색션 ······················ 97

탈레반과 한국기독교의 문명충돌 ················· 101

중앙일보와 신문장사 ························· 108

신문개혁과 기사쓰기 ················· 112
<조중동>과 <한경서> ················· 121

제2부 정치언론론 ················· 123

정치권력의 언론 유혹 ················· 125
수구언론의 '대통령 만들기' ················· 130
여론조사와 민심의 실제 ················· 138
이명박 후보의 미디어정책 ················· 146
제17대 대선과 언론권력 ················· 155
매니페스토(Manifesto)와 선거보도 ················· 167

제3부 지역언론 개혁론 ················· 177

핵쓰레기장 유치와 TK언론 ················· 179
야구장 신축과 시청사 건립 ················· 183
건설자본과 지방언론 ················· 189
세계육상대회와 대구사회 ················· 195

제4부 불교언론 프리즘 ················· 203

불교언론의 활성화 방안 ················· 205
정보사회와 디지털 불교 ················· 214
'임휴사' 화재와 불교언론 ················· 231
iTV 인수와 불교의 미래 ················· 236
경인지역 새 민방사업에 나서라 ················· 240
'낙산사' 산불과 문화재 ················· 244

불교홍보와 미디어위원회 ……………………………… 252
DMB와 불교계 ………………………………………… 259
불교방송 사장의 조건 ………………………………… 263
불교언론과 '걸레신문' 파문 ………………………… 267
'조선일보 절독운동'과 불교민주화 ………………… 274

제5부 커뮤니케이션 & 저널리즘 세상 ……………279

공영방송 KBS론 ………………………………………… 281
월간중앙과 사이비언론 ……………………………… 289
청와대일보 '인터넷 국정신문' ……………………… 293
'황우석'과 한국언론 ………………………………… 299
'용역깡패'의 폭력과 시민 …………………………… 318
'론스타'와 정치권력 그리고 언론 ………………… 320
포털저널리즘 …………………………………………… 325
월드컵의 정치사회학 ………………………………… 330
족벌사영방송 SBS를 해체하라 …………………… 338
북한 간첩과 미국 간첩 ……………………………… 343
한미FTA와 출판업계 ………………………………… 348
저술과 출판 …………………………………………… 351
무료신문과 포털뉴스 ………………………………… 357
TV수신료와 KBS개혁 ………………………………… 360
「태왕사신기」 시청소감 ……………………………… 372
「태왕사신기」의 사회학 ……………………………… 388

닫는 글; 노무현 대통령의 언론관련 주요 발언록 ……………395

여는 글; 웹2.0과 미디어2.0*

① 신문의 위기

신문산업이 '위기'라 한다. 중앙지건 지방지건 가리지 않고 총체적으로 서서히 '고사'되어가고 있다는 것이다. 신문산업의 몰락은 단순히 국내 언론만 그러한 게 아니다. 전세계적으로도 '사양화'라는 굴레에서 벗어나지 못하고 있다. 한국언론재단이 해마다 언론사의 실태를 조사하여 발간하는 보고서에 의하면 신문발행부수가 줄어들고, 독자가 신문을 떠나고 있으며, 광고수입 또한 축소지향을 보인다. 신문산업이 말로만 위기가 아니라는 것을 선명히 각인시켜 준다.

신문산업의 위기에 대해 전문가들은 다양한 원인을 들고 있다. 대체로 요약하면 첫째, 인터넷, 뉴미디어 등 대안매체의 활성화에 따른 경쟁력 약화. 둘째, 변화된 언론 환경에 적응하지 못한 경영합리화

---

* 주류신문, 언론권력, 수구언론, 족벌신문, 미디어정책, 매스컴재벌, 공룡신문, 1인 미디어, 위키피디아, 경제CEO.

달성 실패. 셋째, 당파성 심화와 전문성 부족에 따른 독자의 신뢰 획득 부재 등이다. 그 가운데 가장 심각한 것은 신문산업이 미디어 융합 시대에 걸맞은 패러다임을 상실한 것을 들 수 있다.

인터넷을 비롯한 영상미디어와 뉴미디어의 눈부신 발달은 신문매체를 대신할 대안미디어의 활성화라는 언론환경을 빚어내고 있다. 따라서 신문이 생존하기 위해서는 '지식정보산업의 패자'라는 교만한 권위의식에서 탈피하여야 한다. 그러나 아직도 언론은 독자위에 군림하는 20세기적 권위주의 미디어관에서 헤어나지 못하고 있다. 정보사회의 진전과 함께 '정보의 평등화' 시대가 도래했는 데도 '정보산업의 제왕'으로 군림하려 드는 것이다. 이는 신문의 위기를 가속화하는 주범이다.

신문의 위기를 극복하기 위해선 뭐니 뭐니 해도 신문매체 스스로 경쟁력 확보를 위한 자구노력을 지적하지 않을 수 없다. 다시 말해 신문 위기의 원인에 대한 극복만이 신문산업의 내일을 담보할 수 있다는 얘기다. 물론 신문의 위기라 하여 신문이 다 없어지는 것은 아니다. 시대적 변화에 능동적으로 유연하게 적응하는 매체는 살아남을 것이며, 그렇지 못하면 도태가 불가피하다. 옛날 독재정권 시대엔 권력의 주구·시녀·마름머슴 노릇을 한 댓가로 시장에서 굳건할 수 있었지만, 정보화·민주화가 진행된 오늘날에는 그와 같은 낡은 언론관으로는 구조적으로 생존을 도모하기란 불가능하다.

결국 미디어가 지닌 고유한 가치의 시방평가를 통해 존재할 수밖에 없다. 언론CEO가 이와 같은 시대적 패러다임을 읽을 줄 모르면 미디어산업의 붕괴는 시간문제일 따름이다. 신문은 시대의 변화에 맞춰 새로운 형태의 신문으로 재창조될 때 인류의 역사를 기록하는 정보유통매체로서 인간의 삶과 함께 영원할 것이다. 그러면 '신문은 구체적으로 어떻게 변화해야 하는가'라는 실천적 과제를 안게 된다.

② 독재정권과 제도언론

한국의 주류신문은 디지털 시대의 21세기형 미디어로 전환할 생각은 않고 권언유착·정언유착 시대의 '언론권력'으로의 복귀를 준비하고 있다. 특히 지난 2005년 1월께부터 한나라당 이명박 후보의 '대통령 만들기 공작 프로젝트'를 가동한 수구언론은 마침내 2007년 12월 17일 실시된 제17대 대통령선거에서 권력 창출에 성공했다. DJ 정권·노무현 정권하에서 '선출되지 않은 권력'을 하나하나 내놓고 숨죽이며 살아왔던 '잃어버린 10년 세월'을 보상할 기회를 맞았다. 이를 계기로 권력을 창출한 지분을 요구하며 파시즘 체제를 구축할 요량인 것 같다.

이에 보답이라도 하듯 대통령직 인수위원회는 노무현 정권이 4대 개혁입법의 하나로 제정한 '신문법'을 무력화하는 등 미디어정책의 대대적인 전환을 예고하고 있다. 그 가운데 가장 주목되는 것은 신문과 방송의 겸영 허용이다. 이는 수구언론이 틈날 때마다 주장해왔던 숙원 과제였다. 그로 인해 '국민의 정부'와 '참여정부'가 구축해 놓았던 언론의 공공성이 하루아침에 전면 부정되고, 신자유주의에 입각한 시장 논리가 고개를 들고 있다. 이는 독점언론자본의 이익을 극대화하기 위한 조치이다. 족벌언론의 대통령 만들기에 대한 정치권력의 첫 보은사례이다.

한국여론시장에서 족벌신문 <조선·중앙·동아일보(조중동)>은 58% 이상 시장을 배타적으로 독점지배하고 있다. 이는 한국의 주요 여론으로 사회적 공론이 유통되고 있는 것이 아님을 의미한다. <조중동>을 지배하고 있는 독점언론자본주 방씨, 홍씨, 김씨의 '가문여론'이 '공론장'에서 중심여론으로 유통되고 있음을 뜻한다. 이는 매우 기형적인 언론구조라 아니할 수 없다.

현행 규정과 제도에선 신문과 방송의 겸영을 원칙적으로 금지하고 있다.

〈표 1〉 신문과 방송의 겸영 문제

완전허용	방송채널사용사업자(PP), 중계유선망사업자
부분허용	캐이블TV와 위성방송은 33%까지 지분소유 가능
완전금지	지상파방송, 종합편성PP, 보도전문PP의 지분소유 금지

그러나 이명박 정부의 출범과 함께 △신문사의 SO지분제한 완화 △지역지상파 교차소유 허용 △보도전문채널이나 종합편성채널 겸영 허용 등으로 언론정책이 후퇴할 조짐을 보이고 있다. 이는 신문기업에 대해 사실상 방송시장의 완전개방을 의미한다.

족벌언론자본이 신문시장 독과점에 이어 방송시장까지 장악한다면 한국의 여론시장이 어떤 모습으로 전개될 지는 상상조차 하기 끔찍스럽다. 그것은 여론시장이 지금보다 더 극심하게 '부익부 빈익빈'의 형태로 양극화를 치달을 전망이다.

예컨대 <조중동>이 자본의 우위를 활용, <조선방송>·<중앙방송>·<동아방송>을 소유해 종합 미디어그룹으로 재편될 경우 이들 매스컴재벌이 한국사회에서 강고한 언론파시즘 체제를 구축하고, 사회 각 부문의 권력을 일괄적으로, 일방적인 우위에서 통제할 것임은 과거 <조중동>이 수행해 왔던 행적을 보면 쉽게 짐작이 가고도 남는다.

③ 공룡 멸종과 '공룡신문'

족벌언론 <조중동>은 수구적인 정치권력 체제에 편입되어 제도언론으로 기능하며 국민의 알권리를 담보로 자신들의 배를 채우는 데 조금도 주저하지 않는다. 자신들이 사익(私益·社益)을 위해선 있는 것을 없는 것처럼, 없는 것을 있는 것처럼 왜곡조작하는 데 조금도 망설임이 없다. 이 수구언론이 대통령 만들기에 대한 논공행상으로 '방송'을 달라 하고, 이명박 정부는 출범도 하기 전에 시장주의로 수구언론에 줄 특권과 혜택의 분위기 띄우기에 골몰하고 있다.

족벌언론이 방송을 삼켜 '공룡언론'이 되었을 경우 시장에서 과연 자생적인 생존을 담보할 수 있을까 하는 점을 생각해보지 않을 수 없다. 그것은 <조중동>이라는 매스컴재벌의 기업적 문제에 그치는 것이 아니라 언론자유를 근본적으로 해체할 '시한폭탄'과 같기 때문이다. 매스컴재벌이 생존하기 위해서는 덩치에 걸맞은 먹잇감이 계속 존재해야 한다. 지구상에서 공룡이 멸종된 것은 먹잇감 부족 때문이라는 생물학자들의 주장을 빌면, 공룡신문이 시장에서 덩치에 걸맞은 수익의 창출을 지속적으로 할 수 없을 경우 생존은 불가능하다.

언론경영이라곤 경영과학화와는 거리가 먼 주먹구구식 족벌경영이 고작인 족벌언론사가 고도의 전문성을 요하는 신문과 방송의 복합기업을 합리적으로 경영한다는 것은 '남북통일'만큼이나 어려운 과제다. 전문경영인이 어느 날 갑자기 하늘로부터 뚝 떨어지는 것도 아니고, 그렇다고 족벌신문사가 전문경영인을 양성해 놓은 것도 아닌 상태에서 매스컴재벌의 탄생은 결국 거대한 부실 언론기업의 양산을 의미한다.

이 부실 공룡언론이 기댈 언덕은 정부와 재계 등이다. 민폐를 끼치면서 삶을 영위해 갈 수밖에 없다. 그 과정에서 거대한 사회적 권력과 영향력을 왜곡되게 사용될 것임은 불 보듯 뻔하다. 이때 매스컴재벌의 부실경영에 철저히 짓밟히고 유린되는 것은 국민의 알권리와 언론자유이다. '공룡언론'을 현실적으로 우려하고 경계해야 하는 이유다.

④ 웹2.0과 저널리즘

한국언론산업의 미래에서 오프라인 매체시장의 전망은 참담한 것임은 부인할 수 없다. 역사에서 정의의 이름으로 퇴출됐어야 할 수구세력의 권력복귀와 함께 언론권력의 화려한 컴백도 기정사실화 되고 있다. '경제 살리기'라는 실체가 조금도 없는 허황한 이데올로기 공세로 '경제CEO·경제대통령' 공작 프로젝트를 통해 정치권력을 창출한 수구언론이 자행할 언론파시즘 체제에서의 권력남용을 독자의 힘으로 징치하고 바로잡아야 할 시점이다. 공룡신문·매스컴재벌을 감시하고 비판할 희망의 담론을 온라인 디지털 저널리즘에서 찾을 필요가 있다.

대안매체의 활성화 운동이 그것이다. 모름지기 언론인라 이름하는 지성은 블로그나 홈페이지, 미니 홈피, UCC 등 '1인 미디어'를 통해 비판적인 저널리즘 운동을 전개하여야 한다. 언론이 침묵하면 사회의 신경조직이 마비된다. 우리 사회에 다양한 민주적 가치가 활발하게 유통되어 사람이 사람답게 사람대우 받으며 살아가는 세상을 만드는 것은 언론인들의 몫이다.

사회적 여론이 막힘없이 방방곡곡 구석구석에 자유롭게 넘쳐흐를 때 인간중심의 사회가 구현된다. 조선시대의 선비들은 가진 자나 못 가진 자나, 정승판서에서 일반 백성에 이르기까지, 사람의 말이라면 누구의 말이든 하나같이 소중히 여겼다. 임금의 말이라 하여 중하게 여기고, 노비의 말이라 하여 업신여겨서는 안된다고 했다. 현대사회에서 인간을 위한 커뮤니케이션은 얼마만큼 중요하게 취급되고 있는지 사뭇 궁금하지 않을 수 없다.

그런 의미에서 참여·공유·개방이라는 웹2.0의 정신을 주목하지 않을 수 없다. 기존 언론이 아날로그 시대의 웹1.0에 기반한 저널리즘이라면 21세기의 언론은 웹2.0에 바탕을 둔 디지털 저널리즘이어야 한다. 웹2.0 언론의 힘은 집단지성(集團知性)에 있다 집단지성이란 민중이 모여 새로운 지식을 창조하는 것을 말한다. 집단지성의 힘을 극명히 보여주고 있는 것은 온라인 백과사전인 '위키피디아(*Wikipedia*)'이다. 전세계 네티즌들이 아무런 차별 없이 참여해 200여 개 언어로 500여 만 항목에 이르는 개념에 대해 끊임없이 새로운 정의를 업데이트 시킨다. 질과 양에서 그동안 지식의 대명사로 불렸던 영국의 브리태니카(*Britannica*) 대백과사전을 압도한다. 이는 21세기 지식정보사회의 패러다임이 어떻게 권력이동 되고 있는지를 미리 보여주고 있는 사례다. 즉 오프라인에서 온라인으로, 아날로그에서 디지털로, 소수 엘리트 지식인 중심에서 불특정 다수가 참여하고 공유하는 민중의 지식으로의 전환이 그것이다.

〈표 2〉 웹1.0과 웹2.0의 가치 비교

구분	웹1.0	웹2.0
특징	• 미디어로서의 웹. 대표적인 단어로는 포털 • 제공되는 서비스 외에는 이용자가 마음대로 할 수 없음 • TV나 라디오처럼 정보제공 일변도 • 웹에 올라온 데이터나 서비스를 응용, 변경하는 것이 불가능함 • 기술 중심	• 플랫폼으로서의 웹 • 소스나 프로그램을 응용하여 이용가능 • 누구도 데이터를 소유하지 않음 • 모든 사람들이 사용가능. 더 나은 형태로 변형할 수 있음. • 참여, 공유, 개방의 사람 중심. 개인화
소비자	대중시장의 일반 소비자	개인화된 시장의 생산소비자(프로슈머)
지식생산	소수의 전문가	사용자들의 집단지성
콘텐츠	사용자 제공 콘텐츠	사용자가 생산한 UCC
경제법칙	80대 20법칙(파레토법칙)	롱테일(long tail)법칙
권력관계	중앙집권형	분산형
광고매체	포털 메인, 대형 사이트	블로그, 미니홈피 등 개인공간
주요 광고주	대기업, 대형 광고주	중소사업자와 개인
수익모델	트래픽 발생을 통한 광고(배너와 팝업형)	개인화된 광고모델(애드센스 등 검색형)
마케팅	광고 등 일반 마케팅으로 고비용 존재	구전 마케팅, 바이러스 마케팅
대표 브라우저	인터넷 익스플로러. 단순한 뷰어 역할.	파이어폭스. 사용자들이 수백 개 확장 기능을 수정, 보완할 수 있음
대표 사업자	하이퍼링크 중심의 기존 웹사이트 / 네이버, 다음 등	위키피디아, 유튜브, 구글 등

* 출처 : IT전략지원단, 『차세대 웹, 웹2.0』, 『IT신기술 이슈분석 보고서』, 한국정보사회진흥원, 2005. 및 김택환, 『웹2.0 시대의 미디어 경영학』, 중앙북스, 2008, 59쪽 재구성.

아무리 권력이 보살펴 준다 하더라도 제도언론이 이와 같은 시대적 흐름을 막을 순 없다. 공룡신문·매스컴재벌이 먹잇감 부족으로 제 몸조차 가누지 못할 때 '개미언론'이 하나하나 모여 활발한 언론활동을 전개한다면 기필코 수구세력과 족벌언론의 권언유착·정언유착을 분쇄할 수 있다. 민주적 정부의 정권재창출이 실패했다고 하여 마냥 손 놓고 좌절감과 무기력에 빠져 있을 수만 없는 연유이다. 분기탱천 다시 털고 일어나 언론개혁운동과 민주언론건설에 힘차게 진군할 때이다.

⑤ 노무현 정권과 언론자유

노무현 정권은 대한민국 역대 정권 가운데 언론자유를 가장 많이 신장시킨 권력이었다. 그럼에도 나는 이 책에서 시종일관 노 정권을 비판하고 질책했다. 그것은 내가 언론인이었기 때문이었다. 언론인은 비판정신이 없으면 언론인이 아니다. 언론인의 비판정신이란 무조건 나무라고 까부수는 것을 의미하지는 않는다. 애정을 전제로 한다. 애정이란 비판이 건전한 대안을 제시하고 있느냐 없느냐로 구분한다. 대안이 없는 비판은 정당한 비판이 아니라 비판을 위한 비판에 지나지 않는다. 노 정권에 대한 나의 비판이 제도언론의 비판과 다른 점이다. 나는 애정을 지닌 언론인으로서 노무현 정권을 비판해 왔다고 자부하면서, 이제 노 정권에 대한 헌사로 이별을 하고자 한다.

돌이켜보면 노무현 정권의 권력 장악은 한국사회의 역사를 몇 십 년 앞당기는 신선한 충격이었으며 커다란 감동이자 진보였다. 그것은 노 정권의 정치적 지지기반이 부정부패와 비리에 찌든 기득권 세력이 아니었다는 점이다. '노사모'라는 젊고 순수한 열정으로 뭉친 세대라는 점에서 노 정권의 탄생은 정치사적으로 커다란 의미를 지닌다. 그것은 국민들이, 역사가 노 정권에 대해 수구세력의 청산 소명을 부여한 것이라 할 수 있다.

안타깝게도 노 정권은 이를 인식하지 못했다. 수구세력은 자신들의 하수·시녀 노릇을 마다 않는 족벌언론 뒤에 숨어 노 정권을 '좌파 정권'이라 공격했다. 노 정권은 정치적으로 수구세력을 상대하기보다는 '짝퉁 진보'라는 환상에 취해 허구한 날 '수구언론과의 이데올로기 정쟁'으로 허송세월했다. 역사적으로 마땅히 청산되어야 할 수구세력은 그 틈을 비집고 부활했다.

수구세력이 부활하면서 수구언론이 다시 언론권력으로 등장한 것은 어찌 보면 당연한 순서다. 수구언론이 노 정권을 공격한 정치이데올로기는 '경제'였다. 수구언론이 옹립한 이명박 대통령 당선자는 도덕성에서 역대 대통령 가운데 가장 낮은 점수를 매길 수밖에 없는 인물이다. 경제CEO·경제대통령이라는 그의 환상적인 허울을 한번 벗겨보자.

그가 경제CEO로 활동한 기업은 현대건설이다. 현대그룹의 모태였던 현대건설은 대한민국의 모든 재벌과 마찬가지로 독재정권과의 유착을 통해 재벌로 커온 회사다. 더구나 건설업은 부정부패와 비리가 가장 심각한 업종이다. "집 한 채 짓는데 270여 개의 도장이 필요하고, 그 동장 하나 찍을 때마다 뇌물을 주지 않으면 업무가 진행될 수 없다"는 것이 건설업의 현주소이다. 이명박 씨는 평생 동안 이런 건설업을 통해 현장경제를 익혀왔다. 따라서 이씨의 경제관은 '노가다경제·토목공사경제'라 할 수 있다.

온 나라를 두고두고 '재앙'에 빠뜨릴 한반도 대운하 공약은 이씨의 토목공사 경제관이 집약되어 표출되는 대목이다. 경제CEO·경제대통령으로서 국민들에게 뭔가 보여주기 위해서는 거대한 집적물이 필요하고, 그 가시적인 것으로 한반도 대운하를 불쑥 내놨다고 봐도 무방하다. 문제는 그의 한반도 대운하가 '청계천 복원' 따위와는 비교가 되지 않는, 그야말로 금수강산 이 땅을 인간이 살아있는 '생지옥'으로 만들 위험천만한 '환경파괴' 행위라는 점이다.

그런데도 이씨와 수구세력, 족벌언론은 이를 멈추지 않는다. 70년대 독재정권의 밀어붙이기식 개발논리를 들이대며 무조건 저돌적으로 밀어붙이고 있다. 이들에게 민족의 미래 따위는 관심 밖이다. 오로지 눈앞에 보이는 목적만 찾아 하이에나처럼 달려들고 있다. 개발독재의 망령인 '불도저 대통령'을 마치 훈장이라도 되는 듯한 착각 속에 무책임한 짓을 마다 않고 있는 것이다.

이씨의 노가다경제는 21세기 지식정보사회에 접어들고 있는 한국경제와는 패러다임이 맞질 않는다. 그것은 이씨 자신이 스스로 증명하고 있다. 즉 '사기꾼(?)'이라는 김경준 씨와 지난 2000년께 동업했던 소위 'BBK사건'이 그 증거이다. 그의 말을 100% 진실로 받아들이면 경제CEO라는 이명박 씨는 사기꾼 김경준에게 '농락' 당한 꼴이다. 토목공사 경제전문가가 디지털경제 사기꾼에게 당한 셈이다.

참으로 아이러니컬하게도 21세기 한국경제에 필요한 것은 경제CEO라는 이명박 씨의 노가다경제 패러다임이 아니라 사기꾼 김경준 씨의 지식금융경제 패러다임이다. 따라서 이씨를 두고 경제CEO · 경제대통령 운운하는 것은 모순의 극치이며, 제도언론이 대통령 만들기 공작 수행을 위해 급조한 캠페인에 불과하다.

이씨가 한반도 대운하를 막무가내로 단행, 온 나라를 절단 내고 망치려들면 그에 대한 역사적 책임은 전적으로 노무현 정권이 져야 한다. 그것은 노 정권이 민주대통령으로서 후임 권력을 재창출하지 못했고, 수구세력의 부활을 불러들었기 때문이다. 이는 노 정권이 역사로부터 두고두고 비판 받아야 할 대목이다.

⑥ 미디어2.0 과 커뮤니케이션

천성이 겁이 많고 새 가슴인 나는 이제 이런 글조차 마음 놓고 쓸 수 없지 않을까 하고 심히 두렵다. 이명박 정부가 공식적으로 출범하고 나면 아무래도 언론자유는 상당부분 위축될 것이다. 권력이 출범하기도 전에 주요 언론사와 언론인 동향을 조사하는 등 독재정권 시대의 언론사찰 악습을 재현하는 것을 보면 언론자유에 가해질 그 미래를 낙관할 수만 없다.

언론자유가 위축되어 커뮤니케이션이 원활치 못하게 되면 사회는 동맥경화증에 걸리게 된다. 동맥경화증에 걸린 사회가 온전하게 제자리로 돌아오기 위해선 제2의 '10·26', 제2의 '6월민주항쟁'이 요구된다. 이는 언론자유가 억압된 사회의 정상화를 위해선 반드시 거쳐야 하는 '희생과정'이다. 왜냐하면 언론자유는 피를 먹고 자라는 나무이기 때문이다. 나는 언론의 자유를 위해 십자가를 질 투사가 될 자격도 없을 뿐만 아니라, 또 그럴 의사도 전혀 없는 평범한 무지렁이에 불과하다.

이명박 정부 하에서는 언론의 역할이 더욱 중요하게 됐다. 언론이 지녀야 할 제1의 목적과 기능은 커뮤니케이션이 활발하게 유통될 수 있도록 하는 데 있다. 이를 결여하면 언론이 아니다. 커뮤니케이션 유통의 활성화를 위해선 언론이 독자의 신문으로 거듭나야 한다. 기존 언론처럼 일방적 메시지의 유통으로는 존재할 수 없는 시장환경이 조성되고 있다. 독자를 위한 독자에 의한 독자의 신문이어야 한다. 곧 미디어2.0이다.

미디어2.0이란 기존 언론의 패러다임에서 디지로그 언론으로 전환한 신문을 말한다. 이를 나는 "시민언론"이라 이름하고, '대구신문연구원의 커뮤니케이션&저널리즘 블로그(blog.naver.com/tgpress)'를 통해 지난 2004년 11월 ~ 2005년 4월 사이에 『시민언론 창간론』을 게재한 바 있다. 『시민언론 창간론』은 현재 단행본 출판을 위해 여러 출판사와 교섭중이다. 조만간 독자들을 찾아갈 수 있기를 기대한다. 내가 한국, 아니 전세계 최초로 주장하는 오프라인 매체에서의 시민언론 건설은 언론산업의 미래를 담보하는 매우 중요한 이데올로기이다. 나는 이 책이 언론산업의 발전에 큰 획을 긋는 이정표가 될 것임을 확신한다. 미디어2.0에 대한 나의 소회는 『시민언론 창간론』을 참조하시기 바란다.

⑦ 웹2.0과 미디어2.0

요약하자면 '신문의 위기'는 피할 수 없는 시대적 대세다. 현재의 시스템으로는 막을 방법이 없다. 그렇다고 대안이 없는가 하면 그것은 아니다. 얼마든지 하기에 따라 출구가 있다. 왜냐하면 인류가 존재하는 한 신문은 지식정보창고로서 영원하기 때문이다.

명승은은 미디어1.0과 미디어2.0의 패러다임에 대해 이렇게 압축했다. 미디어2.0 개념에 대한 이해야 말로 21세기 미디어의 시장생존을 담보하는 가장 중요한 요소임을 감안해 이를 전재해 알리고자 한다.

〈표 3〉 미디어1.0과 미디어2.0의 가치 비교

구분	미디어1.0	미디어2.0
생산주체	생산자 ≠ 수용자	생산자 ↔ 수용자
정보유통	일방향 단일 유통	쌍방향 다채널 복수 유통
브랜드	권위형 브랜드	개인화 브랜드
정보흐름	정보의 중앙집중	정보분배, 정보공유
콘텐츠 성격	권위적, 범용적, 종합적, 객관적	즉흥적, 전문적, 단편적, 주관적
정보노출	종합편집, 편성	단일콘텐츠, 개별노출
유통방식	아날로그	디지털
기사특성	원소스 – 원유즈	멀티소스 – 멀티유즈
광고	규격화, 정형화, 대중지향	롱테일(검색형 정보제공)광고, 개인지향

* 출처 : 명승은,『미디어2.0 : 미디어 플랫폼의 진화』, 한빛미디어, 2008, 30쪽.

신문이 '미디어 빅뱅' 시대에 살아남기 위해선 무엇보다도 독자의 신뢰부터 회복하여야 한다. 그러기 위해서는 정보나열위주의 신문기사를 탈피하고, 심층 및 기획기사, 탐사보도와 사회적 담론을 생산하는 아젠다 설정 기사로 바뀌어야 한다. 신문경영 또한 주먹구구식 족벌세습경영에서 경영합리화·경영과학화를 추구하는 전문경영체제로 전환해야 하는 것은 새삼스레 왈가왈부할 필요조차 없다.

한국의 주류신문은 신문의 위기를 극복할 방안으로 '신문 + 방송'에서 찾고 있다. 매스컴재벌화의 추구가 그것이다. 재벌의 '대마불사'를 벤치마킹하고 있다. 이는 거대한 시대적 착오이다. 신문조차 족벌경영에서 벗어나지 못하는 상황에서 전문적인 복합미디어기업을 경영한다는 것은 누가 봐도 어불성설이다.

언론권력의 재벌화는 곧 경영부실로 이어진다. 이를 타개하기 위해 언론재벌은 '통제되지 않은 권력'을 망나니의 칼처럼 마구 휘둘러 댈 것임은 불 보듯 뻔하다. 그 과정에서 언론의 자유는 처참히 유린된다. 이명박 정부가 대통령 만들기에 대한 논공행상으로 수구언론의 '문어발 확장'에 방송을 얹어주는 것은 여론시장의 심각한 왜곡뿐만 아니라 이와 같은 사회적 부작용도 동시에 초래하는 것이므로 즉각 백지화되어야 한다.

노무현 정권의 출범은 역사적으로 진보의 새장을 여는 쾌거였다. 그러나 족벌언론의 집요하고도 매몰찬 이데올로기 공세에 정권재창출을 실패함으로써 보수정권이 몰락하고, 수구세력이 부활하게 됐다. 수구세력을 권력 정면으로 이끌어 낸 족벌언론은 국민의 알권리를 유린했던 과거 독재정권 시대의 '향수'에 젖어 이명박 정부의 언론정책 기조를 독재정권 시대의 패러다임에 두지 않을까를 우려하지 않을 수 없다. 하지만 시대는 변했다. 아날로그 시대가 가고 디지털 시대가 전개되고 있다.

신문이 인터넷 시대 디지털 네트워크 사회에서 살아남기 위해서는 디지로그 매체로 전환해야 한다. 아날로그 시대의 언론파시즘 체제로 시장생존을 이어가겠다는 것은 난센스다. 디지로그 신문 제작을 위해선 온라인 뉴스와 아날로그 뉴스의 특성, 차이점, 개념 등에 대해 명확히 인식하고 있어야 한다. 21세기의 미디어는 인터넷으로 진화하지 않으면 시장존재가 불가능하다. 모름지기 21세기의 언론인이라면 뉴스정보를 지식콘텐츠로 가공할 수 있어야 하고, 매체는 이를 담을 수 있어야 한다. 종이신문과 온라인 미디어의 특성을 비교하면 아래와 같이 정리할 수 있다.

<표 4> 온라인 미디어와 아날로그 매체의 비교

구분	매체	오프라인 미디어	온라인 미디어
미디어특성	성립	인쇄, 방송, TV기술	인터넷, 컴퓨터 기술
	발전	산업화 사회	정보화 사회
	전달자	신문, 방송 등 대형조직	대형조직 및 단체, 개인
	수용자	대중	생산자, 수용자 영역 붕괴
	내용	일반적, 평면적 관심사	개인적 특화 관심사
	흐름	생산자→소비자 일방향	횡적 종적 연결 다방향
	전달수단	신문, 방송	다채널 다매체
	구조	비대면	대면, 비대변 종합
	기술개발	인쇄 1450년, 음성 1907년.	인터넷 1969년
	매체개발	대중지 1833년, 라디오 1920년, TV 1936년.	www 1989년
미디어기능	정보제공	일방향, 소비자 수용	다방향, 소비자 선택
	환경감시	생산자 주도 감시	생산자, 소비자 협의 감시
	사회결합	간접적, 점진적 결합	직접적, 충동적 결합
	교육학습	의도된 방향, 높은 성취	소비자 직접 지식습득
	오락향락	대중적 오락 소비	개별적, 단위별 오락추구
	제안설득	생산자 주도 계몽	생산자, 소비자 공유
뉴스의특성	전달주기	정기적	즉시
	표현방식	획일적	다양성
	시·공간 제한	분량 제한	무제한
	전달내용	객관성 유지	가치개입
	목표설정	대중적 가치 추구	고객 욕구 충성
	고객접촉	간접	직접
	보도방식	신문: 심층, 방송: 속보	속보성, 심층성

구분 \ 매체		오프라인 미디어	온라인 미디어
콘텐츠제작구조	콘텐츠 특성	• 단방향 콘텐츠 • 업데이트 비용이 큼 • 순차적인 방법에 의해 정보제공	• 쌍방향 콘텐츠 • 업데이트가 쉽고 비용이 저렴 • 정보의 습득과정이 비순차적
	기술시스템	• 분화된 출구시스템, 자기완결형 시스템	• 컴퓨터 운영체계, S/W 등 기반시설 필요 • 전송시스템별 압축/편집 등 변환방식
	제작주체	• 거대 미디어기업이 전담 • 수직적 독점구조(등록제 / 허가제 시스템)	• 미디어기업, 닷컴, 개인 등 제작주체 다양하고 세분화 • 수평적 네트워크 구조로 시장의 자유로운 진입
	제작과정	• 연속적인 다단계의 제조공정 • 정보형태별로 개별적인 미디어 생산방식	• 통합된 one-stop 제작공정 • 소스의 통합과 융합
	제작산업	• 수직분업형 자기완결구조(프랜차이즈 모델) • 매체별 분화와 제작과 유통, 소비의 분리	• 수평적 네트워크의 통합/융합형 구조 • 매체별 분화와 매체별 시장차별화를 고려한 제작전략 구성
	제작환경	• 공공성과 공익성 강조 • 공공재화로서 규모의 경제 실현 • 매체 채멀별 자기완결 구조(1회적 소비와 동일한 상품의 다단계 판매전략 구성 :유료화>무료화)	• 차별성, 개별성 하의 산업적 효과 강조 • 시장차별화를 통한 규모/범위의 경제 동시에 실현 • 네트워크 효율성 중시(다단계 소비와 차별화된 상품화 전략 구성)
유통구조비교	판매거점	지국, 가판대	인터넷 홈페이지, DB
	시장범위	일 국가, 지역	전세계
	유통형태	순차적 유통	비순차적 유통
	판매상품	단일문자 상품	정보종합 패키지 상품
	효율성	고비용 저효율	저비용 고효율
	주 수용층	정기구독자	네티즌

구분＼매체		오프라인 미디어	온라인 미디어
상품비교	판매가능시간	1일 한정	시간 제약 없음
	사용후 상품가치	제로화 성향 강함	유지 또는 부가가치 창출
	타정보상품회사 등과 협력 제휴	제한적 가능	완전 가능
시장	시장의 특성	시·공간적 제약	시·공간 통합시장화
	시장의 적응	제한적 '규모의 경제' 실현	무제한적 '규모의 경제' 실현
수용자	소비행위	일방적 소비	선택적 소비
	생산과정 참여가능성	적음	많음
	운동 형태	사후 비판적 대응	사전 적극적 대응

* 출처 : 최낙진,『인터넷신문』, 세계사, 2000, 57쪽, 63쪽, 68쪽, 71쪽 ; 이영아·하재구,『멀티미디어 콘텐츠기획』, 영진출판사, 1999, 38쪽 ; 문화관광부,『인터넷 시대의 문화 콘텐츠산업 진흥방안』, 2000, 129~134쪽 ; 김성순,『온라인 저널리즘』, 도리, 2003, 46쪽, 59쪽, 238쪽, 242쪽 재구성.

디지로그 신문은 미디어2.0 신문을 말한다. 미디어2.0 신문은 참여와 공유, 그리고 개방이라는 웹2.0에 바탕을 둔다. 따라서 미디어2.0 신문은 독자와의 쌍방향 커뮤니케이션이 완벽하게 구현되는 매체라고 정의할 수 있다. 이를 "시민언론"이라 이름하고자 한다. 시민언론은 우리 시대 신문이 지향해야할 목표이자 가치이다.

<2008. 4. 25.>

제1부

윈도우XP 프로페셔널 저널리즘

조중동의 노조말살 보도
김대중 칼럼과 여론전횡
재벌대변인 정운영 칼럼
동아일보의 한건주의 보도
대북사업과 남북경협의 진실
'개의 해'와 언론
신문법과 수구언론
재벌회장과 언론
수구언론 조선일보 개혁론

기사담합과 기자실 개혁
언론통제 세력과 언론보도의 성역
'한미FTA'와 미디어산업
언론의 사대주의와 북색션
탈레반과 한국기독교의 문명충돌
중앙일보와 신문장사
신문개혁과 기사쓰기
〈조중동〉과 〈한경서〉

조중동의 노조말살 보도*

<조중동>이 노동조합과 노동운동 말살 대공세에 나선 듯하다. <조선일보>와 <동아일보>는 각각 2일자와 1일자부터 「노사 모두 사는 길, 외국서 배운다」와 「1만 달러서 주저앉나」라는 기획시리즈 기사를 통해 노동조합이 경제성장의 발목을 잡고 있다며, 노동조합과 노동운동에 대해 대대적인 이데올로기 공세에 나섰다. <조선>·<동아일보>는 기사에서 '한국은 발전모델을 정립하지 못한 채 집단갈등에 함몰되어 2만 달러 시대에 진입하지 못하고 있다'고 주장했다.

특히 <조선일보>는 노동운동의 말살을 '확인사살'하려는 듯 「한국, 내 몫 찾기에 8년 허송…성장 멈춘 남미식 초기」(2일자)에서는 경제가 성장하지 못하고 있는 것의 주원인이 노동자들의 이기주의에 있는 양 책임을 뒤집어 씌웠다. 「노조가 경영관여한 독일 '유럽 병자'로」(3일자), 「경영사정 따라 수시로 해고·고용」(5일자) 등에서는 노

---

* 실험정치, 족벌언론, 수구언론, 복지부동, 뇌물경영, 언론개혁, 정치개혁, 노동개혁.

동자의 해고에 따른 사회적 보장장치가 거의 완벽한 시스템에 대해서는 일절 언급 없이, 오로지 노동탄력성에만 초점을 맞춰 유연성만을 강조함으로써 마치 한국경제의 아킬레스건이 노동시장의 경직에 있는 양 침소봉대 왜곡했다. 또 「'포퓰리즘'이 세계 10대부국 부도냈다」(4일자)에서는 대통령 일부 참모진의 유럽식 노동정책관을 겨냥해 「'노조의 나라' 아르헨티나 / 해뜨면 시위…해지면 '노숙자 세상' / 시위 월2천건…1인 GDP 3년새 반토막 / 노조 총파업으로 번번이 개혁 가로막아」라는 자극적 제목 아래 위험하기 그지없는 인식이란 뜻으로 이데올로기 공세를 폈다.

「지금은 노조시대」(5월 2일~6월 3일)라는 기획기사로 노동자들의 생존권 투쟁을 '추잡한 밥그릇 싸움'으로 매도한 바 있던 <중앙일보>도 빠지지 않는다. 중앙일보는 노동정책관이 「대통령 따로(영·미식), 정책실장 따로(유럽식)」에 재계는 곤혹스러워 한다(3일자)고 강조했다.

4대 개혁 외면하고 노동개혁만 강조

한국경제 성장의 정체는 <조중동>의 지적처럼 노동자가 떠맡아야 할 책임이 아니다. 그 근본적인 원인은 정치개혁·행정개혁·재벌개혁을 외면한 우리 사회의 시스템에 있다. 극단적으로 꼭 집어 말하라면 국정을 책임성 있게 이끌고 개혁을 진두 지휘해야할 노무현 정권에 첫 책임이 있다고 할 수 있다. 노무현 정권은 NEIS·북핵문제·노동계의 파업 등에서 보듯이 정치력 미숙으로 인해 진보는 고사하고 개혁을 표방한 실험정치에만 우왕좌왕 갈팡질팡 오락가락하고 있다.

<조중동>의 노동 문제와 관련한 보도는 우리 사회의 개혁 아젠다

를 노동개혁으로 몰아가려는 속셈에 있다. 그렇게 함으로써 족벌언론·수구언론이 쏠린 언론개혁이라는 궁지를 모면하려는 저의에서 비롯된 '음모적인 여론 공세'라 할 수 있다. 이는 본말이 전도된 처사라 아니 할 수 없다.

다음으로는 공무원 사회의 구조조정과 개혁 문제가 그 내면에 도사리고 있다. 납작 엎드린 무사안일과 복지부동으로 자기 자리만 지키려는 공무원들의 관료주의를 청산해야 함은 두말할 나위 없다. 인·허가를 빙자한 부정부패는 심각하게 국가 경쟁력을 갉아먹고 있는 실정이다. 여기에 기술개발과 품질개선, 투명한 기업경영은 외면하고 부동산 투기와 재테크, 분식회계를 일삼으면서 뇌물경영·접대경영·족벌경영에만 골몰하는 재벌기업이 경쟁력이 없기 때문에 성장의 늪에서 헤어나지 못하고 있는 것이다. 따라서 제일 먼저 할 일은 생산성과는 거리가 먼 정치개혁·행정개혁·재벌개혁에 착수하는 일이다. 그 다음에서야 비로소 노동개혁에 착수하여 노동자들의 '밥그릇 이기주의'를 문제 삼아야 한다.

언론개혁 탈출 모색 노동문제 제기

진실이 이러한데도 <조중동>은 왜곡된 이데올로기 공세로 마치 노동자와 노동조합이 성장저해의 원흉인 양 본질을 왜곡하고 있다. <동아일보>에 의하면 노무현 대통령의 노동정책관이 유럽식에서 영·미식으로 턴했다고 한다. 또한 국민소득 '2만 달러의 전도사'가 되어 국가경제발전을 위해 노심초사하고 있다고 한다. 정말 대통령으로서 할 일을 다하고 있는 것 같아 고마운 일이다. 그러나 참말로 고마운 일

은 지난 대선 이후 노 정권의 출범에 기대를 걸었던 노동계가 바야흐
로 자신을 냉철하게 곱씹어 볼 시점에 이르렀다는 점이다.

<2003. 7. 6. 참말로.>

김대중 칼럼과 여론전횡*

인터넷신문 <참말로> 독자들에게 성의 있는 글쓰기를 약속했던 필자는 무슨 얘기를 어떻게 쓸까를 고민하다가 결국 대부분의 인터넷신문이 그러하듯이 언론보도의 총론적인 분석 비평보다는 각론적인 매체비평을 하기로 하고, 이번에는 지난 10여 년 간 줄곧 영향력 있는 언론인 가운데 1위로 선정된 '김대중 칼럼'을 분석해 본다.

사상의 자유를 이념대립으로 몰아

민주주의는 언론의 자유를 비롯하여 집회 및 결사의 자유를 골간으로 한다. 이 가운데 언론의 자유는 모든 자유를 가장 자유롭게 하는 자유로써 여론의 다양화가 그 핵심적 요체이다. <조선일보> 5일자 김대중 칼럼 「광복후와 4·19직후와 오늘과」는 20세기의 유물인

---

* <참말로>, 김대중 이사기자, <조선일보>, 보수우익, 좌경용공, 이데올로기 공세.

냉전주의적 흑백논리에서 벗어나지 못하고 있다. 뿐만 아니라 오만 방자하게도 주요 여론생산은 오로지 <조선일보>와 자신의 몫이라는 사고의 편린을 드러내고 있어 실망스럽기 그지없다.

김대중 칼럼은 "요즘 들어 네티즌 사회에서 노골적으로 등장하는 사상적 용어들은 섬뜩하기도 하지만 왜 노 정권 들어서 그런 용어가 난무하고 있는지, 세상이 왜 과거로 되돌아가고 있는지에 대한 심각한 반성을 요구한다"라고 비판하여 독재정권하에서 길들여졌던 획일적이고도 일사불란한 가치관의 지향을 역설하고 있다.

칼럼은 '참여정부' 출범 이후 우리 사회 각계각층에서 백화제방으로 만발하고 있는 다양한 이데올로기적 가치관에 대해 "'좌·우'의 대립, 이념의 갈등, 대북(對北)과 친북(親北)"이라고 단정짓고, 오늘의 한국 상황을 "광복 후 또는 4·19 직후 상황"이라며 노무현 정권을 향해 "정권이 국기(國基)를 흔들어서는 안된다"고 비판했다.

자유민주주의 외면하며 친북 매도

대한민국 제1의 논객이라는 김대중 칼럼의 논지는 여론의 다양화와 사상의 자유가 영 못마땅하다는 것으로 요약된다. 여기서 칼럼이 '잘못됐다', '틀렸다'고 비판하지는 않겠다. <조선일보>와 김대중 이사기자가 보수·우익을 지향하건, 수구·족벌을 지향하건 그것은 그들이 선택할 자유이기 때문이다.

문제는 1등신문이라는 <조선일보>가, 한국에서 가장 영향력 있다는 김대중 이사기자가 자신들의 생각과 일치 않는다고 해서 "오늘의 한국을 지탱해 온 것을 '냉전의 공로'에서 찾음"으로써 모든 반대론자들을 냉전적인 사고로 재단하고 매도하는 것이다. 이는 지탄받아 마땅하다.

김대중 칼럼은 자유민주주의의 근본적인 가치관을 외면하고 있다. 그렇다면 <조선일보>는 '좌경'이란 말인가. 김대중 이사기자는 '용공'이란 말인가. 말을 해놓고 보니 어? 이건 이상하다. 아무래도 말이 안된다. 그런 논리비약이 김대중 칼럼에서는 꼬리에 꼬리를 물고 이어진다.

<2003. 7. 7. 참말로.>

재벌대변인 정운영 칼럼*

우리 사회에서 재벌언론의 폐해는 족벌언론 못지않다. 족벌언론이 국가의 공론을 몇몇 족벌 가문의 사익을 위해 사용하는 것처럼 재벌언론은 국민의 여론을 소수 재벌의 이익옹호에 동원한다. 재벌언론 또한 족벌언론과 더불어 언론개혁의 대상으로 떠오르고 있는 이유다.

2003년 7월 현재, 한국사회에서 공식적으로 재벌언론은 없다. 지난 98년 IMF 이래 국가를 부도낸 원흉으로 낙인찍힌 재벌이 국민들의 곱지 않는 시선에 언론으로부터 자본철수를 단행함으로써 재벌언론은 사라졌다. 그러나 실질적으로 재벌언론이 사라졌느냐 하면 고개를 갸우뚱할 수밖에 없다. 이를테면 삼성과 <중앙일보>, 현대와 <문화일보>, 한화와 <경향신문> 등은 어떤 관계냐 하는 것이다.

<중앙일보> 11일치 정운영 칼럼 「보릿고개서 '제철입국'으로」는 재벌언론의 실상을 극명하게 보여준다. 포스코(전 포항종합제철) 창

---

* 재벌언론, 족벌언론, <중앙일보>, 정운영 위원, 포스코, 박태준 명예회장, 철강대국, 노동개혁, 신격화 사업.

립 30주년을 맞아 한 케이블TV에서 박태준 명예회장이 녹화도중 "첫 쇳물이 흘러나올 때 그 느낌이 어떠했나"라는 질문에 눈시울을 적시고 목이 잠기었다는 감상적인 장면부터 소개한 이 칼럼은 시종 일관 '박태준 신화'만 찬양하고 덧칠한다.

칼럼은 또 '산업의 쌀'인 쇠를 만드는 공장을 짓기 위해 부하 직원들의 '조인트를 까기까지 했다'는 박태준과 더불어 정부의 간섭과 정치헌금 요구에 '종이 마패'까지 내준 지도자(박정희 전 대통령)의 "하면 된다"는 신념과 "해야 한다"는 국민의 분발이 따랐기에 모래펄에 철강신화를 일굴 수 있었다고 하여 박태준·박정희 우상화에 여념이 없다.

칼럼은 "박 정권의 개발독재를 탓하면서도 그 열매를 거둔 '문민'과 '국민'과 '참여' 정부는 내일을 향해 무엇을 심었고, 무엇을 뿌릴 것인가? 포스코의 성공이 빛날수록 나는 고도성장의 연착륙 실패를 못내 아쉬워 한다"고 하며 칼날을 민간정부에 들이댔다.

세계 5대 철강대국으로 올라서는 데 밑거름이 된 포스코의 오늘 뒤에는 삽자루 하나로 영일만 허허벌판을 온몸으로 부딪히며 제철소를 세웠던 노동자들의 고귀한 자기희생과 어장이라는 생계 터를 잃고 보상 한 푼 제대로 받지 못한 채 졸지에 거리로 내쫓긴 어민들의 찢겨진 삶이 있었기에 가능했다.

사정이 이와 같은데도 정운영 칼럼은 노동자·어민들의 고통과 희생은 일언반구도 없이 외면하고, 포스코의 역사를 오로지 '박태준의 성공신화'에만 초점을 맞추고 있다. 그것이 진실이 아님은 두말할 나위 없다.

노동개혁 여론으로 책임면피가 속셈

그렇다면 왜 이 시점에서 <중앙일보>가 포스코의 사보에나 게재
됨직한 칼럼을 실은 그 속셈은 무엇인지 곰곰이 되씹어볼 필요가 있
다. 그것은 평소 <중앙일보>가 재벌 이데올로기를 전파하는 데 있어
서 기꺼이 '홍위병' 역할을 마다하지 않는다는 점이다.

이번 칼럼 또한 한국경제 침체의 책임을 노동 부문에 전가함으로
써 만에 하나 재벌개혁 여론을 미리 차단하고, 동시에 침체의 원인
이 재벌에게 불똥 튈 것을 미리 차단하며, 나아가 참여정부의 노동
정책에 대해 확실한 재갈을 물려 재벌 중심의 경제시스템을 재건하
고자 하는 저의에서 비롯되었다.

<중앙일보>의 반노동자적 보도는 이 날짜에 게재된 「예상보다 심
각한 경제위기 실상」이라는 제하의 사설에서도 그대로 드러난다. 우
리 경제가 되살아나지 않는 것의 원인은 정부의 무능한 경제정책,
경직된 행정, 졸속적인 관치경제, 부패한 사회제도, 금융시스템의 왜
곡, 재벌의 기업투명성 미비 등에서 그 원인을 찾아야 한다.

하지만 사설은 "기업인들이 안심하고 한국에 투자할 수 있도록 하
기 위해서는 무엇보다도 노동정책이 법과 원칙에 충실하며 경제정책
이 일관성을 가져야 한다. 노동계나 이익단체들도 무리한 요구와 과
격한 투쟁을 자제해야 한다"고 함으로써 그 원인과 책임이 마치 노
동문제에 있는 양 본질을 호도했다.

<중앙일보>의 이러한 보도태도는 재벌의 입장과 재벌의 이익을
대변하는 것이다. 그것은 <중앙일보>가 스스로 재벌언론임을 인정하

는 것이라 할 수 있다. 정운영 칼럼과 사설은 그와 같은 <중앙일보>의 이념적 사시를 충실히 반영하고 있음을 명백히 증명해 준다.

<2003. 7. 13. 참말로.>

동아일보의 한건주의 보도*

<동아일보>는 16일자 1면 머리기사에서 쇼핑몰 분양비리 혐의로 검찰에 구속되어 수사를 받고 있는 굿모닝시티 윤창열 회장이 15일 검찰조사에서 "김원기 민주당고문·문희상 대통령비서실장·이해찬·신계륜 의원 등을 비롯하여 지난해 대선 때 야당 수뇌를 포함 20여 명의 정치인에게 로비 명목으로 거액을 건넸다고 진술했다"고 보도했다. 윤씨는 또 손학규 경기도지사의 형이 운영하는 S벤처기업에도 투자금 명목으로 수십억 원을 전달했다고 진술했다고 덧붙였다.

여권의 한 '핵심관계자'를 취재원으로 한 이 기사가 보도되자 일파만파를 불러왔다. 해당 정치인들은 "사실무근"이라며 펄쩍 뛰었고, 문희상 실장은 명예훼손혐의로 기자와 신문사를 상대로 10억여 원의 손해배상청구와 함께 형사고발 조치했다.

검찰도 "윤씨가 기사에 거론된 정치인들에게 돈을 전달했다는 혐의를 인정할 증거도 포착되지 않았다"고 확인했다. 검찰은 "수사팀

---

* <동아일보>, 굿모닝시티, 정치인, 비리보도, 오보.

은 그런 말을 한 적이 없다"고 못 박고, "앞으로 사건관련자 소환조사 과정에서 기사에 거론된 사람들의 이름이 나올지 모르지만 지금까지 그런 사실이 나왔다는 것은 사실이 아니다"라고 해 <동아일보> 보도가 명백한 오보임을 뒷받침했다.

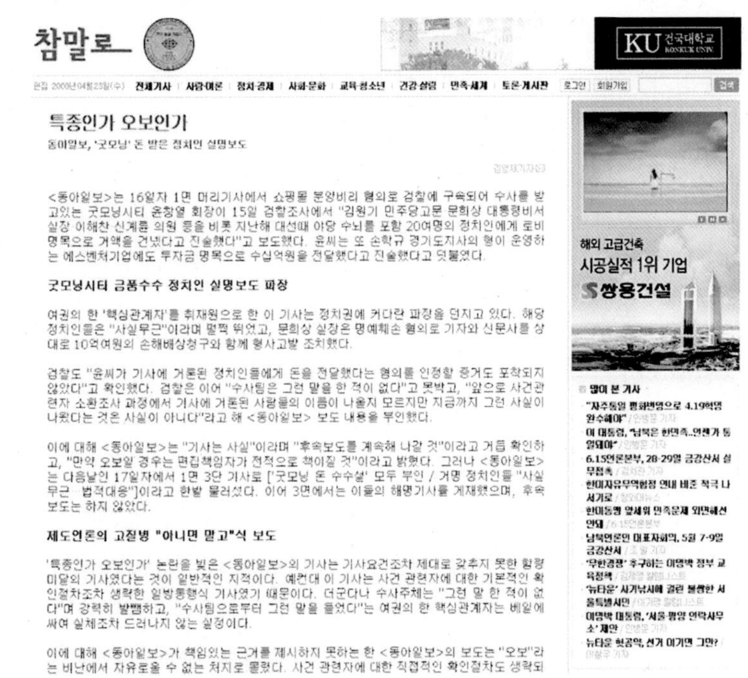

인터넷신문 〈참말로〉 http://www.chammalo.com/

이에 대해 <동아일보>는 "기사는 사실"이라며 "후속보도를 계속해 나갈 것"이라고 거듭 확인하고, "만약 오보일 경우는 편집책임자가 전적으로 책이질 것"이라고 밝혔다. 그러나 <동아일보>는 다음날인 17일자에서 1면 3단 기사로「'굿모닝 돈 수수설' 모두 부인 / 거명 정치인들 "사실무근…법적대응"」이라고 한발 물러섰다. 이어 3면에서는 이들의 해명기사를 게재했으며, 후속보도는 하지 않았다.

인권 무시한 "아니면 말고"식 보도

'특종인가 오보인가' 논란을 빚은 <동아일보>의 기사는 기사요건조차 제대로 갖추지 못한 함량미달의 기사였다. 이 기사는 사건관련자에 대한 기본적인 확인절차조차 생략한 일방통행식 기사였다. 더군다나 수사주체는 "그런 말한 적이 없다"며 강력히 발뺌하고, "수사팀으로부터 그런 말을 들었다"는 여권의 한 핵심관계자는 베일에 싸여 실체조차 드러나지 않는 실정이다.

<동아일보>가 책임 있는 근거를 제시하지 못하는 한 "오보"라는 비난에서 자유로울 수 없는 처지로 몰렸다. 사건 관련자에 대한 직접적인 확인절차도 생략되었고, 취재원조차 현재로서는 "유령"인 이 기사가 유력신문의 1면을 버젓이 장식하는 것은 우리 언론시스템에 무엇인가 중요한 문제점이 있다는 것을 보여준다.

그동안 한국언론에 등장한 정치인들의 비리사건 보도형태를 보면 언론은 기본적인 사실확인 과정도 제대로 거치지 않은 채 대충 "아니면 말고"식의 기사를 우선 쓰고 본다. 기사에 거명된 정치인들은 하나같이 "사실무근"이라며 펄쩍 뛰고, 기자와 언론사를 상대로 거액의 소송을 제기한다. 그런데 조금 있다 보면 희한하게도 대부분의 거명된 정치인의 부패는 사실로 밝혀진다. 언론의 무지막지한 '배짱 보도'가 '진실'로 드러나는 것이다. 국민들은 "아니 땐 굴뚝에 연기

날까"라며 언론보도를 지지한다. 이것이 한국언론의 정치인 비리보도에서 일반적인 관행이다.

후진적인 보도시스템 개혁 절실

이번에도 예외는 아니라고 국민들은 믿고 있다. 언론시스템이 이처럼 후진적으로 작동되어서는 곤란하다. 정치인의 비리가 사실이라면 언론은 보다 객관적인 정확성을 토대로 책임감 있게 보도하여야 한다.

만에 하나 보도된 내용이 사실이 아닐 경우, 거명된 정치인은 정치생명에 치명적 타격을 입게 될 수도 있다. 아무리 비리에 연루된 정치인이라 할지라도 그들도 인권을 보호받을 권리가 있다. 반면 아무리 언론의 자유를 보장한다 할지라도 결코 언론이 여론재판을 할 권리는 없다.

언론이 인권을 외면하면 언론으로 설 자리가 없다. 상업적인 기회주의 시각에서 "우선 한 건 터뜨리고 보자"는 발상은 매우 위험하기 그지없다. 언론개혁이란 거창한 것이 아니다. "아니면 말고"라는 언론의 오만과 거품을 걷어내고, 인권을 소중히 하는 자세를 갖는 것이 바로 언론개혁의 핵심이다.

<동아일보>는 이번 보도가 진실인지 오보인지는 23일까지 스스로 밝히겠다고 한다. 하지만 <동아일보>는 우리 사회 일각에서 제기하고 있는 보도태도의 문제점에 대해 일언반구도 없이 침묵으로 일관하고 있다. 현재로서는 <동아일보>가 낡은 수법으로 한 건 하려다가 실패한 것으로 보인다. 이제 그 결과를 지켜볼 따름이다.

<2003. 7. 20. 참말로.>

※ 보론; 정정보도 내면서도 정당성 강조

　<동아일보>는 지난 16일치 굿모닝시티의 돈을 받은 정치인 실명보도와 관련 24일치 1면 기사에서 사실과 다른 내용이므로 바로잡는다는 정정기사를 내보냈다. <동아일보>는 이 기사에서 '취재보도 과정에서 확인을 소홀히 해서 발생했다'고 해명하고, 다만 "'여권의 한 핵심 관계자'라고 인용한 취재원은 '취재원 보호' 차원에서 실명을 밝힐 수 없으나 당시로서는 물론, 지금도 신뢰할 수밖에 없는 직위의 인물"이라고 하여 자사 보도가 정당했음을 시사하고 있다.

　<동아일보>가 비록 뒤늦게나마 자신들의 보도가 특종이 아니라 오보임을 스스로 인정한 것은 언론의 신뢰를 위해서 한 걸음 진전된 상황이라 할 수 있다. 그러나 <동아일보>의 사과기사를 보면 정작 <동아일보>가 오보를 정정할 마음이 있는지 의구심이 간다. 그렇다면 일부 네티즌들의 의견처럼 <동아일보>는 이번 기사를 선의의 오보가 아니라 고의적이며, 악의적인 '작문보도'를 작심한 것 아니냐 하는 것이다.

　언론이 무릇 취재보도를 할 때는 철저한 사실의 확인으로 정확한 기사를 써야 하는 것은 상식이다. 또한 취재대상에게는 충분한 반론권을 제공해야 하며, 당사자의 의견은 지면에서 존중되어야 마땅하다. 뿐만 아니라 취재보도행위가 기자나 언론사의 편의 위주가 아니라 독자나 취재원, 취재대상 위주로 바뀌어야 하는 것은 두말할 나위 없다.

　<동아일보>의 정정기사는 이를 천명해야 하는 것이다. 그렇게 되어야만 '한 건 해 보겠다'는 폭로저널리즘을 종식시킬 수 있다. <동아일보>가 이 평범한 진리를 외면하고선 언론시장에서 그 입지가 점점 좁아질 것임은 강 건너 불 보듯 명약관화하다. <동아일보>의 진솔한 자성과 환골탈태를 기대한다.

<2003. 7. 17.>

대북사업과 남북경협의 진실*

정몽헌 현대그룹회장의 영결식이 지난 8일 2,000여 명의 조문객이 참석한 가운데 현대아산병원에서 거행돼 경기도 하남시의 선영에 안장됐다. 국민들이 한 재벌총수의 죽음을 착잡한 심정으로 보내는 것은 그가 다름 아닌 온 국민의 바람이었던 민족화해와 평화통일에 기여한 남북경협을 주도했던 인물이었기 때문이다. 그는 우리 시대의 모순에서 배어나는 아픔을 홀로 지니고 갔다. 때문에 그가 윤리적으로나 도덕적으로 혹은 종교적으로도 비난을 받고 있는 '자살'이라는 충격적인 죽음에도 불구하고 온 국민들은 그의 죽음을 '추모'하고 있는 것이다.

고 정몽헌 현대그룹회장은 지난 4일 새벽 서울 종로구 계동 현대 사옥 12층 집무실에서 투신자살했다. 대북송금 문제로 특검에서 조사를 받은 데 이어 검찰에서도 조사를 받고 있던 재벌회장의 돌연한

---

* 정몽헌 회장, 현대그룹, 남북경협, 대북사업, DJ, 현대아산, 정경유착, 대북 퍼주기, 빌리 브란트, 바이체커.

투신자살은 우리 사회에 엄청난 충격의 파고를 몰고 왔다. 자신의 생명을 스스로 끊는 자살은 드라마틱하고 센세이셔널하여 상업언론의 주목을 받기 마련이다. 더구나 자살자가 보통사람이 아니고, 그것도 국내 유수의 재벌회장이고 보면 언론의 집중적인 포커스를 받을 수밖에 없다.

공인의 죽음을 사인의 자살로 왜곡보도

문제는 언론이 지나치게 흥분하여 죽음의 본질은 철저히 외면하고, 상업적 기회주의적으로 선정보도·추측보도로 왜곡한다는 점이다. 정 회장은 불법적이고 탈법적인 대북송금에 관련된 자연인이기에 앞서 정부를 대신하여 북한과의 경협을 주도하던 공인(公人)이었다. 그러나 <조중동>은 정 회장의 죽음을 철저히 '사인(私人)의 자살'로 보고 있다. 그것은 5일자 1면 머리기사 제목만 봐도 알 수 있다.

「정몽헌 회장 돌연 자살 / 수사중압감·대북사업 부진에 고민」, (조선)
「정몽헌 현대아산 회장 투신자살 / "비자금 수사 괴로워했다"」, (중앙)
「현대 정몽헌 회장 돌연 투신자살 / "대북사업 후유증 괴로워했다"」, (동아)

<조중동>은 또 정 회장의 자살이유를 추적한 5일자 해설면 머리기사에서도 일제히

「정회장 무슨 말못할 사연 있었나 / 특검수사 이후 수차례 "괴롭다" 밝혀 / 대북경협 투자유치 성과없어 좌절감 / 초근 조사서 '또다른 문

제' 발생 가능성」, (조선)

　「정몽헌 회장 투신이유 뭔가 / 세차례 검찰조사…이틀 뒤 투신 / 검찰수사서 감당못할 뭔가 나왔나 / 내성적 성격…"종종 우울한 표정"」, (중앙)

　「경영난·비자금 수사로 사면초가 / 금강산 관광 적자누적…개성공단 차질 / 특검수사로 비난받자 절망늪 빠진 듯」, (동아)

라고 하였다. <조중동>의 보도를 요약하면 '정몽헌 회장은 대북사업의 부진에 크게 고민해 왔으며, 내성적인 성격에 검찰수사로 감당못할 '스트레스'를 받아 투신자살했다'는 것이다. 이는 사건의 본질을 폄하하고 왜곡하는 것으로 진실이 아니다.

　<조중동>의 5일자 사설 「정몽헌 회장의 안타까운 죽음」(조선), 「정몽헌 회장의 비극적인 죽음」(중앙), 「정회장의 비극 안타깝다」(동아) 등 또한 일제히 정 회장의 죽음을 사인화하여 단순히 경영자로서의 대북사업 실패에 대한 자괴감 때문이라고 지적하고, 자살의 책임을 DJ정부의 '햇볕정책'에 뒤집어씌우고 있다. 이는 잘못된 지적이다. 정 회장의 자살원인은 오직 본인밖에 모른다. 하지만 여기서 굳이 말할 수 있는 것은 분명 지금까지의 남북경협이 민족화해와 평화통일에의 기여라는 순수한 목적에서가 아니라 우리 정부·북한·현대그룹 등 제각각 다른 속셈에서 기인한 모순을 지니고 있다는 점이다.

DJ정부·북한·현대그룹 제각기 속셈

　정 회장의 죽음을 이해하기 위해서는 DJ정부·북한·현대그룹이 지녔던 제각기 다른 이해관계를 먼저 살펴야 한다. 경제난에 처해 나라 살림살이가 거덜 나기 일보직전이었던 북한은 대외경제원조가 절실히 필요했다. 특히 북한은 한국과 미국, 일본의 도움이 절실했다. 자본주의인 한국을 직접 상대하기에는 사회주의 주체사상을 표방하는 북한 정권으로서는 남북관계상 꺼려했고, 한국과의 평화적인 대화가 없는 상태에서 미국이나 일본 자본의 유치 및 지원은 불가능했다. 이에 차선책으로 선택된 것이 현대를 매개로 한 한국 정부와의 간접 대화 체계를 유지하는 전략이었다.

여야의 정권교체로 출범한 DJ정부는 국민들로부터 많은 기대를 받았으나 하루가 멀다 하고 터지는 '무슨무슨 게이트'로 인해 사실상 '명목뿐인 정권'으로 전락해 갔다. DJ정부는 이를 '외치'에서 만회하고자 했다. 특히 북한을 개방시켜 민족화해와 평화통일을 추구하는 정권이라는 이미지의 과시를 추구했다. 문제는 북한이 DJ정부의 주문을 따라주지 않았다. 그래서 북한이 유일하게 대화창구로 인정하고 있는 현대를 매개로 할 수밖에 없었다.

한편 현대그룹은 본질적으로 기업집단이다. 기업은 생리적으로 이윤을 추구하기 마련이다. 현대는 민족화해와 평화통일에의 기여라는 명분을 등에 업고, 실질적으로는 DJ정부를 대신해 대북사업을 추진했다. 현대가 대북사업에 나설 당시 우리나라는 IMF의 긴축재정시대였다. 때문에 각 기업은 하나같이 구조조정을 통한 규모의 내실화가 우리 경제의 패러다임이었다.

현대는 과거 권력과의 유착을 통해 외형적인 확대성장을 추구해왔던 전략을 여전히 고수했다. DJ정부가 뒤를 봐주는 대북사업을 발판으로 '몸집 불리기'에 나섰다. 현대의 부도는 DJ정부의 부도를 의미했다. 현대는 잇단 유동성의 위기에도 불구하고 DJ정부가 부도를 메

위주는 틈을 타 무모하리만큼 성장추구전략을 폈다. 이는 급기야 부메랑이 되어 되돌아왔다.

사업적으로 대북사업은 단기간 내에 수익성을 올릴 수 있는 성질의 것이 아니었다. 더군다나 IMF는 긴축재정에 반하는 현대에 대해 압박을 하고 나섰다. 설상가상으로 현대의 후견인 노릇을 하던 DJ정부가 2001년 언론사세무조사 이후 <조중동>과 한나라당이 합작한 '햇볕정책'에 대한 딴죽걸기, 즉 "DJ정부의 대북 퍼주기가 북핵 개발의 종자돈이 되었다"는 식의 허무맹랑한 이데올로기 공세에 DJ정권이 통치력을 사실상 상실하면서 현대의 파탄은 기정사실화됐다. 여기에다 현대그룹은 2000년 3월 '왕자의 난' 등을 거치면서 소그룹으로 쪼개졌고, 정주영 명예회장의 사망에 이어 그룹의 모태이던 현대건설이 2001년 1월 채권단으로 넘어가는 등 정몽헌 회장의 입지는 점점 위축되어 가고 있었다.

대북사업서 남북경협으로 전환했어야

남북경협은 현대그룹이라는 민간기업이 단독으로 맡기에는 애초부터 불가능한 프로젝트였다. 독일이 통일 이후 오늘날까지 총 국민생산의 4%대에 이른 통일비용 때문에 장기적인 경제침체에서 벗어나지 못하고 있는 현실을 반면교사로 삼는다면, 남북경협은 DJ정부뿐만 아니라 여당과 야당, 온 나라의 민간기업, 해외의 통일자본 등이 공동으로 참여하는 투명하고 깨끗한 '통일사업 프로젝트'로 전환했어야 했다.

DJ정부는 6·15남북공동선언이 문서로만 남아 있는 선언이 아니라 민족화해와 평화통일을 견인하는 살아 있는 선언이 되도록 하기 위해서는 현대그룹이 주도하고 있던 대북사업을 남북경협으로 전환했어야 했다. 대북사업은 밑 빠진 독에 물 붓는 격이다. 대북사업이란 북한을 이용한 민간기업의 비즈니스를 의미한다. 남북경협이 현대에 의해 대북사업화되면서 정부와 여당, 그리고 현대아산이 북한과 밀실에서 거래하듯 진행하는 과정에서 '실정법'을 어기게 됐고, 이는 '죄인'의 양산이 불가피하게 됐다. "회장님 혼자 다 막으려고 돌아가신 거예요"라는 현대아산 김윤규 사장의 절규는 대북사업이 지닌 비극적 종말을 극명하게 말해 준다.

따라서 대북사업은 남북경협으로 패러다임을 전환해야 한다. 남북경협이란 문자 그대로 남북이 경제협력을 통한 신뢰구축을 의미한다. 현대를 매개로 하는 현행 대북사업은 정몽헌 회장의 죽음이 상징하듯이 그 한계에 이르렀으며, 이제 용도폐기할 시점이 다다랐다.

정몽헌 회장이 유서에서도 말했듯이 남북경협을 결코 포기할 수 없다. 남북이 냉전체제로 돌아가 군비경쟁을 하는 사회적 비용에 비한다면 남북경협은 훨씬 적은 비용으로 더 많은 효과를 창출할 수 있다. 노무현 정부는 현대그룹이라는 민간기업의 어깨에 지워진 무거운 짐을 들어줘야 한다. 그동안 진행되었던 대북사업을 전면적으로 재검토하여 남과 북 모두가 '윈-윈'이 되는 지혜를 찾아내 통일로 가는 민족적인 과제가 되어야 한다.

그런데도 정부와 여당은 "현대아산이 대북사업을 주도해야 한다"고 하여 종래의 방침을 고수하고 있다. 지금까지 1조 원 이상이나 되는 돈을 쏟아 부었고, 4,500여 억 원에 이르는 자본을 다 잠식한 '빈깡통'이나 다름없는 회사보고 무슨 돈으로 대북사업을 하라는 것인지 알다가도 모를 일이다. 정부가 이미 현대에 지원한 돈만 해도 수조 원에 이른다. 그럼에도 현대는 국민들의 혈세 지원 없이는 단 하루도 살 수 없는 자생력을 상실한 지 오래다. 이런 법인이 대북사업을 계속한다는 것이 어불성설이라는 것은 삼척동자도 다 알고 있는 문제다. 노무현 정부의 '대북사업＝현대'는 DJ정부가 범했던 '정경유착'의 우를 고스란히 이어받겠다는 소리로써 제2, 제3의 정몽헌이 나올 개연성이 다분하다. 정몽헌 회장의 죽음을 애도하는 정치권의 조상에 대해 "진작 도와주지 그랬어요"라고 원망스런 얘기를 하는 현대아산 김윤규 사장의 절규를 정치권은 곱씹어야 한다.

한나라당과 조중동의 자기반성 절실

남북경협에 대해 사사건건 미주알고주알 딴죽 거는 한나라당과 <조중동>의 맹성(猛省)도 요구된다. 언제까지나 당리당략으로 남북경협을 '대북 퍼주기'라는 정치공세로 일관하는 야당의 자세는 국정을 책임진 제1당으로서는 할 일이 아니다. 한나라당 일부의 냉전적인 매카시즘은 통일과 국익에 아무런 도움이 되지 않는다. 한나라당의 최병렬 대표는 마땅히 당내의 수구세력을 딛고 이 땅의 '바이체커'가 되어야 한다.

그러기 위해서는 노무현 대통령이 먼저 '빌리 브란트'가 되어야 한다. 서독의 여야 지도자가 사심 없이, 투명하게 동독을 지원함으로써 '독일 통일'이라는 '분단의 역사'를 걷어냈던 것을 타산지석으로 삼아야 한다. 남북경협에서 헤게모니를 쥔 한국 정부가 여전히 역대 정권이 그러했던 것처럼 남북문제를 자신들의 정치적 목적에 악용하고자 한다면 정권뿐만 아니라 민족적 비극임을 명심하여야 한다. 뿐만 아니라 「툭하면 금강산 중단·경협연기·야의원 방북 제동」(한겨레, 8일치, 1면)으로 일관하는 북한의 왜곡된 남북경협관도 차제에 진정한 남북관계 개선을 위해선 단호하게 선을 그어야 한다.

언론 또한 남북경협을 보도할 때 국익을 진지하게 고려하는 성숙함을 보여야 한다. 특히 <조중동>은 남북경협을 안보상업주의 시각에서 보도하여 국론을 분열시키고, 국익을 훼손하는 과정에서 사익(私益·社益)을 챙기는 보도자세를 지양해야 한다. 남북경협은 우리 민족이 서로의 신뢰구축을 통해 자주적으로 한 걸음 한 걸음 통일을 향해 내딛는 소중한 발걸음이다. 기회주의적인 상업언론이 그 의미를 갉아먹을 이유는 하등 없다.

<2003. 8. 10. 참말로.>

'개의 해'와 언론*

병술년(丙戌年) 새해가 밝아오고 있다. 민력(民曆) 88년을 맞는 병술년은 '개의 해'다. 개는 중석기시대부터 인간과 함께해온 동물이다. 모든 동물 중에 인간과 가장 친한 '인간화'된 동물이 개이다. 개의 인간화는 '애완동물시장'에 가보면 그 실상을 극명히 알 수 있다. 생존에 필수적인 '개 사료'를 필두로 '개 껌'·'개 과자' 등 개의 '기호식품'은 물론, '개 의류', '개 미용실', '개 치과', '개 병원' 등 가히 '인간생활' 못지않은 '개 문화(?)'가 있다.

사람보다 개를 더 사랑하는 '견공족'

"개 팔자가 상팔자"라는 말처럼 때론 개가 사람보다 더 대접을 받는 세상이다. 도대체 어떻게 된 세상이어서 개가 인간보다 우대받는지는 모르겠지만, 아무튼 일부 무리가 개에게 쏟는 애정은 상상을

---

* 애완견언론, 경비견언론, 사냥견언론, 감시견언론

초월한다. 세상에서 사람보다 더 존귀한 것은 없다. 그런데도 사람보다 개를 더 존귀하게 여긴다면, 그를 무어라 해야 할까? 사람이 사람답지 못하고 행동거지가 나쁠 때에는 '개새끼'라고 욕을 한다. 사람보다 개를 더 중히 여기는 것은 스스로 인간이기를 포기하고, 개가 되겠다고 선언하는 것과 다름 없다.

그렇다면 점잖게는 '견공(犬公)'으로, 막말로는 개와 동족인 '개새끼(?)'라고 불러도 실례가 아닐 듯하다. 문제는 아무런 거리낌 없이 개를 끌어안고 지하철을 타고, 공원 나들이 등 공공장소를 무시로 드나드는 '견공족'들이 너무나 많다는 사실이다.

개 애호가들은 연간 1,000억 원이 넘는 돈을 개를 위해 쓴다. 개 시장 규모는 해마다 10% 이상씩 성장하고 있다. 그 정도의 돈과 애정을 인간에게 쏟는다면 대한민국은 적어도 급식비 4만 원이 없어 점심을 굶는 24만 명의 결식아동이 사라질 것이다. 퀭한 눈으로 '소주'에 찌들어 서울역이나 대구역에서 칼바람을 맞으며 신문지 1장으로 길거리 잠을 자야 하는 3,300여 명의 노숙자가 없어질 것이다. 연탄 한 장 아끼려고 냉구들 추위에 오들오들 떨며 동짓달 긴긴밤을 지새워야 하는 34만여 독거노인들의 삶의 질이 달라질 것이다.

사람을 사람으로 여기지 않고, 개를 사람처럼 여기는 '애견가'들에게 "개를 더 사랑하십니까? 사람을 더 사랑하십니까?" 하고 묻는다면 아마도 '우문우답(愚問愚答)'이 될 것이다. 어느 '개 백화점'에서 수십 만 원짜리, 수백 만 원짜리 '개 용품'은 선뜻 사면서도, 불우이웃돕기에는 "나 몰라라" 외면한다. 어느 고아원이나 양로원에는 고기를 사가지 않더라도 개에게 먹일 고기를 사는 데는 주저하지 않는다. 개를 주리 끼고 개의 위세를 빌려 사람 위에 군림하려는 '개 같은 사람(?)'에게는 '사람의 냄새'보다는 '개의 냄새'가 더 배어난다.

아무리 가난하고 배우지 못해 하잘것없는 인격이라 할지라도, 감히 사람과 개를 동일하게 비유할 수는 없다. 두말할 나위 없이 사람이 으뜸이다. 애견가들에게 개를 사람보다 더 좋아하는 이유를 물으면 한결같아 개는 주인을 배신하지 않기 때문이라 한다. 뭐 이따위 개 같은 논리가 있는가. "물에 빠진 사람을 건져내 놓으면 내 보따리를 달라"고 하는 것이 사람이다. 그것은 사람이기에 있을 수 있는 논리요, 자기주장이다. 개는 그렇질 않다. 오로지 제 주인의 눈에 들기 위해 꼬리치는 아양마저 서슴지 않는다. 이를 두고 개가 사람보다 낫다는 것은 어불성설이다.

개는 개다워야 하며, 사람은 사람다워야 한다. 그게 진실이다. 따라서 개에게는 개 대접을, 사람에게는 사람대접을 하여야 한다. 개를 사람대접하는 것은 자연의 섭리에 역행하는 짓이다. 개는 개의 자리에서, 사람은 사람의 자리에서 살아가는 것이 '하늘의 이치[天理]'이다. 아무리 개가 좋다고 하여 인위적으로 사람의 위치에 두면 하늘의 뜻을 거역하는 것과 다를 바 없다. 하늘의 뜻에 따르는 자는 흥하고, 하늘에 거역하는 자는 망하는 법이다(順天者興 逆天者亡).

개를 키우고, 개를 사랑하는 사람들은 대부분 '동물 사랑'이라는 치졸한 논리로 자기합리화를 당연시한다. 그들은 대부분 우리 사회의 상류층이거나 기득권층으로서 삶에 대해 경제적으로나 정신적으로 여유로운 사람들이다. 우리 사회에서 중산층 이상이다. 동서고금을 막론하고 항상 지배계급은 자기 과시용의 하나로 애완동물을 내세운다.

물론 민중들도 개를 키운다. 민중들이 키우는 개는 유한계급이 키우는 개와 의미가 다르다. 여름철 복날 된장 발라 뱃속으로 들어간다. 지배층은 "이 무슨 야만이냐"고 호들갑을 떤다. 민중들이 보신용으로 개를 키우는 것과 지배계급의 '자기과시용 애완동물 사회학'과 비교한다는 것은 넌센스다.

'애완견 언론'은 이미 언론이 아니다

개의 종류는 크게 감시견과 경호견·사냥견, 애완견 등으로 구분할 수 있다. 감시견은 집에 도둑이 드는 것을 방지하기 위해 키우는 개이며, 경호견은 주인의 신변안전을 위해, 사냥견은 사냥의 보조 도구로 활용하기 위해, 애완견은 무릎팍 위의 '심심풀이'라는 목적을 위해 사육한다.

언론의 역할을 흔히 개에 비유한다. 개의 본성은 짖는 데 있다. 개가 '짖는다'는 야성을 잃어버리면 그것은 개가 아니다. 개가 짖는 것을 막기 위해 성대 제거 수술을 한 애완견은 이미 개로서의 품성을 잃어버렸다. 주인의 치마폭에서 아양이나 떠는 애완견은 무늬만 개이지 그 실상은 개가 아니다. 개의 야성인 '민중'을 외면하고, 권력이나 사주가 던져주는 '개뼈다귀'라는 기득권의 유혹에 넘어가는 순간, 언론으로서의 생명을 잃는다. 개는 짖어야 비로소 개다. 개가 폭신한 침대에서 잠이 드는 안락한 생활을 추구하는 순간 개로서의 존재가치를 상실한다.

경호견과 사냥견은 어떠한가. 이들은 주인의 신호만 떨어지면 물불을 가리지 않고 물어뜯는다. '경호견 언론·사냥견 언론'은 사주의 이익옹호를 위해 민중의 삶을 서슴없이 파괴할 뿐만 아니라 공익을 짓밟는다. 오로지 주인에게 충성을 다할 뿐이다. 한국의 유력한 족벌언론이 그러하다. 그들에게서 개의 용도는 오로지 '자신들의 이익옹호'라는 목적달성 외에는 없다. 사냥이 끝나고, 용도가 쓸모없을 땐 바로 개를 삶아 버린다. 경호견 언론·사냥견 언론에 종사하는 노동자들은 과연 이 '토사구팽(兎死狗烹)'을 알고나 있을까?

감시견은 우리를 도둑으로부터 지켜주는 개다. 도둑은 두말할 나위 없이 민중의 이익을 훔치려는 무리들이다. 언론이 독자의 눈과 귀를 대신하여 '감시견'으로서의 역할과 소임을 다해야 한다는 것은 진부하다. 도둑들에게 있어서 감시견은 경외의 대상이다. 감시견이 언제나 눈을 부릅뜨고 있다면 감히 권력이나 기득권층이 민중의 삶을 왜곡하거나 기만하지 못할 것이다. 병술년 개의 해를 맞아 새삼 '감시견 언론'이 그리운 이유다. 그런데 혹시 이 무슨 '개소리'는 아닌지 모르겠다.

<2006. 1. 17.>

신문법과 수구언론*

역대 어느 정권에 비해 언론개혁에 대해 뚜렷한 소신을 지니고 있다는 노무현 정부가 의욕적으로 제정한 신문법에 대해 <동아일보>와 <조선일보> 등 일부 수구언론이 헌법소원을 낸 2차 공개변론을 보도하면서 그 왜곡보도가 악랄함의 극치를 보여주고 있다.

<조선일보>는 27일자 1면의 기사에선 「"신문법은 언론 재갈 물릴 것" / 憲訴 2차 공개변론…정부측 "언론통제 필요"」라고 하여 신문법이 언론자유를 억압하는 법인 양 왜곡하고 있다. A6면 「"신문 편집에 국가권력 개입"」이라는 제목을 달고 나온 해설기사에선 합헌측의 주장을 「"특정신문 논조 우리 현실과 안맞아"」라고 뽑고, 위헌측의 주장은 「"언론 오류는 사상의 시장에…"」라고 하여 신문법이 마치 희대의 악법인 양 왜곡하고 있다.

소송 당사자인 <동아일보> 역시 27일자 A8면에서 「"신문 점유율 조항만 강화하는 건 부당"」이라는 주제목 아래 「"편집과정 독자참여

* 신문법, 수구언론, <조중동>, 노무현 정부

는 국가개입 의도" / 정부측 "신문사는 사기업 아니다"」라고 하여 마치 정부가 이 법안을 내세워 언론자유를 억압하고 있는 듯한 인상을 주고 있다. <중앙일보> 또한 27일자 A8면에서 「"언론 비판 기능 심각하게 제한"」이라는 위헌론측의 주장을 주제목으로 뽑고, 「"위기의 한국 신문 진흥시킬 것"」이라는 합헌측의 주장을 부제목으로 달았다.

"신문法 위헌" 본사 소송제기

조선일보사(대표이사 방상훈·方相勳)와 독자인 방석호(方碩晧) 홍익대 법학과 교수, 조선일보 미디어팀 이한우(李翰雨) 기자는 '신문 등의 자유와 기능보장에 관한 법률(신문법)'과 '언론중재 및 피해구제 등에 관한 법률(언론피해구제법)'이 위헌이라며 9일 헌법재판소에 헌법소원 심판 청구서를 냈다. 신문법 등은 올 1월 1일 국회에서 통과돼 오는 7월 28일부터 시행된다.

조선일보사와 이 기자는 청구서에서 "신문법 및 언론피해구제법은 신문사의 경영·편집·판매 전반에 대해 광범위한 규제 조항을 담고 있는 법안으로 헌법이 보장한 언론·출판의 자유(제21조1항), 재산권 보장(제23조), 경제적 자유(제119조1항), 평등권(제11조1항), 행복추구권(제10조) 등을 심각히 침해하고 있다"고 밝혔다.

독자 대표인 방석호 교수는 "두 법은 독자권익과 공공성·공익성이란 명분을 내세웠지만 공권력이 신문에 개입하는 결과를 낳는 등 한국의 언론자유 수준을 과거로 회귀시켰다"고 말했다.

이들 청구인들은 두 법안 내용 중 ▲신문사의 잘못 없이도 가능해진 정정보도 청구권 ▲신문에 대한 사회적 책임 ▲신문의 복수소유와 방송 등 겸업 금지 ▲시장지배적 사업자에 대한 규제 ▲신문발전기금 등 신문에 대한 국가의 지원 ▲언론중재위원회의 시정권고권 신설 등 48개 조항을 구체적인 위헌 사례로 적시했다.

청구인 대리인단은 최광률(崔光律)·박용상(朴容相)·김태수(金兌洙) 변호사로 구성됐다.

호경업기자 (블로그)hok.chosun.com
황대진기자 (블로그)djhwang.chosun.com

신문법 위헌소송을 낸 조선일보 기사

<조선>·<동아>의 신문법 헌소 보도에 분노치 않을 수 없다. 노무현 정부의 신문법은 개의 본질이 사라진 '사이비 개혁입법' 가운

데 하나이다. <조중동>이 기형적으로 한국의 여론시장을 장악하고 있는 현실에서 언론개혁을 제대로 일궈내려면 차제에 노 정권이 제정한 '사이비 신문법'을 폐기하고, 개혁적인 신문법을 새로 제정해야 한다. 그 요체는 두말할 나위 없이 신문은 공익성을 지닌 사기업이라는 것과, 여론시장의 다양화 보장, 매체의 균형 성장 등을 제도적으로 보장하는 것이다. 그래야만 수구언론이 신문법에 대해 시비 걸 엄두조차 내지 못한다.

<조중동>이 노무현 정부의 신문법을 빌미로 "언론탄압" 운운하는 것은 정권에 대한 정치적 공세 외에는 다른 목적이 없다. 실제로 언론개혁을 요구하는 시민사회세력의 주장이 퇴색된 신문법이 제정되자 겉으론 "반대"를 외치면서도, 이불 속에서는 "만세"를 부른 것이 바로 이들 수구언론이었다. 그런 수구언론이 다시 신문법 위헌을 들고 나온 것을 보면, 노무현 정부의 다음 정권은 언론개혁을 어떻게 해야겠다는 것을 단적으로 보여준다고 할 수 있다.

<2006. 4. 27.>

재벌회장과 언론*

정몽구 현대자동차그룹 회장(68)이 지난 4월 29일 검찰에 구속됐다. 검찰에 따르면 정 회장은 1,300억 원을 횡령해 비자금을 조성하고, 회사 돈으로 개인 빚을 갚고, 편법 경영권 승계를 시도하는 등 3,900억 원을 배임해 회사에 손해를 끼쳤다는 것이다. 정 회장은 또 '로비'로 550억 원을 빚을 탕감 받는 등 그야말로 '악덕재벌'의 '전형'이라 해도 과언이 아니다.

'정경유착' 경영패러다임의 몰락

현대자동차그룹은 세계 7위의 '글로벌 자동차회사'이다. 자동차산업은 국민총생산액의 10%를 차지하고, 전체 고용의 11%인 154만여 명을 먹여 살리는 국가기간산업이다. 현대자동차그룹은 우리나라 자

---

* 족벌재벌, 부패경영, 재벌홍보원, 경제살리기, 언론문화재단, 정치기자, 현대자동차그룹, 정몽구 회장

동차 수출의 78%를 담당하고, 자동차산업 종사자의 40%를 직접 고용하는 초대형 매머드 기업이다. 지난 2005년 기준으로 연간 27조 3,000여 억 원의 매출을 올린 재벌랭킹 2위의 기업집단이다.

지난 98년 현대그룹의 '왕자의 난' 당시, 현대그룹 창업주였던 정주영 명예회장이 정세영 사장을 숙청하고, 현대자동차를 물려주자, 자동차의 문외한(?)이었던 정몽구 회장은 정주영 스타일의 '권력과의 유착을 통한 문어발식 확대경영'을 추구, IMF 이후 기아자동차그룹을 인수하는 등 14조 원대 재벌랭킹 5·6위를 오르락내리락 거리던 그룹을 단숨에 재벌서열 둘째 기업으로 키워냈다.

정 회장의 이러한 황제경영·족벌경영 패러다임은 전근대적인 60~70년대 박정희 개발독재시대에나 적합한 경영모델이다. 권력에는 정치자금을 '차떼기'로 상납하고, 관료는 적당히 뇌물로 구워삶아 그 반대급부로 외형적인 성장을 도모하는 부패경영을 21세기 디지털시대의 기업경영이라 할 수 없다. 더구나 정치권력이 점차 민주화되면서 권력과의 거래를 통한 족벌재벌의 '부패경영'은 점점 설자리를 잃어가고 있다. 그럼에도 정몽구 회장의 현대자동차그룹 경영패러다임은 이와 같은 전근대적인 '몽상'에서 깨어나지 못하고 있는 것 같다.

정몽구 회장은 입이 열 개라도 국민들에게 변명할 여지가 없다. 그가 정경유착을 통해 기업을 키어온 대가를 향유할 때, 그 폐해는 고스란히 국민들의 몫이 된다. 이번에 들통 난 로비에 의한 550억 빚 탕감만 하더라도, 그의 뒤를 봐준 권력자나 관료, 관계자 등은 그로부터 몇 푼의 사례를 받았겠지만, 구멍 난 550억 원은 모조리 국민들이 낸 '혈세'로 메워야 했다. 그의 죄질은 결코 가볍지 않다. 악질경제사범을 구속한 검찰의 용기에 대해 박수를 보내지 않을 수 없다.

경제 빌미로 협박하는 수구언론

그런데 국민의 여론이 엉뚱한 방향으로 흘러가고 있는 듯하다. 언론이 경제를 불모로 국민들을 협박하기 시작한 것이다. 재벌에게 아랫도리(광고)를 내 준 대가로 먹고사는 언론이 "안그래도 경제 어려운데…"(조선), "경제 악영향 우려"(중앙), "글로벌 경영 비상"(동아)이라면서 정 회장의 구속을 비난하기 시작한 것이다.

이들 수구언론은 「죄는 벌하고 회사는 살리는 균형있는 판단」(4월 28일자, 조선), 「정몽구 현대차 회장의 구속을 보고」(4월 29일자, 중앙), 「현대차 노사 합심해 위기 돌파를」(4월 27일자, 동아)라는 사설을 통해 "불법은 벌하되, 기업은 살려야 한다"며 정몽구 회장의 '불구속 흐지부지 수사'를 촉구하고 있다. 수구언론의 사설은 또 '70대 노인이 도주 및 증거인멸의 우려가 없다'며, '경제를 살려야 한다'는 대명제를 고려해야 한다는 교묘한 논리를 동원, 사태의 본질을 심각하게 비틀고 있다.

족벌언론의 사주 입장을 대변하는 '사설'의 논조가 이와 같다면, 기자정신이 펄펄 살아 있어야 할 보도는 어떠한가. 현대차 '황제'의 구속으로 경영권의 공백을 초래해 △해외공장 투자 불가 △바이어 이탈 △수출 감소 △적대적 M&A 노출 등이 불가피하다며 족벌재벌을 대변하고 있기는 마찬가지다. 기사는 또 그렇지 않아도 고유가와 원화강세 등으로 수출이 퇴조하고 있는 마당에 그의 구속은 엎친데 덮친 격으로 우리 경제를 수렁으로 몰고 갈 공산이 높다고 부르짖고 있어 국민들의 가슴을 섬뜩하게 하고 있다.

이는 기자정신이 실종된 정신 나간 넋두리라 아니 할 수 없다. 우

리는 그동안 정치권에서는 'YS장학생', 'DJ모범생' 등의 '정치기자'
를 심심찮게 봐 왔다. 그러나 이번 사태를 계기로 재계에서 활약하
고 있는 '재벌 홍보원'의 정체에 대해 바로 알 필요가 있다. 기자가
'삼성', '현대차', 'LG', 'SK' 등 기꺼이 재벌의 입이 되어 그들의
'선전원' 노릇을 마다 않는다. 이들은 버젓이 '언론인 행세'를 하며,
미디어를 지배하고, 그 중추로 활약하고 있다. 삼성그룹이 편법상속
문제를 뒤엎으려고 8,000억 원을 내놓자 하루아침에 한국경제의 미
래를 담보하는 건강성을 회복할 사회적 이슈를 실종시킨 것에서,
'재벌 머슴'들의 활약상을 조감할 수 있었다.

'재벌홍보원' 언론이기를 포기

  재벌과 언론인이 공식적으로 유착되는 첫 창구는 재벌소유의 '언
론재단', '문화재단' 등이다. 언론의 육성·진흥 등을 목적으로 설립
된 이들 비영리재단은 겉으로는 문화사업을 표방하고 있으나, 실제
로는 유력 언론인을 포섭하기 위한 역할에 그 초점을 두고 있다. 예
컨대 매년 선발되는 언론인들의 해외 유학이나 연수 지원, 언론인
저술지원기금 등의 선정자를 분석하면, 재단의 본질적 목적 사업 구
현보다는 유력 언론사의 유력 언론인들을 위주로 선별한다. 여기서
재벌재단이 언론인들에게 자금을 지원하는 본뜻을 알 수 있다.
  현대자동차그룹이 명실상부하게 세계 제7위의 글로벌기업이라면
기업문화 또한 그에 걸맞아야 한다. 그룹의 총수가 구속되었다 하여
투자를 못하고, 적대적 M&A의 대상으로 전락하였다면, 그런 기업은
한국경제의 건강한 미래를 담보하기 위해서라도 하루 빨리 망하는

게 낫다. 기업은 회장님의 말 한마디에 굴러가는 것이 아니라, 문화와 제도에 의해 경영되어야 한다.

따라서 불법과 비리, 그리고 부패로 얼룩진 현대자동차그룹 정몽구 회장의 구속에 대해 '경제'를 불모로 한 언론의 대국민 '협박'은 정당성을 지니기 어렵다. 현대자동차그룹은 정몽구 회장의 것이 아니라, 이 땅을 딛고 사는 우리 모두의 것이다. 이번 사태를 계기로 현대차그룹은 도덕성도, 경영능력도 없는 정씨 족벌을 회사로부터 완전 퇴출시키고, 온 국민의 기업으로 새롭게 거듭나길 기대한다. 그런데도 '옥중경영'을 마다 않는 정몽구 회장의 '망령'에 2005년의 노동절이 더욱 쓸쓸하다.

<2006. 5. 1.>

수구언론 조선일보 개혁론*

국세청은 지난 19일 <조선일보>의 계열사 <스포츠조선>, <매일경제>와 계열사 <MBN>, <KBS>와 계열사 <KBS아트비전> 등 6개 사에 대해 세무조사 사전통지서를 보내고, 오는 30일부터 내년 1월 23일까지(영업일 기준으로는 60일, 실제 일수로는 86일) 정기 세무조사를 실시한다고 밝혔다. 법인의 경우 매 5년마다 정기적으로 실시하게 되어 있는 세법에 의해 실시되는 이번 세무조사는 언론사의 경우 종합지·경제지·방송사 가운데 1위 기업이 대표적으로 선정되었다.

불·탈법 조사에 대해 "언론탄압" 강변

그동안 정치권력과 유착 온갖 불·탈법을 저지르면서도 치외법권 지대에서 군림하던 언론사는 지난 2001년 김대중 정부에 의해 중앙

---

* 1등신문, 언어폭력, 언론과의 전쟁, 반공 이데올로기, 조선일보개혁, 친일언론, 가문여론

일간지·방송·통신사 등 23개 언론사가 세무조사를 받고, 5,056억 원의 세금을 추징당한 바 있다. 그 과정에서 언론사는 '비리와 부정 부패의 백화점'처럼 온간 악덕기업이 저지를 수 있는 범죄수법을 적 나라하게 보여줬다. 이로 인해 국민들로부터 말로는 사회정의를 부 르짖는 언론사가 스스로 추악한 범죄를 일삼는 '이중적인 인격집단' 이라는 인식을 심어줬다.

이번에 실시될 언론사 세무조사를 통해 지속적으로 언론기업이 건 강한 도덕성과 윤리를 지닐 수 있는 계기로 삼을 필요가 있다. 그런 데도 <조선일보>의 조직적 반발이 심상치 않다. 스스로 '비판언론' 이라는 프레임에 설정해두고 "신문사 납세 1위를 또 조사한다"고 반 발이다. <조선일보>가 말하는 '납세 1위'라는 말은 맞다. <조선일보> 는 신문기업 가운데 최대의 수익을 올리는 '1등신문'이다. 장사를 그 만큼 잘하는 만큼 당연히 세금 또한 가장 많이 낸다. 때문에 <조선 일보>에 대한 세무조사는 필연적이다.

<조선일보>는 '세금을 가장 많이 내는 신문사＝성실납세자＝세무 조사 실시가 잘못됐다'라는 메시지를 독자들에게 전달하기에 혈안이 되어 있다. 공익적이어야 할 <조선일보>의 지면이 "무리했던 2001년 세무조사"와 "정치권이 예고했던 '조선일보 타깃'"이라는 데 이르면 독자 기만의 정도가 도를 넘어도 한참은 넘었다고 아니 할 수 없다. 독자들이 <조선일보>의 기만성과 정체성에 대해 자각할 필요가 있다.

'비판언론 죽이기' 라며 본말을 호도

박찬욱(朴贊旭) 서울지방국세청장은 세무조사 착수배경을 설명하면서 "신고 내용에 대한 성실도를 분석한 결과 언론사의 신고 내용이 불성실한 혐의가 짙어 착수하게 되었다"고 동기를 밝혔다. 그러면서 "<조선일보>는 2002년 1월 1일~2003년 12월 31일까지 법인세·부가가치세·특별소비세 등에 대해 통합조사를, <스포츠조선>은 2002년 7월 1일~2003년 6월 30일까지의 법인세·부가세 등에 대해 통합조사를 실시한다"고 덧붙였다.

社 說

5년 만에 다시 朝鮮日報 덮친 稅務조사

국세청이 조선일보와 스포츠조선에 대해 오는 30일부터 내년 1월 23일까지 60일간(영업일 기준) 定期(정기) 세무조사를 하겠다고 통보했다. 김대중 정부 시절인 지난 2001년 조선일보 세무조사를 벌인 지 5년 만이다. 매일경제신문, KBS 등 2개사도 세무조사 대상에 포함됐다는 것이 국세청 설명이다.

2001년 국세청은 조선일보에 6개반 47명의 조사인력을 투입해 142일간 세무조사를 벌였다. 김대중 정권이 평양 방문에 이어 金正日(김정일)의 서울 答訪(답방)을 실현시키기 위해 모든 수단을 동원해 여론과 언론의 입을 막으려 하던 때다. 당시 조선일보는 김대중 정권이 김정일의 답방을 실현시키려는 수단과 과정의 適法性(적법성) 그리고 정치적 목적에 의문을 제기하고, 국민적 합의과정이 필요하다는 論旨(논지)로 정부의 일방적 對北(대북)정책을 비판했었다.

김대중 정권은 論調(논조)를 바꾸라는 몇 차례의 협박과 회유를 조선일보가 거부하자 세무조사에 나섰다. 현 국세청장조차 지난 7월 자신의 국회 인사청문회에서 "2001년 세무조사가 정치적 의도로 실시됐다는 오해를 받을 소지가 있다"고 인정할 수밖에 없었다.

국세청은 대주주의 친인척 計座(계좌)와 주요 간부와 論客(논객)의 재산을 뒤진 끝에 조선일보에 857억원의 稅金(세금)을 부과했다. 年(연)매출 4000억원에 미치지 못하는 회사에 857억원을 추징하겠다는 것은 사실상 회사 문을 닫으라는 말이었다. 국세청은 이 같은 정치적 의도가 담긴 추징액의 무리를 스스로 인정하고 그 후 여러 차례에 걸쳐 모두 417억원을 취소할 수밖에 없었다. 나머지 금액도 그 不當性(부당성)을 놓고 지금도 고등법원과 대법원에서 소송이 진행 중이다.

지금의 세무조사는 5년 전의 그런 세무조사와 정치상황, 정권의 의도 모두 그대로다. 국세청이 세무조사 할 때가 됐다는 것이나 매출규모·불성실 신고 등등을 내세우는 것이 얼마나 우스운지는 국세청 스스로가 더 잘 알고 있을 것이다. 세무조사 기간은 대부분 언론사가 똑같은 조건이고, 상위 3개 신문사 매출이래야 각기 3500억원 안팎의 고만고만한 '중소기업' 들이며, 조선일보는 1980년대부터 지금까지 한 해도 거르지 않고 신문사 중에서 법인세를 가장 많이 내 왔기 때문이다.

이 정권은 출범 이후 3년8개월 동안 조선일보에 대해 쉼 없이 권력적·법률적·행정적·언어적 폭력을 휘둘러 왔다. 요즘 들어서는 背後(배후)와 正體(정체)가 不明(불명)한 물리적 폭력까지 조선일보를 덮쳐오고 있다. 걸핏하면 최고 권력자가 나서서 언어 폭력을 퍼붓고, 그에 맞장구치듯 권력 下手人(하수인)인 어용 시민단체들이 조선일보 공격에 나서고, 청와대 등 정부기관은 수시로 취재를 거부하고, 기사와 논평에 대해 쉴 새 없이 소송을 걸어왔다.

공정거래위는 새벽 2시부터 일어나 각 가정에 신문을 배달하는 조선일보 보급소를 덮쳤으며, 官營(관영)매체인 청와대 브리핑과 국정 브리핑은 공무원들에게 조선일보 보도에 대한 是非(시비)를 재촉했다. 조선일보에 기고한 공직자에게 경위서를 받고 조선일보가 공익을 위해 40년간 정부와 공동 개최해온 청룡봉사상·환경대상에서 하루 아침에 정부가 손을 떼도록 만들었다. 이런 상황 속에서 최근엔 조선일보 경영자를 향한 대낮의 테러까지 빚어졌다.

이 모든 사태는 권력이 신문의 삶과 죽음까지 결정할 수 있다는 오만에서 비롯된 것이다. 그러나 권력이 신문을 탄압할 수는 있었을지언정 신문을 죽일 수는 없다. 오직 독자만이 신문의 운명을 결정하는 것이다. 조선일보는 조선일보 독자를 믿고 그 독자의 믿음에 온 몸을 다해 보답할 것이다.

조선일보, 2006년, 10월 21일자.

이에 대해 <조선일보>는 야당의 입을 빌어 "대선 준비 언론탄압", "언론에 재갈물리기" 등이라며 맞받았다. 또 「15년 만에 다시 조선일보 덮친 세무조사」라는 21일자 사설은 "2001년 김대중 정부가 시행한 언론사 세무조사는 논조를 바꾸라는 몇 차례의 협박과 회유를 거부하자 실시된 것"이라고 주장하고, '지금의 세무조사 의도도 그와 같은 연장선상에서 비롯된 것'이라고 강조했다.

사설은 또 "걸핏하면 최고 권력자가 나서서 언어폭력을 퍼붓고, 그에 맞장구치듯 권력하수인인 어용 시민단체들이 <조선일보> 공격에 나서고, 청와대 등 정부기관은 수시로 취재를 거부하고, 기사와 논평에 대해 쉴 새 없이 소송을 걸어왔다"며 노무현 정권의 언론정책을 권력적·법률적·행정적·언어적 폭력이라며 비난했다. 사설은 이어 "권력이 신문을 탄압할 수는 있을지언정 신문을 죽일 수는 없다"며 독자와 함께 <조선일보>를 지켜나갈 것을 다짐했다.

1등신문답지 않는 반발에 속내가 의문

<조선일보>의 주장은 사실과 진실을 비빔밥처럼 한곳에 뒤섞어 독자들을 현혹하고 기만하는 지극히 반언론적인 행위이다. 가령 사설에서 지적하고 있는 <조선일보>와 정부가 30여 년 이상을 손잡고 해왔던 청룡봉사상·환경대상 등에서 정부가 손을 떼도록 만든 처사는 치졸하기 그지없는 언론정책임은 분명하다. 변명의 여지가 없다. 권력에 과잉충성으로 출세를 노리는 일부 기회주의자들의 이런 작태는 결국 노 정권의 권력적 도덕성을 파탄내고, 마침내 정당성마저 상실케 할 것이므로 척결하지 않으면 안 된다.

문제는 이것이 본질이 아니라는 것이다. <조선일보>는 자신이 세무조사 대상 기업으로 선정된 데 대해 '비판언론 죽이기'라며 저항하고 있다. <조선일보>의 논리에 따르면 30여 만 개의 대상 기업 가운데 하필이면 신문사가 조사대상으로 선정되었고, 그 가운데 정권에 가장 비판적인 <조선일보>가 선정된 것은 우연이 아니라는 것이다. 뭐 이따위 개뼈다귀 같은 논리가 있는가.

세무조사의 선정권은 전적으로 정부가 지니고 있다. 더구나 언론기업은 불·탈법이 가장 심해 불투명한 산업집단으로 국민들에게 인식되고 있다. 언론사에 대한 불신은 지난 2001년 김대중 정부의 세무조사로 그 실체가 말로만이 아니라 현실로 이미 드러난 바가 있다. 실태가 이와 같으므로 이번 세무조사에서 언론기업이 선정되는 것은 너무나 당연하다. 그런데도 <조선일보>는 지면을 통해 '언론탄압'이라며 억지로 국민들을 속이고 있다.

<조선일보>는 대한민국 사회에서 자타가 공인하는 '1등신문'이다. 1등신문이면 1등신문답게 신문기업을 대표해 대표적으로 세무조사를 받는 것도 떳떳한 일이다. 부정과 비리가 없고, 1등신문다운 신문경영을 했으면 천하에 두려울 게 없다. <조선일보>가 1등신문답지 않게 극렬히 저항하는 것을 보면 '아무래도 구린내가 있는 것 아니냐' 하는 의구심을 자아내게 한다.

보수를 빨갱이로 모는 수구언론의 작태

<조선일보>와 노무현 정권은 물과 기름과 같다. 그것은 노 정권의 탄생 배아가 '언론과의 전쟁', 특히 '조선일보와의 전쟁'을 통해 잉

태되고 탄생되었기 때문이다. <조선일보>는 최근 '작전통수권 문제'와 '북한 핵실험 사태' 등을 통해 숭미·친일 사대주의 언론으로서의 실체를 유감없이 드러냈다. 물론 그 포장은 '반공이데올로기'와 '민족주의' 몰골을 포장하고서 말이다. 그러면서 노무현 정권의 진보적인 '친북' 성향을 그 원인으로 돌렸다.

열린우리당의 창당 주역의 한사람이었던 김성호 전 의원은 탈당성명서에서 노 정권의 정치적 성격에 대해 "한나라당과의 대연정 주장, 대북송금 특검, 서민경제 파탄, 이라크 파병" 등을 예로 들고, "노무현 정부는 햇볕정책과 6·15 공동선언 정신을 부정하고, 부시 행정부의 네오콘과 일본의 자민당 우익정권이 주도하는 대북제재에 동참함으로써 결국 북한의 핵실험이라는 최악의 상황에 직면하고 말았다"고 지적했다.

한마디로 노무현 정권은 '짝퉁 진보정권'이라 할 수 있다. 그런데도 <조선일보>는 시종일관 노 정권을 향해 "빨갱이 성향"이라며 시비를 걸어 진실을 호도하고 있다. 노 정권이 본질적으로는 보수정권인데도 이를 빨갱이라 보는 <조선일보>의 시각은 스스로 "수구언론"임을 공언하는 것이라 할 수 있다. 수구언론은 한국의 역사발전에 아무런 도움도 되지 않는다. 언론시장에서 퇴출되어야 마땅하다.

하지만 현실은 수구언론이 한국의 언론시장을 독점적으로 장악한 제1지로 군림하고 있다. 이는 한국의 민주주의 발전을 저해하는 가장 암적인 요소다. 따라서 수구언론 <조선일보>를 척결하지 않는 한 한국의 민주주의는 위기의 기로에 처해 있다고 아니 할 수 없다. 자율적이 아니라 타율적으로라도 <조선일보>의 개혁이 절실한 까닭이다. 한국사회에서 <조선일보>가 영향력이 없는 그저 그런 신문에 불과하다면 <조선일보> 개혁에 왈가왈부할 이유가 없다.

한국사회에서 <조선일보>가 얼마나 위험한 '핵폭탄'이며 한국인들의 정신을 피폐하게 할 '암 덩어리'인지는 <조선일보>가 신줏단지처럼 떠받드는 '반공주의 이데올로기'만 예로 들어도 그 실체를 알 수 있다. <조선일보>가 주장하는 '반공주의'는 진짜 반공주의가 아니다. <조선일보>의 반공주의는 일제가 민족적 자주의식을 지녔던 당시의 식민지 지식인을 말살하기 위해 도입했던 '일제식 반공주의'다. <조선일보>의 반공주의는 해방 이후 독재정권에 빌붙어 '친일청산'을 주장하는 민족적 정기를 해체하고, 오로지 권력자가 정적을 제거하고 정권안보를 다지기 위해 도입했던 '권력유지용 반공주의'에 기생한다. <조선일보>는 이처럼 맹목적이고 폭력적인 반공주의를 팔아 신문장사를 해왔던 것이다.

조선일보 개혁 없는 언론개혁은 공론

<조선일보>의 개혁 없이 한국언론의 개혁은 없다. <조선일보>의 개혁은 '친일언론'으로 언론보국의 사명을 다하기 위해 일제에 복무했던 과거사에 대한 사죄부터 비롯되어야 한다. <조선일보>는 결코 민족언론이 아니다. 일제의 주구언론이다. 왜정시대 일제의 앞잡이로 언론보국의 사명을 실천하기 위해 이 땅의 민중의 삶을 짓밟았던 언론범죄를 국민들에게 낱낱이 고백하고 용서를 구하지 않는 한 <조선일보>의 정체성과 도덕적 정당성은 없다.

<조선일보>는 또 민주주의의 발전과 언론자유의 신장을 위해 공익적으로 사용하여야 할 지면을 사익을 위해 사용했던 반언론적인 행위에 대해서도 사죄하여야 한다. <조선일보>가 언필칭 1등신문이

라면 1등신문에는 1등신문으로서의 책임과 의무가 부과되는 것이 상식이다. <조선일보>는 1등신문에게 주어진 역할을 다하지 못했다. 오히려 앞장서 독재정권과의 유착을 통해 언론의 사명을 왜곡했다.

<조선일보>는 자신들이 저질렀던 이와 같은 언론범죄에 대해 '석고대죄'하여야 한다. <조선일보>에 종사하는 사람들은 대부분 서울대·연세대 등 우리나라 최고 학부를 나온 엘리트들이다. 이들이 자신들의 지식을 국민을 위해 사용하는 것이 아니라 <조선일보>라는 언론사주, 스스로 '밤의 대통령'을 자임하는 방씨 일가를 위해 사용하는 것을 부끄럽게 여겨야 한다.

건강한 상식을 지닌 지성인의 눈으로 보면 <조선일보>의 논조는 대개가 '거짓말의 향연', '경강부회의 극치'를 보여준다. 그것은 이 땅의 제1지, 즉 <조선일보>를 방씨 일가가 배타적으로 지배하는 족벌언론이기 때문이다. 따라서 <조선일보>의 개혁은 <조선일보> 종사자의 몫이라 아니 할 수 없다. 앞서도 얘기했듯이 언론개혁이 우리 시대의 시대적 소명이라면 <조선일보>를 이대로 두고 언론개혁을 하겠다는 것은 '정치적인 수사'에 불과하기 때문이다.

언론개혁의 목적이 언론자유의 신장을 통해 민주주의의 발전에 기여하는 것이라면, 이 땅의 1등신문 개혁부터 논의하여야 한다. 여론시장을 배타적으로 지배한 <조선일보>는 방씨 일가의 '가문여론'을 '사회적 공론'이라며 우기기 때문이다. 그런 <조선일보>는 매우 위험한 언론제도다. 권력의 향유만 있고 책임은 전혀 없는 족벌언론 <조선일보>를 그대로 두고서는 언론개혁의 의미도 없을 뿐 아니라, 실익도 없다.

<2006. 10. 23.>

기사담합과 기자실 개혁*

노무현(盧武鉉) 대통령은 16일 오전 청와대에서 열린 국무회의에서 국내 언론의 기사 생산과정이 이른바 기자실의 '기사 담합' 구조 속에서 획일화되어 있다고 비판했다.

노 대통령은 "여러분이 브리핑룸에서 보도자료를 갖고 충분히 브리핑을 할 때는 많은 내용이 있는데, 그것을 하나로 어느 방향으로 보도할 것이냐를 딱 압축시키는 작용을 하는 곳이 어디냐 하면 바로 기자실"이라고 지적하고, "몇몇 기자들이 딱 죽치고 앉아서 기사 흐름을 주도해 나가고 만들어 나가는, 있는 것을 보도하는 게 아니라 보도자료들을 가공하고 만들어나가고 담합하는 구조가 일반화되어 있는지 각국의 대통령실과 각 부처의 기자실 운영상태를 조사해서 보고해 달라"고 말했다.

노 대통령의 이 같은 지시는 최근 보건복지부가 발표한 '국민건강증진계획'의 다양한 내용들이 언론보도를 통해 '출산비용 지원' '대선용

---

* 보도자료, 기자실, 기사담합, 손석춘 기자, 기자단, 철밥통, 언론과의 전쟁.

정책' 등으로 축소돼 보도됐다는 비판적 인식을 언급하면서 나왔다.

노 대통령은 "기자실이란 것이 기사를 획일화하는 부작용이 있다"고 예를 들면서, "어떤 사람은 '국민건강증진'으로 보도하고 어떤 사람은 '출산비'로, 어떤 사람은 '생애전주기별로 국가에 의한 건강관리 계획'으로 충분히 보도할 수 있는데 획일적으로 출산비 부담으로만 나온다"며 "바로 이것이 어디서 만들어졌느냐 하면 기자실에서 만들어진 것"이라고 개탄했다.

특히 노 대통령은 "국민은 직접 정부를 볼 수 없고 반드시 거울을 통해 볼 수 있는데, 그 거울이 지금 색깔이 칠해져 있고 일그러져 있다"며 "개혁에서 가장 중요한 것 중의 하나가 소위 특권과 유착, 반칙, 뒷거래의 구조를 청산하는 것인데 여기에 가장 완강히 저항하는 집단이 바로 언론집단"이라고 지적했다.

취재보도 담합통해 획일적 보도 양산

기자실이 '기사담합을 통해 획일적인 소나기보도를 쏟아내는 곳'이라는 대통령의 지적에 대해 <조중동>을 비롯한 기존 언론은 일제히 "신종 언론탄압"이라며 비판의 목소리를 쏟아냈다. 이는 새삼스러울 것 없는 현상이다. 여기서 주목되는 것은 그동안 노무현 정권의 개혁전도사를 자임하던 매체마저 일제히 비판의 칼날을 곧추 세우기 시작했다는 점이다. 대표적 관변언론 구실을 해왔던 <YTN>과 <연합뉴스>, <서울신문>, <경향신문> 등은 물론 진보언론으로 노 정권 탄생의 밑거름이 되었다고 자부하던 인터넷언론 <오마이뉴스>마저 비판에 나선 것이다.

野·언론학자들 "신종 언론 탄압"(한국일보 | 2007 - 01 - 17)

기자실 제도 없어지나?(YTN TV | 2007 - 01 - 17)

'기자실 실태조사 지시' 왜 나왔을까(연합뉴스 | 2007 - 01 - 16)

노 대통령, 기자실 비판 왜(중앙일보 | 2007 - 01 - 17)

기자실 담합조사 배경…… 언론 불만 폭발·의도적 손보기 해석도(국민일보 | 2007 - 01 - 16)

쓴웃음 나오는 대통령 언론관(오마이뉴스 | 2007 - 01 - 17)

'건강투자전략' 보도 왜 논란인가(연합뉴스 | 2007 - 01 - 16)

현실 모르는 盧…언론에 애꿎은 화풀이(경향신문 | 2007 - 01 - 16)

'담합 타깃' 복지부 기사 보도 전말(서울신문 | 2007 - 01 - 17)

담합 사례로 든 '건강대책' 보도과정(중앙일보 | 2007 - 01 - 17)

복지부 기자단 "장관은 해명하고 대통령은 사과하라"(프레시안 | 2007 - 01 - 16)

靑 "모두가 담합하는 것처럼 보였다면 유감"(연합뉴스 | 2007 - 01 - 16)

유시민 장관, "충분히 설명 못한 내 잘못"(YTN | 2007 - 01 - 16)

靑, "복지부 기자 보도태도는 적절한 예로 든 것"(머니투데이 | 2007 - 01 - 16)

담합 기자 지목된 복지부 기자실 '격앙'된 분위기(쿠키뉴스 | 2007 - 01 - 16)

한나라당, "담합 운운은 신종 보도통제"(YTN | 2007 - 01 - 16)

보건복지 담당기자들, 기사 담합·가공 부인……사과 요구(YTN TV | 2007 - 01 - 16)

"알맹이도 없는 정책 내놓고……" 황당한 기자단(세계일보 | 2007 - 01 - 16)

노 대통령 "모든 정책 '대선용' 비방은 정략"(연합뉴스 | 2007 - 01 - 16)

이 가운데 특히 손석춘 기자가 쓴 <오마이뉴스>의 「쓴웃음 나오는 대통령 언론관」은 당혹스럽기 그지없는 논조다. 그동안 양심적 언론인·진보적 언론인·비판적 언론인을 자임하는 손 기자는 이 땅과 우리 시대를 대표하는 지식인이자 언론인으로서 DJ정부 이래 노무현 대통령에 이르기까지 개혁적(?)이고 진보적(?)인 언론관을 칭송하고 지지했던 논객 가운데 하나였다. 그런 그가 대통령의 기자실 실태조사를 비판하고 나섰다. 이는 아무래도 '하이에나 언론인'의 군성을 드러내는 것 같아 참담한 마음을 금할 수 없다.

양심적 언론인 언론개혁 손떼라 주문

배타적이고 독점적이며 권위적인 기자단·기자실을 해체되어야 마땅하다. 언론의 취재는 기자 개개인의 능력에 따른 자유로운 경쟁환경으로 전환되어야 한다. 그런 의미에서 노무현 대통령의 기자실관은 정당성을 지닌다. 기존의 기자단이 이러한 대통령의 기자실관을 비판하고 매도하는 것은 자신들의 철밥통을 지키려는 극단적인 이기주의의 발로 외에는 아무 것도 아니다.

이를 모를 리 없는 손 기자가 대통령의 언론관에 대해 새삼스럽게 시비를 걸고 나오는 것은 뭔가 잘못돼도 한참 잘못됐다. 손 기자는 나아가 노 정권에 대해 "언론개혁 문제에 대해 손을 떼라"고까지 요구하고 나섰다. 노 정권의 본질은 그도 지적했듯이 신자유주의와 한미자유무역협정 추진, 노동운동 탄압, 주한미군의 전략적 유연성 합의와 평택 첨단미군기지 건설 등에서 보는 바와 같이 결코 진보적이거나 개혁적인 정권이 아니다.

그러나 분명한 것은 노 정권이 '언론과의 전쟁'을 통해 국가 최고 권력까지 오른 정권이라는 점이다. 따라서 노 정권의 언론관에는 필연적으로 고도의 정치적 행위와 의미가 내포되어 있기 마련이다. 우리가 이를 간과할 수 없는 것은 노 정권의 언론관이 현실적으로 언론개혁을 추동할 구체적인 목적과 힘을 지녔다는 점이다. 문제는 어떻게 이를 언론개혁에 활용할 것인가 하는 점이지, 노 정권 자체의 언론관이 문제시되는 것은 아니다.

상황이 이러함에도 언론개혁가·언론운동가를 자임하는 손 기자가 노 대통령의 언론관을 '소모적 말다툼'으로 폄하하고 있는 것은 유감이라 아니 할 수 없다. 그렇다면 그의 정체성도 결국은 해바라기 언론인이란 말인가. 이는 아무래도 민주언론인으로 거듭났다는 그가 DJ정부 이래 쏟아낸 무수한 언론비평이 지닌 진실성에 대해 의구심을 자아내게 하는 대목이라 아니 할 수 없다.

남은 임기에 언론개혁 일궈내길 성원

거듭 말하거니와 노무현 대통령이 말한 한국언론의 기자실이 기사담합의 주요 창구라는 지적은 정당성을 지닌다. 이참에 그러한 기자실의 실태조사를 통해 언론개혁 방안을 강구하는 것 또한 언론개혁 세력이 일궈야 할 명제다. 그런데도 시종일관 노 정권을 지지했던 유력 언론인이 "언론개혁에서 손을 떼라"고 주문하는 것은 자가당착의 모순적인 담론이라 아니 할 수 없다. 노무현 대통령은 1년도 채 남지 않는 임기 동안이라 할지라도 대통령에 주어진 책임과 의무를 다해 언론개혁을 일궈내길 기대하고 성원한다.

<2007. 1. 17.>

언론통제 세력과 언론보도의 성역*

한국언론재단에서 펴내는 월간 ≪신문과방송≫ 2007년 3월호는 언론통제 세력으로 정치권력이 급속히 퇴조하고 있는 반면, 재벌·언론사주 등 경제·사회세력은 영향력이 확대되고 있다고 보도했다. 잡지는 또 서구언론은 '국익'이라는 자체 검열 이데올로기에 의해 '보도의 성역'이 생기고 있으며, 한국언론은 전문성이라는 성벽 아래 법조, 의료계, 국가안보를 앞세운 군대와 정보기관, 체제 질서를 빌미로 한 공권력 등은 절대적 권력의 행사가 언론과의 적절한 타협을 통해 여전히 성역을 구축하고 있다고 지적했다.

먼저 무소불위의 황제로 군림하고 있는 언론사주의 언론통제는 언론이 국익보다는 사익(私益·社益)을 위해 동원되는 문제점이 있다. 언론은 사회적 공적 제도라는 사실을 망각하고 오로지 사주의 '충견'이 되어 '선전원' 노릇을 마다 않는다. 신문이 언론자본의 '홍보

---

* 한국언론재단, <신문과방송>, 언론통제, 언론보도성역, 언론사주, 자본권력, 소송통제, 법조·의료·종교보도, 언론자유.

팀'으로 전락하고 있는 현실을 타파하기 위해선 방송처럼 법적으로 소유지분 제한이라는 제도적 장치의 도입이 불가피하다.

재벌 등 자본권력의 언론지배는 '광고'가 매개한다. 시장에서의 생존이라는 명분 아래 언론은 자본의 '눈치보기'를 해왔다. 자본 또한 은밀한 협조를 구하는 '대언론 로비'를 통해 문제의 해결을 도모해왔으나 요즘은 언론이 자본권력에 대해 스스로 알아서 기는 분위기로 전환되고 있다. 자본과의 타협을 넘어 자본의 시각과 이념을 스스로 검열하는 수준으로 치닫고 있는 것이다. 자본에 대한 감시와 견제는 언론의 존재이유이다. 언론 스스로 자본에 내화하는 데까지 전락했다. 따라서 자본으로부터의 독립을 위한 해법을 강구하지 않으면 언론의 희망은 없다 해도 과언이 아닐 지경이다.

엘리트·특권의식이 '성역'의 주범

언론사주와 자본권력이 언론을 직접적으로 통제한다면 법조계와 의료계, 종교계는 전문성이라는 지식을 매개로 언론보도를 통제한다. 법조계의 언론통제는 '소송의 남발'을 통해 이뤄진다. 언론이 법조 내부의 문제점을 고발하거나 기적하는 기사는 여지없이 소송에 휘말리기 일쑤이다. 소송에 휘말린 언론은 추가 취재나 후속보도를 망설이게 한다. 아직도 우리 사회에서 '사(士)'라는 엘리트 심리·특권의식에 젖어 있는 법조인들의 수구적인 폐쇄성은 '민주주의의 수호천사'가 아니라, 법을 빙자한 '민주화의 암 덩어리'라는 사실을 스스로 폭로하는 것과 다를 바 없다.

의료보도는 대부분 대형병원·치료중심으로 전개되고 있다. 즉 어느 특정병원의 명의가 '기적의 치료'를 했다는 것이다. 이는 병원의 홍보이지 언론보도가 아니다. 의료보도의 성역화는 의료가 고도의 전문 분야라는 데서 그 원인을 찾을 수 있다. 언론이 스스로 의료의 문제점을 찾아내 비판하기란 현실적으로 불가능하다. 여기에는 의료 전문인의 도움이 전제되어야 가능하다. 그런데 의료인 또한 결코 법조인 못지않게 강한 내부 결속력으로 막강한 이너서클을 형성하고 있어, 언론의 접근을 원천적으로 봉쇄하고 있다. 이러한 성역으로 인해 환자의 권리와 국민건강의 희생이라는 값비싼 대가를 치르고 있다.

언론이 보도하는 종교비리는 대부분 종교의 본질, 그 자체에 대한 문제라기보다는 종교단체나 종교인 개인의 일탈, 탈법행위 등에 관한 것이다. 그런데도 문제가 터졌다 하면 신도를 자처하는 패거리들이 우르르 언론사로 몰려와 격렬한 항의와 함께 물리적 폭력마저 서슴지 않는다. 무지막지하기 그지없는 광신적 신자들이 휘두르는 과격한 충돌이나 소송 사태에 휘말리면 언론은 종교문제에 접근하기를 꺼려한다. 그래서 대부분 종교기사는 홍보성 보도가 위주가 된다. 이 땅을 딛고 사는 사람이라면 설령 그가 '신(神)'이라 할지라도 세속의 원칙, 법도에 어긋나서는 안된다. 언론이 종교의 본질적 부분에 대해서는 간섭할 권리가 없지만, 그렇다고 종교단체나 그 구성원이 시민사회의 기본적인 룰을 어길 때 침묵해야 할 의무도 없다.

언론자유 위한 언론개혁 절실

'국경 없는 기자회'가 발표한 자료에 따르면 한국의 언론자유는 조사대상 167개 국가 중 69위로 나타났다. 노무현 정부 들어 정치권력의 언론간섭은 대부분 사라졌다. 언론의 자유는 외형적으로 크게 신장된 듯하다. 그러나 내부적으로는 언론자본과 재벌의 언론통제가 더욱 심화되었고, 전문성을 빌미로 한 보도의 성역은 하루가 멀다 하고 날로 확대되고 있다. 법조, 의료, 종교계에 이어 조만간 시민운동사회 또한 간접적으로 언론통제자로 나설 조짐이다. 문제는 이러한 구조적인 언론통제를 언론에 종사하는 언론인 외에는 일반 독자들이 알아채기 힘들다는 점이다. 이로 인해 언론자유 확보를 위한 언론개혁이 제대로 목소리를 내기 어렵게 된 것이다.

언론이 존재하는 이유는 여론의 다양화를 위해서이다. 여론의 다양화는 언론보도의 '성역깨기'부터 비롯되어야 한다. 언론보도의 성역은 1차적으로 언론 종사자들의 스스로의 의지에 의해 타파되어야 한다. 여기에 독자들의 언론개혁을 위한 성원이 결집될 때 비로소 성역은 하나 둘 사라질 것임을 자각할 필요가 있다.*

<2007. 3. 7.>

---

* 출처: ≪신문과방송≫, 제435호, 한국언론재단, 2007년 3월호, 8∼35쪽 참조.

'한미FTA'와 미디어산업*

한국과 미국 간의 자유무역협정(*Free Trade Agreement*·이하는 '한미FTA')이 14개월여 협상 끝에 마침내 타결되었다. 재벌언론 <중앙일보>는 '제3의 개국'이라며 "대한민국이 'G7' 시대를 열게 되었다"며 쌍수 들고 환영했다. 기회주의적인 숭미사대주의의 전진기지라 할 <조선일보>도 '군사 혈맹에서 경제 동맹으로 나아가게 되었다'며 반겼다. 사사건건 노 정권의 발목을 잡아왔던 족벌언론 <동아일보> 역시 "한국경제의 제2 도약 계기가 될 것"이라며 지지했다.

허울뿐인 껍데기 챙기고 실속 다 내준 협상

한미FTA는 대미협상이 늘 그러했듯 이번에도 허울뿐인 명분만 챙겼다. 대신 실속은 모조리 미국이 가져갔다. 부스러기만 겨우 얻어먹

---

* 한미FTA, 미디어시장개방, 문화산업, 문화주체성, 미국패권주의, 반미감정, 제3의 개국, 경제종속.

고, 건더기는 철저히 미국이 독식했다. 겉으론 웃고, 속으론 골병이
든 것을 협상이라고 한 셈이다. 가령 미국산 자동차 1대당 500여 만
원 싸게 사는 대신 1조 원 가까운 약값을 더 지불하게 됐다. 이것이
한미FTA의 협상결과를 단적으로 압축해 주고 있다.

FTA는 미국의 주도로 전개되고 있다. 미국은 세계 유일의 '패권국
가', '1극 체제'라는 힘을 바탕으로 '미국의 세계화'라는 거대한 목표
아래 세계 경제질서의 재편을 강요하고 있다. FTA는 협상 당사국 상
호 간의 이익 증대가 목적이 아니라 대부분 미국의 이익을 도모하기
위한 '시장 개방'이 주목적이다. 따라서 FTA는 필연적으로 협상 당사
국의 격렬한 '반미감정'이라는 부작용을 동반하기 마련이다. 미국은
FTA를 강요하는 '깡패국가'라는 이미지의 탈피를 위해 고심한다. 그
전략의 일환으로 미디어산업을 내용에서는 실질적으로 무장해제시키
고, 형식에서는 '개방유보'라는 예외조항의 인정으로 특혜를 베풀어,
'반FTA', '반미감정'의 해소를 도모하고자 하는 전략을 내세운다.

정치·경제·사회·문화적으로 FTA가 미칠 영향은 IMF와는 감히
비견할 수조차 없다. IMF가 '미풍'이라면 FTA는 '쓰나미'이다. 이번
에 타결된 한미FTA가 국회에서 비준을 거쳐 시행되면 한국경제는
극심한 양극화와 함께 대미종속경제로 전락할 개연성이 다분하다.
그것은 우리보다 먼저 FTA를 체결한 멕시코의 경우에서 한미FTA시
대 한국 사회의 '미리보기'를 할 수 있다.

올드미디어 개방유예로 껍먹고 알먹기

이 글에서는 한미FTA 타결이 미디어산업에 어떤 의미를 지니고

있는지를 살펴보기로 한다. 한미FTA 협상단이 미디어산업과 관련하여 협상결과를 발표한 주요 내용은 다음과 같다.

〈표 5〉 방송문화 분야 협상결과

분 야	내 용	결 과
저작권 보호 기간 연장	△ 자연인, 비자연인(법인 등) 사후 50년에서 70년으로 일괄 보장 △ 유예 기간 2년 명시	조건부 인정
PP에 대한 외국인 지분 제한	△ 직접투자 49%로 제한 △ 간접투자 100% 개방 △ 유예 기간 3년 명시	〃
영화 (스크린 쿼터)	△ 향후 스크린 쿼터 73일 이상으로 확대 어려움	현행 유보
디지털 시청각 콘텐츠	△ 온라인 콘텐츠에 대한 규제권 유보(현재 차별적 규제 없는 상황)	미래 유보
신 문	△ 신문과 관련된 국적 및 지분제한 등 포괄적 권리 유보	〃
잡 지	△ 국적 및 지분제한, 외국간행물 지사의 허가제 유지 △ 외국 정간물 지사가 원어판 정간물 인쇄 및 배포 가능(법률해석 확대)	현행 유보
뉴스 제공업	△ 로이터 등 외국 뉴스 통신사의 국내 직접 배급 불허	〃

* 출처: 동아일보, 2007년 4월 3일자, A14면.

위의 <표>에서 보듯이 미디어산업에서의 FTA는 미국의 의견이 대부분 수용되었다. 미국의 미디어산업 개방 압력은 직접적이라기보다는 간접적이다. 수면 위에서가 아니라 물밑 아래에서 보다 은밀하고 치밀하게 전개되고 있다. 미국은 성장한계점에 이른 올드미디어

시장에 대해서는 문화적 예외조항을 인정함으로써 기존 언론의 '반 FTA 캠페인'을 해소시키는 효과를 겨냥함과 동시에 성장 잠재성과 경쟁력을 지닌 디지털 미디어와 정보통신 콘텐츠 시장은 시장개방을 추진하는 것으로 요약할 수 있다. 즉 미국은 아날로그 커뮤니케이션 시스템에 대해선 문화산업 예외조항으로 생색을 내는 한편 디지털 커뮤니케이션 시스템에서는 시장개방을 통해 미국문화의 패권장악을 기도하는 것이다.

미국은 '문화침략'을 통해 '빅 브라더'로 행세하는 것에 대한 '반미감정'을 최대한 억제하고, 실질적인 시장장악을 위해 신문과 방송 등 올드미디어보다는 유료방송시장, CA‒TV, VOD콘텐츠, IPTV 등 신규 방송통신융합시장, 통신서비스시장 등 디지털정보의 생산, 유통, 배급 등의 개방에 집중하고 있다(이은주·전범수, 『신문산업과 한·미 FTA』, 서울: 한국언론재단, 2006, 17쪽). 이는 여론을 생산·유통시키는 미디어산업을 제도적이고 구조적으로 장악할 미국의 거대하고도 원대한 숨은 의도가 개입된 패권전략이다.

미디어산업의 뿌리부터 장악하겠다는 미국의 전략은 이번 한미 FTA에서도 고스란히 현실화되었다. 미국은 장기적으로 미디어산업의 본질인 패러다임을 장악해 가랑비에 옷 젖는 듯한 문화장악을 기도한다. 미디어산업의 근본 콘텐츠가 미국자본에 의해 '미국화'에 편입하게 되면, '친미사대주의' 이데올로기의 확대재생산을 할 수밖에 없고, 그것은 결국 국민들을 미국문화의 '정신적 노예'로 탈바꿈시킬 뿐이다. 미국은 이러한 현상을 '세계화'라는 미명으로 포장한다. FTA에서의 미디어 분야는 이처럼 근본적으로 '세계의 미국화' 전략에서 비롯된 제도이다.

신문시장 개방해도 후폭풍 걱정은 뚝

한미FTA에서 우리는 기꺼이 '문자'를 지키고, '영상'을 주기로 덜컥 합의했다. 현실적으로 '문화정체성' 등을 내세워 미디어시장을 100% 보호하기란 FTA를 무산시키지 않는 한 불가능하다. 따라서 '무엇을 주고 무엇을 받을 것인가'라는 본질적인 문제를 맞게 된다. FTA에서의 미국의 전략은 올드미디어를 주고 뉴미디어를 얻는 것을 목표로 한다. 우리의 전략 또한 그와 같아야 했다. 관련산업의 파급효과와 연관산업의 개방에 따른 피해를 최소화하기 위해서는 '문자'를 주고, '영상'을 지키는 것이 미디어시장을 보호하는 보다 큰 실익을 담보하게 된다.

신문시장은 이미 성숙 한계시장이다. 성장률이 급속히 감소하고, 시장규모가 점차 축소되고 있는 시장에 거대 자본의 유치나 투자는 비현실적이다. 투자대비 효율성이 담보되지 않기 때문에 미국자본의 신문시장에 대한 유입은 그다지 걱정하지 않아도 될 듯하다. 뿐만 아니라 신문콘텐츠는 상품주기도 매우 짧고, 기존 시장의 진입장벽도 높은 특성을 지니고 있다. 이는 기존의 브랜드 파워를 갖고 있는 신문사 중심의 경쟁구도에서 후발 시장 진입자는 틈새시장 밖에 그 틈이 없다는 것을 의미한다(이은주 외, 2006, 41~42쪽).

한국의 신문산업은 성장성과 수익성의 정체 내지는 하락을 맞고 있다. 대안매체로의 독자 이탈이 가속화되고 있으며, 언론불신 또한 점점 증대되어 영향력 또한 급속히 감소되고 있다. 신문광고비도 매년 6~7%씩 감소하고 있는 가운데 신문시장은 중앙지와 지방지, 메이저신문과 마이너신문으로 양극화를 치닫고 있다.

신문시장은 또 지리적 특성과 문화적 풍토가 시장전략에서 매우 중요시되는 특성을 지니고 있다. 신문시장은 광고주 선호도 및 발행부수에 따라서 수익률이 차별화되는 시장구조를 갖는다. 또한 다른 디지털 미디어와 직접 경쟁구도를 지니고 있다. 인터넷이나 포털서비스가 신문이 제공했던 뉴스콘텐츠를 공급함으로써 기존의 신문수요가 감소한다. 이러한 점에서 신문산업이 해외자본의 직접적 표적이 될 가능성은 기존의 종이신문에서는 찾아볼 수 없다 해도 과언이 아니다(이은주 외, 2006, 42쪽).

문자미디어 시장은 전면 개방하여도 해외자본이 시장을 쟁취하기란 구조적으로 매우 어렵다. 그러나 방송통신 융합미디어 시장은 한국의 미디어기업이 자생력을 확보할 때까지 최선을 다해 시장개방을 최소화하고 억제해야 한다. 이와 같은 점을 감안하면 한미FTA 협상전략은 결국 '신문·잡지＝개방', '방송·통신＝보호'라는 카테고리로 정리할 수 있다. 그런데도 현실에서는 이와 같은 구조가 정반대로 전개되었다.

뉴미디어 사수로 21세기시장 대비해야

FTA는 두 얼굴을 지니고 있는 '야누스'와 같다. 미디어산업으로서는 위기이자 동시에 기회이기도 하다. 그 선택은 전적으로 우리에게 달려 있다. 한미FTA에서의 미디어시장 전략은 '올드미디어＝개방', '뉴미디어＝보호'라는 기본적 방침을 확고히 했어야 했다. 그런데도 정반대로 타결해 미디어시장은 완전 붕괴를 우려하지 않을 수 없는 처지로 내몰리게 됐다. 우리가 문화정체성을 지켜야 할 부분은 미래의 미디어이다. 현재 낡은 신문권력이 막강한 영향력을 발휘하고 있지만, 그것은 조만간 시장에서 퇴출될 '낙조(落照)'와 같은 것이다.

신문시장은 시장개방이 현실화된다 하더라도 국내 시장의 구조적 특성을 감안할 때, 특별한 시장위축을 염려하지 않아도 된다. 반면 모바일 중심 미디어와 뉴스콘텐츠의 배급이나 유통, 소비시장은 그 상황이 전혀 다르다(이은주 외, 2006, 173~174쪽). 한미FTA 협상이 정작 양보하지 않아야 할 것은 양보하고, 양보해도 될 것은 양보하지 않은 결과를 빚은 것에 대한 배후에는 FTA에 대한 기존 언론권력의 무지한 힘이 작용하지 않았나 하는 것을 의심하지 않을 수 없다.

협상단과 FTA를 진두지휘하고 있는 노무현 정권에게 권력으로 군림하는 것은 '텍스트 미디어'이다. 협상단과 노 정권이 언론권력으로 군림하고 있는 문자매체의 철밥통을 지키려다가는 정작 문제의 본질인 영상통신매체시장을 내주게 됐다고 의심하는 대목에는 무지한 인쇄매체 권력의 날카로운 눈초리를 지적하지 않을 수 없다.

노 정권이 한미FTA를 추진하기 위해서는 텍스트 미디어의 도움 내지 협조 없이는 불가능하다. 여기에는 사이비 진보정권으로 재임 5년 동안 '부동산 투기공화국화' 외에는 뭐하나 제대로 해놓은 게 없는 노 정권이 'FTA' 하나라도 치적으로 남기겠다는 초조한 정치심리가 밑바닥에 깔려 있다. 수구언론과 수구야당이 합세하여 '좌파정권'이라며 공격하자 자신이 '빨갱이 권력'이 아님을 증명하기 위해 보란 듯이 이라크에 덜컥 파병하는 것에서 노 정권의 속성과 한계를 알 수 있다. 이번 한미FTA는 이와 같은 노 정권의 속성과 민중들을 짓밟은 대가로 자신들의 이익을 챙기는 우리 사회 오피니언 리더층들의 기회주의적 출세·보신문화가 합작한 작품이다.

언론인들의 무지 또한 미디어산업의 초토화를 불러들인 원인 가운데 하나라고 말할 수 있다. 언론인들을 상대로 한미FTA에서 미디어산업의 시장개방과 관련한 현안을 조사한 자료에 따르면 언론인들은 대체로 그 실태를 정확하게 인식하지 못하고 있었다(이은주 외, 2006, 112~164쪽 참조). 언론인들의 현실인식 결여는 자칫 문제를 냉철하고 이성적으로 풀어내기보다는 껍데기 위주의 소나기보도·냄비보도로 문제의 본질을 흐리게 할 가능성이 있다. 즉 미디어시장 개방 협상에서 문화주체성·문화주권 등 허울만 운운하며 자신들의 철밥통을 지겠다는 것이 그것이다.

한국언론의 FTA 보도는 우리 국익보다 미국의 이익 옹호로 일관하고 있다는 비판에서 자유롭지 못한 처지다. 예컨대 미국산 쇠고기 수입과 관련한 보도 하나만 봐도 그렇다. 미국의 근본적인 시각은 뼈조각이 포함된 쇠고기라도 아무런 조건 없이 수입해야 한다는 소리다. 정부가 미국산 뼈조각 쇠고기의 수입을 억제하는 것은 '광우병의 감염'을 우려해서이다. 미국은 쇠고기 수출물량 가운데 겨우 0.1%만 표본조사한다. 나머지 99.9%는 검사도 하지 않고 수출한다. '청정 2등급 쇠고기 생산국'이므로 아무런 문제가 없다는 식이다.

한국언론은 미국의 이러한 주장을 확대재생산하는 선전선동기구로 작동한다. 즉 "미국산 쇠고기가 아무런 문제가 없으니 '온 국민은 안심하고 드시라'고 한다." 국민들이 언론인들에게 "당신들이 문제가 없다니 '당신과 당신 가족이 함께 드시오'라고 말한다"면, 한국언론은 "누구 죽일 일 있느냐"며 칼을 들고 달려들 것이다. 자신들은 먹지 않으면서 국민들에게는 먹으라는 심보다. 이런 언론을 어찌 이 땅의 언론이라 할 수 있을까?

여기에다 한국언론은 한술 더 떠 '객관주의 보도'임을 과시하기 위해 수입 쇠고기 가격도 우리나라가 세계에서 제일 비싸다고 열을 올린다. 비교대상에서 한국은 쇠고기 부분 중 가장 비싼 안심부분을, 다른 나라는 가장 싼 부분이나 중간치 부분 등 제 입맛대로 비교대상을 적용해 "비싼 쇠고기 가격＝수입자유화로 낮춰야 한다"는 논리를 퍼뜨리는 것이다. 이는 언론의 보도가 아니라 언론조작이며, 국민들을 상대로 네다바이하는 언론범죄이다.

이처럼 한국언론은 대미관계 보도에 대해 냉철하고 이성적으로 우리 국익이 무엇인지를 찬찬히 따져보는 것이 아니라 무조건 "한미동맹＝안보＝미국 우선"이라는 프레임을 설정하고, 그에 끼워 맞추는 보도로 일관하고 있다. 이는 무늬만 한글로 발행되는 한국신문이지, 실제는 미국언론이라 할 수 있다. 그 미국언론이 '보수주의'를 운운하며, '애국'을 들먹이며, 여론시장을 쥐락펴락하고 있는 데서 한국의 비극은 여전히 진행 중이다.

'대미 식민주의 근성'의 노예화가 된 수구언론이 한미FTA의 미디어 시장 개방과 관련 올드미디어 시장을 수호하고, 뉴미디어 시장을 내 주라고 했다면 미디어산업의 미래는 없다. 미국 '앞잡이 언론'은 그 근거로 올드미디어 시장은 눈에 보이는 확실한 시장이며, 뉴미디어 시장은 눈에 보이지 않는 불투명한 시장이라고 둘러댈 것임은 쉽게 짐작할 수 있다.

FTA, '저승사자'냐 '기회'냐 선택기로

한미FTA에서 무지한 언론권력의 횡포로 말미암아 주지 않아야 할 것(뉴미디어)을 주고, 줘도 될 것(올드미디어)은 안 주게 되는 결과를 빚는다면 이는 최악이다. 그런 FTA가 타결되면 언론산업은 'IMF'와는 감히 비교조차 할 수 없을 만큼의 '재앙'을 맞게 될 것이다. FTA는 한국의 미디어시장을 완벽하게 초토화시킬 '저승사자'가 될 개연성이 농후하다.

우리가 미국과 FTA를 추진하면서 가장 경계해야 할 것은 친미사대주의의 정신적 노예로 전락한 이 땅의 지식인들, 곧 그 속은 기회주의적 출세주의자에 불과하면서 겉으로는 보수주의자, 반공주의자, 애국자를 표방하는 자들의 맹목적인 '대미숭상주의'이다. 그로 인해 한미FTA의 미디어시장 협상이 미국이 주장하는 대로 '뉴미디어＝개방', '올드미디어＝유예'라는 프로그램으로 타결되었을 경우의 후폭풍이다.

이것을 현실에서 우려하지 않을 수 없는 것은 우리의 협상능력 때문이다. 협상이란 하나를 주고 하나를 얻는 것을 말한다. 그런데 우리는 자칫 하나를 주고 하나를 얻지 못하는 결과를 빚을 가능성이 더 많다. 그것은 역대 대미협상이 모두 그와 같은 결과를 초래했기 때문이다. 이번 한미FTA에서도 언론권력으로 군림하고 있는 기존 신문은 이해관계의 패러다임을 우리 국익에 두는 것이 아니라 미국의 이익옹호와 미국이데올로기의 전파에 두고 '친미 세작보도(細作報道)'를 마다 않고 있다. 그 결과 오늘과 같은 대미 종속적인 협상을 초래하게 됐다.

‘FTA 폭풍’ 언론산업의 변혁을 강요

이번에 타결된 한미FTA에 대해 노무현 정권과 언론은 기고만장하게도 ‘秀’니, ‘A⁺’니 운운하며 자아도취에 빠져 있다. 노 정권은 ‘선진국을 향한 도전’이라며 애써 국민들의 저항을 무시하고 있고, 언론은 ‘KORUS’의 탄생으로 마치 선진국에라도 진입한 양 샴페인을 터뜨리고 있다. 한국의 이와 같은 ‘국민기만극’을 보면서 미국은 “광우병 쇠고기 수입을 당장 재개하지 않으면 한미FTA 비준은 없다”고 협박하고 있다. 우리가 ‘FTA 찬가’를 부르면 부를수록 미국의 광우병 쇠고기 수입압력 공갈은 그 강도가 더해진다.

한미FTA는 한국경제의 대미종속을 구조적·제도적으로 고착화시킬 우려가 다분하다. 따라서 FTA는 반대하여야 하나, 현실적으로는 국회 비준이라는 형식적인 절차만 남아 있다. 많은 지식인과 양심적인 민중들이 “비준 반대”를 외치고 있으나, 정신적으로 숭미사대주의에 노예화된 정치권력자들에 의해 통과될 것임은 자명하다. 그러면 언론산업에서 어떤 변화가 일어날 것이며, 또 언론산업은 어떻게 시장생존을 도모해야 할 것인가라는 점이 대두되고 있다.

언론산업은 ‘한미FTA’의 타결로 시장에서의 생존을 가늠하는 변화의 한 가운데에 서게 되었다. 언론산업이 기존의 구태에서 의연에서 벗어나지 못하면 더 이상 시장에서의 생존을 얘기할 수 없게 된 환경을 맞게 됐다. FTA시대의 언론산업은 정보콘텐츠 기업으로 환골탈태할 필요가 있다. 그것은 언론기업이 전통적인 오프라인 매체의 정보생산에서 신문과 통신이 융합된 멀티미디어 정보생산 기업으로의 전환이 그것이다. 이는 단순히 사업다각화 전략이 아니다. 언론산업의 근본적이고 본질적인 패러다임 변환에서 비롯되는 '구조조정'이라 하겠다. 언론산업은 싫건 좋건 자신의 의지와는 상관없이 구조조정을 모색할 수밖에 없는 처지를 맞게 된 것이다.

　미래의 신문산업은 정보중개업만으로는 생존할 수 없다. 정보콘텐츠업으로의 변신이 요구된다. 언론은 그동안 독자에게 정보를 파는 것으로 시장생존을 도모할 수 있었으나, 대안미디어 등의 활성화로 그와 같은 패러다임에 기반을 둔 시장생존은 도모할 수 없게 되었다. 뉴스산업이 시장에서의 경쟁력을 지니려면 정보매개에서 정보콘텐츠화가 불가피한 실정이다. 정보콘텐츠화란 뉴스가 '원 소스'에서 '멀티 소스'로 전환되는 것을 의미한다. 즉 기자에 의해 생산된 하나의 뉴스는 오프라인 신문뿐 아니라 동영상뉴스, 음성뉴스, 온라인뉴스, 문자다중방송뉴스 등등 맞춤뉴스로 재가공되어 독자적인 시장성을 지녀야 하는 것이다. 뉴스를 멀티풀하게 활용하지 못하면 시장경쟁력을 확보할 수 없는 환경이 도래한 것이다. 여기서부터 언론산업은 FTA시대를 살아갈 준비를 차근차근 할 필요가 있다.

<2007. 4. 4. 월간 인물과사상, 5월호.>

언론의 사대주의와 북색션*

언론이 존재하는 이유는 '정론직필(正論直筆)'에 있다. 사회적 정의를 구현하고 공공의 이익을 실현해야 한다. 그 목적 달성을 위해 수단과 방법으로는 공정해야 한다. 한국언론에는 정론직필이 편집국의 액자 속에만 걸려 있는 빛바랜 이데올로기로 전락했다. 단순히 관념상의 개념으로만 존재할 뿐 살아 있는 이념으로 기능하지 못하고 있다.

사대주의 언론 차별로 패배주의 세뇌

한국언론의 근본적인 모순은 여기에서 비롯된다. 가령 한국언론이 사회로부터 소외된 약자를 보호하고, 다수의 이익을 대변하는 기구로 성립하는가 하는 것이다. 대답은 유감스럽게도 "아니다"이다. 한국언론은 민중을 위해 봉사하는 것이 아니라, 가진 자를 위해 아부하고 아첨한다. 반면 언론의 주인이라 할 민중에 대해서는 여전히

---

* 정론직필, 지식사대주의, 북색션, 국내서, 번역서, 비평기사, 보도자료.

억압하고 탄압하는 제도로 존재한다. 이는 언론이 사대주의 근성으로부터 해방되지 못했기 때문이다.

한국언론의 사대주의는 차별화로 나타난다. 한국언론은 남성과 여성을 차별한다. 백인과 흑인을 차별하고, 서양종교와 민족종교를 차별한다. 학벌과 용모, 재산을 차별하며, 출신지와 배경을 차별한다. 차별의 기준은 "누가 강자이며, 어디가 약자인가"가 유일한 잣대다. 힘 있고 권세 있는 자에겐 온갖 교태를 다 부리면서 아양을 떨고, 힘 없고 약한 자에겐 잔인할 정도로 짓밟는다. 이는 언론이 정신적으로 주인을 섬겨야 적성이 풀리는 사대주의 망령의 노예가 되었기 때문에 빚어지는 현상이다.

한국언론은 정치에서는 오로지 권력을 좇는 '해바라기'로 작용하며, 경제는 재벌을, 사회는 힘에, 문화는 스타를 중심으로 한 프레임을 전개한다. 한국언론의 일탈은 서방 선진국의 것은 "잘난 것"이고, "옳은 것"이라며 무조건적 신뢰와 존경을 표현한다. 반면 우리 것은 못나고, 그르고, 틀린 것이라 하여 지속적으로 '민족적 패배감'을 세뇌한다. 그를 통해 '선진국=기득권', '민중=우리=열등감'을 공식화하여 민중으로 하여금 기존 권력에 무조건 복종하라는 메시지를 확대재생산한다.

번역서 소개로 꿩먹고 알먹기 속셈

한국언론의 왜곡된 사대주의는 진실을 담고 있다는 북색션에서도 비껴나지 않는다. 대부분의 언론사는 북색션을 발행하고 있다. 그 명분은 '지식산업의 진흥'이라고 그럴듯하지만, 실제적인 속셈은 출판사의 광고유치에 있다. 북색션은 본질적 목적이라 할 국내서 소개는 외면하고, 지면의 80% 이상을 번역서를 소개하는 데 할애하고 있다. 창피한 줄도 모르고 그럴듯한 외서를 소개함으로써 국제적인 저자의 권위에 편승하여 자사의 권위를 선양하겠다는 친선진국 사대주의 병을 만천하에 드러낸다.

그 뿐이 아니다. 책소개 기사 또한 책을 실질적으로 리뷰한 비평기사라기보다는 책 내용을 단순히 중계방송하는 홍보성 기사가 대부분이다. 저자와 책에 대해 충분히 파악한 후 책을 소개하는 것이 아니라, 출판사에서 배포하는 보도자료와 책의 머리말을 적당히 짜깁기한 기사로 지면을 메운다.

이에 대해 언론사 기자들은 "국내 신간을 소개할 만한 내용을 담보하는 책이 많지 않기 때문에 어쩔 수 없다"고 둘러댄다. 물론 다양한 국가에서 출간되는 일부 외서가 질적으로 나은 면도 있을 것이고, 또 번역서라 해서 무조건 배척할 성질도 아니다. 그러나 근본적으로 이 땅의 민중과 이 땅의 지식유통을 위해 설립된 이 땅의 언론이라면 설령 그 수준이 조금 못 미친다 하더라도, 이 땅의 지식을 전파하는 데 앞장서야 함이 옳다.

언제부터 한국언론이 선진국의 북색션과 어깨를 나란히 했는지는 아무도 모른다. 다만 분명한 것은 이 땅의 언론이 발행하는 북색션은 이 땅의 출판시장과 지식산업의 발전에 기여하는 제도가 아니라는 점이다. 그것은 천박한 서양귀신의 주구 역할밖에 하지 못한다. 그리고선 고작 하는 소리가 "지식수준 운운"한다. 북색션을 제작하는 언론인들의 해괴한 자기변명은 스스로 선진국 문화의 정신적 노예임을 천명하는 것 외에는 다른 의미가 없다.

언론과 출판이 지식산업 고사 원흉

언론이 사대주의 망령에 젖어 국내서를 천시하며 번역서 홍보에 몰두하고, 장삿속에 눈 먼 출판인들이 이에 부화뇌동하여 번역서 출판에 매달릴 때, 우리의 지식산업은 정체가 불 보듯 뻔하다. 학문은 날로 진보되어야만 지식으로 존재할 수 있다. 학문이 앞으로 나가지 못하고 제자리에 머물러 있다면 지식사회의 도태는 막을 수 없다.

언론과 출판은 학문의 진보를 추동하는 두 수레바퀴와 같다. 수레가 아무리 잘 굴러가고자 하여도 바퀴가 삐걱거리며 딴죽을 걸면 원활하게 운용할 수 없음은 상식이다. 이는 마치 일부 몰지각한 상두꾼들이 성스러워야 할 상여를 불모로 노자를 강제하고 있는 현실과 다를 바 없다. 더욱 슬픈 것은 이것이 한국 지식사회의 한 단면이자 정당한 풍경으로 인식되고 있다는 사실이다.

<2007. 7. 3.>

탈레반과 한국기독교의 문명충돌[*]

　아프가니스탄의 반군세력인 탈레반이 지난 19일 경기도 성남시 분당 샘물교회 소속 한국인 선교단 23명을 납치하고, "한국군 철수와 인질범 석방" 등을 요구하고 있다. 정부는 즉각 대책반을 가동하고 납치된 한국인의 안전과 조속한 석방을 위해 아프간 정부와 탈레반 등과 협상에 돌입했다. 300여 명 가까운 대구시민이 떼죽음을 당하는 지하철화재사건 당시에는 눈 하나 깜빡하지 않던 언론이 이번에는 정규방송을 사이로 「뉴스특보」를 방송하는 등 호들갑을 떨고 있다.[1]

　사주가 기독교 장로인 <조선일보>의 보도 또한 이와 별반 다를 바 없다. <조선일보>의 이번 사태 보도 역시 외세 의존적이라는 기본적 인식의 틀에서 자유롭지 못하다. 즉 미국 중심의 가치관과 도

---

[*] 탈레반, 샘물교회, <조선일보>, 한국인 납치, 이슬람원리주의, 폭력선교, 광신도, 소나기보도.

[1] 이는 한국방송이 정신적으로 지방민 300여 명보다 수도권 주민 23명의 목숨을 더 중히 여기거나, TK보다는 기독교인을 더 우대하는 사대주의에 노예화되었기 때문에 빚어지는 보도현상이다.

덕성을 정당화하고, 인종적으로는 백인 우월주의에 젖어 있으며, 종교적으로는 최우선적 가치로 기독교를 숭상하고, 교육은 '일류' 또는 '명문' 중심으로 왜곡조작하는 것 따위이다.[2]

〈조선일보〉, 2007년 7월 21일자, 1면.

2) <조선일보>는 이번 사태의 첫 보도(7월 21일자)에서 「병원·유치원에 구호품 전하러 가던 버스 승객」(A3면), 「"나쁜 사람들, 우리 애가 무슨 죄 있다고…제발 무사하길」(A4면)이라고 제목을 달아 사태의 본질은 외면하고 껍데기만을 침소봉대해 일방적인 왜곡조작을 하고 있다. 국제적으로 첨예한 분쟁이 일고 있는 아프간에는 매년 400－500명의 한국 개신교인들이 '봉사활동'을 명분으로 방문, '선교활동'에 집착하는 '해외 선교'가 활발한 지역이다.

'봉사'는 핑계 '선교' 목적으로 활동

사실 돌이켜보면 이번 사태는 이미 예견된 것과 마찬가지다. 아니 좀 극단적으로 말하면 한국기독교가 탈레반에게 "나를 납치해 달라"고 강요한 것과 다를 바 없다. 그 이유를 한번 생각해 보자.

탈레반은 지난 2월부터 "한국인 납치"를 공언해왔다. 이에 따라 정부는 '아프간 입국 자제'를 요청함과 동시에 부득이 입국할 경우 안전을 대비해 '경찰관·보안 요원과의 동행'을 거듭 경고했다. 이번에 납치된 샘물교회 선교단 23명은 지난 13일부터 23일까지 불과 10일간의 일정으로 의료와 IT·농업 및 청소년 교육 등을 빌미로 입국했다. 이들의 임무는 겉으로는 '봉사'이지만, 실제는 '선교'가 주목적이었다. 이들은 도착 직후 마자리 샤리프에서 5일간 봉사활동(?)을 한 후 안전수칙을 무시한 채 떼거리 지어 탈레반이 우글거리는 칸다하르를 가다가, 외국인 납치가 빈번해 '죽음의 도로'라 일컫는 고속도로에서 결국 납치당했다.[3]

이는 탈레반과 선교단이 공모해 고의적이고 자의적이며 계획적인

---

3) 일부 한국기독교의 광신적 선교주의가 빚은 해외 피랍사건은 2004년도에 한국군이 미국의 이라크 침략전쟁에 동반자로 참여하면서 이라크에서 집중적으로 발생되었다. 그해 4월 5일 이라크 남부 나시리아에서 지구촌나눔운동 직원 2명이 시아파 무장세력에 납치되어 14시간 동안 억류되었다가 풀려났으며, 사흘 뒤인 4월 8일에는 목사 7명이 이라크 서부 고속도로에서 수니파 무장세력에게 피랍되었다가 9시간 만에 석방되었다. 그러나 5월 31일 이라크 내 알카에다의 전신인 '알 타우히트 왈 지하드'라는 무장단체에 의해 납치된 김선일 씨는 "한국군 철군 요구"가 받아들여지지 않자 6월 22일 목이 잘려나간 시신으로 발견되어 온 국민으로 하여금 커다란 충격을 안겨준 바 있다.

납치(?)라는 냄새를 풍긴다. 그렇지 않다면 선교단의 망동은 숫제 화약을 짊어지고 불속에 뛰어드는 격이라 할 수 있다. 한국기독교는 그에 따른 '희생'을 '순교'라 찬양하고 부추김으로써 '복음전파'의 본질을 왜곡한다. 따라서 이번 사태의 본질은 원리 이슬람권에 대한 한국기독교의 무리한 선교주의가 빚은 '문명충돌'이라고 할 수 있다.[4]

광신적 선교주의 폭력성 회개해야

언론의 보도는 △왜 탈레반이 한국인을 납치했을까? △우리는 의료지원부대(동의부대)와 건설공병부대(다산부대)를 파견하여 아프간 사회에 도움을 주고 있는데, 그들은 왜 미국의 용병 또는 앞잡이라고 생각하고 있을까? △한국군이 아프간에 주둔하면서 우리 국익엔 어떠한 이익이 있는가 등등의 거시적인 시각이 먼저다. 그리고 나서 △한국기독교는 왜 그토록 집요하게 이슬람 원리주의 사회에 파고들려 하는가 △광신적이고 폭력적인 복음전파가 과연 기독교 정신에 합당한가 등등 한국기독교의 빗나간 선교의식에 초점이 맞춰져야 한다.

일부 기독교의 선교는 인간의 영혼을 자유롭게 하는 것이 아니라 억압하는 기제로 작용한다. 한번 선교 대상으로 낙인찍히면 그로부터 벗어나기란 여간 어렵지 않다. 다음은 한국기독교의 폭력적인 선

---

4) 광신적인 한국기독교의 선교주의와 이슬람 원리주의가 빚어낸 패권 다툼에서 희생을 강요당하는 것은 애꿎은 민중들이다. 이번 선교단에 합류한 이들은 아프가니스탄이 얼마나 민감하며 위험한 지역이고, 또 불과 10일 동안에 과연 얼마만큼 실질적인 봉사를 할 수 있을지 등에 대해서 이미 출국 전에 충분히 숙지한 후 떠났을 것이다. 따라서 그들은 봉사가 아니라 스스로 순교의 자리를 찾아 '전도여행'에 나섰다고 할 수 있다.

교를 경험한 어느 한 일본 여성의 고백이다.

2주일 정도에 한 번 일요일마다 우리 집에 찾아오는 무례한 불청객이 있다. 그건 바로 교회 사람들……내 한국친구들은 이런 사람을 '예수쟁이'라고 부른다. 처음에는 딩동~ 소리를 2번 정도 울린 다음에 내가 일요일이고 귀찮아서 조용히 있으면 다음에는 손으로 문을 치는 쿵쿵쿵 소리가 난다.

뭔가 택배라도 온가 싶어서 "누구세요?"라고 물어보니까 잘 대답을 하지 않는다. 다시 "누구세요?"라고 물어봐도 정체를 드러내지 않는다. '누군지 물어보고 있는데 왜 말을 하지 않을까' 하면서 다음에는 작은 구멍으로 얼굴을 봤다. 그냥 착하게 생긴 아저씨 한 명만 서 있었다.

내가 다시 "누구신데요?"라고 물어보니까 "이야기 좀 할 수 있을까요?"라는 것이다. 그래서 나는 "무슨 이야기요?"라고 되물었다. 그랬더니 "여러 가지 하고 싶은 이야기가 많다"고 했다. 나는 모르는 사람이니까 "그냥 돌아가 주세요"라고 말하고 방으로 들어갔다.

내가 방에 들어가자마자 초인종도 아니고 다시 더 세게 쿵쿵쿵~ 문을 치는 소리가 났다. 남의 집 문을 손으로 치는 게 조금 짜증이 나서 "왜요?"라고 언성을 높였다. 그러자 갑자기 "물 좀 주세요"라고 대답했다. 나는 "왜 물이 필요한데요?"라고 물었다. 나는 속으로 놀라서 '물!?!?!?!? 물은 편의점으로 가지?? 왜 우리 집에서??'라고 생각했다. 아저씨는 "목이 말라서요. 제발요"라고 했다.

나는 이상한 사람이라고 느꼈지만 살짝 문을 열어봤다. 그랬더니 아까까지 목이 말라 죽겠는 사람이 갑자기 큰소리로 "예수를 믿으세요~ 우리 이야기 좀 해요"라고 미친 사람처럼 말했다. 나는 갑작스러운 일이라 무서워져 문을 닫으려고 했다. 근데 아저씨 손이 더 빨랐다. 손은 벌써 문을 잡고 있고 절대로 닫을 수 없는 상태였다.

아저씨는 계속 "인상이 참 좋네요. 하나님을 믿으세요?"라고 물어본다. 나는 "안 믿는데요"라고 말하자마자 "왜 안 믿으세요? 안 믿으면 지옥가요"라고 마치 입에 모터를 달아 놓은 것처럼 말했다. 계속 내가 안 믿는다고 하면 그거에 대한 질문……그런 걸 몇 번 반복한 끝에 나는 피곤해 져서 그냥 "믿을게요"라고 답했다.

그제야 아까까지 혈관 드러낸 얼굴이 갑작이 생글생글 웃으면서 "그러면 한번 여기 와 보세요"라고 작은 팸플릿을 주고 약 10분 동안 알아듣지 못할 한국어로 설교를 했다. 그리고는 문을 잡고 있었던 손을 치웠다. 나는 너무 기뻐서 "감사합니다. 저 이제 하나님 믿으니까 오지 마세요"라고 말하고 문을 닫았다. 나는 너무 짜증나고 힘들고 하소연할 사람도 없어서 답답한 마음으로 일요일을 보내야만 했다.

근데 일요일마다 "예수를 믿으세요?"라고 문을 두드리면 진짜 좋은 예수님 이미지도 그런 아저씨 때문에 안 좋아질 텐데. 왜 그런 짓을 할까? 그런 사람들 때문에 나는 교회 다닌다면 색안경을 끼고 보게 되었다.

종교는 자유이기 때문에 나는 그것에 대해서 할 말이 없지만 믿고 안 믿는 것도 개인의 자유이니만큼 찾아와서 강요는 하지 않았으면 합니다. 게다가 늦잠을 푹 자고 싶은 일요일 아침부터……[5]

본질외면 차별보도로 진실왜곡

이쯤 되면 하나님의 사랑과 말씀을 전하는 것이 아니라, 인간에 대한 무지막지한 폭력을 휘두르는 것과 다를 바 없다. 언론보도는 탈선한 기독교를 제자리로 돌리는 데에 집중하여야 한다. 그럼에도 언론은 사실보도라는 형식 아래 "탈레반＝인질억류＝테러집단＝악의 축"이라는 왜곡조작된 이미지만 독자들에게 전하기 급급하다. 사태를

---

5) 출처: http://sayaka.tistory.com/saya <사야까 블로그, "예수 믿으세요" 일요일의 불청객 — 한국, 너무 충격적이었어 —/ 2007년 7월 11일자>.

보다 명확하게 근원부터 해석하기 위해선 앞서도 말했듯이 탈레반과 아프간, 그리고 미국과의 정치사회적 역학관계가 절대적으로 먼저다.

이번 사태의 원인(遠因)은 복잡한 국제질서 속에서 해석하여야 하며, 근인(近因)은 일부 한국기독교의 빗나간 선교주의에서 찾아야 한다. 그리고 나서 탈레반의 납치행위를 야만이라고 규탄해야 옳은 순서다. 한국언론의 보도는 하나같이 '아전인수식 우물안 개구리 보도'로 내딛고 있어 개탄하지 않을 수 없다. 무조건 탈레반이 잘못이라며, 비난하고, 원인 제공자에 대해서는 일언반구도 없다.

물론 탈레반의 민간인 납치행위는 국제사회적으로 비난받아야 마땅하다. 그렇다고 납치해 주십사 하고 애원을 한 사람들의 간교한 행위 또한 존중받아야 할 사항은 더더욱 아니다. 제2, 제3의 납치행위를 방지하기 위해선 거시적인 원인부터 차근차근 되살펴 볼 필요가 있다. 사건만 발생하면 앞뒤를 차분히 살펴볼 생각은 않고, 왈가닥 '소나기보도'로 일관하다가 이내 입을 닫아버리는 한국언론의 보도태도를 시정하지 않는 한 국민의 안전은 언제 어디서나 장담할 수 없는 세상이다.

<2007. 7. 23.>

중앙일보와 신문장사*

사람이 짐승과 다른 점은 사람으로서 지녀야 할 도리를 알고, 사람으로서 갖춰야 할 인격을 지니고 있다는 점이다. 이는 윤리나 도덕이기 이전에 상식이다. 도의(道義)가 없는 사람은 사람이라 할 수 없다. 상인에게는 상도의가 있어야 한다. 상도의란 정직한 상거래를 의미한다. 상도의에 어긋나면 장사꾼이라 할 수 없다. 사기꾼일 따름이다.

시장에서 물건을 파는 상인들조차 이러할진대 하물며 인간의 정신과 사고를 유통하는 언론에게는 새삼 말할 필요가 없다. 언론에게도 언론으로서 지켜야 할 도리와 인격이 있다. 이는 언론인이라면 누구나 다 공감하는 상식적인 얘기다. 언론이 이를 지키지 못한다면 언론이 아니므로 결코 언론시장에 발을 붙이게 해서는 안된다. 그것이 바른 상도의를 실현하는 길이다.

---

* <중앙일보>, 샘물교회, 선교단, 순교, 인질살해, 심상민, 탈레반, 신문장사, 시신사진.

시신사진의 1면 게재는 신문장사 속셈

　최근 <중앙일보>는 대선 정국을 맞아 언론개혁이 실종된 틈을 타 비언론적인 상업주의의 극치를 치닫고 있다. '한국최초'라는 교만적인 제일주의병에 걸린 <중앙일보>는 언론에서 금기시하는 관례를 깨고 시신 사진을 1면에 버젓이 게재했다.

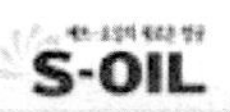

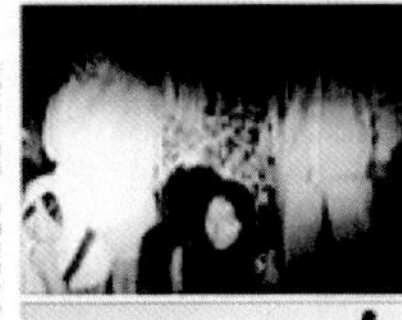

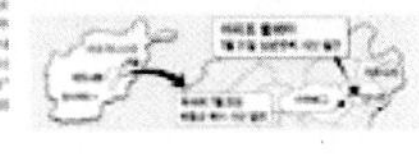

중앙일보, 2007년 8월 1일자.

내전 중인 이슬람 원리주의 국가에 겉으로는 '봉사'를 표방하고, 실제로는 '선교'를 목적으로 여행 갔다가 탈레반에 납치된 경기도 성남시 소재 샘물교회 소속 인질이 살해되자 <중앙일보>는 기다렸다는 듯이 이를 1면에 게재했다. <중앙일보>는 <연합뉴스>에서 제공한 사진을 게재했는데, 탈레반에 의해 살해된 고 심상민 씨의 시신이 수습되기 전 길거리에 그대로 방치되어 있는 모습과 아프간 경찰들이 모포에 싸인 시신을 옮기거나 트럭으로 운구 중인 모습 등을 담은 사진 3장이다.

아무리 인질들이 속으로 '순교'를 각오하고 위험 지역에 '선교여행'을 떠났다 할지라도, 그것은 어디까지나 확인되지 않는 그들의 속내에 불과하다. 인질의 인명보존은 무엇보다 최우선적으로 고려해야 할 가치이다. <중앙일보>는 이를 무시하고 살해된 인질사진을 1면에 게재해 반탈레반 캠페인에 광분하고 있다. 인질들은 그들의 속내대로 '순교'를 찬양할지 모르겠지만, 국민들의 입장에서는 쓸데없이 탈레반의 분노를 자극해 애꿎은 생명만 잃게 하는 결과를 초래하지 않을까를 우려하지 않을 수 없다. 무릇 양식 있는 언론이라면 '인질보도'를 백번 신중하고 신중하게 처리하여야 한다.

시신사진으로 신문장사를 하겠다는 얄팍한 상술에서 비롯된 시신사진 1면 게재로 기회주의적 상업성이 들통 날까 봐 미리 겁먹은 <중앙일보>는 "탈레반의 잔혹한 잔인성을 생생하게 알리기 위해"라고 해명했다. 참으로 얼토당토 않는 속보이는 얘기다. 신문에 게재된 사진은 그다지 참혹하지 않았다. 오히려 9·11테러 당시에 게재했던 사진이 훨씬 더 자극적이었고, 선정적이었다. 그러므로 <중앙일보>의 시신사진 게재는 '죽음'을 불모로 한 '신문장사' 외에는 다른 의미를 찾을 수 없다.

사람의 죽음마저 신문장사에 이용한다는 비난이 두려웠든지 <중앙일보>는 면피의 구실을 찾기 위해 이번에는 미국의 <뉴욕타임스>도 2004년 9월 이스라엘 폭탄테러의 처참한 사진을 1면에 게재한 바 있다고 둘러댔다.

언론의 선정주의 경쟁 인질목숨 위협

선정성 경쟁에서 <중앙일보>에 선수를 빼앗긴 '1등신문' <조선일보>가 어떻게 나올지 주목된다. <조선일보>도 <중앙일보> 못지않게 신문장사에서 '2등'이라면 서러워할 '장사꾼언론'이다. 아직도 22명의 한국인 인질이 석방되지 않고 억류되어 있는 현실에서 언제 어디서 제3, 제4의 희생자가 나올지 모를 일이다. 인질이 희생될 때마다 시신사진을 1면에 싣고 '테러를 진압하기 위한 또 다른 폭력'을 부추긴다면, 이는 테러리스들과 조금도 다를 바 없다.

아무리 신문장사가 좋다고 하더라도 시신사진을 1면에 게재하는 망동은 하지 않아야 한다. 이는 고인에 대한 결례일 뿐 아니라, 현실적으로도 탈레반을 자극, 인질에게 어떠한 위해를 가할지 모르는 무책임하기 그지없는 행동이다. <중앙일보>는 자중자애하여야 한다. 통렬하게 반성하여야 한다. <중앙일보>가 이 땅의 언론으로 대접받기 위해선 상업주의적인 선정주의 패러다임부터 버려야 한다.

<2007. 8. 2.>

신문개혁과 기사쓰기*

한국의 신문기업은 현재 진화중이다. 거대한 자본을 축적한 언론사는 종합정보산업체로 변신을 추구하고 있으며, 자본력이 약한 신문기업들은 전문적인 정보제공업체(CP)로 변화해 생존을 도모할 수밖에 없는 환경을 맞고 있다. 언론기업의 CEO는 신년사나 창간기념사 등을 통해 미디어환경 변화에 따른 위기상황을 극복하기 위해 내부혁신과 변화를 주문하고 있으며, 다른 한편으로는 디지털 시장의 도래에 따른 전략수립에 부심하고 있다.

뉴미디어 환경의 도래로 신문산업의 위기가 심화되면서 이를 타개하기 위한 현장의 노력도 다양한 방식으로 시도되고 있다. 최근 몇년 새 '신문의 위기'가 가속화되면서 각 언론사가 시도하고 있는 노력은 크게 두 가지 방향으로 전개되어 왔다. 첫째는 종이신문의 약화된 매체 경쟁력을 보완하기 위한 것으로 인터넷을 비롯한 다른 매체와 종이신문을 연결시켜 매체융합의 시너지를 추구하는 것이다.

---

* 미디어환경, CEO, 신문위기, 역삼각형기사체, 객관주의 저널리즘, 기사쓰기개혁, 스트레이트기사, 서사적 저널리즘.

둘째는 뉴미디어 환경에서 종이신문이 가질 수 있는 매체의 성격을 재정립하고, 이에 맞는 콘텐츠 공급을 강화하는 것이다. 전자의 노력이 주로 경영차원에서 이루어지고 있는 거시적인 기획이라면, 후자는 뉴스 생산의 담당자인 기자들에 이루어지고 있는 미시적인 기획이라 할 수 있다(남재일·박재영, 『한국 기획기사와 미국 피처스토리 비교 분석』, 한국언론재단, 2007, 7쪽).

그것은 오늘날의 신문산업이 백척간두에 처해 있다는 것을 전제로 한다. 언론계와 언론학계에서 진단하는 신문위기의 골자는 첫째, 독자의 이탈을 들 수 있다. 인터넷과 영상미디어 등 대안미디어의 활성화는 정보수용 창구의 다양화를 초래해 전통적인 신문독자를 앗아갔다. 둘째, 신문이 제공하는 정보가 시장에서 경쟁력을 지니지 못해 독자가 신문을 멀리 한다는 것이다. 신문품질이 조악해 더 이상 상품으로서의 가치를 잃었다는 얘기다. 셋째, 신문이 공공성·공정성을 상실해 사적 이윤추구를 위한 도구로 전락함으로써 사회적 신뢰를 잃었다는 점을 든다. 전문가들은 이와 같은 이유가 복합적으로 작용하여 독자가 신문을 떠나고 있다고 진단하기도 한다.

언론계에서는 신문위기를 극복할 실천적 과제로 기사쓰기 개혁을 주문하고 있다. 어차피 인터넷 등 대안미디어의 활성화로 신문독자가 점점 줄어들고 있는 현실이 시대적 숙명이라면 그에 맞서 무모하게 도전하기보다는 "신문에 남아있는 독자라도 지키자"며 독자가 편안히 읽기 쉬운 글쓰기를 모색하고 있다. 독자서비스 차원에서 전개되고 있는 기사쓰기 개혁이 실질적인 영향력을 발휘하기 위해서는 우선 미디어 기사가 지닌 장·단점부터 숙지해야 할 필요가 있다. 그래야만 진화하는 미디어 특성에 걸맞은 기사를 쓸 수 있다.

〈표 6〉 각 미디어 기사의 장·단점

매체	장점	단점
온라인 뉴스	• 즉시 업데이트 할 수 있다 • 사진, 비디오, 오디오를 첨부할 수 있다 • 현장 생중계가 가능하다 • 방송매체에 비해 훨씬 심도있는 보도도 가능하다	• 컴퓨터를 켜야 하는 불편함이 있다 • 비디오 화질이 떨어진다 • 집중력을 요구한다 • 다운로드 속도가 신속한 접근을 방해한다 • 때때로 정보의 신뢰성이 문제가 된다
신문	• 기사를 넓게 펼쳐 놓고 볼 수 있다 • 난해한 개념에 대한 설명이 가능하다 • 사진을 첨부할 수 있다 • 많은 주제를 심층보도할 수 있다 • 독특한 스타일의 기사작성 및 보도가 가능하다	• 특별한 경우를 제외하곤 하루에 한 번만 발행한다 • 비도아 오디오를 사용할 수 없다 • 현장 생중계가 불가능하다 • 집중력을 요구한다 • 마감시간이 종종 심층분석을 방해한다
TV	• 대부분의 사건 및 인터뷰에 양질의 영상을 보여줄 수 있다 • 사건이나 긴급뉴스에 대한 생중계가 가능하다 • 즉시 업데이트할 수 있다 • TV는 어느 곳에나 존재하는 편재성이 있다	• 종종 심층보도가 제한적이어서 피상적일 수 있다 • 인쇄매체나 온라인 매체에 비해 많은 주제를 다룰 수 없다 • 종종 오락프로그램 도중 뉴스가 끼어든다
라디오	• 대부분의 사람이 자동차 안에서 라디오를 들을 수 있어 편리하다 • 완전한 집중을 요구하지 않는다 • 즉시 업데이트할 수 있다 • 생중계가 가능하다 • 사건 및 인터뷰에 관한 오디오를 사용할 수 있다	• 사진이나 비디오를 사용할 수 없다 • 인쇄매체와 같은 심층보도나 TV와 같은 영상요소가 부족하다 • 종종 오락프로그램 도중 뉴스가 끼어든다
잡지	• 다른 어떤 매체보다도 뉴스에 대한 심층분석이 가능하다 • 탁월한 컬러사진을 제공할 수 있다 • 독특한 스타일의 기사작성 및 보도가 가능하다 • 다양한 주제를 다룰 수 있다	• 대개 일주일에 한번만 발행되며, 따라서 종종 올드 뉴스를 다루게 된다 • 비디오나 오디오를 사용할 수 없다 • 생중계가 불가능하다

* 출처: R. Craig(2005), Online Journalism: Reporting, Writing and Editing for New Media, Thomson Wadsworth., p.8 재구성(김병철, 『온라인 저널리즘의 이해』, 한국외국어대학교출판부, 2005, 54쪽 재인용).

기사의 본질은 언론의 글이라는 점이다. 기사는 언론사의 정체성을 나타낸다. 기사는 언론사가 지향하는 가치를 간접적으로 나타내고 있다. 한국언론에서 기사는 역삼각형 기사체가 주류를 이루고 있다. 국내 신문에 게재되는 기사 가운데 약 75%는 역삼각형 기사체이다. 역삼각형 기사체는 작은 공간에 가장 많은 정보를 압축적으로 수용할 수 있다는 장점으로 인해 각 신문사에서 보편적·일반적 글쓰기로 통용되고 있다.

역삼각형 기사체는 사건, 사고, 발표 등에는 유용하나, 그 내용이 수평적으로 나열될 뿐 독자와 호흡을 함께 하기에는 역부족이라는 약점을 지니고 있다. 역삼각형 기사체는 정보의 표피적인 전달체계에서는 뛰어나지만 독자의 마음을 사로잡는 가독성이 떨어진다는 문제점을 안고 있다. 역삼각형 기사체는 또 사안의 해석과 맥락의 이해를 어렵게 해 독자들로 하여금 신문으로부터 점점 멀어지게 하는 요인으로도 작용하고 있다.

한마디로 역삼각형 기사체는 독자의 글 읽는 즐거움을 만족시키지 못한다. 신문의 본질은 어디까지나 텍스트 위주로 성립된다. 글 읽는 즐거움은 사실의 지각과 인지를 넘어선 지적 정보처리 과정에 있다. 신문이 독자로 하여금 재미있게 읽히도록 제작되어야 하는 것은 독자서비스의 첫걸음이다. 재미있는 글읽기를 추구하는 것은 신문기사가 지향해야할 목표이다. 그 한 가운데에 역삼각형 기사체의 개혁이라는 과제가 도사리고 있다(2020미디어위원회, 『한국의 뉴스미디어 2006: 한국 저널리즘과 뉴스미디어에 대한 연차보고서』, 한국언론재단, 2006, 177~178쪽).

이와 같은 문제점에도 불구하고 한국언론이 역삼각형 기사체를 고집하는 이유는 '객관주의 저널리즘'이란 이데올로기에서 해방되지 못했기 때문이다. 객관주의 저널리즘은 그 자체가 나쁜 것은 아니다. 문제는 한국언론에서 표방하는 객관주의 저널리즘이 내용에서의 객관적 중립성이 아니라 형식에서의 불편부당성을 추구하는 데 있다. 한국언론에서 객관주의 저널리즘은 실제에서는 지극히 편향적인 당파성으로 나타난다. 한국언론은 역삼각형 기사체를 통해 이를 정당화시킨다. 역삼각형 기사체는 언론의 책임을 회피하기 위한 겉으로 드러난 사실만을 중계방송하듯 한다.

객관과 공정을 가장한 한국언론의 역삼각형 기사체는 독자로부터 매체의 불신을 초래해 신문의 위기를 가속화하고 있다. 뿐만 아니라 역삼각형 기사체는 판사의 '판결문', 의사의 '처방전'처럼 독자로부터 '이해하기 어려운 글'로 인식되어 신문으로부터 점점 멀어지게 하고 있다. 이에 독자들은 자신들의 매체를 통해 생활언어로 표현한 독자 매체를 유통시키기 시작했다. 따라서 기사체의 개혁은 변화하는 시대에 언론에 부여된 시대적 소명이라 할 수 있다(2020미디어위원회, 『앞의 책』, 60~61쪽).

기사쓰기의 개혁은 현재의 신문기사가 언론상품의 본질이라 할 적절한 품질을 담기에는 시대에 뒤진 낡은 그릇이라는 사실을 전제로 성립된다. 한국언론의 기사문 구조는 스트레이트 기사는 물론 기획 기사조차 대부분 '주제 요약형 리드 → 케이스 모음 → [통계 일반화] → 원인진단 → 대안제시'와 같은 천편일률적 도식을 지니고 있다. 즉 실태-원인-대안의 3단계 구조다. 여기서 리드가 과도하게 초점화

되는 특성을 지닌다. 이로 인해 독자들의 열독율이 떨어져 궁극적으로 신문을 외면하게 되는 요인으로 작용하고 있다(남재일, 『신문뉴스 생산조직 합리화 방안: 한국신문의 에디터제 현황과 과제』, 한국언론재단, 2006, 117쪽).

현행 기사문의 주류를 이루고 있는 스트레이트 기사체인 역피라미드 구조는 근본적으로 속보성을 염두에 둔 기사쓰기이다. 신문기사가 속보성을 무기로 시장경쟁을 하겠다면 난센스다. 뉴스에 대한 속보성은 이미 인터넷과 방송에 의해 잠식당한지 오래다. 신문은 정확성과 다양성, 전문성 그리고 심층정보와 해설기능을 담보할 새 시장을 찾을 필요가 있다. 그렇다면 그에 적합한 새로운 스타일의 기사체가 불가피하다. 더군다나 현실적으로 기사체 바꾸기를 외면할 수 없는 이유는 독자가 단순 스트레이트 기사는 제목만 보고, 다른 스타일의 기사는 6~7명이 읽는다는 조사의 결과치에서도 찾을 수 있다.

신문이 시장에서 경쟁력을 지니기 위해서는 문어체보다는 구어체로 전환한 내래티브 기사쓰기로의 변환이 요구된다. 서사적 저널리즘(*narrative journalism*)의 도입과 피처기사의 강화가 그것이다. 동시에 장기적으로는 뉴스기사에 대한 질적 전환을 심각히 고려해야 한다.

이른바 뉴저널리즘의 구현이 그것이다. 뉴저널리즘이란 흥미를 자극하기 위해서 기사작성에 소설의 이야기 전개방식을 도입하는 보도 관행을 말한다. 이때 주의할 것은 지나치게 흥미위주로 흐를 경우 저널리즘의 기본적인 원칙인 진실성이 훼손될 수 있다는 한계를 지니고 있다는 점이다. 뉴저널리즘에 의한 기사쓰기를 도입할 때는 이 점을 간과해서는 안된다.

객관보도 극복으로 사회공론 구현

탐사보도는 기사개혁의 에너지원으로 작용한다. 탐사보도는 기존의 스트레이트 기사가 지닌 한계를 극복할 수 있는 보도형태이다. 탐사보도는 스트레이트 기사가 종종 간과하고 있는 보도의 기본원칙인 객관보도, 사회개혁을 위한 진보적인 자세, 선정주의 타파 등을 실현할 수 있는 보도기법이다. 기사개혁을 위해서라도 탐사보도를 외면할 수만은 없다.

탐사보도의 배경은 객관보도의 문제점 극복에 있다. 한국언론의 '팩트(*fact*) 지상주의'는 심각하다. 기자들은 A가 "B는 C다"라고 말한 것만 확인되면, 'A는 "B는 C다"라고 말했다'는 기사를 팩트라고 간주한다. B가 진짜 C인지 여부는 A가 책임져야 할 명제이지, 기자가 확인할 팩트는 아니라는 것이다. 한국언론은 자신이 확인해야 할 일을 A에게 떠넘기기 하는 것이다. 한국언론이 내세우는 '팩트 신화'는 그것이 지나치게 자의적이고 무책임한 것이어서 '불량기사'를 양산하는 원인으로 작용한다.

언론에서의 객관보도는 뉴스 제작의 기본방침이다. 그러나 뉴스에서의 객관보도는 여러 가지 문제점을 드러냈다. 객관보도에 충실하기 위해서는 입장과 견해가 서로 다른 목격자나 사건 관련자, 혹은 관계 전문가의 말을 기계적으로 인용하다보니 언론보도는 피상적으로 흐르게 됐다. 기자가 사실에 뛰어들어 진상을 꿰뚫으려 하기보다는 이것저것 단편적인 사실만 늘어놓게 된 것이다. 또 산술적인 중립성과 형평성에 매달리다보니 기계적인 양시론이나 양비론으로 흘러 사실을 제대로 파악하지 못하는 한계에 부딪치게 됐다.

객관보도의 또다른 한계는 제3자의 독립적인 시각을 살리지 못하고 취재원이나 보도대상자의 의견과 판단에 매달리게 된다는 것이다. 폭증하는 뉴스를 처리함에 있어 기자는 시간적, 공간적 제약 혹은 전문성의 부족 등으로 인해 뉴스를 확실히 통제하지 못했다. 뉴스는 독자의 입장보다는 취재원이나 보도대상 등 정보를 소유하고 관리하는 쪽의 주도에 따라 뉴스의 방향이 결정되기 일쑤였다.

객관성은 어느 한쪽에 치우치지 않는다는 가치중립적인 자세를 말하지만 결과적으로 객관보도는 결국 어느 한쪽 편을 든다는 아이러니를 빚는다. 특히 이 같은 관행이 반복되다보면 지속적으로 뉴스를 공급하는 정부 당국이나 관계기관과, 이를 기사화하는 기자 등 언론 사간에는 자연스럽게 유착관계가 형성되게 된다. 이는 곧 언론이 감시해야 할 취재원이나 보도 대상자의 업무에 대해 비판적이기보다는 협조적이고 편을 들어주는 상황에 이르게 됨을 의미한다. 보호받아야 할 개인이나 공중의 이익은 무시되고, 권력이나 이해 당국의 이익이 우선시 되는 결과를 초래하게 되는 것이다. 결국 언론이 공중에 봉사하지 못한 채 감시하고 비판해야 할 대상에게 복무하는 모순에 부딪친다.

이처럼 스트레이트 기사의 객관주의 보도는 언론본연의 사명인 권력과 사회부조리에 대한 감시, 비판기능이 약화되고, 이는 언론의 존재론적 위기를 수반하게 된다. 이러한 한계를 극복하기 위해 탐사보도가 그 대안으로 떠오른다. 특히 뉴스의 보수화가 심화되면서 동시에 기회주의적 선정주의에 매몰된 스트레이트 기사의 객관주의가 맹위를 떨치고 있는 한국의 언론현실에서 탐사보도는 이를 보완할 수 있다는 점에서 그 중요성과 기능이 더욱 강조되고 있다.

기사쓰기 개혁으로 독자신뢰 회복

기사체의 질적 전환을 위해선 기자들의 필력 향상과 자기개발, 취재관행 및 편집국 조직 구조의 개혁과 기자들에 대한 교육을 게을리할 수 없다. 기사체의 질적 전환은 기사의 전반적인 고급화를 의미하므로, 정론을 지향하는 21세기의 신문이라면 단 하루도 미룰 수 없는 과제다(남재일,『앞의 책』, 175쪽). 기사체의 변환은 문장꼴만 바꾼다고 되는 것이 아니다. 기사체를 바꾸기 위해서는 취재관행이나 신문의 본질을 바꾸지 않고는 불가능하다. 현재 한국언론에서는 탐사보도나 기획기사 정도에서 기사체 바꾸기가 제한적으로 가능할 뿐이다.

기사의 내용 또한 전면적인 개혁이 필요하다. 정보중심의 기사에서 읽을거리 중심의 기사로의 전환이 그것이다. 단순 속보와 정보로 뉴스 생산의 구심적 역할을 했던 언론의 기능은 퇴화된 지 이미 오래다. 21세기 디지털미디어 시장에서 생존하기 위해서는 신문산업이 독자가 요구하는 심층정보를 제공하여야 한다. 그러기 위해서는 편집국 조직과 운영관행, 취재시스템 등을 언론환경의 변화에 걸맞게 바꿔야 한다. 가령 에디터제의 도입, 탐사보도의 강화, 복수 출입기자제 시행, 기사쓰기 개혁, 기자 재교육 실시 등이다. 이와 같은 노력이 전제될 때 비로소 신문의 위기를 극복할 수 있는 단초를 마련할 수 있다. 특히 기사쓰기 개혁은 뉴스가 최종적으로 생산되는 언론현장의 개혁으로서 취재관행이나 편집국 조직의 개혁을 추동해내는 개혁 중의 개혁이므로 시급히 전개되어야 할 과제이다.

<2008. 1. 1.>

〈조중동〉과 〈한경서〉*

무자년(戊子年) 새해가 밝았다.

〈조선·중앙·동아일보(조중동)〉의 신년호는 새해를 "좌파정권 10년 청산의 해"라고 규정하고 있다. 좌파정권(?) 10년은 진실일까? DJ 정권, 노무현 정권은 보수적인 정권이었지, 결코 좌파정권이라 할 수 없다. 그런데도 DJ 정권이나 노 정권은 수구언론의 터무니없는 공세에 아무런 대꾸도 하지 않았다. 이는 수구세력의 부활을 초래한 결과를 빚었다.

족벌언론 〈조중동〉은 수구세력의 입노릇·귀노릇을 하는 사냥견언론·경호견언론이다. 이들은 주인인 기득권 수구세력의 신호만 있으면 언제든지 국민을 물어뜯을 준비가 되어 있다. 스스로 "정통 보수"를 자임하는 한나라당이라는 수구집단이 정치권력을 접수하는 사태에 이른 현실에는 수구언론의 줄기찬 이데올로기 공세가 밑거름이

---

* 수구언론, 〈조중동〉, 족벌언론, 사냥견언론, 경호견언론, 진보언론, 개혁언론, 독립언론, 〈한경서〉.

됐다. 문제는 수구세력과 수구언론이 화학적으로 결합할 경우 빚어질 독재와 권력남용이다. 이들 세력이 과거 역사에서 자행한 죄과를 상기하면 간과할 수만은 없는 이유다.

그렇다면 지난 10년 동안 수구언론 <조중동>을 언론개혁의 대상이라 몰아붙였던 진보언론·독립언론·개혁언론 <한겨레·경향·서울신문(한경서)>가 도덕성이라곤 털끝만큼도 없는 이명박 정부를 맞아 민주언론으로서의 바른 목소리를 낼 수 있을까 하는 점이다. 언론권력 <조중동>이 이명박 당선자와 밀월을 즐기면서 언론파시즘체제의 부활을 은근히 기도하는 사이 <한국일보>와 <세계일보>가 '이명박 특검' 무용론을 제기하며, 권력의 품안으로 달려들기 위해 몸단장을 끝냈다.

<한경서>가 '짝퉁 진보언론·개혁언론'을 즐기다가는 수구언론의 발호를 제도적으로 막지 못한다. 수구언론이 보수언론으로 위장하는 것을 용인해서는 안된다. 그러기 위해선 보수언론이 진보언론·개혁언론을 표방해서는 안된다. <조중동>은 수구언론이다. <한경서>는 보수언론이다. 이 땅에는 진보언론·개혁언론은 싹도 틔우지 않았다. 보수언론 <한경서>가 스스로 진보언론·개혁언론을 자임하면, 수구언론 <조중동>은 보수언론을 표방하게 된다.

수구적인 권력집단인 이명박 정권시대에 언론개혁의 첫 단추는 보수언론 <한경서>가 이데올로기적으로 제자리를 찾는 것부터 시작되어야 한다. 그렇게 함으로써 <조중동>이 수구세력의 입장을 대변하는 수구언론임을 만천하에 알려야 한다. <한경서>의 자기고백과 자아성찰이 시급한 대목이다.

<2008. 1. 2.>

제2부

정치언론론

정치권력의 언론 유혹
수구언론의 '대통령 만들기'
여론조사와 민심의 실제
이명박 후보의 미디어정책
제17대 대선과 언론권력
매니페스토(Manifesto)와 선거보도

정치권력의 언론 유혹*

6월 초순인데도 30도를 오르내린다. 이상 고온이다. 아직은 때가 아닌데도 계절은 이미 여름의 꼭대기에 이른 듯하다. 이는 정상이 아니다. 날씨만이 아니라, 정치 또한 그러하다. 정치를 주도하여야 할 집권여당은 늙은이처럼 뒷방으로 물러나 있고, 임기 6개월을 남겨 둔 단임제 대통령이 가시 돋친 목소리를 내며 정치의 한 가운데 서 있다. 사사건건 대통령과 대척점에 서 있던 수구야당이 50%가 넘는 국민적 지지를 배경으로 권력의 실체로 떠오르고 있는 중이다.

차기 대권을 예약해 놓은(?) 한나라당의 당내 경선후보 등록이 어제(11일)부터 시작됐다. 유력한 후보인 이명박 전 서울시장과 박근혜 전 대표가 등록을 마치고, 본격적인 선거전에 돌입했다. 각종 여론조사에 의하면 60~70% 가까운 지지를 받고 있다고 한다. 참으로 희한한 것은 두 후보간의 '대권 레이스'가 국민들의 지지만큼 관심을 끌지 못하고 있다는 사실이다. 왜 그럴까? 그것은 두 호보의 국민적

---

* 한나라당, 이명박, 박근혜, 정치언론인, 노무현 대통령, 위장취업

지지가 허상에 가려진 지지율이기 때문이 아닌가 한다.

위장취업했던 정치언론인 본색 드러내

국민의 여론을 대변하는 것은 언론이다. 언론은 언론인에 의해 제작된다. 결국 언론인이 '여론의 대변자'라는 말은 이래서 성립된다. 범여권 후보의 지지율은 모조리 합쳐도 10%를 넘지 못하고, 그 나물에 그 밥인 야당 후보의 지지율 60~70%의 의미는 곧 언론인들에 의해 만들어진 지지율이라 할 수 있다. 그 증거로 한나라당 박근혜 후보와 이명박 후보의 선거 캠프에 언론인들이 줄지어 합류하는 것에서 얘기의 실마리를 찾을 수 있다.

먼저 관심을 끄는 것은 정치언론의 원조 <조선일보> 출신 언론인들이다. 안병훈 전 부사장은 박근혜 선거본부 공동선거대책위원장을 맡았다. 정치부장 출신인 이영덕 전 <KBS>이사는 커뮤니케이션위원장에 취임했고, 허용범 워싱턴특파원이 현직에서 사표를 내고 공보특보에 임명될 것이라 한다. 신재민 전 <주간조선> 편집장은 이명박 후보의 캠프에 합류했고, 조용택 전 유럽특파원은 손학규 전 경기도지사의 언론특보로 활약 중이다.

<동아일보> 출신으로는 최규철 전 논설주간이 이명박 캠프의 언론위원장으로 변신했고, 정치부장을 지낸 황재홍 전 편집부국장은 박근혜 경선후보의 커뮤니케이션부위원장으로 활동 중이다. <중앙일보> 정치부장을 지낸 이연홍 전 편집부국장이 박근혜 캠프에, 이상현 전 <한겨레> 편집부국장(정치부장)은 박근혜 캠프 공보지원단 신문단장을 맡고 있다. 전 <경향신문> 기자 출신으로 서울시 공보관을

지낸 강승규 씨는 이명박 캠프의 언론일꾼으로 활동 중이다.

방송인 출신으로는 김용철 전 <MBC> 부사장(정치부장), 송석형 전 <SBS> 보도본부장(보도국장), 홈금표 전 <한국HD방송> 사장이 박근혜 캠프에서 커뮤니케이션위원회 부위원장 직을, 표철수 전 <iTV> 사장은 TV토론대책단장, 허원제 전 <SBS> 이사(정치부장)는 공보지원단 방송단장을, 지종학 전 스카이KBS 사장은 공보지원단 뉴미디어단장으로 변신했다. 양휘부 전 KBS창원총국장은 이명박 캠프의 언론특보로 합류했다.

권력의 언론오염 언론자유 근본부정

언론인도 사람이므로 직업을 선택할 권리를 지닌다. 그러나 그 자유가 정당성을 지니기 위해서는 윤리적 도덕성을 지녀야 한다. 언론인이란 국민여론의 창조자이자 대변자이다. 따라서 언론인이 지닌 영향력은 언론과 국민을 위해서 사용되어야 한다. 유력 언론사에 위장 취업해 있다가 정치인으로 본색을 드러내는 이들이 자신이 지녔던 언론의 영향력을 누구를 위해 사용했던가 하는 것은 쉽게 짐작이 가고도 남는다.

언론인이 직업 선택의 자유를 빌미로 하루아침에 정치인으로 변신하는 것이 문제가 되는 이유가 여기에 있다. 언론인이 국민의 여론을 핑계로 언론활동을 활용해 권력을 창출하겠다는 것은 오만의 극치이다. 언론이 유력 후보를 권력자로 옹립하기 위한 수단으로 변질될 때, 그것은 언론이 아니라 프로파간다로 전락한다.

차기 권력을 따논 당상이라 여기고, 한나라당의 두 후보에게 줄서기를 하겠다는 언론인이 얼마나 될지는 아무도 모른다. 이는 비단 한나라당만의 문제가 아니다. 사분오열된 범여권이 체제를 정비하고 후보를 내면 그 선거캠프에 뛰어들 해바라기 정치언론인 또한 줄을 서 있을 것으로 짐작하고도 남는다.

결코 정치가 언론을 유혹해서는 안된다. 노무현 대통령도 말했듯이 정치는 정치의 길을, 언론은 언론의 길을 가도록 가만히 놔둬야 한다. 정치가 권력을 미끼로 언론을 유혹하면, 그것은 이 땅의 민주주의를 파괴시키고, 심각하게 훼손하는 것과 다를 바 없다. 그런 의미에서 노 대통령부터 권력을 매개로 재야 시민사회세력을 정치에 끌어들여 도덕성을 오염시킨 것에 대한 치열한 자기반성을 할 필요가 있다.

무엇보다 언론계에 위장취업해 있으면서 호시탐탐 권력이 불러주길 기다리고 있는 언론인들은 자신의 정체를 솔직하게 드러내고, 하루빨리 스스로 언론계를 떠나길 권고한다. 썩은 사과 하나가 상자 속 사과 전부를 썩게 하는 것은 순식간의 일이다. 그것이 6월항쟁 20년을 맞는 독자들의 준엄한 요구이다.

<2007. 6. 12.>

※ 사족; ⟨표 7⟩ 대선 캠프로 옮긴 언론인 현황

2007년 7월 19일 현재

선거진영	성명	전 근무처	직위
이명박 선거캠프	강승규	경향신문	기자
	김해진	〃	정치부장
	임은순	〃	논설위원
	기세민	남도일보	정치부장
	이동관	동아일보	〃
	최규철	〃	논설주간
	김종완	〃	편집부국장
	임연철	〃	논설위원
	양휘부	방송위원회	상임위원
	김영만	서울신문	편집국장
	서옥식	연합뉴스	〃
	김경희	일간스포츠	〃
	진성호	조선일보	미디어전문기자
	김효재	〃	논설위원
	함영준	〃	사회부장
	신재민	주간조선	편집장
	이성준	한국일보	편집인
	조명구	〃	논설위원
	김용한	CBS	본부장
	구본홍	MBC	보도본부장
	정군기	SBS	국제부장
박근혜 선거캠프	박흥신	경향신문	산업부 선임기자
	황재홍	동아일보	편집부국장
	표철수	방송위원회	사무총장
	허용범	조선일보	워싱턴 특파원
	이연홍	중앙일보	정치부장
	홍금표	한국HD방송	사장
	김형태	KBS	워싱턴 특파원
	이영덕	〃	이사
	지종학	스카이 KBS	사장
	김용철	MBC	부사장
	송석형	SBS	보도본부장
손학규 선거캠프	허원제	〃	정치부장
	차제원	국제신문	기자
	김재목	문화일보	논설위원
	조용택	조선일보	편집국장대우
	배종호	KBS	라디오 제작팀장
이해찬 선거캠프	박인환	국민일보	편집국장

* 출처: ≪신문과방송≫, 한국언론재단, 2007년 8월호, 86쪽.

수구언론의 '대통령 만들기'*

    수구언론의 '대통령 만들기' 공작이 교활하기 짝이 없다. 이만하면 후안무치도 따로 없다. 언론이 언론으로서의 기능을 외면하고, 이젠 드러내 놓고 '공작'을 기도하는 기구로 전락했다. 심판관으로서 공정해야 할 기준도, 잣대도 없다. 오로지 유력한 차기 권력자로 부상하고 있는 "땅떼기당"의 대권후보를 화끈하게 옹립하는 데만 골몰할 뿐이다.

    차기 대권주자로 독주하고 있는 한나라당 이명박 경선후보의 '강남위장 전입'이 들통 났다. 이 후보는 처음엔 "모르는 일"이라고 잡아떼다가 부인할 수 없는 증거를 들이대자 그제야 "자식 교육을 위해서였다"고 시인한다. 어느 총리후보에겐 "그 자격이 의심스럽다"며 갈기갈기 물어뜯던 수구언론이 이번엔 "애끓는 부정"이라며 안쓰러워 안달이다.

---

* 수구언론, 대통령만들기, 부동산투기, 특혜행정, 경제지도자, 개발독재, 경부대운하.

'이명박 검증' 외면 '대통령 만들기' 수행

언론에 보도되는 바를 종합하면 이명박 경선후보는 결코 대통령이 될 자격이 없다. 아니 대통령이 되어서도 안 될 인물이다. 서울시장 재직시에는 친형과 처남, 친·인척이 소유한 부동산이 있는 지역을 '뉴타운 개발 지역'으로 지정, 천문학적인 부동산 수익을 올리게 했다. 자신 소유의 건물이 있는 지역에 고도제한을 해제, 막대한 개발 특혜를 안긴다. 더욱 경악스러운 것은 금융사기꾼이 설립한 투자자 문회사의 사장(CEO)으로 활동, 그의 얼굴과 도덕성을 믿고 투자했던 서민들의 피맺힌 돈을 갈취한 파렴치 범죄의 동업자였다는 의혹을 받고 있다.

어떤가? 차기 대권을 예약해놓은 권력자의 모습이다. 만일 이것이 사실이라면 경천동지할 만큼 개탄스럽지 않을 수 없다. 이는 국민을 상대로 각각 1조 원 가까운 돈을 뜯었던 전두환·노태우 두 전직 대통령과 크게 다를 바 없다. 같은 범주의 인물이다. 명색이 한 나라의 대통령이 되겠다는 사람이 부동산 투기로 치부를 하고, 자신과 친·인척을 위해 특혜행정이나 펴는 사람이라면 이미 지도자로서의 자격은 상실했다. 우리 옛 선비는 "오얏나무 아래서는 갓끈도 고쳐 메지 말라"고 했다. 부동산 투기와 특혜행정이 사실이건 아니건이 중요한 것은 아니다. 세인들의 입방아에 오르내리는 것 그 자체로서 대권 후보자의 자격을 잃었다.

이에 대해 이명박 후보는 "청와대의 이명박 죽이기"라며 반발한다. 참으로 어이없다. 고구마 덤불처럼 밑도 끝도 없이 줄줄이 뽑혀 나오는 부정부패와 비리의혹에 대해 성실한 해명은 고사하고, 모든

것을 노무현 정권 탓으로 돌리는 파렴치를 보여주고 있다. 이 후보
는 진실의 추구라는 본질적 검증을 외면하고, 대립의 각을 '권력과
의 전쟁'이라는 엉뚱하게 설정함으로써 국민들로부터 자신이 피해자
라는 인식을 심어 동정을 구하려는 얄팍한 속셈이다. 이는 기회주의
적인 정치인의 처신으로 이해할 수 있다.

그런데 불가사의한 것은 수구언론이다. 무릇 언론이라면 이명박
후보를 둘러싸고 제기되고 있는 의혹이 사실인지 아닌지 성실하게
밝혀 국민들에게 그 진실을 바르게 알려줄 의무가 있다. 언론은 이
를 애써 외면하고 있다. 그것은 수구언론이 이명박 후보 캠프와 한
덩어리가 되었기 때문으로 해석할 수밖에 없다. 수구언론은 언론이
아니라 이명박 후보의 마름머슴 노릇을 기꺼이 마다 않고 있다.

수구언론의 직무유기는 한걸음 더 나아가 '이명박 구하기' 보도에
도 종사한다. 객관보도라는 미명하에 이 후보의 비리제기 의혹은
'가치중립적인 표제'를 달고, 해명성 발언에는 '감동적인 언사'를 표
제로 달아 국민들로 하여금 심정적 동의를 얻게 해 '면죄부'를 주게
한다. 그것이 '참'을 '거짓'으로 기만하고 왜곡·조작하는 '언론범죄'
임은 두말할 나위 없다.

수구언론은 또 여론조사라는 숫자의 마력을 빌려와 '이명박 대통
령 만들기' 공작 프로젝트를 실행한다. 본질적으로 여론조사보도는
객관성을 껍데기로 위장한 보도이다. 그 속내는 언론사의 입맛에 맞
도록 가공된 왜곡·조작보도이다. 수구언론의 그와 같은 음모를 가
리는 것에 동원되는 기제가 바로 숫자이다. 생명력이 없는 숫자를
내세워 언론은 자신이 하고자 하는 말을 교묘히 포장한다. 온 국민
들이 '투기꾼 왕초'를 뽑는 것이 아니라면 이명박 후보는 후보직에

서 조용히 물러나 국민들에게 석고대죄를 청해야 입장이다. 그럼에도 이 후보는 수구언론의 여론조사에서 이미 차기 대통령으로 공공연히 인식되고 있다.

수구언론은 또 이명박 후보를 둘러싼 부패의혹의 검증에 대해서는 처음부터 아예 검증할 생각조차 않고 있다. 총리내정자의 인사청문회에선 '위장 전입'이 결격사유라고 개거품을 물던 수구언론이 이 후보의 위장전입에 대해선 '나 몰라라' 외면하고 있는 것은 이 후보 대통령 만들기 프로젝트가 수행되고 있음을 결정적으로 증명한다.

'경제대통령' 이미지 창출로 후보 띄우기

현대건설 사장 재직시는 부동산 투기의혹이, 서울시장 때는 각종 특혜의혹이 제기되고 있는 이명박 후보에 대해 수구언론은 "경제를 일으킬 지도자"로의 이미지 포장에 열을 올린다. 그 증거로 이 후보의 야심적인 대선 공약인 '경부대운하 건설'을 들고 있다. 과연 그럴까?

웃기는 얘기다. 재벌회사 CEO 출신의 이명박 후보는 결코 "경제를 살릴 대통령 후보"가 아니다. 이 후보의 '경제전문가'라는 허구이미지를 분석하기 위해선 그가 살려야 할 경제가 있느냐 없느냐부터 살펴봄이 타당하다. 그가 살릴 경제가 있어야 이 명제가 성립된다.

노무현 대통령 집권 5년 동안 한국경제는 나름대로 견실하게 성장해왔다. 그 패러다임은 분명 박정희 정권처럼 국가주도의 '개발독재'가 아니었다. 민간주도의 상업적 성장이 그것이었다. 이에 대해 시민사회세력이나 진보정치권에서는 '재벌위주의 성장정책'이라며 유감을 갖는다. 따라서 노 정권 5년 동안 한국경제는 결코 죽지 않았고, 때문에 살릴 경제가 근본적으로 존재할 수 없다. 이는 역으로 이 후보가 살릴 경제가 없음을 의미한다.

이 후보와 수구언론의 '경제 살리기'는 군사정권이 재벌을 앞세운 개발독재를 의미한다. 개발독재를 안 한다고 경제가 죽었다는 것이 냉전적 흑백논리의 노예로 전락한 수구언론과 이명박 후보의 경제이데올로기이다. 지식정보사회에서는 결코 존재할 수 없는 패러다임이다. 그런데도 이 후보와 수구언론은 박물관에나 있을 법한 경제관을 빌려와 '경제를 살리자'는 막연한 구호로 위장하여 우리 사회의 주류여론으로 유통시키고 있다. 이는 권력의 야욕에 눈이 먼 정치세력과 개발독재가 흘리는 떡고물을 주어먹겠다는 심보의 수구언론이 합작한 음모다.

진실이 이러한 데도 수구언론은 경제를 불모로 본질을 호도한다. 살릴 경제가 없는데도 있는 것처럼 조작하고, "경제 대통령"이라는 이름으로 이명박 후보를 내세워 국민들을 기만하고 있다. 수구언론이 재단한 "경제를 망친 노 정권＝나라를 망친 좌파 대통령"이라는 프레임 아래 이명박 후보는 '경제를 살릴 대통령'으로 포장되고 있다.

경부운하가 몰고 올 환경재앙 거론회피

경부대운하 보도도 문제투성이다. 이명박 후보가 제기한 경부대운하 문제는 '보고서를 누가 작성했는가', '보고서 유출은 누가 했는가'가 아니다. 이 후보는 경부대운하의 건설로 △물류비 절감 △홍수 조절 △ 물부족 해소 △일자리 창출 △관광자원 개발 등의 효과를 기대할 수 있다고 주장한다. 얼핏 들으면 참으로 그럴듯한 장밋빛 공약이다.

이 후보의 경부대운하가 지니고 있는 본질적 문제점은 그것이 초 래할 가공할 환경파괴와 오염에 있다. 결론부터 말하면 경부대운하 는 결코 건설되어서는 안된다. 만일 이 후보가 대통령이 되어 그의 공약대로 임기 내에 경부운하가 건설된다면 이는 예삿일이 아니다. 경부대운하는 '민족의 대역사'가 아니라 개발을 명분으로 국토를 난 도질해 이 땅의 생태계를 교란시키고 뿌리부터 오염시켜 환경대재앙 을 초래한다. 경부운하는 한반도의 유사 이래 우리가 우리 손으로 우리 땅을 죽이는 대재앙을 몰고 올 '우환덩어리'이다.

운하는 흐르는 물에 건설되어야 한다. 운하가 발달한 이탈리아나 독일 등 유럽은 습기가 많은 대륙이다. 1년 사계절 가운데 봄·여 름·가을철 등 골고루 비가 내린다. 강수량이 풍부해 물이 괴여 있 지 않고 늘 흐른다. 유럽의 운하는 흐르는 물 위에 건설되어 있어 환경파괴가 그다지 심각하지 않다.

반면 이명박 후보가 건설할 한반도의 운하는 흐르지 않는 물에 건설될 수밖에 없다. 사계절의 구분이 뚜렷한 우리나라는 비가 여름 철에 많이 오고, 그것도 장마철에 집중되어 내린다. 강수량 자체도 운하는 운용할 만큼 많지 않다. 운하는 운용하기 위해서는 필연적으 로 물을 가둬놓을 수밖에 없다. 운하는 거대한 담수호가 된다. 이는 한반도 남부 전체를 관통하는 댐이 건설된다고 보면 된다.

물은 흘러야 물로서의 생명력을 지닌다. 갇힌 물은 더 이상 물이 아니다. 갇힌 물은 썩는다. 썩은 물이 환경에 얼마나 악영향을 미치 는지는 '시화호 사례'에서 볼 수 있다. 경부대운하는 한반도 남부를 관통하는 거대한 인공댐으로써 거대한 오염원으로 작용한다. 전국

곳곳에 건설된 '댐'이 초래하고 있는 생태계 교란과 환경파괴를 생각해 보면 그 심각성이 짐작된다. 선진국은 환경복원과 보존을 위해 이미 건설한 댐도 파괴하고, 자연의 회복을 위해 막대한 돈을 투자하고 있다. 그런데 우리는 환경오염을 위해 14조~17조 원에 이르는 돈을 들여 운하를 건설하려고 한다. 이 무슨 해괴한 짓인가?

그 뿐이 아니다. 이 후보의 경부대운하를 간과할 수 없는 또 하나의 이유는 식수원 오염이다. 운하가 건설되면 강원과 호남, 제주를 제외한 이 땅의 국민들은 썩은 물을 마시며 살아가야 하는 악몽에서 벗어날 수 없다. 물은 자연적으로 흐를 때 '생명수(生命水)'이지, 갇힌 물은 결코 생명의 젖줄이 될 수 없다. 갇힌 물은 곧 죽은 물을 뜻한다. 운하로 인해 한반도 인구의 3분의 2에 해당하는 약 3,000만 명 이상이 죽은 물을 마시며 살 수밖에 없다.

개발이라는 미명하에 자연을 정복하고 개조하겠다며 인간의 손길이 미친 곳은 어느 곳 하나 예외 없이 '환경오염'이 뒤따랐다. 하물며 '벼락치기 공부'하듯 '불도저·저돌적·밀어붙이기 행정전문가'라는 이명박 후보가 추진하는 대형 토목사업이 뿌릴 해악을 미리 경계하지 않을 수 없는 이유가 여기에 있다.

이처럼 상식적으로 생각해도 이 후보의 경부대운하 공약은 한반도와 우리의 미래환경을 파괴하고 오염시킬 위험한 공약인지는 금방 쉽게 들통 난다. 수구언론은 운하가 환경재앙에 미칠 영향에 대해 조금만 관심을 가지면 그 문제점을 낱낱이 파헤칠 수 있다. 그런데도 이에 대해 '모르쇠'로 일관하며 침묵하는 것은 언론의 직무유기라 아니 할 수 없다.

수구언론이 경부대운하 공약이 지닌 본질은 외면하고, 그 곁가지

인 보고서의 작성과 유출 공방 등에만 호들갑을 떠는 '깃털보도'는
국민기만극의 극치이다. 더더욱 경악스러운 것은 이 후보가 표방하
는 경부운하 건설 명분을 장밋빛 공약으로 왜곡하여 선전해대는 꼴
이다. 이는 수구언론이 집권욕에 눈 먼 정치집단과 결탁해 국민들의
삶에 비수를 꼽는 언론범죄라 아니 할 수 없다. 독자들은 수구언론
의 이와 같은 작태에 대해 엄중히 경고하여야 한다.

<2007. 7. 10.>

여론조사와 민심의 실제*

지난 19일 실시된 한나라당 제17대 대통령후보 경선에서 이명박 후보가 박근혜 후보를 2,452표 차로 누르고 대통령후보로 선출되었다. 박 후보는 그동안 언론사와 여론조사기관이 쏟아낸 선거인단[당원(30%), 대의원(20%), 국민참여선거인단(30%)]에서 5%포인트에서 10%포인트 이상 뒤진다고 예상되었으나 막상 결과에선 오히려 0.33%포인트 앞선 432표나 앞섰다. 이에 앞서 각 여론조사 기관은 이 후보가 대의원의 경우 10%포인트 가량 앞섰고 당원에서는 5~7%포인트, 국민 선거인단에서는 2~3%포인트 앞선 것으로 발표했었다.

희한한 선거제도로 승리를 쟁취

돌이켜보면 박 후보는 참으로 억울할 만하다. 이 후보의 승리 원인

---

* 정권교체, 대통령후보, 부동산투기, 현대건설, 여론조사기관, 수구언론, <조선일보>, 대통령만들기, 정치언론인, 언론불신.

은 1인 1표라는 투표의 등가성을 무시한 희한한 한나라당식 선거에 있다. 민주주의에서 투표는 1인 1표가 기본적 원칙이다. 그러나 이번 선거에서는 5,049명의 전화응답자가 32,724명을 대표했다. 1인당 약 5표 가량을 행사한 셈이다. 이 후보는 여기서 박 후보를 2,884표 차로 이겼다. 박 후보는 20%를 반영하는 국민여론조사에서 약 8.5%포인트 뒤져 결과적으로 1.5%포인트 차로 석패하고 말았다.

당심에서 패배하고 민심에서 겨우 이긴 이명박 후보는 대통령에 한 발짝 다가섰다. 현실적으로 범여권 후보가 전멸한 상태(?)에서 대통령 후보는 오로지 이명박 씨 한 사람만 등장했기 때문이다. 한나라당 후보 확정 후 제도언론이 매긴 그의 지지도는 52.5%에서 62.5%에까지 이른다. 기회주의적인 해바라기 언론은 이미 "샐러리맨에서 청계천 신화까지" 운운하며 '명비어천가'를 쏟아내기에 급급하다. 이 땅의 여론을 독점적으로 지배하고 있는 수구언론만 보면 마치 이명박 후보가 대통령이라도 된 듯하다.

이명박 후보의 정신세계를 보면 참으로 어이없기 그지없다. 그는 기회주의자다. 박 후보가 '유신공주'라는 말이 상징하듯 전형적인 기득권 옹호 수구주의자라면, 이 후보는 출세와 개인영달에 눈이 먼 해바라기형 속물주의자라 할 수 있다. 그것은 그의 이력이 웅변해 준다. 포항의 동지상고를 야간으로 다녔다는 그의 성장통을 보면, 분명 이 땅의 민중의 아들임에는 분명하다.

그러나 대학 졸업 후 현대건설의 입사에서 사장에 이르기까지, 피와 살만 섞이지 않았다 뿐이지 실제로는 친아들 친부모보다 더 가까웠다는 현대그룹 정주영 회장을 배신하고(?), 한나라당에 입당해 서울시장에 오르기까지, 가난을 벗 삼아 밥 굶기를 밥 먹듯 했다는 그가 오늘날 수백억 원에서 수천억 원대에 이르는 자산가로서의 부를 쌓기까지, 그의 이력은 선택의 고비마다 오로지 개인의 출세와 영달을 목표로 달려왔음을 보여주고 있다.

이에 대해 그는 열심히 살았기 때문에 빚어진 성장통이라고 둘러댄다. 과연 그럴까? 열심히 살다 보니까 회사(현대건설)서 보너스로 땅 사주고, 빌딩 지어주고 해서 부자가 됐다는 것이다. 그리고 고작 해명이라고 내놓는 말이 궁색하게도 자식사랑 때문에 젊었을 때 모르고 한 실수라고 강남 위장전입을 핑계댄다.

여권 검증서 빠져 나갈 구멍 없어

여권은 한나라당이 박근혜 후보를 선출하지 않고, 이명박 후보를 선출한 것은 불행 중 다행으로 여기는 듯하다. 범여권이 실제론 보수이면서 겉으로는 이른바 '평화민주개혁세력'이라고 포장하고 대선에 나서, '김대업'으로 '이회창'을 KO시켰듯이, 이번엔 BBK '김경준'을 불러들이면 이 후보는 '게임 끝'이라는 생각을 하고 있는 듯하다.

그 뿐이 아니다. 이 후보에게는 국민들에게 소명해야 할 의혹이 하나 둘 아니다. 양파껍질처럼 까도 까도 수없이 의혹이 튀어나오고 있다. 공권력을 동원해 '진실찾기'라는 명분으로 검증파티를 연다면 그것 하나만으로도 이 후보는 빠져나갈 구멍이 없다고 생각해서는 안된다. 범여권으로서는 기회주의자가 수구꼴통보다 훨씬 더 수월하다고 느낀다면 큰 오산이다.

기회주의는 범여권의 정치공세가 아니라, 국민들의 올바른 가치관 확립을 위해서라도 근절되어야 한다. 국민들의 정신건강에 기회주의는 수구꼴통보다 더 나쁜 해악을 끼친다. 수구꼴통은 뚜렷한 자기주장이라도 있지만, 기회주의는 오로지 자신의 이익을 찾아 이리저리 바람이 부는 대로 나부낀다. 대통령이 이러하다면 온 나라를 위해 대통령이 존재하는 것이 아니라, 대통령을 위해 온 나라가 존재하게 된다. 기회주의를 경계해야 하는 이유다.

이명박 후보는 결코 대통령이 되어선 안된다. 아무리 기독교 신자라 하지만 자신이 시장이라는 공인 신분을 망각하고 "1,000만 서울시를 하나님께 봉헌하겠다"는 말을 공식석상에서 내뱉을 정도로 편향적이고 삐뚤어진 가치관을 지니고 있는 그는 한 나라를 통치할 대통령으로서의 자질이 없다. 그는 정치적으로 대통령으로서의 도덕성과 정당성을 결여하고 있다. 사실이건 아니건 간에 명색이 대통령 되겠다는 사람이 전국에 걸친 '부동산 투기' 혐의로 시비의 대상이 되는 것 자체 하나만으로도 자격을 이미 상실했다.

여론조사로 '대통령 만들기' 공작 수행

말을 하다 보니 본질과 다르게 많이 빗나갔다. 이 글은 여론조사기관과 수구언론의 엉터리 여론조사 조작을 설명하려는 것이었다. 다음의 <표>를 보라.

수구언론과 여론조사기관은 하나같이 한나라당 경선에서 최소한 1만여 표 이상으로 이명박 후보가 압승할 것으로 예상했다. 그러나 결과는 엄청난 차이를 보였다. 언론과 여론조사기관의 빗나간 결과치는 이번 선거만이 아니다. 선거 때마다 되풀이되는 연례행사다. 왜 그럴까? 언론은 조금 거칠게 말하면 자신들이 입맛대로 가공한 엉터리 조사결과치를 대문짝만하게 게재해 놓고, 그 결과가 빗나가면 침묵의 나선이론이니, 10~20%에 해당하는 부동층의 민심읽기가 쉽지 않았다느니 해괴한 핑계를 대며 책임을 회피한다.

〈표 8〉 최근 언론사 여론조사에서 한나라당 경선방식에 따른 예상득표율

조사일시	조사기관	이명박(%)	박근혜(%)	표차(%포인트)
8월 9일~10일	KBS · 미디어리서치	45.9	38.6	7.3
6일~10일	중앙일보 자체조사팀	48.4	39.6	8.8
11~12일	조선일보 · 한국갤럽	45.7	37.6	8.1
12일	한겨레 · 리서치플러스	47.9	37.9	10.0
12일	동아일보 · 코리아리서치	47.8	40.1	7.7
12~13일	문화일보 · KSOI	45.5	35.2	10.3
13~14일	한국일보 · 미디어리서치	44.5	37.2	7.3
14일	국민일보 · 글로벌리서치	52.2	46.6	5.6
14~15일	MBC · 코리아리서치	45.9	38.7	7.2
15~16	SBS · TNS코리아	45.9	39.3	6.6
19일	중앙일보 자체조사팀	52.2	47.0	7.0

이는 수구언론과 여론조사기관이 공모하여 특정후보 밀어주기 결과 탓이다. 박근혜 후보의 패배는 이명박 후보와 '여론전쟁'에서 졌다. 이는 곧 언론을 어떻게 다룰까 하는 미디어전쟁에서의 패배로 이어졌다. 언론인 유치전쟁에서 압승을 거둔 이 후보는 이들을 발판으로 삼아 허위적인 여론으로 대세몰이를 이어갔다. 단적인 예로 <조선일보>는 지난 16일자 신문에 이례적으로 이명박 한나라당 후보의 도곡동 땅 관련 의혹 기사를 실었다.

그것도 잠시, <조선일보>는 신문이 나온 지 반나절 만인 낮 12시

25분, 자사 인터넷 판 머리기사로 이 기사가 오보라며 사과한다는
내용을 올렸고, 17일자에는 다시 신문지면을 통해서도 자신들의 기
사가 잘못된 것이라며 사과문을 게재했다. <조선일보>는 또 같은 날
한 면을 할애해 도곡동 땅에 대한 검찰 중간발표 내용 등에 대한
이명박 후보측의 반박과 해명을 상세히 실어줬다.

<조선일보>의 사과 보도가 나가자 박근혜 후보의 선대위원장을
맡고 있는, <조선일보> 부사장 출신의 안병훈 씨는 <조선일보>가

사실상 이명박 후보에게 면죄부를 줬다며 자신의 친정인 <조선일보>에 직접 전화를 걸어 항의한 것으로 알려지고 있다(KBS-1TV, 미디어포커스, 2007년 8월 18일 방송).

여기서 선거 결과는 끝났다고 봐야 한다. 한나라당을 비롯한 제17대 대선에 뛰어든 전·현직 언론인들은 모두 50여 명에 이른다. 이 가운데 이명박 후보 측에 절반이 넘는 23명이 몰렸고, 박근혜 후보 측에 16명 손학규 후보 측에 5명으로 이른바 '빅3' 후보에 대다수가 포진하고 있다.

언론사별로 보면 <조선일보> 9명, <동아일보> 5명, <KBS> 4명 등으로 이른바 주류 언론사 출신이 많다. 이들 대다수는 정치부 기자를 거쳤고, 정치부 차장과 부장 출신도 25명으로 절반을 넘는다.

정치언론인들이 언론에 위장취업해 있다가 선거철만 되면 본색을 드러내고 화려하게 권력 앞으로 쪼르르 달려가면서 남기는 해악은 언론불신이다. 이들 해바라기 정치언론인들로 인해 언론이 설 자리가 점점 좁아지고 있다. 언론이라는 제도가 불신되는 것은 곧 민주주의라는 정치제도가 불신임받는 것과 마찬가지다.

인터넷의 발달 등으로 제도언론에 대한 대안매체가 활성화되면서 수구언론의 '대통령 만들기 공작'은 옛날처럼 그다지 노골적이지는 않다. 그러나 그 공작이 중단되었느냐 하면 그건 아니다. 여전히 음지에선 아직도 진행 중이다. 보수와 반공, 우익 이데올로기로 자신들의 친일 사대주의 죄악을 가리고, 기득권 지배의 공고화를 도모하기 위해 수구언론의 대통령 만들기 공작 프로젝트의 핵심적 방법은 다름 아닌 여론조사다.

단언컨대, 박근혜 후보의 패배는 수구언론으로부터의 버림을 받았기 때문이라고 할 수 있다. 수구언론이 여론조사를 빌미로 "될 사람 밀어주자"는 대대적인 캠페인을 전개했다. 수구언론의 교활한 세뇌에 의해 대중들은 유력후보에게 몰표를 몰아주게 된다. 이런 투표심리가 이번에도 크게 작용했다. 만일 수구언론이 1.5%포인트 차의 대접전을 진실되게 보도했다면 아마도 이 후보의 당선은 장담할 수 없는 상태가 되었을 것이다.

아무튼 범여권으로서는 본선에서 한결 쉬운 상대를 만났다고 속으론 쾌재를 부르고 있을지도 모른다. 과연 그럴까. 벌써부터 2007년 12월 17일 국민들의 선택이 사뭇 궁금해진다. 아울러 대선 기간 동안 독자 여러분들도 비판적인 언론보기를 통해 미디어가 선거에 어떻게 개입하고 본질을 왜곡·조작하는지 열심히 살펴볼 것을 당부드린다. 그것이 민주주의를 지키고 가꾸는 이 땅의 지성인들이 할 몫이다. 그리고 이 나라와 이 땅의 민중을 위해 바로 보고 바로 뽑자.

<2007. 8. 21.>

이명박 후보의 미디어정책*

제17대 대통령선거가 일주일 앞으로 다가왔다. 각 언론이 전하는 바에 의하면 한나라당 이명박 후보는 42.3~47.4%의 지지율로 당선이 확정적(?)인 듯하다. 2·3위 후보의 지지율이 13.4~16.8%, 12.6~16.3%에 불과해 한나라당 후보의 당선(?)을 예측하기란 어렵지 않다 (동아일보, 2007년 12월 12일자, A8면). 이 후보와 한나라당도 이미 "대통령에 당선된 듯 은밀히 '정권인수위원회'를 꾸리는 등 당선자 행세"를 하고 있다. 이 후보는 각 언론사나 시민단체 등에서 초청한 TV토론회에는 아예 코빼기를 보이지 않아 토론회를 무산시키거나 무력화시키기를 주저하지 않는다. 이는 오만의 극치이며, 한나라당 집권시대를 '미리보기' 해 주는 하나의 삽화라 할 수 있다.

이 글은 한나라당 이명박 후보의 미디어정책을 살펴보고자 한다. 그것은 현시점에서 이 후보의 정책이 곧 차기 정부의 언론정책화될

---

* 제17대 대선, 한나라당, 이명박 후보, 미디어정책, 개혁입법, 노무현 정권, 신문법, 수구언론, 족벌언론

가능성이 농후하기 때문이다. 미디어정책은 국민의 4대 기본권인 '언론의 자유'를 가장 자유롭게 하는 자유에 관한 정책이므로 매우 중요한 의미를 지니고 있다. '국민의 정부'에 이어 '참여정부'를 거치면서 한국의 언론자유는 대폭 신장되었다. 특히 노무현 정권하에서는 대한민국 역사상 가장 풍요로운 언론의 자유를 향유하고 있다.

그런데 두 민주대통령에 이어 경제CEO대통령 정부가 탄생(?)할 가능성을 보이고 있는 가운데 한나라당 집권시대(?)에는 언론의 자유가 정책적으로 크게 후퇴할 조짐을 보이고 있다. 신자유주의에 입각한 시장성이 언론의 공공성을 대신할 모양이다. 그것은 제17대 대선을 맞아 한나라당 이명박 후보가 표방한 미디어정책과 선거공약이 전진적인 것이 아니라 수구적이고 퇴영적이기 때문이다.

지난 11월 21일 한국기자협회와 한국언론재단이 공동주최한 "제17대 대선 미디어정책 토론회", 11월 28일 한국여성민우회 미디어운동본부가 마련한 "제6차 시민미디어포럼, 2007 대통령성거 후보자 미디어정책 토론회", 11월 30일 한국언론학회가 주관한 "2007 대선 미디어정책 토론회" 등에서 밝힌 한나라당 이명박 후보의 미디어정책은 다음과 같이 요약할 수 있다(출처: 장우성, 「대선 미디어정책 토론회 현장중계」, 한국기자협회 인터넷판, 2007년 11월 28일자).

◆ 미디어정책의 기조＝한나라당은 가칭 '21세기 미디어위원회'를 만들어 미래지향적 청사진을 제시하겠다. 21세기 미디어위원회는 당선 후 6개월간 한시적으로 운영할 계획이다. 여기서는 차기 정부의 언론정책을 어떻게 할 것인가 논의한다. 크게 3가지 부문을 다루고 있다. 첫 번째, 방송통신사업자 구조개편이다. 두 번째 방송통신 제도 개편 방안이다. 신문방송 겸영, 미디어렙, 포털 규제, 민영방송 소유구조 개선 방안,

수신료 문제 등을 다룬다. 세 번째로 방송통신사업지원방안이다. 지상파의 디지털 전환 지원 방안, 콘텐츠 활성화 지원 방안 등이 주된 고민이다. 기타로 연합뉴스의 소유구조를 어떻게 갈 것인가도 다룰 것이다. 언론재단, 신문유통원, 신발위 개편 방안도 중요하다. 6개월 내에 통합적 정책 방안을 제시하겠다.이명박 후보의 미디어 정책 방향은 크게 3가지다. 우선 언론의 자유를 확고히 하겠다. 국정홍보제도에 대한 대대적인 시정이 필요하다. 현 정부는 미디어와 대립 관계를 이뤘다. 동반자적 관계로 재정립해야 한다. KBS 등 공영방송의 정치적 중립성, 운영 효율성 제고 방안을 만들어야 한다. 가칭 '공영방송위원회 설립'도 검토하겠다. 취재지원선진화방안, 신문법은 근본적인 검토가 필요하다. 언론에 대한 규제 정책은 더 이상 펼치지 않겠다.두 번째로 국제경쟁력을 갖춘 미디어산업을 만들겠다. 신문 방송 겸영, 지역언론활성화 방안, 한미FTA를 대비한 국내 영상산업 진흥 정책 등이 필요하다.세 번째는 미디어 수용자의 권익 보호 증진이다. 방송 디지털화 시대에 계층 간 정보격차를 해소하고 미디어교육을 법제화하겠다. 미디어이용자피해구제시스템이 필요하다.

◆ 취재지원선진화 방안＝정부가 주도하는 언론 규제는 시대착오적이다. 이명박 후보의 생각도 그렇다. 근본적으로 검토해야 한다는 게 확고한 입장이다. 자율 규제 방식이 바람직하다. 선진화 방안은 절차의 문제도 있고 내용의 문제도 있다. 국민 알권리를 침해하는 측면이 있다. 현 정부가 추진 중인 브리핑룸 개편작업은 원점으로 되돌리겠다.

◆ 신문·방송 겸영＝신문과 방송을 나누는 것은 이제 의미 없다. 방송의 보도채널을 허용하고 종합편성 PP에 참여하게 해 줘야 한다. 지상파 방송 겸영은 곤란하다. 유럽, 일본은 1980년대부터 신문 방송 겸영을 인정해왔다. 별문제가 없었다.

◆ 신문지원기구 통합 및 조정 문제＝국회에 제출된 한나라당 안을 기본으로 해서 개선해 나갈 것이다. 정부가 추진하는 언론지원과 규제는 없애야 한다. 언론사 자율에 맡겨야 한다. 간접적으로 지원해야 한

다. 신문발전위, 신문유통원 등도 근본적인 검토가 필요하다.

　◆ 지역신문지원법·발전위원회＝지역신문지원특별법은　한시법이다.
근본적 대안을 찾아야 한다. 지역언론 콘텐츠 제작 유통 지원하는 센터
도 설립하겠다. 정부가 신문사에 기금을 지원하면 정부가 개입할 소지
를 준다. 과연 지원만 해서 해결될 문제인가 고민이다. 자생적으로 살
수 있는 토대를 만들어야 한다. 지역경제 활성화가 해법이다. 일시적
접근으로는 근본적인 해결이 어렵다. 이는 경제 파트와 같이 논의해나
갈 예정이다.

　◆ TV수신료 인상안＝KBS의 공정성과 방만 경영이 문제다. KBS는
국가기간방송으로서의 성격을 그대로 유지하고 아리랑방송, KTV 등 국
공영채널을 KBS로 통합하는 방법을 모색하는 게 바람직하다. 우선적인
두 가지 조건이다. 이것이 보장되면 자연히 풀릴 문제다. 중간광고 문제
와 맞물려 원만히 합의를 이뤄낼 수 있을 것으로 본다.

　◆ MBC·KBS 2TV 민영화＝구체적인 안을 아직 마련하지 않았다.
이 후보가 21세기 미디어위원회에서 심층적으로 토론하고 방안을 마련
해달라 주문했다. MBC 문제는 내부적으로도 논쟁이 치열하다. KBS
2TV에 민영화 논리를 적용하기란 쉽지 않다. 아리랑TV 등 국·공영
TV를 어떻게 KBS와 결합할 것인가가 문제다. 국·공영 채널의 수를
줄이는 구조개편이 필요하다. EBS와 KBS 중심으로 우리나라 국·공영
방송 통합 방안을 모색하겠다. EBS의 위상도 더욱 공고히 해야 한다.
내년이 신디지털 미디어시대의 개막이다. 걸맞은 내용을 담보해 내야
한다. 행정·교육개혁과 맞물려 가야 한다. IPTV가 도입되면 채널이 수
백 개에 육박한다. 이를 어떻게 교육개혁에 활용할 것인가 고민이 필요
하다. 활용방안에 따라 사교육시장을 줄일 수 있다. KBS, EBS의 문제
도 여기에 있다. 거시적인 차원에서 봐야 한다.

　◆ 지상파 방송 중간광고 확대＝전체 미디어산업의 재원 차별화 차
원에서 봐야 한다. 재원의 공공성은 더욱 강화해야 한다. KBS는 재원을
공공성 통해서 해결해야 한다. MBC와 SBS는 중간광고를 허용해야 한다.

뉴미디어는 가입비로 운영되는 것이 좋다. 미디어산업계의 갈등은 재원의 차별성을 이뤄 공생할 수 있도록 해결할 것이다.

◆ 방통융합기구 설립＝정책권은 정부가 갖고, 규제집행권은 위원회가 맡는 방안이 공정성 시비를 불식시킬 수 있다.

◆ 국정홍보처 존폐 문제＝별도의 부처로 둘 필요가 없다. 각 부처가 자율적으로 홍보 기능을 하고 있다. 각 부처 운영체계에 맡기면 된다. 해외는 문광부 외교부 차원에서 강화하겠다.

◆ 포털의 규제＝포털이 언론으로서의 기능을 하고 있으므로 최소한의 규제 양식이 마련되어야 한다. 미비한 법 등을 고쳐 포털도 규제할 수 있는 근거를 마련하겠다.

◆ 민영미디어렙 등 기타 현안＝정부가 연합에 보조금을 지원하고 있다. 경쟁체제로 가면 국가기간통신사 위상이 위협받는다. 그러나 정부 지원으로 가자니 시대 추이에 맞지 않는다. 근본적으로 연합뉴스를 국가기간통신사로 가져갈 건가 여부를 논의하는 것으로부터 시작해야 한다.

한나라당 이명박 후보의 미디어정책이 지닌 문제점은 첫째, 개혁의 후퇴를 지적하지 않을 수 없다. 이 후보는 노무현 정권이 4대 개혁입법 가운데 하나로 마련한 신문법을 2005년 1월 이전으로 되돌리겠다고 공약했다. 신문법은 비록 법률제정과정에서 개혁입법의 알맹이라 할 소유규제조장, 편집권 독립 등이 실종된 체 누더기로 통과되긴 했으나, 그래도 종전의 언론관련법에 비하면 획기적으로 진전된 법률이라 할 수 있다. 이 후보는 원상복귀를 선언했다. 이는 언론파시즘 체제가 입버릇처럼 주장하고 있는 것을 앵무새처럼 되뇌는 것에 다름 아니다. 기회주의적인 수구언론 <조중동>의 입장을 대변하는 정책이다.

둘째, 이명박 후보는 신문과 방송의 겸영을 허용하겠다고 발표했다. 이 후보는 "미디어 기술이 발달하면서 신문과 방송을 구분하는 것이 무의미해졌다"는 이유를 들었다. 참으로 궁색하고 무지한 소리다. 미디어에 대한 기본 상식을 의심하지 않을 수 없다. 현시점에서는 신문과 방송의 겸영을 허용해서는 안된다. 언론시장을 배타적으로 독과점한 족벌언론이 자본을 앞세워 방송마저 장악한다면 한국의 여론시장은 완벽하게 '족벌여론'이 '사회공론'으로 둔갑하는 것을 제도적으로 막지 못하게 된다. <조중동>의 일방적인 이데올로기 선전선동을 그나마 막아내고 있는 것은 신문과 방송이 분리되어 있기 때문이다.

족벌언론은 미디어산업의 다각화라는 명분을 내세우면서, 미국과 일본 등에서의 시장자유주의에 바탕을 둔 신문과 방송의 겸영 허용을 주장한다. 여기에도 문제가 있다. 예컨대 한국의 <조중동>과 미국의 <뉴욕타임스>, <워싱턴포스트>는 다같은 족벌언론이라 할지라도 그 본질에 있어서는 엄청난 차이를 보인다. 한국의 족벌언론은 방씨, 홍씨, 김씨 가문을 위해 존재하지만, 미국의 족벌언론은 언론의 자유, 언론의 독립을 위해 존재하기 때문이다. 한국의 족벌언론이 미국 족벌언론처럼 언론의 사명을 다할 때 비로소 주장이 설득력을 지닌다.

셋째, 노무현 정권이 6년을 한시적으로 하여 마련한 지역신문발전지원정책을 합리적으로 가다듬어 연속성 있게 실시하여야 한다. 곧 지역신문지원특별법의 일반 법제화와 유효 기간의 연장, 지원기금의 확충 등이 그것이다. 이명박 후보를 대신해 한나라당의 미디어정책을 설명하기 위해 토론회에 나온 박천일 숙명여대 언론정보학부 교수는 "지역경제가 활성화되지 못한 게 근본 원인이다. 그 지역 경제를 활성화시킬 기업이 많이 생기면 해결될 수 있다. 산업분권화로 지역 경제를 부흥해야 한다. 지역 경제 활성화를 위해 전국을 광역단위 경제권으로 나눠 육성하는 방안을 마련 중이다"라고 밝혔다.

전형적인 신자유주의에 입각한 언론관을 표출하고 있는 것이다. 노무현 정권의 성립이 지방분권에 의한 지역살리기라면, 이를 좌파정권의 정책이라고 매도했던 한나라당과 이명박 후보는 그 반대편에 서서 60~70년대 개발독재시대의 강력한 중앙집중을 패러다임으로 내세운다. 미디어정책 또한 여기서 자유로울 수 없다. 지역신문의 몰락이 근본적으로는 무지한 지역신문 자체의 탓이겠으나, 결코 그에 못지않게 그동안의 언론정책을 중앙언론에만 집중된 탓도 무시할 수 없다. 차제에 붕괴되기 일보 직전인 지역언론 살리기에 정책적 초점을 모아야 하는 것은 당연하다. 이 후보는 시대적 소명과는 전혀 다른 대치점에서 언론정책을 펴려고 한다.

넷째, 이명박 후보는 또 <MBC>와 <KBS-2TV>의 민영화를 주장하고 있다. 이는 방송의 공공성을 부정하고 시장우월주의로 접근하는 매우 위험한 발상이다. 공영방송은 방송을 국민의 것으로 되돌리는 제도이다. 이 후보는 천박한 상업주의의 폭력으로부터 국민을 보호할 공영방송의 포기를 선언하고 있다. 이는 개발논리를 앞세워 방송을 오염시키는 악덕 공해배출업자와 다를 바 없다. 공영방송을 민영화할 것이 아니라 오히려 <SBS> 등 사영방송을 해체하고 완전 공영화를 달성해야 한다. 현재 문제가 되고 있는 것은 껍데기만 공영이고, 알맹이는 사영화인 데서 비롯된다. 방송이 당면한 현안은 모두 이와 같은 구조적 모순이세 기인하므로 방송의 공공성 유지정책은 강화되어야 마땅하다.

다섯째, 한미FTA로 인한 방송시장 개방대비책에서도 이명박 후보는 규제완화를 통한 투자 견인을 강조하고 있다. 해외자본의 시장개방 요구를 무조건 다 들어주겠다는 소리다. 이는 미디어콘텐츠 시장 경쟁력이 매우 취약한 현실을 도외시한 정책이다. 한국의 미디어기업이 생산해내는 콘텐츠는 시장경쟁력을 말하기조차 미미하다. 미국의 초국적 미디어자본은 시장독점을 위해 끊임없이 미디어시장의 완전 개방을 요구해왔다. 이 후보는 미국의 통상압력에 굴복해 미디어시장을 고스란히 내주겠다고 한다. 미디어시장이 미국에 종속되면 한국·한국인의 의식구조가 미국화되는 것은 시간문제일 따름이다. 이 후보는 국익을 도외시한 미디어정책을 공약한 셈이다.

여섯째, 방통융합기구 개편에서 이명박 후보는 방송정책의 부처 환원을 공언하고 있다. 방송정책을 정부 부처로 이관함으로써 행정부가 직접 장악하겠다는 것이다. 이는 방송의 독립성을 저해해, 방송의 권력 예속화를 초래할 개연성이 다분하다. 역대 독재정권이 방송을 권력의 시녀화함으로써 파생된 진실의 실종과 그로 인한 어둠의 세월을 살았던 것을 경험한 국민들의 입장에서는 매우 위험하기 그지없는 발상이라 규탄하지 않을 수 없다.

결국 이를 종합하면 한나라당의 미디어정책은 처음부터 끝까지 수구언론의 주장을 고스란히 반영하는 것으로서 언론개혁을 정면으로 부정하고, 역주행하는 것이다. 이명박 후보는 강력한 중앙집중식 개발독재시대의 논리에 입각해 미디어정책을 펴려고 한다. 이는 언론이 지닌 공공성을 뿌리째 부정하는 패러다임에서 기인한 정책이다. 그의 미디어정책은 반언론적이며 반역사적이고 반민중적이다. 그것

은 한나라당이 수구세력을 대변하는 정치권력집단이라는 혹평을 듣
는 이유임을 깨달아야 한다.

 한나라당과 이명박 후보는 언론의 공공성과 여론의 다양성이 민주
주의 제도에서 어떤 의미를 지니고 있는지, 또 그 가치관이 얼마만
큼 중요한지에 대해 개념조차 없는 듯하다. 이런 사람이 대통령되려
고 한다니 참으로 뻔뻔스러운 철면피와 같다. 이제 선택의 순간이
다가오고 있다. 소위 '경제전문가'임을 자처하는 수구세력을 선택하
여 역사의 후퇴를 가져올지, 아니면 민중을 위해 봉사할 지도자를
선택하여 진전을 가져올지 국민들의 선택이 사뭇 궁금해진다. 부디
현명한 선택으로 역사의 진전이 있기를 기대해 본다.

<2007. 12. 12.>

제17대 대선과 언론권력*

어제(19일) 실시된 제17대 대통령선거에서 한나라당 이명박 후보가 48.7%의 지지율로 26.1% 득표에 그친 대통합민주신당의 정동영 후보를 누르고 대통령에 당선됐다. 집권여당 후보였던 정 후보의 낙선에는 몇 가지 원인 분석이 가능하다. 정 후보는 현직 대통령의 실정과 정치적 무능, 오만과 독선, 그리고 지원 미비 등을 이유로 섭섭하게 생각할지 모르겠다. 그러나 그것이 참된 이유일 수는 없다. 보다 근본적인 원인은 미디어전에서 완패했기 때문이다.

언론인 영입 열세가 선거패배 원인

현대사회는 미디어를 통해 주권재민을 실현한다. 미디어는 대의민주주의를 구현하는 제도로 기능한다. 유권자들은 미디어가 제공하

---

* 제17대 대선, 이명박 당선자, 도덕성, 신뢰성, 위선, BBK, 이명박 특검, 언론권력, 수구세력, 노론집단

는 정보를 토대로 후보자를 선택한다. 선거에 있어서 미디어는 정보의 중매자로 매우 중요한 역할을 수행한다. 그래서 현대사회의 선거를 미디어선거라고도 한다.

미디어선거에서 가장 중요한 것은 얼마만큼 영향력 있는 언론인을 끌어들이냐 하는 것이다. 이에 각 후보는 선거캠프에 언론인을 대대적으로 영입한다. <중앙일보> 김종혁 사회부문 부에디터가 쓴 의 2007년 8월 1일자 「시시각각 칼럼; "대선 캠프로 간 기자들"」은 "대선 주자들이 기자들을 끌어들이는 이유는 여러 가지다. '기자들은 순발력이 있고, 현장감이 빠르다'는 게 가장 흔한 답변이다. 하지만 솔직히 말하면 아마 '전관예우' 효과를 노렸을 것이다. 신문·방송사 기자들을 많이 확보한 캠프일수록 대(對)언론 로비가 쉬울 건 뻔하다. 로비는 결국 '얼굴장사'고 누구든 옛 동료를 모른 체하긴 쉽지 않기 때문이다. 게다가 해당 언론사 동향 파악도 쉬워질 테니 꿩 먹고 알 먹는 셈이다. 기자들이 대선 캠프로 간 이유도 개인마다 사정이 다를 것이다. 하지만 '베팅 심리'가 깔려 있다는 걸 부인하기 어렵다. '내가 지지하는 후보가 이기기만 하면 크게 챙긴다'는 기대감 말이다"라고 고백하고 있다.

'악어'와 '악어새'처럼 정치인들은 언론인을 언론사 로비 창구로 활용하고, 언론인들은 그 반대급부로 후일 청와대 비서관, 장·차관, 국회의원, 정부 부처 대변인, 국·공영 기업체 임직원 등으로 변신을 기도한다.

이 당선자 캠프에는 박근혜 한나라당 경선후보를 포함한 대선후보 11명이 확보한 사람보다 더 많은 언론인들이 영입되었다. 최규철 전 <동아일보> 논설주간, 이성준 전 <한국일보> 부사장, 함영준 전 <조

선일보> 국제부장, 양휘부 전 <KBS> 창원총국장, 구본홍 전 <MBC> 보도본부장 등 전 언론인은 물론, 이동관 <동아일보> 논설위원, 신재민 <조선일보> 부국장, 진성호 <조선일보> 미디어팀장, 박흥신 <경향신문> 산업부장 등 현직 언론인들도 모여들었다. 양과 질에서 타 후보 캠프에 합류한 언론인들을 압도한다.

언론계에 위장취업해 있으면서 호시탐탐 정계 진출을 노리고 있던 정치언론인(*polinalist · politics + journalist*의 합성어)들의 활약이 본격적으로 빛나는 분야는 단연 홍보·선전에서다. 이 당선자 캠프에 모여든 전·현직 언론인들의 우위는 특히 '대통령 당선 가능성 후보'로서의 이명박 씨를 주류언론을 통해 이미지 각인시키는 데 절대적인 힘을 발휘했다. 이는 이 당선자가 당내 경선에서 박근혜 후보에게 뒤지고도 국민들의 여론조사에서의 우위를 보여, 결국 한나라당 후보로 선출된 데서도 '만들어진 후보'라는 것을 증명해 준다.

전·현직 언론인들의 대언론 로비 맹활약이 없었으면 이명박 후보는 '낙마'를 해도 벌써 낙마했을 후보였다. 그에게는 대통령후보로써 너무나 많은 결점을 지니고 있었기 때문이다. 그럼에도 이 후보가 당선 가능 유력후보로 1년 이상 타의 추종을 불허한 것은 전적으로 이 캠프에 합류한 정치언론인들에 의해 매스미디어가 완벽하게 장악되었고, '만들어진 여론'이 '사회여론'으로 유통될 수 있었기 때문이다.

'경제살리기' 명분 아래 철면피 선출

강남위장전입, 자녀위장취업, 부동산투기 혐의, 세금탈루 의혹, 주가조작 혐의, BBK 관련 논란 등등 이명박 당선자에게는 국가의 최고 지도자인 '대통령'으로서의 통치권을 수행할 도덕성은 눈을 씻고 찾아보려야 찾아볼 수 없다. 그것은 이 후보가 자신과 관련하여 제기되는 부정부패와 비리의혹 등에 대해 진솔하게 반성하거나 사과하기는커녕 단 한마디로 "네거티브 선거전략"이라고 일축하는 데서도 엿볼 수 있는 대목이다.

이에 대해 '정통 수구세력의 적자'임을 표방하며 정계은퇴를 번복하고 출마한 '차떼기 정당'의 대표였던 이회창 후보조차 "네거티브는 없는 것을 있는 것이라고 말할 때 성립하는 개념이다. 이 후보와 관련해서는 있는 것을 있다고 하는 데 어떻게 네거티브라 할 수 있는가. 이는 도둑이 자기를 고발한 시민에 대해 '왜 네거티브를 하느냐'고 말하는 것과 다를 바 없다"고 힐난했다(2007년 12월 16일 중앙선거관리위원회 주최, 제17대 대통령후보 제3차 TV토론회).

대통령이 한 나라를 대표하는 인물이라면, 이명박 후보의 대통령 당선으로 대한민국의 신뢰성은 국제적으로 파탄난 것을 공개적으로 천명한 것과 진배없다. '노블리스 오블리주'라고는 털끝만큼도 찾기 어려운 그가 대통령에 당선됨으로써 우리나라는 하루아침에 후안무치한 철면피들의 나라로 전락하게 됐다. 어떻게 해서 이 지경에 이르렀을까?

이명박 당선자는 포항의 가난한 소시민 아들로 태어나 재벌기업 CEO, 국회의원, 서울시장을 거치면서 자산 또한 358억여 원을 일궈낸 월급쟁이들의 신화 같은 존재다. 그는 도곡동 땅투기 혐의에 대해 "현대건설에서 보너스로 사 준 것이며, 회사서 건물을 지어 줬다"고 해명했다. 코미디와 같다. 세상 천지에 법인이 보너스로 땅을 사주고, 집을 지어주는 기업이 이 지구상에 어디 있는가. 보너스는 돈이나 주식을 주거나, 아니면 주식을 매입할 권리를 주는 것이 상식이다. 땅

사주고 건물을 지어준다는 소리는 이명박 씨에게서만 들을 수 있는 얘기다. 현대건설이 그렇게 해 줬다면, 이는 건설회사가 아니라 사회의 암적 존재와 같은 부동산투기회사다.

이 당선자의 거짓말 의혹은 BBK에서 정점을 이룬다. 그는 하늘 우러러 "BBK와는 직접적이든 간접적이든 전혀 관련이 없다"고 했다. 검찰도 수사를 통해 "이 후보와 BBK는 관련이 없다"고 면죄부를 줬다. 국민들의 60% 이상은 이를 믿지 않고 있다. '이 당선자와 BBK는 관련이 있다'는 것이다. 이 당선자로서는 자신의 진실과 결백이 통하지 않는 세태에 대해 참으로 통탄할지 모른다. 그래서 모름지기 지도자는 오얏나무 아래서는 갓끈도 고쳐 매지 말라고 했다. 문제는 과반 이상의 국민들이 이 당선자의 진실을 진실이 아니라고 믿고 있으며, 그렇다면 그 진실이 진실로 성립할 수 없다는 데 있다.

이처럼 BBK를 둘러싼 진실공방이 첨예한 가운데 선거를 사흘 앞두고 이명박 후보 자신이 육성으로 "내가 BBK를 설립했다"는 동영상이 공개돼, 그의 결백을 무의미하게 했다. 2000년 10월 17일 광운대 최고경영자과정 특강 동영상에서 이 후보는 확신에 찬 목소리로 "28.8%의 수익까지 냈다"며 자랑스러워하고 있다. 여권은 이를 들어 BBK는 이 후보가 실소유자라는 것을 뒷받침하는 증거라고 주장했다. 이에 대해 한나라당과 이 후보 측은 "동업자 관계였던 김경준 씨를 한번 띄워주기 위한 발언"이라고 해명했다. 이쯤 되면 발장난의 극치다.

이명박 씨는 BBK 설립 직후인 2000년 10월 14일 <중앙일보>와, 같은 해 10월 16일 역시 <중앙일보>, 같은 날 <동아일보>, 같은 해 11월 11일 <MBC> 박영선 기자(현 열린우리당 국회의원)와, 2001년 3월 <월간중앙> 등을 통해 BBK 회장 자격으로 "금융상품 소프트웨어를 개발하는 LK e-뱅크와 자산관리회사인 BBK를 창업했다"고 인터뷰했다. 그러면서 당시의 기사가 이 후보가 BBK의 실소유주라는 증거로 제시되자 "진실성이 의심되는 오보"라고 발뺌했다.

대통령은 하늘이 낸 인물이라고 한다. 한 인간이 대통령에 당선되면 '인간승리의 꽃'으로 감동을 준다. 그러나 이 당선자의 대통령 당선에는 감동이 없다. 꿀꿀하고 씁쓸하다. 뒤끝이 영 개운치 않다. 한국경제를 살려낼 경제전문가 CEO대통령이라 하는 데도 말이다. 그것은 이 당선자에게서 대통령으로서의 지녀야 할 도덕성을 전혀 찾아볼 수 없기 때문이다. 대통령의 양심이 중요한 것은 대통령이 가리키는 곳을 국민들이 바라보고, 함께 달려가기 때문이다. 그러면 이 당선자가 대통령으로 가리키는 손끝은 어디인가. 정직함과는 거리가 멀다. 아들을 위장취업시켜 세금을 탈루하다가 들통이 나자 그제야 "미안하다. 잘못됐다. 착오였다. 밀린 세금을 내겠다"면 그것으로 끝이다. 이런 위선으로 어떻게 국민들에게 감동을 주겠는가.

이쯤 되면 그 인격은 시정잡배와 크게 다르지 않다고 봐도 무방할 것이다. 막말로 하면 '연격파탄자'나 '무뢰배'와 다르지 않다. '부정직한 희대의 인물'이 '정직하고 성실한 경제 CEO 지도자'로 화장하여 대통령에 당선되었다고 할 수 있다. 따라서 이 당선자의 도덕성과 양심, 정직성을 아이들에게 어떻게 설명해야 할지 난감한 일이 아닐 수 없다.

'대통령 만들기' 성공한 수구언론 경계

'이명박 대통령'의 1등 공신은 뭐니 뭐니 해도 언론권력 <조중동>

이다. <조중동>은 여론조사란 조작된 기사로 지난 1년 동안 줄기차게 '이명박 대통령 만들기' 공작 프로젝트를 수행해왔다. 대개 1,000여 명 남짓한 조사자를 대상으로 여론조사를 실시하면 많아야 고작 15% 내외의 사람들이 답변을 한다. 이것을 과연 '여론'이라 할 수 있을까. 이는 여론조사를 가장한 여론조작이라 함이 보다 정확할 것이다. 언론권력은 85%의 진실을 애써 외면하고, 불과 15%를 진실인 양 확대선전 왜곡보도를 자행해왔다. 이때 언론권력이 표방한 헤게모니는 "이명박 CEO신화＝청계천 복원＝경제살리기" 프레임이었다. 반면 집권여당 죽이기는 "좌파정권＝정치적 무능＝오만과 독선＝양극화 갈등＝사회·국론분열"이라는 부정적 색깔공세였다.

수구언론은 이명박 후보를 '경제전문가', 'CEO대통령'이라는 프레임으로 기만했다. 과연 이명박 씨가 수구언론의 세뇌캠페인처럼 경제전문가인지 한번 따져보자. 이는 대단한 착각이다. 이 후보가 경제전문가라면 그의 경제관, '이노믹스(Lee＋(Eco)nomics)'가 뭐냐 하는 것이다. 이 씨의 경제 패러다임은 '토목공사경제'이다. 세칭 '노가다경제'다. 노가다경제로 21세기 디지털시대의 경제를 살리겠다는 것은 어불성설이다. 노가다경제는 아프리카 개발도상국의 개발독재 경제에나 어울릴 만한 경제철학이다. 이미 산업이 성숙화 단계에 접어든 한국경제에는 어울리지 않는 이념이다.

21세기 디지털시대의 한국경제는 지식정보산업, 금융경제이어야 한다. 이는 우리 경제가 지향해야 할 지표이다. 경제CEO라는 이 후보의 경제관은 지식정보산업과 금융경제와는 아무런 관련이 없다. 따라서 수구언론이 이 후보를 '경제대통령'으로 포장한 것은 어불성설이다. 이 후보 자신도 공개된 광운대 특강 동영상에서 "인터넷 금융회사를 설립하고, 사이버 증권회사를 차려 운영할 예정"이었으나, 결국은 김경준에게 "사기당했다"고 고백한 것에서 스스로 지식정보 산업과 금융경제에 문외한이라는 것을 밝힌 바 있다. 후보 스스로 21세기형 경제전문가가 아니라는 데도 수구언론이 '노가다경제'를 '지식경제'로 조작해 과대 포장했던 것이다. 이것이 이 후보가 경제 전문가라고 주장하는 수구언론의 진실이다.

어디 그 뿐인가. 이명박 후보의 노가다경제가 인간의 얼굴을 하고 있느냐 하면 그것도 아니다. 잔인할 정도로 매우 비인간적이다. 예컨 대 이 후보의 과시적인 업적으로 평가되고 있는 '청계천 복원공사' 를 보자. 복원된 청계천은 외관상 화려하기 그지없다. 대단하다. 그 러나 그것이 과연 '개발'이며, '발전'일까? 청계천의 화려함 뒤에는 하루아침에 청계천에서 쫓겨나 갈기갈기 찢어진 민중의 삶이 있다. 청계천을 터전 삼아 삶을 영위했던 수많은 민중들은 졸지에 삶의 터 전을 빼앗기고 도시의 변두리로 밀려났다. 이처럼 이 후보의 경제는 사람을 위한 경제가 아니라, 눈에 보이는 성장 위주적인 물적 토대 의 경제다. 결국 이 당선자의 경제는 가진 자는 더욱 잘살게 하고, 못 가진 자는 더욱 못살게 구는 경제라 할 수 있다.

사람이 정직하지 못하면 필연코 깨끗하지 못하다. 깨끗하지 못한 사람이 살리는 경제는 무의미하다. 부정부패와 비리에 만연되어 있 고, 온갖 편법과 탈법, 불법에 오염된 지도자가 되살린 경제는 어떤 경제일까? 그 경제가 과연 경제다운 경제일까? 대답은 "아니다"이다. 백번 양보하여 그것이 설령 '경제'라 하더라도, 국민들에게는 아무런 의미가 없다. 특히 청계천에서 쫓겨난 민중들에게는 말이다.

국민들은 수구언론이 설정한 프레임에 속아 정직성이라곤 조금도 찾아볼 수 없는 의혹투성이 후보를 대통령으로 선출했다. 도덕성이 파탄난 '경제전문가 대통령'이 전개할 역사에 대해선 전적으로 수구언론의 책임이다. 수구언론이 이 땅에서 어떤 죄악을 저질렀는지는 머지않아 백일하에 드러날 것이다. 곧 '이명박 특검'을 둘러싼 정치 갈등의 첨예화와 그에 따른 국론 분열 등이다. 수구언론은 국민들을 기만한 역사범죄·언론범죄에 대해 합당한 책임을 져야 한다.

수구언론이 국민들을 상대로 기만극을 펼칠 수 있던 배경에는 노 정권의 실정이 밑바탕 됐다. 사이비 진보정권인 노 정권은 제 분수도 모르고 껍데기만 진보를 흉내 낸 '짝퉁 진보정권'이었다. 그로 인해 취임과 동시에 수구언론으로부터 '좌파', '빨갱이'라는 딱지 공세를 받았다. 노 정권이 자신의 본질인 '보수'를 정직하게 표방했다면 수구세력이 설자리를 잃고, 정치개혁은 저절로 이루어져 훈구파는 정치의 장으로부터 퇴출되었을 것이다.

노 정권은 짝퉁 진보에만 심취하다가 급기야는 수구세력으로부터 헌정사상 최초로 되레 탄핵받는 수모를 겪게 되었고, 수구세력의 작태에 분노한 국민 여론에 의해 제1당이 되었다. 그러나 노 정권의 정치적 무능은 생산적인 민생정치는 외면한 채 수구언론과의 소모적인 정쟁으로 스스로 레임덕을 불러왔고, 국민들이 만들어 준 제1당도 건사하지 못해 "식물정권"을 자초한 결과를 빚었다. 수구세력의 부활은 <조중동>을 필두로 한 언론권력의 교묘한 선동과 노 정권의 실정이 합작하여 빚어낸 결과물이다.

수구세력 권력회귀 독재정권 출몰 우려

　이명박 후보의 대통령 당선으로 민주대통령시대가 막을 내리고, 한나라당으로의 정권 교체가 된다. 보수세력이 역사의 무대에서 퇴조하고, 수구세력이 다시 이 나라의 권력을 장악하게 됐다. 훈구파의 권력 장악과 함께 우려하지 않을 수 없는 것은 ‘독재로의 회귀’이다. 과거 한나라당 전신 정권이 저질렀던 반민주적이며 반민족적인 ‘권력남용·국민탄압’ 악행이 되살아날까 두렵다. 여기에다 <조중동> 언론권력이 가세해 진실을 외면하고, 여론을 왜곡조작한다면 국민들은 다시 ‘암흑의 시대’를 살아갈 수밖에 없다.

　우리가 역사에서 교훈을 찾는다면 훈구파의 부활은 언제나 역사의 후퇴를 가져왔다는 점이다. 특히 수구세력이 국가의 여론 유통 시스템을 배타적으로 독점해 운영함으로써 붕당정치가 세도정치로 변질되었고, ‘파벌여론’이 ‘사회공론’으로 조작됨으로써 나라가 망하게 되었던 것을 상기할 필요가 있다. 조선이 망한 이후에도 당시 지배층은 대부분 일제의 앞잡이로 변신해 자신들이 지녔던 권력을 고스란히 향유했다. 그 후손들은 해방이 되자 이번에는 미국에 빌붙어 대를 이어 이 땅을 지배하는 권력이 되었으며, 대한민국이 건국한 이후에는 독재정권과의 유착·편입을 통해 기득권 세력으로 군림할 수 있었다.

　수구세력은 역사의 퇴출이라는 억압에서 자유롭게 해방되기 위해 자신들의 정체성을 “자유·민주·보수세력”으로 위장했다. 진짜 보수세력에게는 ‘좌파’, ‘빨갱이’로 매도했다. 보수 정권은 이에 대해 아무런 대꾸도 하지 않은 채 마치 자신들이 진짜 ‘평화·민주·개혁·진보·미래세력’의 일원인 양 여긴다. 무늬만의 ‘짝퉁 진보’는

'똥 폼만 즐기다'가 정권을 고스란히 내주게 됐다. 문제는 그 사이에서 진짜 진보세력이 설 땅을 잃었고, 퇴출했어야 할 수구세력이 보수로 위장하여 다시 고스란히 살아났다는 점이다. 이는 전적으로 보수세력이 역사에 대해 책임져야 할 준엄한 몫이다.

언론권력의 파시즘화 감시 비판 강화

수구세력의 등장과 함께 또 하나 주목하지 않을 수 없는 것은 그들의 입을 대변하는 언론권력이다. 수구언론은 '이명박 대통령 만들기'에 성공함으로써 논공행상에서 각종 특혜와 특권을 반대급부로 요구할 것이다. 언론권력의 부활과 함께 권·재·언 동맹을 강화하는 것을 경계하지 않을 수 없다. 그것이 어떤 새로운 언론환경을 만들어낼지는 두고 볼 일이다. 다만 분명한 것은 언론권력이 향유하는 특혜와 특권이 언론자유를 심각하게 훼손하고, 국민의 알권리를 침해한다는 점이다.

수구언론이 언론권력화되어 언론파시즘 체제를 부활하고, 언론의 자유를 유린할 때 이 땅의 민주주의는 필연적으로 후퇴를 가져온다. 수구언론이 정치권력과의 동맹을 통해 있는 것을 없는 것으로, 없는 것을 있는 것처럼 조작하여 진실을 가리는 것이 초래한 '언론범죄'는 이미 한나라당 전신 정권 치하에서 몸으로 겪은 바 있다.

수구세력의 권력장악으로 언론의 역할이 더 중요하게 됐다. 본디 언론의 사명은 권력을 감시하고 비판함으로써 권력의 일방통행을 억제함으로써 민주주의의 발전에 기여하는 것이다. 그런데 현실은 수구적인 정치권력과 언론파시즘이 일체화될 개연성이 다분하다.

　이럴 때 언론은 죽음으로써 살아난다. 신문산업이 변화하는 시대
에 적응하지 못해 사양산업으로 낙인찍혀 속절없이 망해가고 있는
형국에서 신문이 어떻게 처신하느냐에 따라 반전의 기회가 왔다. 그
것은 수구세력과 언론권력이 눈 맞춰 '짝자쿵'할 때 국민의 눈과 입
이 되어 과감히 맞서 투쟁하는 것이다. 언론이 스스로 '형극의 길'을
마다 않을 때 우선은 고달플지 모르겠지만, 그 끝은 반드시 창대해
지리라는 것은 동서고금 언론역사의 진리다.

　구한말 조선의 패망은 완고하고 폐쇄적인 노론 벽파가 언로구조를
폐쇄적으로 운영함으로써 여론이 바르게 수용되지 못한 데서 그 원
인을 찾을 수 있다. 노론 벽파는 아직도 죽지 않고 우리 사회를 지
배한 기득권 세력으로 공고하며 건재하다. 아니 '좌파정권(?)'에 빼
앗겼던 권력(?)을 기어이 되찾는 데까지 성공했다. 역사를 후퇴시키
려는 기득권의 음모와 언론파시즘 체제의 등장을 경고하는 이유가
여기에 있다. 모름지기 수구언론 <조중동>의 다음 행보가 언론권력
화와 언론파시즘화를 내닫지 않을지 민주언론운동 일꾼들은 더욱 부
릅뜨고 예의 주시하며 감시할 터이다.

<2007. 12. 20.>

매니페스토(Manifesto)와 선거보도*

선거보도는 그 나라의 민주주의 수준을 가늠한다. 따라서 공약중심, 정책중심 보도가 되어야 한다. 최근에는 실천 가능한 공약인가 여부를 중점적으로 점검하는 매니페스토 보도가 새로운 화두로 등장하고 있다. 매니페스토(*Manifesto*)란 라틴어로 '손(*manus*)'과 '치다(*fendere*)'라는 두 단어의 합성어로서, '손으로 쳤을 때 느껴질 수 있을 만큼 명확히 하다'라는 의미를 지니고 있다. 사전적으로는 "정당이 선거 후 정권을 담당할 경우에 반드시 입법화하겠다고 약속한 정책개요를 공식적으로 문서화하여 선거 기간 중에 공표하는 국민에 대한 서약서"라고 정의하고 있다(한국기자협회, 『매니페스토 보도매뉴얼』, 2007, 15쪽). 따라서 매니페스토 보도란 언론이 각 후보의 선거공약이 실천 가능한 공약인지, 아니면 문자 그대로 공약(空約)인지를 점검하여 검증보도하는 행위라고 말할 수 있다.

---

* 매니페스토, 선거보도, 여론조사보도, 정파보도, 검증보도, 이벤트보도, 한국기자협회, 제18대총선, 노가다경제, 한반도대운하.

언론이 매니페스토 보도를 하여야 한다는 명제에 대해서는 이의를 제기할 사람은 아무도 없다. 너무나 당연한 공자님 말씀이기 때문이다. 그런데 과연 한국언론이 매니페스토 보도를 할 수 있는 데도 하지 않는지, 아니면 그럴 여건이 되어 있지 않는 데도 이를 강요하고 있지 않은지는 논의의 대상에서 비껴나 있다. 한국언론이 매니페스토 보도를 할 수 있는 형편이 아닌데도 이를 무턱대고 강요하는 것은 언론발전에 아무런 도움이 되지 않을 뿐 아니라, 또 다른 형태의 왜곡보도를 초래할 개연성이 다분하다. 따라서 한국언론의 비언론적인 선거보도를 비판하기 이해선 먼저 매니페스토 보도를 할 수 있는 여건이 보장된 연후에라야 비로소 비판이 정당성을 지닌다. 먼저 한국언론의 선거보도가 지닌 문제점부터 살펴보자.

문제접투성이 선거보도 자성에 무덤덤

한국언론의 선거보도의 특징은 민주주의의 발전에 그다지 기여하고 있지 못하다는 데는 의미가 없었다. 첫째, 경마식 보도를 신줏단지처럼 신성화하고 있다. 경마보도의 근거는 여론조사보도에서 찾는다. 숫자가 지닌 객관성이라는 마력을 빌려 누가 앞서가고, 얼마만큼 추격하고 있다는 식의 보도를 자행한다. 이는 좀 심하게 말하면 과학적인 여론조사를 빌미로 한 여론조작보도이다.

둘째, 정치의 본질이나 정책에는 관심이 없고, 후보의 일일 동정을 졸졸 따라다니는 '스케줄 보도'로 일관한다. 후보를 중심으로 기자단을 이뤄 파파라치처럼 일거수일투족을 좇는다. 선거캠프에서 어떤 비전과 공약을 마련하는가에 관심이 있는 것이 아니라 후보가 누구를 만나고 무슨 말을 하는가에만 집중한다.

셋째, 한국언론은 네 편 내 편 편가르기식 정파보도를 일삼는다. 언론이 사회통합의 기제로 작용하는 것이 아니라 사회갈등의 원인으로 등장한다. 언론이 여론의 다양성을 옹호하는 것이 아니라 자신의 뜻과 배체되면 "좌파", "빨갱이"로 매도한다. 이로 인해 한국언론은 선거의 선진화에 기여하기보다는 민주주의의 발전에 걸림돌로 작용한다.

넷째, 정치적 권력투쟁과 갈등에 포커스를 맞춘다. 혈연·지연·학연에 의한 패거리주의에 입각해 권력집단을 구분하고, 정치를 가십화한다. 선거보도는 지엽말단적인 갈등을 집중적으로 보도함으로써 본질을 왜곡한다. 후보자가 쏟아내는 공약보다는 후보자의 외형적인 인물에 보도의 프레임을 맞춘다. 때문에 선거부패나 부정 등에는 별다른 관심을 두지 않는다. 수단과 방법을 가리지 않고, 다만 그가 현재 권력의 어느 심층부에 있는가에만 초점을 맞추고 있다.

다섯째, 후보자의 선거자금에 대해서는 철저히 '모르쇠'로 처신한다. 후보자의 선거자금 출처와 사용처의 검증보도는 공명선거를 위해선 필수적인 과정이다. 이는 또한 부정선거와 선거비리를 사전에 예방할 수 있는 가장 좋은 제도이다. 언론은 이에 대해 보다 세심한 관심을 기울일 필요가 있다.

여섯째, 후보자 중심에서가 아니라 유권자의 시각에서 보도하여야 한다. 그런데도 언론은 후보자의 눈으로 보도한다. 유권자의 입장에서 좋은 후보자를 선택하기 위해 공약과 인물을 요모조모 따져 보는 것이 아니라, 후보자의 입장에서 어떻게 하면 더 많은 표를 얻을까를 고민하는 보도를 한다. 그렇다 보니 선거보도의 모든 정보가 정보를 수용하는 유권자의 필요에 의해서 생성되는 것이 아니라 정보를 알리고 싶은 내용만을 적은 보도자료가 전파된다.

일곱째, 구호의 정치, 선전정치, 선동정치에 익숙한 선거보도를 하고 있다. 후보의 무책임하기 그지없는 엉터리 발언이 아무렇지 않게 유통되며, 베낀 공약마저 버젓이 지면을 장식하고 전파를 탄다. 이를 감시하고 비판해야 할 지식인 사회마저 언론의 왜곡에 동참, 아무 말 않고 넘어간다. 사정이 이러하니 선거보도가 부실한 것은 너무나 당연하다.

여덟째, 선거를 지나치게 '이벤트 보도'화한다. 민주주의에서 선거는 국민주권을 구현하는 매우 중요한 의식이자 절차이다. 그러나 선거를 지나치게 희화화하고 당선한 후보자를 영웅주의에 매몰시켜 치켜세우는 보도를 한다. 이는 저널리즘의 본령과는 전혀 관련이 없는 기회주의적인 언론의 아양 떨기 보도 작태이다.

구조적으로 매니페스토 선거보도 저해

제17대 대통령선거는 "정책선거"가 실종된 최악의 선거였다고 한다. 선거 기간 내내 언론은 "BBK사건"의 진실공방만 중계방송하기에 급급했다. 이로 인해 후보의 정책은 뒤로 밀려났고, 폭로와 해명이 번갈아 이어지면서 진실은 땅속에 묻히고 말았다. 이런 상황에 대해선 우선 언론이 책임을 져야 한다.

이번 대선에서 정책보도가 실종된 가장 큰 원인은 후보자와 제도의 탓에서 찾아야 한다. 수구언론에 의해 이미 차기 대통령으로 낙점된 한나라당 이명박 후보와 관련한 도덕성 논란부터 점검해 보자. 이 후보는 온갖 부정부패와 비리의 '종합 선물세트'와 같았다. 도덕성·정직성·신뢰성이라곤 도무지 찾아보려야 찾아볼 수 없었다. 이런 인물이 유력한 대통령 후보로 등장했으니, 그에 따른 인간적 논란은 선거 기간 내내 회자될 수밖에 없는 구조였다. 따라서 그가 불쑥 내놓은 '대운하 공약'이 이슈화되지 못하고 쏙 들어간 것은 '인간 이명박'이 스스로 원인 제공을 했다고 할 수 있다. 즉 이 후보 스스로가 정책선거 보도의 실종 빌미를 제공했고, 네거티브 선거전을 초래한 계기를 마련했던 것이다.

다음으로 재도적인 면에서 매니페스토 보도를 저해하고 있다. 그것은 후보의 언론 노출 기간이 물리적으로 너무 짧은 것에서 비롯된다. 예컨대 미국 대통령 선거의 경우는 후보자가 근 2년여 동안이나 언론에 노출된다. 대통령선거는 2008년 11월에 실시되지만 2007년 1월부터 각 정당의 예비후보는 정책·정견을 발표하며 대통령후보로서의 출마를 선언한다. 이들은 11월 23일부터 2008년 2월 말까지 전개되는 당내 경선을 통해 후보로 확정된다. 무려 13개월 동안이나 예비후보로서 검증을 받는다. 그리고 2월 말경 당내 후보로 결정되어 11월 말경에 실시되는 분선을 통해 대통령으로 선출된다. 출마에서 선거까지 무려 23개월이나 언론에 노출되어 공약과 정견은 물론 자질과 도덕성까지 검증받을 수 있는 시간을 충분히 제공한다.

그런데 우리나라의 경우 야당인 한나라당이 7월 달에, 집권여당인 대통합민주신당은 10월 달에야 겨우 후보를 확정했다. 후보가 이처럼 급조되다 보니 심도 있게 검토한 공약을 내놓을 시간이 없다. 그냥 한건주의·한탕주의에 급급한 설익은 부실 공약을 남발할 수밖에 없게 된다.

그 짧은 시간에 언론에게 공약 검증과 인물검증을 동시에 요구한다. 한국언론이 '신'이 아닌 이상 이는 구조적으로 불가능하다. 더구나 미국이나 유럽, 일본 등 선진언론에 비해 언론인들의 자질이 떨어질 뿐만 아니라 숫자 또한 절대적으로 부족하고, 취재환경 또한 열악하기 그지없다. 그런 가운데 선진언론처럼 매니페스토 보도를 하라고 주문하는 것은 모순이다. 여건을 만들어 준 후 그 일을 제대로 하지 못할 때 꾸짖고 비판해야 한다.

그렇다고 한국언론이 매니페스토 보도를 외면하는 것이 정당하다는 것은 아니다. 분명 한국언론의 선거보도는 비판받아야 마땅하다. 하루빨리 타파해야 할 악습 중의 하나이다. 한국언론의 선거보도가 현재와 같은 보도습성을 개혁하지 않는 한 민주주의 발전에 아무런 도움이 되지 않는다는 비난에서 자유로울 수 없다. 그러면 간략히 매니페스토 보도를 하기 위한 기초 개념을 소개한다.

공약과 정책에 대해 과학적 검증 필요

한국기자협회가 펴낸 『매니페스토 보도 매뉴얼』은 선거보도에서 언론이 매니페스토 운동을 보도하기 위해서는 다음과 같은 언론의 역할을 제안하고 있다.

① 매니페스토 검증을 위해선 공정한 언론이라는 신뢰성 확보가 급 선무이다.
② 언론은 선거자금 출처와 사용처를 검증 보도하여야 한다.
③ 후보자의 공약을 유권자의 입장에서 장단점, 현실성 등을 따져 보도하도록 하여야 한다.
④ 혈연·지연·학연 등을 정치적 기반으로 삼으려는 정치인들의 습성을 눈감아 줘서는 안 된다.
⑤ 정치인의 발언이 사실 여부와 진실에 부합하는지를 검증할 필요가 있다.

⑥ 미니 홈피나, UCC 등을 활용, 검증되지 않는 내용이 여론을 위
   장하여 유통되고 있는지를 점검할 필요가 있다.
⑦ 후보자간 공약 베끼기식의 정책 발표를 검증, 비판해 봐야 한다
   (한국기자협회, 『앞의 책』, 31~38쪽).

매니페스토 보도는 후보자의 선거공약이 진실성이 있는가. 현실적
으로 구체적인 대안성을 지니고 있는가 등에 대한 정책적 평가이다.
따라서 매니페스토 보도를 하기 위해선 먼저 매니페스토가 어떤 구
성요소로 되어 있는지를 살펴볼 필요가 있다. 매니페스토의 구성요
소는 아래와 같다.

〈표 9〉 매니페스토 구성 요소

* 출처: 한국기자협회, 『매니페스토 보도매뉴얼』, 2007, 107쪽.

　매니페스토 보도는 공약과 정책에 대한 언론의 검증보도이다. 후보자의 선거공약이 구체적인 목표를 지니고 있는가. 공약을 실현하기 위한 방식은 현실에 적합한가. 언제 목표를 달성할 수 있을까. 공약 실시에 따른 재원 조달방안은 실현성을 지니고 있는가 등을 먼저 살펴볼 필요가 있다. 이와 함께 정책 또한 후보자의 선거공약을 제도적으로 뒷받침하고 있는가 여부를 살펴야 한다. 아울러 전문성과 과학적 근거 위에서 합리성을 지니고 개발한 정책인지를 따져 봐야 한다.

　언론이 이와 같은 검증능력을 갖지 못하면 선거는 필연적으로 '구호선거'로 흐를 수밖에 없다. 우리나라 민주주의 63년 동안 선거가 경제성장에 비해 낙후된 까닭은 언론의 검증능력 미비와 무관하지 않다. 세계 11위의 경제대국에 걸맞은 민주주의 대국을 위해선 언론의 자기발전 노력이 절실하다. 부동산 투기의 만연화에 따른 집값 폭등, 일류병에 사로잡힌 사교육비의 증가, 빈부의 양극화 문제 등의 정책에 대해 구조적인 분석은 도외시하고, 그저 정치인들의 '좌파정부', '현정권 심판론'에 매몰되어 구호정치만 확대재생산하는 것은 선거의 의미를 왜곡한다. 이는 전적으로 한국언론의 선거보도가 책임져야 할 몫이다.

　선거일은 단순히 하루 쉬는 날이 아니다. 주권재민을 구현하는 가장 엄숙한 날이다. 국민을 대신해 국정을 의논할 대의자를 뽑는 날이다. 유권자가 얼마만큼 진실한 후보자를 가려내 선출할지를 심각하게 고민하고 결정하는 날이다. 잘못된 대표자를 뽑으면 그 폐해가 고스란히 국민들에게 전가된다. 언론은 선거가 지닌 이와 같은 의미를 되새겨야 한다. 그러기 위해서는 참후보를 고를 수 있도록 충분한 정보를 제공하여야 한다. 그것은 언론에 부여된 책임이자 의무이다.

정책에 대해선 나몰라라 권력에만 관심

제17대 대선이 끝났다. 차기 권력의 주체로 화려하게 복귀하게 된 수구세력을 호통을 치며 권력 접수에 여념이 없다. 기꺼이 수구집단의 눈·귀·입노릇을 마다 않았던 수구언론은 '시장주의'라는 이름 아래 수구세력을 부추겨 신문과 방송의 겸영 허용 등을 언론파시즘 체제를 구축하려고 은밀히 준비 중이다. 다른 한편으론 "경제를 살리자"며 60~70년대 박정희시대의 개발독재 패러다임으로 환경대재앙을 초래할 이명박 후보의 '한반도 대운하 공약'을 조기 착공하자고 선동해대고 있다.

이명박 대통령 당선자의 '노가다경제', '토목공사경제'를 21세기 한국경제의 지표로 삼겠다는 것은 넌센스다. 이는 누구보다 스스로 경제전문가·경제CEO·경제대통령을 자임하는 이 당선자 스스로가 더 잘 알 것이며, 이 땅을 딛고 사는 사람이라면 누구나 다 아는 명제이다. 그런데도 수구언론은 배타적으로 장악한 여론시장에서의 우위를 바탕으로 '명비어천가'를 부르며 언론권력을 오·남용하고 있다. 이것이 총선을 3달 앞둔 현재의 언론보도이다.

더욱 한심한 것은 권력을 고스란히 내주게 된 '짝퉁 진보정권'이 하는 짓거리다. 서로 패배의 책임 떠넘기기에만 골몰할 뿐 "앞으로 야당으로 이런 정책을 가지고 어떻게 살아가겠다"는 비전을 제시하지 않고 있다.

이처럼 정치권에서는 정책을 내놓을 생각을 않고, 언론도 검증을 위해 공약을 달라고 말하지도 않는다. 그러는 사이 세월은 꼬박꼬박 흘러 제18대 총선이 차곡차곡 다가온다. 부랴부랴 정당은 총선 공약이랍시고 과거 우려먹고 우려먹었던 재탕·삼탕 공약을 발표한다. 발표 저널리즘에 익숙한 언론은 이를 되받아 적기에 급급하다. 이런 풍토에서 매니페스토 보도를 운운한다는 것 자체가 코미디가 아니고 무엇인가.

매니페스토 보도는 참과 허위 후보자를 가려내는 가장 객관적인 선거보도 행위이다. 언론이 혈연·지연·학연에 얽매여 감정보도를 하는 한 참민주주의가 없다는 얘기는 여기서 성립된다. 언론의 역할이 중요시되는 연유이다. 총선이 3달 앞으로 다가왔다. 벌써 예비 주자들은 표밭갈이에 분주하다. 덩달아 언론은 누가 나서고, 누가 앞서가는지에만 관심이 있다. 예비 후보자가 어떤 선거공약과 정책을 가지고 있는지에 대해서는 무덤덤하다. 불행히도 선거보도가 구태에서 벗어나지 못하고 파행보도로 흐를 조짐을 보이고 있다.

<2008. 1. 4.>

제3부

지역언론 개혁론

핵쓰레기장 유치와 TK언론
야구장 신축과 시청사 건립
건설자본과 지방언론
세계육상대회와 대구사회

핵쓰레기장 유치와 TK언론*

　우리 지역사회에서는 현재 '중·저단위 방사능 폐기물 처리장 유치문제'가 현안으로 대두되어 있다. 지역사회의 신문과 방송에서는 도지사와 국회의원에게 핵폐기물처리장 유치에 나서지 않는다고 다그치고 있다. 나아가 "이번에도 방폐장을 빼앗기는가"라며 한국사회의 고질적인 암인 '지역감정'까지 들먹이며 지역민들을 기만하고 있다. 특히 TV방송에서는 "방폐장 유치로 지역사회가 잘살게 되었다"는 스웨덴 어느 마을의 경우를 '공익광고'로 위장해 시간 날 때마다 틀어대고 있다. 마치 방폐장만 유치되면 유토피아가 약속되는 양 사태의 본질을 근본부터 크게 왜곡하고 있는 것이다.

　정부에서는 '핵폐기물 처리 쓰레기장'을 유치하는 대가로 3,000억 원을 지역사회에 투자한다고 한다. 그 돈이 탐나서 일부 지방자치단체가 유치를 선언하고 나섰다. 여기서 심각한 의문을 지니지 않을 수 없다. 물론 핵쓰레기장 유치에 나선 지방자치단체와 정부는 방폐

---

* 핵쓰레기폐기물처리장, 민주언론, TK언론, 천년고도 경주, 방폐장

장이 안전하다고 한다. 지난해 무인도에 핵쓰레기 처리장을 짓겠다
고 했음에도 불구하고 왜 전북 부안군민들은 그토록 반대를 했을까.
그 핵쓰레기 처리장과 이 방폐장은 다른 것인가?

전북 부안군민들은 핵쓰레기장 유치에 결사반대를 한 반면 경북은 이희근 도지
사를 비롯한 각 지방자치단체장, 언론 등이 앞장서 방폐장 유치에 나섰다. 왼쪽
은 blog.naver.com/willow08/100000455286에서 가져 왔으며, 오른쪽 사진
은 경상북도의 보도자료에서 가져왔다.

전혀 다르지 않다. 그 핵쓰레기 폐기물 처리장이 바로 이 방폐장
이다. 그럼에도 언론은 여기에 대한 해답이 없다. 침묵하고 있다. 언
론이 "나 몰라라" 하고 환경감시기능을 포기하고 있는 것이 아니라
오히려 핵폐기물 처리장 유치의 앞잡이가 되어 선전선동을 일삼고 있
다. 이를 어찌 언론이라 할 수 있을까? 이는 언론이 아니라 스스로
언론이기를 포기하는 행위이며, 언론의 탈을 쓴 언론범죄라 하겠다.
　핵폐기물 처리장 유치에 나선 경주·영덕·포항 지역의 일부 시민
단체의 '유치 반대' 의견은 언론에 의해 묵살되어 '건강한 시민여론'
으로 기능하지 못한다. 여기서 더욱 슬픈 것은 대구에 있는 유수한
재야시민운동단체조차 침묵으로써 핵폐기물 처리장 유치에 동조하고

있는 꼴이다. 대구경북의 지자체와 언론 등 오피니언 리더층이 똘똘 뭉쳐 '방폐장 유치만이 살길'이라는 일방적인 이데올로기를 쏟아내 진실을 속이고 있다.

독자는 진실을 알권리가 있다. 하지만 지역언론은 독자의 알권리를 무시하고 있다. 아니 제도권에 편입되어 소극적으로 독자를 기만하고 우롱하는 데 그치는 것이 아니라, 독자를 억압하는 도구로 기능하고 있다. 지역언론개혁운동은 독자의 곁을 떠난 TK언론을 제자리로 돌리기 위한 양심적인 언론인의 처절한 몸부림이자 처절한 자기 성찰의 투쟁이다.

지역사회의 언론인 누구하나 지역언론개혁운동에 선뜻 나서는 사람이 없다. 아무도 그 고난의 길을 함께 가려 하지 않는다. 철저한 기회주의로 일관한다. 방관하고 외면한다. 관심이 없다며 사양했다. 그러면서 입으로는 "민주언론" 운운하며 개거품을 문다. 개혁은 입으로만 하는 것이 아니다. 행동이 수반되지 않는 개혁은 허위다. 가짜다. 사이비다.

오늘날 TK사회가 수구적이며 반동적이고 퇴행적인 집단으로 몰락하게 된 근본적인 원인은 TK언론이 비판정신을 상실하고, 사이비언론으로 전락했기 때문이다. TK언론에 대해, 그 언론에 종사하고 있는 언론인에 대해 정녕 언론개혁을 기대하는 것은 아무래도 무리인 것 같다. 지역언론개혁운동이 좌절되는 가장 큰 슬픔은 바로 우리 지역사회의 미래가 몰락의 늪으로 짙게 빠지는 것에서 찾을 수 있다.

현재 진행되고 있는 핵쓰레기 폐기물 처리장 유치문제에서 TK언론의 자화상을 극명하게 볼 수 있다. 천년고도 경주에 핵쓰레기장이 웬 말인가. 지진 활성화 지대에 놓여 있는 동해안에 안전한 핵쓰레기장을 짓는다? 웃기는 얘기다. 벌건 대낮에 '삼풍백화점'이 와르르 무너지고, '성수대교'가 무너지는 '부실공화국'에서 '지진에도 안전한 핵쓰레기장'이란 아무래도 '거짓말' 같다. 핵쓰레기장은 '축복'이 아니라 '재앙'이다.

언론이 깨어 있으면 사회는 바로 서게 된다. 독자가 언론에 대해 바르게 인식할 때 언론은 독자를 무시하거나 일탈하지 못한다. 독자를 깔보고 얕보며 무시하는 TK언론에 대해 바야흐로 독자가 몽둥이를 들어야 할 때이다.

지역사회에는 언론과 언론인이 없다. 기득권층의 이데올로기는 선전하는 '찌라시'와 선동원은 있을지언정 독자의 이익을 생각하는 '언론'과 '언론인'은 결코 없다. 참언론과 참언론인이 진정으로 그립다.

<2005. 9. 1.>

야구장 신축과 시청사 건립*

삼성라이온즈가 2006 프로야구 한국시리즈에서 한화이글스를 4승 1무 1패로 꺾고 우승했다. 이로써 삼성은 지난해에 이어 2년 연속 챔피언에 올랐으며, 선동열 감독은 세계 프로야구사상 최초로 감독 데뷔와 동시에 2연속 우승을 차지한 감독이 되었다.

이번 한국시리즈는 선동열 감독의 야구철학인 '이기는 야구', '지키는 야구'의 진수를 보여줬다. 삼성은 85년 통합우승을 한 번 한 이래 6번이나 준우승을 차지한 '만년 2등' '만년 우승후보' 팀에 불과했다. 그러나 지난 2002년 우승청부사였던 당시 해태타이거스의 김응용 감독을 초빙해 우승의 '한'을 풀었고, 선동열 감독 부임 이후 거푸 우승, 총 4번의 우승과 8번의 준우승을 기록하게 됐다.

특히 이번 시리즈는 3·4·5차전 연장 승부를 벌일 만큼 치열한 접전을 극복하고 우승한 것이어서, 더 이상 제풀에 주저앉았던 과거

---

* 모래알 팀워크, 투수놀음, 홈런공장, 타격정신, 팀플레이, 김응용 사장, 선동열 감독, 이승엽, 양준혁.

의 삼성이 아니었음을 증명했다. 주전 선수(양준혁·심정수·김한수·박종호)의 노쇠화에 따른 '물방망이 타력(김창희·김재걸·김종훈)'으로 인해 상대를 압도하지 못하고, 매 게임마다 접전을 벌여야 했다. 더구나 시즌 내내 팀 승리의 70% 이상을 책임졌던 불펜 권오준과 마무리 오승환은 쌓인 피로 누적으로 인해 공의 위력이 반감된 상태에서 정신력으로 극복하고 우승한 것이어서 삼성의 우승은 높이 평가받아 마땅하다.

감독 비난으로 책임회피 기도 속셈

한국시리즈를 계기로 선동열 감독의 지도력은 다시 평가되어야 한다. 그는 팀의 주포이자 기둥이었던 심정수와 임창용의 전력이탈로 시즌 내내 4번 타자 부재 속에서도 팀을 리그 1위로 끌어올렸다. 그러나 지역언론은 "전통적인 타격의 팀, 공격의 팀이었던 삼성에서 한방(홈런)이 실종됐다. 그것은 선동열 감독의 '지키는 야구' 때문이다"라는 비난을 해대고 있다.

이는 야구담당기자가 야구에 대해 전혀 알지 못한 무식에서 기인한 기사이다. 야구라는 전체적인 프레임에서 보면 선동열식 야구는 하나의 패러다임이며, 감독이 추구하는 야구철학이다. 전통적으로 삼성야구는 타격야구였으며, 홈런야구였다. 이는 겉만 그럴듯할 뿐 팀의 우승과는 거리가 멀다.

본질적으로 야구는 팀 스포츠이다. 개인경기가 아니다. 타격야구, 홈런야구는 개인경기라는 특성을 지닌다. 김응용·선동열 감독 이전의 전형적인 개인플레이 위주의 '모래알야구'였다. 선 감독은 '이기는

야구', '지키는 야구'를 통해 삼성야구를 투수야구, 팀플레이 야구로
체질을 개혁했다. 그 결과 2연속 우승을 일궈낼 수 있었다. 그런데도
지역언론은 대포군단 삼성에서 홈런이 실종되어 야구가 재미없어 관
중들이 발길을 돌린다며 선 감독의 야구에 대해 시비를 걸고 있다.

　삼성에서 홈런이 준 것은 결코 감독이 지향하는 야구철학 때문이
아니다. 세상에 어느 감독이 타자들의 홈런을 반기지 않을 사람이
있겠는가. 아무리 야구가 투수놀음이라 하지만 타자들이 점수를 내
지 못하면 이길 수 없는 것이 야구다. 따라서 지역언론의 홈런시비
는 말도 되지 않는 궤변에 불과하다. 삼성이 '똑딱이 팀'으로 전락한
것은 베스트나인 가운데 주축선수가 노쇠하여, 배트 스피드가 떨어
진 데서 그 원인을 찾아야 한다.

시한폭탄 운동장에 "손님 없다" 불만

　삼성야구단은 대구야구장에 관중이 찾지 않는 것은 삼성출신인 이
승엽 선수가 일본에 뛰어난 활약을 하기 때문이라는 소리를 해대고
있다. 이 또한 정신 나간 넋두리에 불과하다. 관중들이 야구장을 찾
지 않는 가장 큰 원인은 열악한 야구장 시설에 있다. 대구시민운동
장 야구장은 언제 무너질지 모르는 시한폭탄과 같은 공용 구조물이
다. 누가 이런 시한폭탄 속으로 자기 돈을 내며 들어가려 할 것인가.
관중이 없는 게 정상이며, 당연한 현상이다.

　야구장 화장실은 가기가 겁나며, 더럽고 좁은 의자는 맨 정신으로
는 도저히 프로야구를 레저문화로 즐기기에는 부적합하다. 이는 관
중들보고 야구장에 오지 말라는 소리와 다르지 않다. 대구야구장에

손님이 없는 원인은 시민들과 이승엽을 탓할 게 아니라, 야구장의 인프라에서 찾아야 한다. 그런데도 언론이 감독 탓을 하고, 이승엽을 들먹이며 관중들 탓으로 여론몰이를 시도하는 것은 언론이 심각하게 TK화되었기 때문이다.

대구시민들은 언제 무너질지 모르는 야구장에서 경기를 관람해야 한다. 그런데 도 대구시는 야구장보다는 시청사를 먼저 짓겠다고 관제여론을 모아가고 있다.

대구시는 4,000~5,000억 원을 들여 제 집(새 청사) 지으려는 생각 에만 골몰할 뿐, 250만 시민들이 '구도 대구'를 상징하는 프로야구를 즐길 '쾌적한 야구장 건설'은 외면하고 있다. 이는 머슴[公務員]들이

제 집을 먼저 짓고, 주인[市民]의 공용시설물은 외면하겠다는 것과 다를 바 없다. 완전히 주객이 전도된 꼴이다.

대구시와 공무원들이 주인을 '장기판의 졸'보다 못하게 여기게 된 원인은 전적으로 시민들 탓이다. 그것은 대구시정이 시민들을 무시하고 깔보고 오만하게 군림하여도 선거 때만 대면 어느 정당을 무조건 꾸벅꾸벅 찍어주기 때문이다. 만일 대구시민들이 대선 때나 총선 때, 아니면 지자체 선거 때 특정 정당이 싹쓸이하는 투표만 하지 않았어도 공무원들로부터 받는 대접은 차원이 달라졌을 것이다.

팀 개혁과 구장신축 대안마련 시급

2006 한국시리즈를 끝으로 야구시즌은 2007년을 기약하게 됐다. 역대 통산 4회 우승, 8회 준우승을 일궈낸 삼성이 명실상부하게 국내 제일의 명문구단이 되기 위해선 해태타이거스가 이룩해 놨던 통산 9회 우승의 신화를 넘어야 한다. 그러기 위해선 삼성은 아직 반도 이루지 못했다. 삼성은 이번 우승의 기쁨을 잠시 접고 다시 2007 시즌을 차분히 맞을 준비를 해야 한다.

팀을 개편할 필요가 있다. 노쇠한 주전을 대체할 선수의 양성이 시급하다. 올 시즌 내내 양준혁·심정수·김한수·박종호 등은 부상으로 팀 전력에서 이탈하거나, 배트 스피드가 떨어져 호쾌한 타격을 보여주지 못했다. 양준혁은 '영원한 3할 타자'라는 명예를 지켰으나, '중장거리 타자'에서 '똑딱이 타자'로 전락했고, 심정수는 부상으로 시즌을 아예 '개점휴업'했으며, 김한수와 박종호도 자신들의 이름에 걸맞지 않은 활약으로 팬들의 기대를 저버렸다.

이들을 대신할 대안찾기의 결과에 따라 삼성의 2007 시즌의 성적이 좌우된다고 할 수 있다. 아울러 이번 시리즈에서도 봤듯이 2할 7푼 이상을 처 줘야 할 외야수 가운데 성적미달인 김창희·김종훈 등을 트레이드 카드로 활용해, 팀 전력의 향상을 강구할 필요도 있다.

이와 같은 구단 개편과 더불어 야구팬들은 대구시에 대해 구장신축 압력을 가속화해야 한다. 현재의 대구시장은 역대 대구시장 가운데 가장 무능했다는 평을 듣는 전임 시장 때, 정무부시장으로 재직했던 사람이다. 그가 혹시 전임시장으로부터 혹시 무능과 책임회피, 거짓말 정치·행정을 보고 듣고 배웠는지를 우려하지 않을 수 없다.

대구시가 요모양 요꼴로 점점 망조가 들어가고 있는 것은 대구사회를 장악한 사회지도층이 특정 정당류의 사고로 일관하기 때문이다. 지역언론은 이를 '보수·반공·자유민주주의·애국' 등이라는 말로 가치관을 전도시켜, 독자들을 기만하고 속이는 데에만 혈안이 되고 있다. 야구팬들은 대구시와 대구사회의 오피니언 리더층의 이러한 음모를 간과해서는 안된다. 야구장과 대구시 청사 건립, 어느 우선일지를 시민의 힘으로 대구시장에게 똑똑히 보여주어야 한다.

거듭 삼성의 우승을 시민과 함께하고자 한다.

<2006. 10. 30.>

건설자본과 지방언론*

최근 건설자본의 언론진출이 활발하다. 포항의 중견건설업체인 동양종합건설이 <영남일보>를 인수한 이래 건설자본이 앞서거니 뒤서거니 잇따라 언론산업에 진출하고 있다. '지방언론의 육성'이니, '문화산업의 발전' 등 그럴듯한 명분으로 포장하고 우르르 떼거리로 언론산업에 뛰어드는 건설자본을 보면 마치 '부동산 투기 광풍'에 몰려드는 자본과 같아 섬뜩하기까지 하다. 이런 현상은 바람직하지 않다.

골드러시처럼 건설자본의 언론진출 봇물

건설업은 경제활동 가운데 관의 인·허가가 가장 많은 산업이다. 이는 언론에 진출하는 건설자본에 대해 필연적으로 그 성격을 의심할 수밖에 없는 대목이다. 언론계에서는 건설자본의 언론진출이 언

---

* 건설자본, 언론진출러시, 자본검증, 사이비언론인, 쓰레기언론, 주재기자, 자본권력, 편집권 독립, 언론노조, 언론운동단체

론사를 매개로 한 지방정권과의 유착에 가장 큰 의혹의 눈초리를 보낸다. 또한 언론을 통해 경쟁사의 정보를 수집하고 통제하는 수단으로 악용하려는 것은 아닌가 한다. 나아가 언론을 모기업의 방패막이로 활용하려는 목적에서 신문을 창간한다는 것이다. 실제로 건설자본이 진출한 언론사의 문제점은 지방언론에서 곧잘 그 치부가 사실로 드러나고 있는 현실이 증명하고 있다.

물론 현대사회에서 언론이 자본의 영향력으로부터 자유로울 수 없다는 것은 비단 건설자본이 진출한 언론만의 문제는 아니다. 가령 한국의 주요언론은 하나같이 대를 이어 세습되는 족벌언론이다. 또한 일부 종교자본이 지배한 언론구조 또한 언론을 왜곡하는 데 결코 그 해악이 가볍지만은 않다. 뿐만 아니라 지방의 토호세력이 장악한 토호언론의 문제 또한 결코 가벼이 할 수만은 없는 처지다.

〈표 10〉 대구경북 지역 언론사의 자본성격

발행지	매체명	자본의 성격	비 고
대구	매일신문	종교자본	
〃	영남일보	건설자본	
〃	대구일보	환경산업자본	
〃	대구신문	개인자본	
〃	신라일보	〃	
포항	경북매일	토착자본	
〃	경북일보	〃	
〃	경북도민일보	종교자본	
〃	대경일보	건설자본	
〃	경북문화일보	〃	07. 4. 창간예정
구미	경북신문	?	휴간 중
〃	경상매일	?	

이런 환경에서 유독 건설자본의 언론진출만 탓하는 것을 나무라는 것은 가혹한 일일지도 모른다. 문제는 건설자본의 언론산업 진출이 일회성을 띠고 있는 것이 아니라는 점이다. 건설자본의 언론산업 진출은 '불나방'처럼 물불을 가리지 않는다. 건설자본은 전국의 136개 언론사 가운데 약 20%가 웃도는 언론사가 건설자본의 수중에 있다. 이는 건설자본의 언론진출 러시 현상을 극명히 보여준다. 예컨대 대구경북 지역의 언론사의 자본 성격을 보면 <표>와 같다.

언론진출 자본의 도덕성 검증은 필수절차

언론에 진출하려는 자본은 떳떳해야 한다. 요즘 말로 치면 '검증'을 받아야 하는 것이다. 미국에선 금융산업에 진출하려면 반드시 자본의 성격이 사회적으로 공인받아야 한다. 금융의 실핏줄에 부정한 자금이 뛰어들면 금융산업을 왜곡시킨다는 이유에서다. 금융산업조차 이러할진대 하물며 민주주의의 신경이라는 언론산업에 진출하려는 자본의 도덕성에 대한 검증은 새삼 거론할 필요가 없다.

자본의 언론통제가 점점 심화되고, 언론사주의 영향력 또한 날로 확대되고 있음을 감안하면 '자본의 도덕성=언론의 건강성'이라 해도 무리가 아닐 것이다. 돈만 있다고 누구나 다 언론산업을 영위할 수는 없다. 언론산업에 참여하기 위해선 언론시스템이 사회적 공적 제도라는 언론철학이 절대적으로 요구된다. 언론자본이 이를 각성한 이후에야 비로소 언론산업의 참여가 가능하다.

그런 의미에서 건설자본의 언론진출 광풍을 우려하지 않을 수 없다. 또한 건설자본이 장악한 언론의 행보를 지속적으로 주목하지 않을 수 없다. 지역의 예를 들면 아직도 언론사로서의 '취재력' 등 '맨 파워(*man power*)'를 갖지 못해서 그 영향력이 미미하지만, 언젠가는 언론사로서의 영향력을 지닐 때는 사정이 다르다. 이미 어느 정도 궤도에 오른 신문은 지면을 통해 '아파트 원가 공개', '종합부동산세 부과' 등에 대해 '건설산업 죽이기', '세금폭탄' 등의 용어를 동원, 극렬히 저항하고 있는 것에서 그 부작용을 미리 짐작할 수 있다.

아무튼 본사의 상황은 이러하다 할지라도, 지방 시·군은 다르다. 신규 매체건 기존 매체건 간에 지방주재기자의 인사가 대부분 계약에 의해 이뤄지는 까닭으로, 인사이동이 비교적 자유롭고 또 빈번하다. 이는 언론이 본질적으로 사람에 의한 산업임을 감안하면, 곧 지방주재기자의 '맨 파워'가 신규 매체라 하여 반드시 불리하다는 것은 아니라는 점이다.

따라서 건설자본이 장악한 매체가 지역사회에서 영향력 있는 인물을 주재기자로 계약했을 경우, 자본이 기도했던 원래의 언론사 참여 목적은 얼마든지 달성할 수 있다. 즉 언론을 이용해 어지간한 공사 한두 건만 수주하면 건설자본으로서는 언론산업에 투자한 본전을 너끈히 건질 수 있고, 또 지속적으로 언론사를 통해 정보를 수집하고, 영향력을 행사해 지역사회에서 유지로 군림할 수 있는 것이 그것이다. 그야말로 언론은 '꿩 먹고 알 먹기'인 셈이다.

'편집권 독립' 없는 건설자본 경계해야 마땅

언론인들이 될 수 있는 한 건설자본을 언론에 끌어들이지 않는 것이 상책이다. 아무리 언론을 하고 싶어도 천박한 건설자본이 언론

산업에 진출하는 것을 막는 것이 그 부작용을 줄일 수 있는 첫걸음
이다. 언론인이 이를 부추긴다면, 그것은 언론인으로서의 양심을 저
버린 행위라 할 수 있다. 그럼에도 굳이 건설자본이 언론산업에 진
출하겠다면 '편집권 독립'을 사회적으로 약속받고, 그 제도적 장치를
마련한 후에 언론을 출범하는 것이 최소한의 도리이다.

다음으로는 건설자본의 언론사에 종사하고 있는 언론사에 종사하
고 있는 언론인들에게 당부하지 않을 수 없다. 그것은 언론인으로서
의 정도를 지켜달라는 얘기다. '삼팔선'이니, '사오정'이니, '오륙도'
니 하는 말이 상징하듯 냉혹한 자본주의 체제에서 언론인들이 처한
현실은 충분히 공감한다. 동서고금을 막론하고 사람은 "목구멍이 포
도청"이라 하여 누구나 자본으로부터 자유로울 수 없는 한계를 지녔
다. 언론 또한 예외가 아니다.

언론이라는 제도 자체가 '공익적'이라는 사실을 늘 명심할 필요가
있다. 언론은 단순히 공장에서 제품을 생산해 내듯한 물건이 아니다.
'언론'은 국민들의 정신과 사고에 심대한 영향력을 미치는 '생물(生
物)'과 같다. 언론에는 최소한 언론인의 도덕성과 언론의 공익성이
내포되어 있어야 하는 것이다.

언론인들은 '죽은 글'을 쓰는 사람이 아니라 삶의 현장에 '살아
있는 글'을 쓰는 직업적으로 쓰는 사람들이다. 기사 한 줄 한 줄에
는 글을 쓰는 사람의 '혼'이 실려 있어야 하는 것이다. '기자혼'이
없는 기사로 지면을 도배해 '신문'을 제작하는 것은 '사이비언론인'
이 '쓰레기언론'을 양산해 내는 것 이외에는 다른 의미가 없다.

언론인의 목소리를 담보하기 위해 '노동조합'이나, '기자총회' 따위의 조직이 필요하다. 노조나 언론운동단체에 대한 시각이 '빨갱이'나 '사스'처럼 바라보는 TK 지역에서, '언론민주화를 담보하는 조직의 건설'이 말처럼 쉽지 않으리라는 것은 백 번 천 번 이해가 간다. 그것이 크게 보면 언론인 자신은 물론 언론에 투자한 건설자본 양자 모두에게 이익을 안겨다 주는 '시스템'이라는 것을 자각하고 설득할 필요가 있다.

요컨대 건설자본의 언론산업 진출은 득보다 실이 더 많다. '지방언론의 육성'이라는 명분이 순수하지 않으면 경계를 늦춰서는 안된다. 도덕성이 결여된 자본이 언론을 오염시켜서는 안된다. 언론인들 또한 투기적 자본의 언론지배를 부추겨서도 안 되며, '바른 언론'의 건설에 최선을 다해야 한다. 이를 간과하면 언론인들은 '언론모리배'로 전락하고, 그들이 생산해내는 언론은 있어도 그만 없어도 그만이 아니라, 귀중한 자원만 낭비하는 '쓰레기언론'임을 명심할 필요가 있다.

<2007. 3. 9.>

세계육상대회와 대구사회*

2011 제13회 세계육상선수권대회가 대구에서 열리게 됐다. 국제육상연맹(IAFF)은 지난 3월 27일 캐냐의 몸바사에서 집행이사회를 열고 '2011 대회'를 대구에서 열기로 했다. 정부의 '무관심(?)' 속에 대구는 이번 대회를 유치하기 위해 2003 하계유니버시아드대회 잉여금 '100억 원+α' 등을 제시하는 등 총력을 기울인 끝에 마침내 대회 유치에 성공했다.

로봇 관중 동원으로 '남의 잔치' 계획

세계육상대회는 월드컵, 올림픽과 더불어 세계 3대 스포츠 제전의 하나이다. 대회개최 직접비용만도 700여 억 원, 기타 부대비용까지 합하면 약 3,000여 억 원 가까이 소요되는 메이저대회다. 따라서 재정적 부담을 먼저 생각하지 않을 수 없다. 대구시는 일을 덜컥 벌여놓으면

---

* 2011세계육상선수권대회, 로봇관중, 관제환영단, 박수부대, TK사회, TK언론, 검증외면, 직무유기, 부동산투기.

어떻게 하든 정부로부터의 지원이 있겠거니, 아니면 또 어떻게 되겠지 하는 눈치다. 이는 참으로 무사안일하고 무책임하기 그지없는 발상이다.

세계육상대회는 한마디로 한국의 현실과는 전혀 맞질 않는 스포츠 제전이다. 정부가 평창동계올림픽이나 인천아시안게임 유치에 비해 지원활동을 등한시한 까닭은 여기에 있다. 이에 대해 TK지도부는 대구가 권력에서 소외되었기 때문이라는 견강부회한 해석을 하고 있다. 이는 지나치게 자아중심적인 유치한 해석이다.

무릇 스포츠대회를 개최하기 위해선 3대 조건을 갖춰야 한다. 경기력과 인프라, 대회운영 능력이다. 그 가운데 가장 중요한 것은 개최국의 경기력이다. 주최국의 경기력이 형편없이 떨어지면 관중이 외면하고, 관중이 외면한 대회가 성공하기란 불가능하다. 한국의 육상 경기력은 마라톤을 제외하면 아시아권에서조차 '후진국 중의 후진국'이다.

육상 경기장을 찾아보면 한국육상이 처한 경기력과 그 현실을 적나라하게 볼 수 있다. 관중이라야 많아야 100여 명을 넘지 못한다. 그것도 대부분 선수 가족이거나 대회 관계자뿐이다. 그런데도 대구시는 실사단 내한시 관제환영단을 동원, 국제육상연맹을 기만하여, 마치 대구의 육상경기 열기가 대단한 양 조작해 대회를 유치했다. 이는 엄격한 의미에서 대구시가 국제육상연맹을 '네다바이'한 꼴이다.

시민들의 육상열기에 대한 관심도가 전무한 상태에서 2011 대구 세계육상대회를 '미리보기'해 보자. 대구시는 세계육상대회의 유치에 앞서 2005년과 2006년 9월 두 차례 국제육상대회를 열었다. 관중의 대부분은 체험학습 점수를 따기 위해 단체로 관람한 중고교생들이었다. 일반인들은 전무하다시피했다. 대구시는 경북·부산·울산·경남 등 영남권 지방자치단체를 통해 이미 80여 만 명의 유료입장객을 확보할 계획이라고 밝혔다. 하루 10만여 명씩 동원할 수 있다는 대구시의 자신감에는 그저 어안이 벙벙할 따름이다.

저간의 사정이야 어떠하든 대구시의 1일 10만 관중 동원계획에 의해 '자의 반 타의 반'으로 참여하게 될 '로봇 관중'은 한국 선수가 단 한 사람도 없는 경기에, 그것도 땡볕이 쨍쨍 내리 쬐이는 스탠드에 앉아 짝짝이를 들고 기계처럼 "와아!" 하는 함성과 함께 일사불란한 동작으로 응원한다. 이런 몰골은 생각만 해도 부자연스럽고 촌스럽기 그지없다. 21세기 대명천지에 북한을 통해서나 볼만한 '1970년대식 관제대회'는 천하의 비웃음거리일 뿐이다. 만일 이런 장면이 TV로 전 세계에 방송된다면, 대구는 '국제도시로의 부상'은 고사하고, 세계적으로 비웃음거리로 전락한다.

2007 대구국제육상대회에 모인 관중들. 수많은 관중 가운데 과연 동원되지 않은 순수한 관중은 몇 명이나 될까. 사진은 2007 대구국제육상대회 홈페이지(www.dg-athletics.or.kr) 화보집.

수천억 돈쓰며 개망신 못당해 안달

　대구시가 세계육상대회를 치를 형편이 된다면 시 재정의 빚부터 상환하는 데 사용해야 옳다. 1인당 생산액이 전국 최저인 대구가 결코 흥청망청 쓸 돈이 없다. 지하철 건설 빚이 해마다 눈덩이처럼 불어나고 있다. 파산의 그림자가 눈앞에 다가와 있는 데 정신 차리지 못하고, 자기 돈 쓰며 국제적으로 '개망신' 못 당해서 안달인 대구를 보면 참으로 한심하기 그지없다. 기어코 대구가 세계육상대회를 개최하고 싶다면 김범일 시장과 유종하 유치위원장 등 TK지도부의 개인 돈을 털어서 해야 함이 옳다.

　세계육상대회 유치는 현재 TK사회 지도부의 의식구조를 압축적으로 보여주는 행위이다. 곧 내적 실력은 갖추지 못했으면서도 외적으로는 최고ㆍ최대를 지향하는 허위의식이 그것이다. 여기에 더하여 시민의식을 아주 낮게 보고 보여주기식 한탕주의 전시행정을 TK지도부가 버리지 못하고 있음을 드러낸다. 이로 인해 지역사회가 시민들의 자발적임 참여는 고사하고 '시민 따로, 지도부 따로' 현상이 심화되고 있다.

　남 잘되는 꼴은 보지를 못한다. 부산이 아시안게임을 했으니 대구는 세계육상을 하고, 광주가 비엔날레를 한다니까 대구는 오페라를 하겠다는 단세포적 발상이 2011 대구육상대회 유치의 본바탕에 똬리를 틀고 있다. 대구사회를 지배하고 있는 오피니언 리더층의 의식구조가 '창의력'이라곤 찾아볼 수 없다. 그런 머리로 만날 남 하는 것 보고 . 그것을 벤치마킹하여 그것보다 더 크고 더 웅대한 이벤트를 하겠다는 것이다. 그러니 늘 2등이다. 2등 시정에 시민들이 염증을 내고 무관심해지는 것은 당연한 처사다.

검증 외면 관제여론 받아적기 급급

TK언론은 세계육상대회 유치에 대해 "시민들이 해냈다"며 고무하고 있다. 이는 언론의 사명을 포기한 '언론 포기 행위'라 하겠다. 대구의 <매일신문>을 비롯하여, <영남일보>, <대구신문>, <대구일보>, <신라일보>, 포항의 <경북매일>, <경북일보>, <경북도민일보>, <대경일보>, 구미의 <경북신문>, <경상매일> 등 신문사와 대구·포항·안동 <KBS>와 <MBC>, <TBC>, <CBS> 등 지역방송사 가릴 것 없이 모두가 앵무새처럼 대구시의 관제여론을 무비판적으로 확대재생산하기에 급급하다.

TK언론은 관변이 발표한 자료를 빌려 이번 대회가 생산유발효과 3,500억 원, 부가가치 창출효과 1,500억 원 등 총 5,000억 원 규모의 파급효과를 낳을 것이라고 호들갑을 떨고 있다. 고용효과 6,800여 명, 7,000여 명에 이르는 선수단의 내한과 65억 명 이상의 TV시청 등에 따른 관광객 유치 및 도시브랜드 제공 등을 감안하면 그 효과는 이루 말할 수 없다는 식이다. 웃기는 얘기다. 이는 모두가 거짓말의 성찬이다. 시민들을 기만하고 속이기 위한 공치사에 불과하다.

먼저 예를 하나 들어 보자. 이번 대회의 파급효과가 얼마나 자의적이고, 주먹구구식으로 추론하였는가가 어설프게 검증해도 금방 들통 난다. 언론이 보도하는 바에 따르면 대구시는 이번 대회를 유치하기 위해 각국 선수단과 임원에게 대회시작 3주 전부터 종료 후 3일까지 모든 숙박비용을 제공하고 훈련장을 무료로 이용하도록 하겠다고 한다. 그에 소요되는 경비는 얼마쯤 될까? 소박하게 잡아도 7,000명 × 24일 × 1인당 하루 20만 원 = 336억 원이 소요된다.

대구시는 또 각국 미디어 관계자에게 하루 100달러에 숙식을 제공하겠다고 했다. 미디어 관계자의 하루 체제비용이 1인당 200달러라 할 경우 미디어 관계자가 3,000명만 입국한다 하더라도 여기에 소요되는 경비만 1인당 100달러 × 3,000명 × 24일 = 72억 원이다. 대구시는 또 150만 달러를 IAFF의 육상프로그램에 기부키로 했다고 한다. 약 15억 원이다. 한국육상 발전을 위해 300만 달러를 육상사관학교에 내놓겠다고 했다. 약 30억 원이다. 대구시가 '히든카드'로 제시해 대회유치에 성공하는 계기가 되었다는 쏠쏠이만을 따져 봐도 약 500억 원에 이른다. 여기에다 직접소요경비 700여 억 원, 경기장 시설 개·보수와 선수촌, 미디어촌 건설비용 등 총 2,100억 원 등이 소요된다. 물론 선수촌과 미디어촌은 후일 분양 등을 통해 투자비용의 회수가 가능하다. 그렇다고 대구시가 부동산 투기하듯 선수촌·미디어촌으로 '아파트 장사'는 할 수 없는 노릇이다. 이는 투자비용 회수가 만만찮다는 것을 의미한다.

대구시는 무슨 근거로 경제적 파급효과 5,000억 원을 운운하는지 모르겠다. 대구시는 2011대회에 직접 필요한 경비는 700억 원뿐이라고 강조했다. 그러나 이것이 거짓말임은 대구시가 이번 대회 유치를 위해 '조건 없이 퍼주기'를 약속한 돈만 해도 500억 원이 소요된다. 그러면 200억 원으로 대회를 치르겠다는 말인가. 아니다. 대구시의 주장대로 대회경비 700억 원과 퍼주기 약속한 돈 500억 원만 합쳐도 1,200여 억 원이 필요한 셈이다.

대구시는 이번 대회에 대해 국고와 시 재정 449억 원, 국내 기업체 후원금 93억 원, 입장권 판매 128억 원, 상품·라이선스 판매 10억 원 등 700여 억 원의 수입을 거둬들여 '흑자대회'를 치를 수 있다고 역설한다. 그것이 얼마나 신빙성 없는 허언인가는 곳곳에서 드러난다. TK언론은 이와 같은 문제점을 하나하나 세심히 따졌어야 했다. 그러나 대구시의 무책임하기 그지없는 발표를 복사기처럼 리카피하기에 급급했다. 이는 결코 책임 있는 언론이 할 짓은 아니었다.

'무능한 공원' 제발 부지런하지 말라

이제 바뀔 때가 되었다. 공무원 가운데 가장 위험한 인물은 '무능하면서도 부지런한 사람'이다. 이들은 자신의 주제도 모르고 일을 끊임없이 벌인다. 그 일이 타당성을 지니고 합리적인 일이라면 좋겠지만 대부분 시민들에게 덤터기만 씌우는 일이다. 차라리 아무 일도 하지 않고 자기 책상에서 자리보전만 하다가 월급만 받아가는 게 오히려 시민들에게 실질적인 도움이 된다. 공무원 사회가 이런 꼴이라면 이미 볼 장 다 본 것이라 해도 실례는 아닐 것이다.

물론 공무원이 아무 일도 하지 않고 월급만 꼬박꼬박 챙기려면 '눈치'가 보인다. '놀고먹는 사람'이 아니란 걸 증명하기 위해선 뭔가 일을 하기는 해야겠는데 막상 하려니까 할 일이 없다. 자연히 경쟁도시인 부산은 뭘 하나, 인천·광주·대전은 뭘 하나 둘러본다. "어! 부산국제영화제가 잘 되네" 그러면 대구는 '세계육상하자'구나. 2011대구육상은 이와 같은 졸속적인 전시행정에서 나온 산물이다.

그래선 안된다. 대구시의 공무원 사회가 대오각성하고 정신 바짝 차려야 할 때이다. 참으로 비극적인 소리지만 무능한 공무원은 가만히 자리만 보전하다가 월급만 받아가라. 그것이 오히려 시민들에게 민폐를 덜 끼치게 되는 일이다. 그대들이 일을 열심히 하면 할수록 시민들의 어깨를 더욱 짓누르게 된다.

대구사회의 오피니언 리더들은 대구가 더 이상 한국의 최고가 아님을 자각하여야 한다. TK정권 32년이 한국역사 발전에 그다지 긍정적으로 작용했다고는 할 수 없음을 인식하여야 한다. 역사에 대해 겸손할 필요가 있다. 그래야만 21세기 대구의 미래를 담보할 수 있다. 현재처럼 허황된 허위의식, 지배권력을 창출했다는 근거 없는 알량한 자존심으로 꽁꽁 묶여 있는 한 TK의 미래는 없다.

<2007. 3. 28.>

제4부

불교언론 프리즘

불교언론의 활성화 방안

정보사회와 디지털 불교

'임휴사' 화재와 불교언론

iTV 인수와 불교의 미래

경인지역 새 민방사업에 나서라

'낙산사' 산불과 문화재

불교홍보와 미디어위원회

DMB와 불교계

불교방송 사장의 조건

불교언론과 '걸레신문' 파문

'조선일보 절독운동'과 불교민주화

불교언론의 활성화 방안*

　현대사회에서 미디어는 사회적 권력 제도로 기능한다. 민주화된 사회는 여론을 통치의 기반으로 한다. 여론을 생산하고 유통시키는 기구인 미디어는 민주화가 성숙될수록 영향력이 더 커진다. 이에 미디어는 권력적 속성을 띤다. 미디어가 지닌 사회적 권력에 매료되어 정치·경제·교육·종교·문화 등 제 세력은 언론을 장악하거나 소유하여 자신들의 영향력을 극대화하고자 한다. 미디어를 지배하는 것은 거대한 권력을 획득하는 지름길이기 때문이다.

　한국의 기독교가 실체에 비해 권력 이상의 권력을 향유하고 휘두르고 있는 것은 우리 사회의 주요 미디어를 장악했기 때문이다. 기독교계 언론으로는 일간지만 해고 <국민일보>, <세계일보>, <매일신문(가톨릭)>이, 지상파 라디오는 <CBS(기독교방송)>를 소유하고 있으며, 초단파 해외선교방송으로 <ABC(아세아방송)>, <FBC(극동방

---

* 법화경, 유마힐, 인왕경, 불교 커뮤니케이션, <BBS>, <btn>, 불교매스컴센터, 매체포교, 언론정책.

송)>가, FM방송으로는 <PBC(평화방송·가톨릭)> 등이 있다. 이에 비해 불교계 매체는 감히 언감생심 비유할 마음조차 내기 어렵다. 고작 주간신문 몇몇 개가 언론 구실을 하고 있는 실정이다. 방송에서도 <BBS> 하나가 유일하다.

불교계의 미디어 열세는 곧 종교에서의 영향력 열세로 드러나고, 그것은 다시 우리 사회의 친미사대주의와 맞물려 종교적 차별의 정당화로 나타난다. 더구나 미디어에서의 열세가 심화되면 심화될수록 종교의 미래가 암울하다는 사실이다. 특히 배타적이고 이질적인 일부 기독교 세력은 '유일신'과 '우상숭배'라 하여 타종교의 억압과 말살을 조직적으로 교묘하게 진행한다. 여기에는 불교 또한 예외일 수 없다. 따라서 불교가 미래를 담보하기 위해서는 미디어 확보를 통한 영향력 극대화에 적극적·능동적으로 나서야 한다.

매스미디어 포교는 21세기 불교의 미래를 가늠한다. 이에 교계에서도 신문·방송·출판·잡지 등 불교관련 매스미디어를 설립, 경영하고 있다. 그러나 불교계 미디어는 창설과 동시에 부실의 늪으로 빠져들고 있다. 그것은 불교언론 경영주가 매스미디어경영에 무지하기 때문이다. 이 글은 이러한 불교언론의 활성화 방안을 모색해 본다.

열린 커뮤니케이션으로 공동선 추구

말문이 막히거나, 어이가 없어 이루 말로 나타낼 수 없음을 이를 때 흔히 '언어도단'이라 한다. 불교에서는 이를 '말로는 도저히 표현할 수 없는 심오한 진리'라는 뜻으로 해석하고 있다. 불교언론은 이를 그 특색으로 한다. 『법화경(法華經)』에는 '일체의 법이 빈 허공과 같아 성품이 있는 것이 아니니, 모든 말길이 끊어져 나지도 않고 나오지도 않고 일어나지도 아니하며, 이름도 없고 모양도 소유도 헤아림도 끝도 없으니……'라고 했다.[1]

유마힐(維摩詰)이라는 재가불자가 주인공인 『유마경(維摩經)』에서는 만민평등과 선을 특히 강조하는 유마힐은 "부처님의 경지가 어떠하냐"는 석가모니불의 물음에 대해 "어떤 말로도 표현할 길이 없습니다[一切言語道斷]"라고 고백했다. 그는 원래 "문자에 집착하지 않고……문자가 있지 않은 것이야말로 해탈"이라고 했다.[2] 부처의 경지는 감히 언어로 접근할 수 없다는 뜻이다.[3] 『인왕경(仁王經)』에서도 "심행처멸, 언어도단은 곧 진제,[4] 곧 법성과 같다"고 했다. 언어도단의 경지는 곧 실제인 깨달음의 경지를 일컫는 말이다.

불교커뮤니케이션이 궁극적으로 지향해야 할 목표는 다름 아닌 인간을 위한 열린커뮤니케이션이라 할 수 있다. 이는 첫째, 상생의 커뮤니케이션을 말한다. 이 세상에 존재하는 모든 관계는 인과응보라는 인연의 그물에 의해 엮어져 있다. 따라서 인간을 위한 커뮤니케이션은 당연히 상극의 관계를 형성하는 요소인 갈등, 소외, 분쟁 등 증오를 넘어 개방적이고 포용적이어야 한다. 인종, 성, 권력, 부와 같은 장애요인을 제거하여 모든 사람이 자신의 권리와 행복을 실천

---

1) 如虛空 無所有性 一切言語道斷 不生 不出 不起 無名無相 實務所有. 『法華經』 第5卷, 「安樂行品」 第14.

2) 『維摩經』, 「阿閦佛品」.

3) 정경희, 「불교언론……부처가 이르시기를」, 주간 ≪미디어오늘≫ 제194호, 전국언론노동조합연맹, 1999년 5월 13일자, 3면.

4) 眞諦란 진리를 탐구하여 끝 간 데를 말한다.

하는 데 밑거름이 되게 하는 커뮤니케이션이어야 한다.5)

둘째, 평등의 커뮤니케이션이다. 모든 사람은 누구나 다 소중한 존재이기에 정보에 대한 접근, 참여 및 쌍방향 커뮤니케이션의 과정에서 기회가 균등하여야 한다. 누구나 다 커뮤니케이션에서 소외되지 않고, 커뮤니케이션의 주체가 되며, 표현의 자유는 물론 정보의 추구, 수용, 전달의 자유와 권리를 보장하는 커뮤니케이션을 지향해야 한다.

셋째, 공동선을 추구하는 커뮤니케이션이다. 커뮤니케이션이 지닌 진정한 가치는 인류가 추구하는 공동목적을 이루기 위해 정치, 경제, 사회, 문화적 불평등의 요소로부터 자유롭게 해방하는 데 기여하는 것에 그 목적이 있어야 한다. 사람이 나만 잘 먹고 잘살면 아무런 사회적 가치를 지니지 못한다. 인간은 나와 더불어 이웃과 함께 잘 살 때 비로소 인간으로서의 존엄과 행복을 느끼게 된다. 21세기 디지털시대의 커뮤니케이션은 이러한 가치를 실현하는 노둣돌이 되어야 한다.

넷째, 문화를 창조하는 커뮤니케이션이다. 커뮤니케이션의 본질적 목적은 문화의 다양성을 옹호하고 육성하는 데 있다. 커뮤니케이션이 획일적인 여론을 사회적으로 공론화시킬 때 사회는 붕괴의 위험에 처하게 된다. 따라서 커뮤니케이션은 전통문화의 계승과 발전을 이끌어 내 민족과 나라의 정체성 확립에 기여하여야 한다. 또한 쓰레기문화의 주범인 향락과 퇴폐문화의 유입을 차단시켜, 소속 구성원들의 건강한 정신세계를 담보하는 첨병이어야 한다.

---

5) 최재창, 「원불교의 컴퓨터매개 커뮤니케이션에 관한 연구」, 원광대학교 행정대학원 석사논문, 2003, 63쪽.

다섯째, 도덕성 회복을 위한 커뮤니케이션이다. 도덕과 윤리의 덕목을 존중하고, 생명의 존엄성을 숭상하는 풍토의 조성에 불교커뮤니케이션은 기여하여야 한다. 아울러 도덕적 양심에 의한 삶의 양식을 견지해 공동체적 가치를 실현하는 커뮤니케이션이 바로 21세기 불교커뮤니케이션이 지향할 목표라 할 수 있다. 불교커뮤니케이션은 이러한 열린 커뮤니케이션을 지향할 때 비로소 참된 종교언론의 기능과 사명을 다할 수 있다.[6]

32종호 가운데 하나를 따르면 부처님은 넓고 긴 혀[廣長舌]를 가지고 있다. 『법화경』에는 "부처님이 넓고 긴 혀를 내시니 위로는 범천에까지 이르렀으며, 일체의 털구멍에서는 한량없이 많은 광명이 나타나 시방세계를 두루 비추며, 또한 보배나무 아래의 사자좌에 앉으신 많은 부처님들께서도 그와 같은 넓고 긴 혀를 내시며 광명을 놓았다"고 했다.[7] 부처님이 광장설을 하신 것은 중생을 구제하기 위해 큰소리로 외치는 설법을 하기 위해서이다. 현대사회에선 신문·방송이 부처님을 대신해서 대중을 향해 사자후하는 광장설의 역할을 떠맡고 있다. 그것이 불교언론이다.[8]

총체적 모순 언론 활성화 저해

그러면 대중매체로서의 불교커뮤니케이션 제도와 활성화 방안에

---

6) 최재창, 「앞의 논문」, 63쪽.

7) 『法華經』, 「如來神力品」.

8) 정경희, 「불교언론……부처가 이르시기를」, ≪주간 미디어오늘≫ 제194호, 전국언론노동조합연맹, 1999년 5월 13일자, 3면.

대해 생각해보기로 하자. 불교언론은 매체의 영세성으로 인해 △광고단가의 저열성 △보도내용의 신뢰성 미약 △매체의 사회적 인지도 저약 △매체종사자의 신분보장과 독립성이 취약한 문제점 등을 안고 있다. 이 가운데 언론인의 '사병화'와 언론경영자들의 전근대성은 모든 문제의 근원으로 작용하고 있다. 방송은 재무제표상의 비중이 높다. <불교방송(BBS)>은 애초부터 시설관리비를 '지원' 형식으로 처리해 경영권 독식을 사실상 인정하는 왜곡된 경영구조를 만들었고, <불교텔레비전(btn)>은 투자규모의 '설계부실'과 효율적인 관리의 부재로 부채규모의 점증을 경영한계로 안고 있다.[9]

따라서 불교언론 매체의 가용을 극대화하고, 매체의 시너지와 효율화, 경쟁력을 확보하기 위해 종단의 언론정책은 매체의 통폐합을 통한 매체대형화의 새 방향을 전략적으로 모색할 필요가 있다. 불교계 각 종단과 각 언론사는 불교의 발전이란 큰 클 아래에서 언론정책을 수립하여야 할 때이다. 한정된 독자 수에 엇비슷한 내용으로 '자기 닭 잡아먹기'식 운영이 대부분인 주간신문을 대대적으로 통폐합해 일간화한다면 보다 합리적인 경영의 제고는 물론이거니와 수준 높고 성격이 분명한 신문을 발행할 수 있을 것이다.[10]

특히 라디오와 TV의 통합운영도 고려해 볼 일이다. 현재처럼 두 개의 회사를 별립하기보다 단일조직으로 가는 것이 경영·제작·인력 활용 면에서 효율적이다. 신문과 신문의 통합, 라디오와 TV통합,

---

9) 김종찬, 「불교언론의 활성화 방안」, 『제9차 월례포교토론회 자료집』, 대한불교조계종 포교원, 1995, 3쪽.

10) 홍사성, 「매체포교의 현실과 과제」, 『제9차 월례포교토론회 자료집』, 대한불교조계종 포교원, 1995, 4~5쪽.

신문·라디오·TV 통합과 같은 장기적 통폐합으로 종합적인 불교매스컴센터의 건설 구상이 필요하다. 매체의 통합화·집중화를 통해 경영의 합리화·과학화라는 통합 시너지를 추구하는 것이다. 만일 통폐합이 어렵다면 최소한 매체 간의 협력체제를 강화하는 방안이라도 강구해야 한다. 매체상호 간의 정보공유나 상호협력은 매체 자체의 능력향상은 물론 매체포교의 효과 또한 배가시킨다. 이는 각 사의 이해관계가 아니라 불교발전이라는 차원에서 적극적으로 검토해볼 일이다.

매체경영의 실질적인 효율화를 위해서는 매체의 설립목적에 따라 방향과 목표를 정하고 계획경영을 추진해야 한다. 경영의 손익분기점을 명확히 설정하고 계획경영을 추진한다면 교계의 대중매체가 겪는 만성적자의 늪에서 벗어나지 못할 이유가 없다. 그리고 어떤 계획과 목표가 정해지면 그것을 적극 공개하고, 또 불교계도 매체포교를 포기하지 않을 바에는 가능하고도 필요한 모든 지원을 아끼지 않아야 한다. 이 시점에서 매체가 괜찮아야 지원을 해 주느냐, 지원을 먼저 해야 발전하느냐 하는 것은 '닭과 계란'의 논쟁과 같다.[11] 이는 사유를 원칙으로 하는 자본주의 체제하의 상업언론에서 합리적 경영의 뒷받침이 없이는 훌륭한 언론이란 있을 수 없다. 튼튼한 경영이 좋은 내용의 언론을 만드는지, 좋은 내용의 언론이 흑자경영을 낳는지는 닭과 달걀의 관계만큼이나 선후를 구분하기 미묘한 문제이지만 양자가 불가분의 관계인 것만은 틀림없다. 아무튼 이 두 가지의 논리와 과제는 동시적이며, 어느 것 하나 소홀히 할 수 없고, 또 지속

---

11) 홍사성, 「앞의 글」, 5쪽.

적으로 이루어져야 할 성질의 것이다.

종단의 언론정책은 종교언론도 불특정 다수인 국민들을 상대로 하는 언론기관인 만큼 언론이 지니는 공익적인 사명과 역할, 기능에 충실히 하는 데로 모아져야 한다. 종교매체는 나아가 복음의 전파도구는 물론 공동선, 공동의 발전을 위하여 지렛대 역할을 하며 진실보도와 덕성스러운 행동으로 다른 매체의 귀감이 되어야 한다.[12]

언론 우위 확보로 영향력 극대화

최창섭은 종교언론의 기능에 대해 첫째, 매체를 통한 포교적 기능을 수행해야 하며 둘째, 교육적 기능을 지녀야 하고 셋째, 기성언론의 대인적 커뮤니케이션 수단이라는 차원에서 보다 정확한 정보제공의 역할을 수행해야 하며 넷째, 각 종교 내의 성직자와 신자간 수평적 대화통로가 되어야 하고 다섯째, 사회에 대한 사랑의 표현을 구체적으로 공헌해야 하며 여섯째, 사회 내의 계층을 대변하는 역할을 맡아야 한다고 말한다.[13]

매스미디어는 권력적 속성을 지닌다. 종교가 미디어를 획득하는 것은 종교가 권력화된다는 의미를 함께 지닌다. 동서를 막론하고 역사는 권력의 크기와 부패의 크기가 비례해 왔다. 권력화된 종교가 부패와 유착된 경우를 쉽게 볼 수 있다. 우리 주변에서도 종교의 이

---

12) 박영상, 「가톨릭 교회와 방송」, 『평화방송개국기념세미나자료집』, 평화방송, 1991, 26쪽.
13) 최창섭, 「종교매체의 원형을 위한 제언」, 『가톨릭 매체의 사명과 역할을 위한 심포지움 자료집』, 평화방송, 1991, 22쪽.

름으로 상식이 거부되고, 종교의 이름으로 부정이 옹호되고, 종교의 이름으로 사회적 건강성이 파괴되는 경우를 흔히 본다. 물론 그 뒤에는 이를 떠받치는 거대한 언론이라는 권력이 도사리고 있다.[14)

이에 요즘도 더 많은 종교집단은 더 많은 미디어, 더 강력한 언론을 소유하기 위해 너도나도 언론사업에 경쟁적으로 뛰어들고 있다. 종교자본은 독점언론자본과 독점재벌자본과 더불어 한국의 언론산업 자본구조를 지배하는 3대 자본 중의 한 축을 이루고 있다. 본질적으로 종교자본의 언론소유는 바람직하지 않다. 언론은 진보성이 그 본질이어야 하나 종교자본은 종교의 속성상 언론의 보수화를 추구하기 때문이다.

언론은 사회의 변혁, 즉 개혁을 이끌어내는 속성을 지닌 사회적 제도이다. 언론의 본질은 현실의 부조리를 비판하고 다수의 공익을 실현하는 데 있다. 그러나 종교는 현실에의 동참과 안주를 목표로 한다. 이는 언론의 본질과는 배치되는 것이다. 언론이 개혁과 비판성을 포기하면 그것은 이미 언론이 아니다. 언론이 종교처럼 현실을 외면한 채 이상향에만 매달릴 때 무기력에 빠진다. 그것은 언론의 직무유기라 아니 할 수 없다. 종교자본의 언론기관이 이를 어떻게 극복할지는 종교자본의 언론, 나아가 한국언론에 주어진 숙제라 하겠다.[15)

<2003. 3. 15.>

---

14) 송경호, 「종교, 언론 그리고 권력에 대한 수상」, ≪승가≫ 제15호, 중앙 승가대학, 1997, 69쪽.
15) 이와 같은 종교자본의 정체성이 빚어내는 갈등 때문에 기독교언론인 <국민일보>와 <세계일보>는 언론시장에서 자신들이 속한 종파의 신도 수만큼도 독자를 확보하지 못하고 고전하고 있는 것이다.

정보사회와 디지털 불교*

☐ 삼보와 한국불교

불·법·승을 불교에서는 삼보라 한다. 불교는 부처님이 스스로 깨달은 진리를 다른 사람에게 알려주기 위해 설법했고, 그 가르침에 따라 수행하는 사람들의 집단인 승가가 생겨남으로써 성립된 종교이다. 따라서 부처[佛]와 가르침[法], 그리고 이를 실천하는 사람들[僧]은 불교를 구성하는 세 가지 요소가 된다. 삼보가 없었다면 세상에는 진리의 역사가 전개되지 않았을 것이다.[1] 임제선사는 법문에서 이르기를 '마음이 청정함이 부처요, 마음의 광명이 불법이고, 청정하고 광명하여 거리낌 없는 것이 스님이다[心淸淨是佛 心光明是法 淨光無礙是僧]'라고 하였다.

---

* 삼보, 제법집요경, 대교왕경, 금강경, 생활불교, 뉴미디어, 불교정보화, 데이터베이스.
1) 김도후, 『초보자를 위한 불교』, 불교시대사, 1998, 13쪽.

『제법집요경(諸法集要經)』에서는 삼보는 삼계 속에서 으뜸이라고 했다. 『대교왕경(大敎王經)』에서는 승을 공양하면 그 복이 백배로 늘어날 것이며, 법을 공양하면 그 복이 천배로, 불을 공양하면 그 복이 만 배로 늘어난다고 하였다. 그런데도 중생들이 불·법·승 삼보에 귀의하지 않고, 여러 악업을 짓는다면 제취에 윤회하여 끝없이 괴로움을 받을 것이라고 경고하고 있다.

삼보는 불교에서 가장 기본적인 신앙의 대상이다. 불자는 삼보에 귀의함으로써 비로소 종교생활을 시작한다.[2] 삼보는 별개의 것이 아니라 셋이면서 동시에 하나이다. 불은 깨달음이며, 법은 깨달음의 대상이고, 승은 깨달음을 실천하는 중생을 일컫는다. 불이 존재와 당위의 일체화를 의미하고, 법이 참된 존재를 표시한다면, 승은 존재를 당위로 이행시키는 구체적인 사람을 말한다. 깨달음은 광명한 것이며, 깨달음의 대상인 이론은 바르고, 그 이론을 실천하는 사람은 화합하여야 한다.[3]

삼보 가운데 법은 불교의 본질이다. 인류의 위대한 스승이었던 부처님은 대열반을 통해 우리 인간세에는 다시 윤회할 업장을 완전히 소멸하고 대자유 자재로운 정각의 해탈을 이루었다[法]. 따라서 인간

---

2) 삼보는 '거룩한 부처님께 귀의합니다[歸依佛 兩足尊]', '거룩한 가르침에 귀의합니다[歸依法 離足尊]', '거룩한 스님께 귀의합니다[歸依僧 和合尊]' 라는 「三歸儀禮」로 예식화된다. 여기서 양족존은 부처님은 지혜와 자비를 두루 갖추고 있어 가장 훌륭하다는 것이며, 가르침은 이욕존이라 하는데 욕망을 떠나 청정한 상태로 인도하는 진실한 가르침이라는 뜻이고, 스님을 일컫는 화합존은 승가공동체가 인간이 만든 집단 가운데 가장 평화롭고 질서 있는 집단이라는 의미이다.
3) 여익구, 『민중불교입문』, 풀빛, 1985, 296쪽.

은 끊임없는 닦음을 통해 무명의 틀을 벗고, 진리를 강구하여 깨달은 사람[佛]이 되고자 노력한다. 여기에 사찰에 기거하는 사람[僧]은 그 보조자로 기능한다.

중생이 법을 추구함에 있어서 반드시 스승이 있어야 하는 것은 아니다. 불타는 "비구들아 너희들은 저마다 자기 자신을 등불로 삼고 자기를 의지하라. 법[眞理]을 등불로 삼고 진리에 의지하라. 이 밖에 다른 것에 의지해서는 안 된다[自燈名法燈名]. 그리고 너희들은 내 가르침[法]을 중심으로 서로 화합하고 공경하며 다투지 말라. 함께 내 교법을 지키고 함께 배우며 함께 수행하고 부지런히 힘써 도의 기쁨을 함께 누려라. 이 가르침대로 행동한다면 설사 내게서 멀리 떨어져 있다 하여도 그는 항상 내 곁에 있는 것과 다름이 없다. 여래의 육신은 여기서 죽더라도 깨달음의 지혜는 영원히 진리와 깨달음의 길에 살아 있을 것이다. 게으르지 말고 부지런히 정진하여라"라고 교설하고 있다.[4)]

여기서 불타의 가르침은 인간과 사회에 대한 커뮤니케이션의 지표를 말한다. 불타는 이 가르침을 통해 한 인물에 대한 맹목적 숭배가 아니라, 이 세상의 올바른 정의와 진리에 대한 인식과 실천을 강조하고 있다. 그것은 곧 불교가 자주·자율·자유의 인격을 추구하는 종교가 되기를 선언한 것이라고 볼 수 있다. 이는 곧 교단에 있어서 일체의 권위주의를 배제하는 것이기도 하다.

부처님은 사찰에만 계시는 것도 아니다. 『금강경』에서는 어느 곳이든지 경전이 있는 곳이라면 모든 세간의 하늘과 인간과 아수라가

---

4) 『長阿含經』第12卷, 遊行經 初.

기꺼이 공양해야 할 것이며, 그곳이 곧 부처님이 계시는 곳이자 존경받을 제자들이 계실 곳이라고 하였다.[5] 이처럼 인간은 스스로 자신의 마음속에 부처님을 모시고 산다. 그러기에 몸은 비록 세속에 있다 할지라도 얼마든지 하기에 따라 법을 좇고 깨달을 수 있다. 독각(獨覺)이 바로 그것이다.

독각은 홀로 깨달은 사람으로서 성문(聲聞), 보살(菩薩)과 더불어 삼승(三乘)이라 일컬어진다. 독각은 원시불교·근본불교·초기불교의 한 형태로 인정될 만큼 불교수행에 있어서 매우 중요하게 취급되었다. 그러나 대승불교의 본격적인 전개와 함께 법을 홀로 깨닫는 독각사상은 퇴조하고, 승단이 확립되면서 보살사상이 크게 일어나, 수행에서의 업무분담이 이뤄졌다. 이후 불교는 승가의 전유물로 고착되면서 중생의 구제는 오로지 스님들의 몫으로 인식되기 시작했다.

하지만 아직도 불교의 전통적 뿌리인 소승불교가 주류를 이르고 있는 남방불교에서는 법이란 각 개인이 홀로 깨달아야 하는 것으로 인식하고 있다. 즉 불교는 독각사상을 바탕으로 하는 자각의 종교라는 것이다. 때문에 법은 삼보 가운데 가장 중요한 핵심적인 이데올로기라 할 수 있다. 그러나 우리나라에서는 스님이 그 자리를 차지하고 있다.

불교는 스님들이나 불자의 것만이 아니다. 한국인이면 누구나 다 그 주인이다. 불교는 어느 한 종파의 종교이기에 앞서 21세기 이 땅의 국가경쟁력을 담보하고 있는 한국의 가장 중요한 정신적 문화제도이며, 가치이다. 21세기에는 문화가 국가경쟁력을 좌우하는 가장

---

5) 『金剛經』, 第12品 尊重正敎分.

큰 요소로 등장한다. 국가문화재의 60%가 불교문화재인 우리나라에서 불교는 이 땅을 딛고 사는 사람이라면 누구나 다 최소한의 관심을 가져야 할 가치이다.

현실은 그렇지 않다. 불교는 불자마저 배척된 가운데 오로지 스님들의 전유물인 양 왜곡되고 있다. 이 땅의 불교는 스님들만 아는 것, 민중들은 알아서는 안 되는 것, 또 문중 일은 속세간 사람들이 떠들어서는 아니 되는 것, 그래서 이 사회의 비승가적인 지식인들은 말할 자격이 없는 것이라고 생각하는 '졸승'들의 오류는, 이 땅의 불교를 독점하겠다는 인식하는 데서 기인하는 발상이다.6)

일부 몰지각한 사람들이 '스님'으로 위장취업해 잿빛 승복의 권위를 내세우고, 나아가 돈과 권력의 획득에 혈안이 되어 한국불교를 망치고 있다. 전 세계적으로 한국불교는 인류의 보편적인 문화 가치를 지닌 소중한 종교이다. 한국의 불교는 선불교는 물론 불타의 가르침을 원형 그대로 보존하고 있을 뿐 아니라 부처님의 말씀, 즉 팔만대장경마저 고스란히 보존하고 있다.

한국불교는 21세기 인류문화의 보고이다. 21세기의 세계사적 흐름이 서양의 물질문명과 유신록적인 정신사가 퇴조하고, 자연과 인간의 자아에 바탕을 둔 동양의 종교가 그 대안으로 급속히 떠오르고 있다. 서구의 철학과 종교는 문명사적 발전에 있어 인류의 정신으로 삼기에는 이미 한계에 봉착했다는 것이 인류학자들의 진단이다. 이에 선진 각국

---

6) 만물에 불성이 있으며, 불법이 만물을 위한 것이라면 '대승' 운운하지 않아도 불교의 모든 것은 만인에게 공개되어야 하고, 만인이 누구를 막론하고 떠들 수 있는 것이며, 또 그렇게 떠들어 공적 테스트를 거침으로서만 사회적 진리의 자격을 얻는 것이다(김용옥, 『나는 불교를 이렇게 본다』, 통나무, 2533(1989), 18쪽).

은 그 대안으로 동양의 문화와 철학, 종교적 가치에 주목하고 있다. 그 가운데 불교는 서구인들이 매우 주의 깊게 탐구하는 21세기형의 새로운 종교이다.

청교도 국가인 미국은 물론 프랑스, 독일 등의 오피니언 리더층에서는 불교로의 개종이 열풍처럼 일고 있다. 특히 의사·변호사·교수·과학자·저널리스트 등 고소득·고학력·전문직종에 종사하는 사회지도층에서는 불교를 21세기 인류의 종교로 인식하고 있다. 그들은 불교가 지닌 종교적 영성이 21세기 인류의 삶을 구원할 것이라며, 종교에 대한 패러다임을 재편하고 있다.

세계의 모든 고등종교 가운데 불교는 종교의 이름을 빙자해 유일하게 전쟁을 벌이지 않은 화해와 자비를 실천하는 종교이다. 생명존중·자연사랑이라는 가치관을 실천하라고 가르치는 불성은 21세기 디지털 사회의 인류에게 마음의 양식으로 가장 적합하다는 것이다. 이들에 의하면 기독교가 20세기 인류에게 가장 큰 영향을 끼쳤다면, 21세기에는 불교가 그 자리를 대신할 것이라고 전망했다. 더구나 한국불교는 불교의 원형질을 가장 잘 보존하고 있어, 교계가 하기에 따라서는 '세계인의 불교화'에 가장 가까이 서 있는 종교라 하겠다.

그런데 문제는 불교를 담당하고 있는 주체라 할 승려들이다. 물론 전부가 그렇다는 것은 어불성설이며, 비록 극히 일부라 할지라도 미꾸라지 한 마리가 오염시키는 그 폐해가 만만치 않기 때문에 이를 경계하지 않을 수 없는 것이다. 불교정화의 기나긴 과정 동안 힘으로 사찰을 강점하기 위하여 소양 없는 승려들을 양산시키고, 그들에 의한 폭력, 사찰재산을 둘러싼 유혈극과 쉴 새 없는 법정투쟁, 심지어 살인사건까지 일어나게 된 것이 한국불교계의 풍토가 되어버린

현실이다.[7)]

사찰의 주지 자리는 치부의 수단이 되었고, 승려는 일하지 않아도 편히 먹고살 수 있는 직업으로 전락해 버린 현실. 종권을 빼앗으려는 권력투쟁은 종단 내부에서 해결하지 못하고 곧장 사회법에 호소하며, 여기에다 설상가상으로 사이비승려마저 출몰해 일정한 거처도 없이 여기저기를 떠돌아다니며 승풍을 추락시키고 있다. 급기야 삼보의 하나인 승려를 신도들이 스님다운 스님만을 선택하여 따르겠다고 권리선언을 하기에까지 이른 것이다.[8)]

오늘날 한국불교의 맥과 승풍을 이어오던 문중은 종권 쟁취를 위한 파벌로 변질되어 민주적이고 공동체적인 승가의 모습은 어디에도 찾아보기 어렵게 됐다. 승려들이 본질적인 구도는 팽개치고 종권 쟁취라는 정치운동에 몰두하는 동안 승려의 권위는 땅에 떨어지고, 신도들은 하나 둘 불교를 떠난다. 불교정화를 통해 조계종이 얻은 것이 있다면 사찰이라는 물질이고, 잃은 것이 있다면 불교 그 자체이다.

21세기 세계화 시대의 한국불교는 불교다운 불교의 모습을 회복하

---

7) 한국청년승가회, 『한국불교종단 실태보고서』, 민족불교연구소, 1986, 79쪽.

8) 승려들의 종권 싸움은 현실적으로 종단 독점에서 비롯된다. 현대의 정보화 시대에서 각 부문별 전문 영역을 재가신도의 종단 참여는 시대적 요청일 뿐 아니라 기능적으로도 확대되어야 마땅하다. 그러나 개혁적인 승려라 할지라도 재가신도의 배제에는 전혀 진보적이지 않다. 승려들은 재가신도의 종단 참여에 대해 '밥그릇 빼앗긴다'는 위기의식에서 벗어나지 못하고 있다. 사회물정에도 무지한 승려가 종권을 전횡하는 한 종단의 민주화는 요원하다. 전문성과 투명성, 합리성을 지닌 재가신도의 풀가동으로 종단은 민주적으로 운영되어야 한다(강태진, 「한국불교 재가단체의 현주소」, 계간 《불교와문화》 제2호(통권 제22호), 대한불교진흥원, 1997년 여름호, 188~196쪽).

여야 한다. 불교가 인간을 위한 종교가 아니라, 불교 그 자체를 위한 종교로 타락될 때 불교의 미래는 암담하다. 이를 승단이라는 권위의 이름으로, 호국불교라는 캠페인성 정치적 구호로 위장하고 생활불교·민중불교를 외면하면서, 여전히 기복불교·아주머니불교·관광불교에 안주할 때 한국불교가 설자리는 점점 궁색해질 것이다. 그리고는 마침내 늙은 코끼리로 전락, 역사와 함께 박제된 종교의 하나로 추락할 것임은 자명하다.

② 교계의 뉴미디어 활용

세계적 미디어학자인 마샬 맥루한(*Marshal Herbert Mcluhan*)은 그의 저서 『미디어의 이해: 인간의 확장(*Understanding Media: The Extension of Man*)』에서 모든 매체는 인간 감각기관의 확장이라고 말했다. 오늘날 미디어는 통신과 융합(*Convergence*)되면서 끊임없이 새로운 미디어(New Media)를 창출해내고 있다. 뉴미디어는 도태되지 않기 위해 본능적으로 인간 중심의 열린 커뮤니케이션을 지향하고 있다. 그것은 다름 아닌 사람과 미디어가 유기적으로 하나의 단위로 묶여 연결되는 것을 말한다.

현대의 과학문명을 향유하며 살아가고 있는 현대인들은 변혁의 물결 한가운데 서 있다. 이른바 미디어의 혁명시대를 살고 있는 것이다. 미디어란 매개물·매체·수단·기관·접착제 등의 뜻을 가진 용어로서, 여기서는 인체구조나 인간사회에서 신경계를 총칭한다고 할 수 있다. 즉 인체나 사회구조 등에서 정보를 전송·캐치(*catch*)하는 신경계가 가장 중요한 역할을 하고 있기 때문에 이 조직을 포괄적으로 미디어라고 부를 수 있다.

미디어 혁명의 진원지는 뉴미디어(*new media*)이다. 뉴미디어가 정보혁명의 파고를 타고 우리 생활에 밀려오고 있다. 뉴미디어란 기존의 전통적인 신문·방송·잡지·출판·영화 등의 매스미디어를 올드미디어(*old media*)라고 규정한 데 대해서 컴퓨터와 과학기술의 발전에 따라 이들이 융합하고, 여기서 새로운 형태의 미디어가 창출됨으로써 비롯되는 개념이다. 올드미디어는 크게 인쇄미디어와 전파미디어로 나눌 수 있다. 이들은 제 나름대로의 특징을 지니고 있다. 독자들은 신문이나 서적 등의 인쇄미디어를 손쉽게 구할 수 있고, 필요할 때 언제나 접할 수 있으며 전파미디어에 비해 복잡하고 심층적인 정보를 담을 수 있는 이점을 지니고 있지만 속보성에서는 전파미디어에 뒤진다. 이에 비해 현장감각을 특징으로 하는 텔레비전은 여타 미디어보다 영향력과 침투력이 가장 뛰어나다는 평가다.

뉴미디어는 이미 알게 모르게 현대인의 생활에 깊숙이 침투하고 있다. 케이블TV와 비디오텍스, INS(고도정보통신시스템), VAN(부가가치통신망) 등도 낯설지 않게 되었다. 팩시밀리, 데이터통신, 음성다중방송, 문자다중방송 등은 진부한 소식이 됐고, 고품위TV방송(HDTV), 직접위성방송(DBS), DMB방송 등이 21세기 방송미디어로 다가오고 있다. 특히 그 가운데 인터넷은 뉴미디어의 핵으로 자리잡고 있다. 뉴미디어는 최근 정보통신과 결합되면서 멀티미디어(*mult media*) 혹은 디지털미디어(*digital media*)라고 개념이 정의되고 있다. 뉴미디어는 수용자와 네트워크로 연결된 상호작용적인 미디어라는 특성을 지니고 있다.

뉴미디어시대의 전개와 함께 부작용도 있다. 뉴미디어가 제공하는 정보 서비스는 대부분 이용자 부담원칙에 의하여 운용되기 때문에 적지 않는 비용을 필요로 한다. 뉴미디어의 소유와 유지에 요구되는 비용은 일반 대중에게는 많은 부담을 준다. 설비를 갖출 수 없는 경제적 여유가 부족한 독자들은 뉴미디어 서비스를 이용할 수 없게 되고, 결국에는 경제적 격차에 따른 정보격차, 즉 정보의 부익부 빈익빈 현상이 더욱 심화될 수밖에 없다.[9]

그럼에도 불구하고 21세기 정보사회로 접어든 뉴미디어시대에서 인간은 결코 미디어로부터 자유로울 수 없게 되었다. 사람들의 욕구는 사회제반 환경의 변화에 따라 개별화·다양화·전문화하기 마련이다. 종래의 획일화된 정보를 일방적으로 전달받는 수신자의 개념에서 언론매체의 메시지를 적극적으로 선택해서 이용하는 이용자의 개념으로 바뀌게 된다.

뉴미디어는 21세기 디지털시대의 미디어라고 할 수 있다. 아날로그시대의 불교는 매체포교에서 미디어의 역할과 기능에 대해 미리 자각하고, 여기에다 친서방 사대주의적인 집권세력의 조직적 비호가 가세한 기독교에 비해 미디어포교에서 크게 뒤졌다. 그러나 디지털시대의 미디어 환경에서는 누구나 그 출발점이 동일하다. 누가 새로운 시대사조에 걸맞은 미디어를 선택해 포교를 하느냐에 따라 미디어포교의 성패가 가름된다. 따라서 불교를 널리 알리기 위해서는 미디어 매체로서의 뉴미디어를 주목하지 않을 수 없다. 교계는 어떻게

---

9) 한경석·정백, 『인터넷신문과 종이신문』, 중앙M&B, 1999, 195쪽.

뉴미디어를 이용하고 활용할지를 고민하지 않을 수 없게 된 환경을 맞았다.

뉴미디어가 면대면 쌍방향 커뮤니케이션에 가장 적합한 매체라는 점을 감안한다면, 그에 대한 활용방안은 이미 나와 있다. 그것은 곧 미지의 세계를 선점하는 것이다. 기독교가 기존 미디어를 선점함으로써 향유했던 선교의 효과를 자각하여야 한다. 교계가 뉴미디어의 특성에 맞는 매체를 개발하고, 이를 포교의 수단으로 널리 활용할 때 불교의 대중화는 한 걸음 더 가까이 있다.

뉴미디어에서는 무엇보다도 선점의 효과가 가장 크다. 여기에는 권력의 특혜와 보살핌이 통하지 않는다. 누구나 먼저 깃발만 꼽으면 임자이다. 권력의 특혜와 특권이 기독교에 집중됨으로써 기존 언론에서 소외되었던 것을 타산지석으로 삼아야 한다. 기독교에 비해 오프라인의 정보화에서 뒤진 불교계가 온라인에서마저 뒤진다면 그 설자리가 급속히 위축될 것임은 자명하다. 따라서 교계가 이를 자각, 뉴미디어의 특성에 맞는 매체를 개발하고, 이를 포교의 수단으로 활용할 방안을 강구하는 것은 시급한 당면과제라 할 수 있다.

불교를 정보화함에 있어서는 기독교에 비할 수 없는 탁월하게 유리한 민족문화라는 콘텐츠를 지니고 있다. 불교는 이를 적극적으로 활용하여야 한다. 근본적으로 기독교는 서양인들의 의식구조에 맞는 종교체계이다. 한국인의 심성에는 그다지 맞지 않다. 그러나 불교는 이 땅의 역사와 함께한 자랑스러운 문화를 지니고 있다. 이와 같은 장점을 극대화하여 매체포교에 활용한다면 그 내용에 있어서도 기독교에 비해 우위의 경쟁력을 지닐 수 있다.

③ 불교 정보화와 디지털화 과제

불교계의 정보화 실태가 매우 저조한 것으로 조사됐다. 한국불교
종단협의회와 현대불교신문사, 불교방송 등 불교언론사가 공동으로
실시한 『불교정보화 실태조사 보고서』에 따르면 조사에 응한 전국
사찰과 불교기관 5,001곳 중 컴퓨터를 사용하는 곳은 2,497곳(49.9%)
이었고, 나머지는 컴퓨터가 없거나(2,435곳·48.7%), 있어도 사용하
지 않는 것(69곳·1.4%)으로 나타났다. 컴퓨터를 사용하는 곳의 대
수도 1대(1,394곳·55.9%)나 2대(529곳·21.2%)가 대부분이고, 3대
이상은 570곳(27.9%)에 불과했다.

인터넷을 사용하는 사찰 및 불교기관은 1,851곳으로 전체 사찰 및
불교기관의 37%였고, 컴퓨터를 사용하는 곳 중 74.1%였다. 또 홈페
이지를 운영하는 곳은 664곳으로 전체의 26.6%, 인터넷을 이용하는
곳의 35.9%로 조사됐다. 특히 사찰 가운데 홈페이지를 운영하는 곳
은 197곳(7.2%)에 지나지 않았다.[10]

뿐만 아니라 전국 사찰의 초고속인터넷 이용 현황을 조사한 자료
에 의하면 전국 사찰 9,339(파악 건수 8,141건) 개소 가운데 14.2%
만 이용하고 있었다. 이는 인구 기준으로는 전 국민의 50%, 가구 기
준으로는 70%가 사용하고 있는 데 비해 불교계는 고작 14%선에 그
치고 있는 것이다.

---

10) 이선민, 「불교계 정보화 시급」, 조선일보, 2002년 8월 2일자, 17면.

<표 11> 전국 사찰의 초고속인터넷 이용현황

종 단	조사 의뢰건	파악 완료	파악 불가	인터넷 이용	인터넷 이용률	선로길이 4㎞이하율
조계종	2,615	2,343	272	409	17.4%	55.9%
태고종	1,881	1,623	258	198	12.2%	57.4%
40개 종단	3,561	3,092	469	414	13.4%	63.4%
미표시	1,282	1,082	199	136	12.6%	69.9%
계	9,339	8,141	1,198	1,157	14.2%	60.9%

* 출처 KT 자체 조사 자료, 2002년 5월.

한국불교종단협의회 불교정보화협의회는 불교정보화 추진 활성화 건의문을 발표했다. 이 건의문에서는 인터넷포교의 방향을 불교정보화와 연관하여 첫째, 각종 정보화 사업을 통해 우리 민족의 역사문화에 용해된 불교의 자양분이 새로운 가치로의 재창조 둘째, 정부가 사행하고 있는 정보격차 해소 사업 등에서 불교계가 소외되어서는 안 되며 셋째, 불교계 전반을 아우르는 정보 인프라 구축 없이는 불교문화의 미래지향적인 발전을 기대하기 어렵고 넷째, 불교계의 정보화 사업은 점진적 발전단계를 거쳐 추진되어야 하며, 이에 대한 정부의 지대한 관심과 지원을 촉구했다.[11]

사이버 공간에서 기독교 공동체는 급성장하고 있는 것으로 조사됐다. 총신대 김희자 교수가 한국기독교교육정보학회에서 발표한 논문 「기독교 사이버 공동체의 역동적 체계」에 따르면 2002년 4월 현재 파악된 사이버상의 기독교 공동체는 8만 3,000여 개인 것으로 조사됐다. 기독교 공동체는 '다음', '야후' 등 일반 커뮤니티에 2만 8,000

---

11) 최재창, 「원불교의 컴퓨터매개 커뮤니케이션에 관한 연구」, 원광대학교 행정대학원 석사논문, 2003, 27~28쪽 재인용.

여 개가 등록됐다. '호산나 네트워크' 등 종교 커뮤니티에는 4만 5,000여 개가 등록됐으며, 교회 홈페이지는 9,400여 개가 등록됐다.[12)]

기독교에 비해 정보화에서 뒤진 불교의 현실은 여기서도 극명히 드러난다. 인터넷시대에 정보화를 간과하고서는 종교의 미래를 담보할 수 없다. 정보화의 토대는 인터넷이다. 인터넷에 대한 이해는 정보화의 첫걸음이다. 인터넷을 이해하기 위해서는 정보사회의 특질부터 인식할 필요가 있다.

정보사회를 제대로 이해하기 위해서는 정보의 개념과 그 특성을 명확히 할 필요가 있다. 정보란 무엇인가 하는 정보의 개념과 정의에 대해서는 보는 시각에 따라 다양하게 해석될 수 있다. 정보의 개념 정의를 위해서는 정보사회에서 정보가 갖는 특성부터 살펴보자. 정보사회에서 정보는 대체로 다음과 같은 특성을 지니고 있다.

〈표 12〉 정보화 패러다임의 특성 비교

	매스커뮤니케이션		텔레커뮤니케이션	네트워크 커뮤니케이션
커뮤니케이션 특징	Broadcast	Narrowcast	one-to-one	Broadcatch
대표적 미디어	TV, 라디오	케이블TV	전화	전자신문, VOD
정보이용자 성격	불특정 다수	특정 계층	개인	개인(특정그룹 포함)
정보이용자 특성	수동적	수동적	능동적	능동적
방향성	일방향	일방향	쌍방향	쌍방향
커뮤니케이션 형태	일 대 다수	일 대 다수	일 대 일	일 대 일, 일 대 다수, 다수 대 일, 다수 대 다수
커뮤니케이션 내용 (프로그램)의 사전제작	O	O	×	O
스케줄	O	O	×	×

---

12) 김갑식, 「기독교 사이버 공동체 8만3,000여개 활동중」, 동아일보, 2002년 5월 11일자 A15면.

첫째, 재화로서의 정보는 시한성을 지닌다. 시효가 지나면 정보의 가치는 떨어지므로, 대부분의 정보는 전달 및 획득속도와 획득시점이 중요하다. 둘째, 정보는 타인에게 전달해도 본인에게 그대로 남아 있는 비이전성을 지니고 있다. 셋째, 정보는 데이터베이스의 사례에서 볼 수 있듯이 풍부하게 생산되고 축적되면 될수록 가치가 커지는 축적효과성을 지니고 있다. 넷째, 정보의 구득시 정보원의 신용이 중요한 판단기준이 되는 신용가치성을 지니고 있다. 같은 뉴스라 하더라도 신뢰도가 높은 정보원으로부터 획득한 정보가 높은 가치를 지닌다. 다섯째, 물질이나 에너지는 단위 상품에 단위 가치밖에 없지만, 정보는 한 가지 정보라도 필요한 사람이면 누구에게나 가치가 있는 무한가치성을 가지고 있다. 여섯째, 정보는 그 자체가 형태를 지니고 있지 않는 무형성이다. 정보 자체는 물리적 형태를 지니지 않고, 다만 표현된 내용으로서만 존재한다. 일곱째, 정보는 모든 사실·정황 및 심지어 공상으로부터도 생산될 수 있으므로 인간의 모든 분야에 걸쳐 고루 발생되는 부편다재성이 있다. 여덟째, 정보는 그 자체가 형태를 갖지 못하는 것으로 어떠한 매체를 통해서만 존재하는 매체의존성을 지니고 있다. 아홉째, 정보는 표현 양식에 있어 인간의 여섯 감각기관의 인지 조건에 따라 매우 다양한 특성을 지닌다.[13]

모든 종교의 본질은 나 혼자만이 아니라 이웃과 더불어 하는 나눔을 속성으로 한다. 불교 또한 나눔을 보다 효율적으로 실천하기 위해서는 정보화의 추진을 피할 수 없다. 불교 정보화의 첫걸음은 민족문화로서의 활용가치가 높은 데이터베이스의 구축에서부터 시작

---

13) 김도원, 「불교단체 조직의 정보화」, 『21세기 한국불교의 과제와 전망』, 불교춘추사, 2000, 356~357쪽.

되어야 한다. 데이터베이스란 원하는 내용을 쉽게 찾고, 관리하고, 추가할 수 있도록 데이터를 잘 조직화한 데이터 모음이다. 데이터베이스를 이용하면 누구나 원하는 사람이면 자료를 쉽게 이용할 수 있게 된다.

데이터베이스의 정신은 폐쇄적인 것이 아니라 정보나 자료를 공유하는 열린 매체를 지향하는 것이다. 정보나 자료를 보조함에 있어서 중요한 것은 숨기는 것이 아니라, 누구든 볼 수 있게 개방하여 공유하는 데 그 의의가 있다. 데이터베이스는 정보나 자료를 많은 사람들에게 공개함으로써 그 활용의 극대화를 추구한다. 이는 불교가 지향해야 하는 대중포교의 중요한 방법 가운데 하나이다. 특히 자료의 활용을 가장 많이 요구되는 지식인 포교에서 큰 몫을 할 수 있다.

불교의 데이터베이스화에는 부처님의 말씀과 경전의 주요 내용, 여러 조사들의 선지식, 고승대덕의 법문 등 삶의 지혜와 진리의 참뜻을 담아야 한다. 불교의 '불'은 영원한 삶이고, '교'는 살아가는 지혜 자체를 뜻한다. 그러므로 불교는 생활하는 자체가 공부로써 삶을 벗어나 멀리서 법을 구하는 것은 바람직하지 않다. 그러니 자신의 생활 속에서 접하게 되는 상황에 도움이 되는 부처님의 가르침이 구하고자 하는 사람들에게 제대로 전달되지 않으면 불교는 살아 있는 진실이 되지 못하고, 각자의 삶과 점점 더 멀어지고 만다. 불자들은 삶 자체에서 생기는 문제를 당장 풀어야 한다. '내가 닥친 이 문제와 불법이 무슨 상관이 있는가'라는 질문에 답변을 못해 주면 그 순간『팔만대장경』은 의미 없는 자료가 되며, 어디에나 존재하는 부처님 또한 인간의 삶에서 떠나게 된다. 불교의 정보화·데이터베이스화는 이를 담보해 주어야 한다.[14]

불교자료의 전산화·정보화를 위해서는 무엇보다 먼저 언어가 지닌 한계를 극복하여야 한다. 한문과 영어가 그것이다. 현재 우리나라에서 인용되고 있는 경전의 원문은 대부분 한문이다. 원본의 충실도를 전제로 한 연구를 하는 전문적인 불교학자들을 제외한 일반인들에게는 『팔만대장경』 원본 한문 문장이 중요한 것이 아니라, 그 문장이 가리키고 있는 뜻이 중요하다.[15] 그렇다면 한문을 잘 알지 못하는 이 시대의 사람들을 위해 누구나 알기 쉽고, 매력적인 불법의 한글화는 피할 수 없는 과제다.

영어는 불교의 세계화·국제화를 위해서는 반드시 넘어야 할 산이다. 한글화와 영어화는 불교의 미래를 담보할 가장 핵심적인 불교정보화의 당면 현안이라고 할 수 있다.

<2003. 6. 27.>

---

14) 조원희, 「포교의 정보화」, 『21세기 한국불교의 과제와 전망』, 불교춘추사, 2000, 332쪽.

15) 조원희, 「앞의 글」, 329~330쪽.

'임휴사' 화재와 불교언론*

그저께(12일) 대구시 달서구 상인동 달비골 소재 임휴사에서 화재가 발생, 대웅전과 삼신각이 불에 탔다. 이 화재로 신라시대에 건립된 대웅전과 지장탱화 등 1,300여 년이나 된 또 하나의 민족문화가 연기로 사라졌다. 경찰은 '전기누전에 의한 합선' 등으로 추정하고 화재원인 조사에 착수했다. 사찰방화범에게 면죄부를 주기 위한 수사가 시작된 것이다.

우리나라에서 1년에 수십 건씩 발생하는 사찰화재는 누전 등 자연적으로 발생하는 것이 아니라, 대부분 목적을 지닌 사람에 의한 고의적이고 악의적인 '방화'인 경우가 대부분이다. 일부 광신적인 종교집단의 신자들에 의해 저질러지는 사찰방화는 단순히 어느 한 사찰에 불을 지르는 것이 아니라, 온 국민의 가슴에 불을 지른 것과 다를 바 없다.

---

* 임휴사, 사찰화재, 종교백화점, 문화파괴, 방화선교, 폭력선교, 자해행위.

사찰방화 아닌 전 국민 가슴에 불질러

물론 아직 정확한 화재원인은 밝혀지지 않았지만 화마로 소중한 민족문화가 연기로 사라진 것은 분명한다. 선진국은 50년만 되면 '국보'니 '보물'이니 '기념관'이니 뭐니 하면서 '문화재 만들기'에 여념이 없다. 그것은 문화재가 단순히 하나의 유형물이 아니라 인간의 삶의 질을 보다 풍요롭게 해 주는 정신적인 자양분이자 자산이기 때문이다. 우리는 수백 년이나 된 귀중한 문화재를 무지와 부주의로 불에 태워 버린다. 이 무슨 만행인가? 이게 진정 OECD에 가입한 나라의 문화수준 맞는가?

일부 광신자들의 이 같은 야만적인 만행에 대해 언론이 매서운 비판을 가하지 않고, 오히려 침묵함으로써 동조하는 결과를 빚고 있다. 양식 있는 언론이라면 문화재 훼손에 대한 처벌을 강화하고, 또 사회적으로도 문화재보호에 대한 각성을 촉구해야 마땅하다. 인권천국이라는 프랑스에서, 가령 한국과 같이 1,300년이나 된 건물에 고의적인 방화를 했다고 가정해 보자. 설령 그것이 문화재가 아닌 개인건물이라 할지라도 1,300년 된 건물에 불을 질렀다면 방화범에게는 틀림없이 징역 1,300년은 보장될 것이다. 우리는 징역 2~3년에 벌금 몇 백만 원이 고작이다. 왜 그럴까? 과연 한국이 인권선진국이어서 방화범에 대해 그렇게 관대할까? 그것은 아니다.

나는 그 원인을 언론에서 찾고자 한다. 언론이 제 역할과 기능을 하지 못하고 있기 때문이다. 언론은 선교라는 미명하에 1년에 전국적으로 수십 건씩 자행되고 있는 이런 사찰방화 만행을 국민들에게 여론화시켜 방화범이 이 땅에 발 못 붙이도록 문화유산 보호를 여론화해야 할 책임과 의무가 있다. 그것은 불교가 좋건 싫건 그런 차원을 떠나 불교문화재가 곧 이 땅의 문화재라는 사실이라는 측면에서도 간과할 수 없는 문제다.

언론 수수방관 속에 방화범 활갯짓

한국은 '종교백화점'이라 할 정도로 다양한 종교문화가 꽃피우고 있다. 다종교가 교세 확장을 위해 치열한 패권다툼을 하면서도 세계에서 유일하게 종교로 인해 싸움이 일지 않고 있다. 이는 한국문화가 지닌 최대의 장점이다. 이민으로 이루어진 미국이 20세기의 패권국가로 군림할 수 있었던 것은 '잡동사니 이민문화'라는 미국문화의 약점을 '다양성의 문화'라는 장점으로 만들었기 때문이다. 21세기의 패권국가를 지향하고 있는 중국이 소수민족의 전통문화를 진흥하고 있는 까닭도 여기에 있다. 우리는 어떤 문화를 내세워 21세기 선진국가로 나아가야 할까? 그것은 바로 세계의 어떤 종교도 평화롭게 수용하는 유연한 한국문화다. 기독교도, 불교도 우리의 소중한 문화유산이자 정신적 자산이다. 그런데 현실에서는 자꾸만 폭력과 파괴로 치닫고 있다. 언론이 무지하여 침묵함으로써 폭력적인 선교를 질타하지 못하고, 그러는 사이에 일부 폭력신자들은 자신이 자신을 헤치는 '자학적인 문화파괴'를 그치지 않고 있는 것이다.

한국언론은 심각하게 무식하면서 동시에 비틀리고 왜곡되어 있다. 편향되어 있기까지 하다. 이를테면 한국언론의 보도기준은 국제적으로는 미국 중심으로, 인종적으로는 백인을 우대하고, 종교적으로는 기독교, 교육은 이른바 '일류' 또는 '명문' 중심에 두고 있다.

한국언론이 이처럼 근본부터 왜곡되어 있기에 광신도 집단에 의한 악의적인 방화선교·폭력선교에 대해서도 무관심하다. 아니 이들이 오히려 우리 사회의 주류로 행사하고 있는 실정조차도 모른 체한다. 사찰방화범 뒤에 숨어서 조종하는 광신적인 일부 종교집단은 이 땅에서 우익으로 위장하고, 보수를 내세우며, 반공을 표방한다. 언론이 이들과 한통속이 되는 까닭으로 인해 문화재 방화는 연중행사처럼 벌어지고 있다. 이런 형태로 10년만 지나면 24본사 정도 외에는 모두 잿더미로 사라질 것 아닌지를 우려하지 않을 수 없다.

자신의 집에 불지르고도 "할렐루야"

사찰이 하나 둘 이 땅에서 사라지는 것은 불교가 사라지는 것이 아니라, 이 땅의 문화가 사라진다는 것에 더 큰 아픔이 있다. 불에 탄 사찰은 새 건물 지으면 그만이겠지만 1,300여 년이란 세월을 무심하게 견뎌 온 그 문화는 어디서 재생·복원할 수가 있겠는가? 무릇 한 건물이 1,300년이나 되면, 그 속에는 정령(精靈)이 깃들어 있다는 것이 한국인의 심성이었다. 그런데도 서슴없이 자신의 가슴속에 깃들어 있는, 그 정령에 대해 불길을 당기는 것은 자신을 학대하는 자해행위와 무엇이 다를까?

임휴사의 대웅전 문이 잠겼고, CC-TV에는 두 사람의 남자가 대웅전으로 들어가는 것이 찍혔다고 한다. 그들이 방화범인지 아닌지는 곧 드러나겠지만, TV화면에서 불타는 임휴사의 모습을 보면서 마치 한국인의 마음이 타는 듯했다. 현대 건축기술의 산물이라는 시멘트 건물의 수명도 30여 년 밖에 안 되는데, 1,300여 년이라는 기나긴 세월을 견뎌 온 신라의 나무가, 문화가 21세기의 대명천지에 화마로 사라졌다. 우리는 후손들에게 이를 어떻게 설명해야 할까?

　다음으로 화재의 원인이 전기합선 등에 의한 자연적인 것이었다면, 언론의 보도태도는 그 책임을 사찰을 관리하는 스님들에게 물을 것이 아니라, 그 문화재를 관리 감독하는 공무원에게 물어야 한다. 국가문화재는 어느 개인의 것이나, 사찰의 것이 아니다. 온 국민의 것이다. 그러기에 공무원은 국민을 대신해 문화재가 화재나 훼손 등의 위험으로부터 노출되어 있는지, 그 안전성 여부를 미리 점검하고, 방지할 의무와 책임을 지게 된다. 그럼에도 언론은 책임회피에 급급한 공무원의 말을 토대로 기사를 써 댄다. 그러니 사찰화재가 방지될 턱이 없다.

　일반 언론이 이와 같다면 사건의 당사자라 할 불교언론의 실정은 또 어떠한가? 무식하기는 매 마찬가지여서 문제제기와 해결방안에 대한 대안 제시는 고사하고, 사건 현장을 단순히 중계보도하기에도 급급하고 있다. 그래서는 안된다. 불교언론이 정신을 똑바로 차리고 문제의 본질을 근본부터 해결하는 데 앞장서야 한다. 불교언론이 깨어 있고 살아 있어야만 사찰방화가 사라진다. 불교언론의 사회적 환경감시기능은 불교언론으로서 뿐만 아니라 민족문화를 지키는 파수꾼으로서의 역할과 사명이라 해도 과언이 아니다. 여기에 불교언론의 존재이유가 있다.

<2004. 7. 14.>

iTV 인수와 불교의 미래*

언론전문지 <미디어오늘> 2005년 1월 12일자(제478호)에 의하면 방송위원회로부터 재허가 추천이 거부돼 청산절차가 경인지역 지상파TV방송(구 <경인방송·iTV>) 사업에 참여하기 위해 <CBS(기독교방송)>, <YTN> 등이 물밑작업에 돌입했다고 한다. 방송위원회가 정파 중인 <iTV>를 어떻게 처리할 방침인지를 확고히 정하지도 않은 상태에서 <CBS>는 보도국을 중심으로 TFT팀을 구성해 부채규모 파악, 인수 후 사업성과 컨소시엄 구성 등 사실상 인수를 염두에 둔 구체적인 정보수집에 착수했다는 것이다.

iTV 인수는 '제2의 신'을 확보하는 것

<BBS(불교방송)>을 비롯하여 불교계도 <iTV> 인수에 나서라. <iTV>는 2500만 수도권을 대상으로 한 공중파·지상파 TV방송이다.

---

* <CBS>, <iTV>, <BBS>, <공중파TV>, 제2의 신, 공기, <btn>.

현대사회에서 공중파 TV의 영향력은 '제2의 신'이라 불릴 만큼 막강하다. 지상파 TV채널의 영향력은 모든 FM방송, 케이블TV를 합쳐도 이에 견줄 바가 못 된다. <iTV>는 기존의 <BBS>나 <btn> 등과는 차원이 다르다.

현대인들에게 있어서 방송은 '공기'와 같다. 인간은 숨을 쉬지 않고서는 살 수 없다. 방송을 소유한 종교는 자신의 종교 이데올로기를 수용자에게 부지불식간에 자연스럽게 세뇌할 수 있다. 이로 인해 대부분의 선진국은 종교방송을 허용하지 않는다. 종교방송을 허용하고 있는 우리나라에서는 방송을 소유하느냐 못하느냐에 따라 종교의 사활이 걸려 있다 해도 과언이 아니다. 특히 TV매체라면 새삼 두말할 나위 없다.

불교계의 <iTV> 인수는 기독교 계통의 종교에 비해 방송포교에서 뒤진 것을 만회할 절호의 기회이며 동시에 마지막 찬스다. 방송은 전파의 유한성으로 인해 그 자원이 한정돼 있다. 따라서 방송을 소유하는 것은 커다란 특혜이다. 더더구나 TV방송은 특혜 중의 특혜라 하겠다. 해방 직후 불교계와 기독교 계통의 종교인구는 약 8 대 2 정도였다. 그러나 기독교 계통이 지상파 라디오방송을 허가받음으로써 오늘날은 종교인구가 서로 엇비슷한 처지로까지 성장할 수 있었다.

상상을 초월하는 공중파 TV의 영향력

지상파 라디오방송을 선점한 종교적 효과가 이러할진대 하물며 21세기 미디어의 총아로 대두되고 있는 공중파 TV방송을 소유한다면 그 효과는 상상을 초월한다. 불교계가 <iTV>를 인수해 공중파 방송을 소유하게 된다면 전 국민의 80% 이상을 불자화하기란 시간문제다. 이처럼 <iTV>의 인수는 불교의 사활을 담보한다 해도 틀린 말은 아니다.

(구)경인방송 사옥 전경

불교계와 기독교 계통의 종교인구가 팽팽한 균형을 이루고 있는 현재 만일 <CBS>가 <iTV>를 인수하게 된다면 10년 내에 이 나라는 기독교 교인이 전 국민의 80%를 점유할 것이다. 국조(國祖) 단군상을 '우상'이라고 목 자르고, 천년 넘은 민족의 문화재를 '사탄의 소굴'이라며 불질러대는 일부 광신적인 기독교 집단의 행태에서부터 "예수를 믿지 않아 '쓰나미' 피해를 입었다"는 목사의 발언 등을 종합해 보면, 이들은 기독교의 '국교화'를 주장할 것이다. 이는 불 보듯 뻔하다.

불교계는 현재 △불교역사문화기념관 △불교중앙박물관 건립 △갓바위 성역화 불사 등 수십억 원에서 수백억 원에 이르는 외형적인 불사를 추진하고 있다. 물론 하드웨어 불사가 전혀 필요하지 않은 것은 아니나, 그것은 어디까지나 곁가지 일 따름이다. 21세기 정보사회에서 종교의 생명은 소프트웨어에서 비롯된다. 소프트웨어 불사의 최정점은 TV방송이다. 그렇다면 불교계의 <iTV> 인수는 당면한 최대의 현안과제라 할 수 있다.

기존방송과 견줄 바 못되는 iTV 영향력

교계는 불교방송이 있고, 불교TV가 있다며 <iTV>의 인수를 간과
할 수 있다. 하지만 <BBS>는 FM방송이며, <btn>은 케이블TV이다.
시장에서의 영향력을 평가한다면 FM방송이 가내 수공업이라면, 케
이블TV는 소기업이라 할 수 있다. 지상파 AM라디오가 중소기업이
라면, 공중파 TV방송은 재벌그룹집단이라 할 수 있다. 따라서 <iTV>
와 <BBS>, <btn> 등을 견준다는 것은 한마디로 넌센스라 하겠다.

방송시장의 환경에 대해서도 걱정할 필요가 없다. <iTV>의 몰락
은 강성 노조 때문도, 경기가 나빠서도, 방송구역을 전국화하지 못해
서도 아니다. 합리적인 경영, 과학적인 경영을 무시한 사주의 '무대가
리 주먹구구 경영'이 빚어낸 비극일 따름이다. 불교계가 <iTV>를 인
수해 전문 방송경영인에게 맡긴다면 '시장연착륙은'은 시간문제이다.

방송에 대해 무지한 성직자가 '콩놔라 팥놔라' 간섭하는 순간부터
매체는 부실화로 치닫는다. 교계는 다만 단번에 국내 유수의 메이저
언론을 소유한 것으로 만족한다면 가랑비에 옷 젖듯 불법의 포교는
절로 이루어지게 마련이다. 교계의 <iTV> 인수는 불교발전이라는
측면에서 둘도 없는 기회다. <iTV>라는 그 현실적 목표를 쟁취하기
위해 바야흐로 불교계는 '올인'할 시점이다.*

<2005. 1. 19. 불교닷컴.>

---

* <iTV>인수사업에 무관심했던 <불교방송(BBS)>이 최근엔 <btn>과의 통합
  을 제안하고 나섰다. 2,000만 수도권 인구를 가청권으로 하는 지상화 TV
  사업은 외면하고 CA‒TV에 눈독을 들이는 <BBS>의 어이없는 행보는
  한마디로 '코미디의 극치'이다. <2008. 4. 23.>

경인지역 새 민방사업에 나서라*

정파된 <경인방송(iTV)>를 대체할 새 민방 사업자 선정이 무산됐
다. 방송위원회는 지난 23일 새 민방 사업신청자를 검토한 결과 사
업계획이 구체적이지 못하고, 실현 가능성이 불확실하다며 사업자
선정을 연기한다고 밝혔다. 방송위는 또 재심 때는 기존의 5개 컨소
시엄 외에 신규업체 참여도 허용할 것이라고 밝혔다.

기독교의 경쟁력은 미디어에서 나와

그런데 우리가 간과할 수 없는 것은 이번 방송사업자 신청에서 <기
독교방송(CBS)>이 뛰고 있다는 사실이다. 오늘날 기독교가 전 세계적
으로도 유래가 없이 최단 시일 내에 이 땅에 뿌리내린 것은 뭐니 뭐니
해도 매스컴 선교에서 압도적인 경쟁우위를 보인 것이 가장 큰 이유다.

---

* <CBS>, 지상파TV, 대중포교, 『불교언론의 이해』, <미디어오늘>, 황우석,
  방화선교.

물론 여기에는 미국에 빌붙은 사대주의적인 정치권력층의 비호와, 교육, 의료, 사회복지 등을 앞세운 뛰어난 선교전략, 그리고 개인의 영달과 출세를 좇는 사회적 풍토, 자기비하에 찌든 식민주의적 인생관과 가치관 등이 복합적으로 어우러져 기독교와 천주교 등이 전통적인 민족종교, 즉 불교와 유교를 몰아내고 한국사회의 주류종교로 떠올랐다.

오늘날 매스미디어는 현대사회의 '신'으로 회자될 정도로 그 영향력이 막강하다. 이에 각 종파는 교세의 확장과 영향력 확대를 위해 미디어산업에 잇따라 진출하고 있다. 지상파TV는 매스미디어 가운데 가장 큰 영향력을 지닌 매체이다. 신문, 라디오, 잡지 등이 구멍가게라면 지상파TV는 백화점이다. 따라서 어느 특정 종파가 지상파TV 채널을 소유하면, 종교전쟁의 결말은 이미 끝났다 해도 과언이 아니다.

한국사회는 세계 어느 곳에서 보다 다종교 간의 전쟁이 첨예한 곳이다. 때문에 어느 종파가 경인 지역 새 민방사업자로 선정되느냐에 따라 그 종파의 경쟁우위는 결정된다 해도 과언이 아니다. 나는 서양종교보다는 민족종교가 전통적인 한국인의 심성에 더 적합하다고 본다. 때문에 이번 민방 사업자 선정에서 불교계가 이를 외면하는 것에 대해 깊은 유감을 갖지 않을 수 없다.

21세기 종교시장에서 면대면 포교로는 설 자리가 없다. 풍광 좋은 산수에 가만히 들어앉아 찾아오는 '아주머니 불교'로는 그 미래를 담보하지 못한다. 매스미디어를 활용한 대중포교에 능동적으로 대처하여야만 그 미래를 보장할 수 있다. 그러기 위해서는 지상파TV 채널에의 참여는 종교의 미래를 가늠한다 해도 과언이 아니다. 그렇다면 이번 기회는 불교계로선 둘도 없는 기회이다.

유형의 불사보다 무형의 불사 시급

과문한 탓인지 모르겠지만 전세계적으로도 종교방송을 허용하는 나라는 몇 개국이 안된다. 다행히 한국은 종교의 나라답게 종교방송을 허용하고 있다. 불교계는 수십억, 수백억 원이 소요되는 한국최대 동양최대 세계최대의 절 짓기, 역사관 건립 등 유형의 불사보다는 문화콘텐츠를 확보하는 무형의 불사를 더 중요시해야 할 시점이다. 그런데도 불교계가 이를 깨닫지 못하는 것을 보면 안타깝기 그지없다.

나는 『불교언론의 이해』라는 책을 4년 전에 저술하고, 책의 출판을 위해 그동안 불교계의 지원을 호소했다. 그러나 어느 누구도 '위의 책'이 지닌 의미를 깨닫고 지원해 주지 않았다. 내가 만일 불자였다면 부처님의 영광을 위해 당연히 자비라도 들여서 출판을 상재했을 것이다. 그러나 나는 불자가 아니다. 유자이다. 나는 언론을 독학한 지방의 한 무명 언론인이다. 나는 이 땅을 딛고 사는 지식인의 한 사람으로서 민족언론학의 정립에 관심이 많아 '위의 책'을 저술했을 따름이다. 『위의 책』이 출판되었더라면 한국언론학은 물론 불교계도 많은 발전이 있었을 것임은 의심의 여지가 없다.

삼보정재 잘 써야 종교의 미래를 확신

언론전문지 <미디어오늘>이 전하는 바에 따르면 근간 불교계는 50억 원을 투자해 부산의 <국제신문>을 인수한다, <서울신문>이 50억 원의 투자요청을 했다, <현대불교신문> 사장이 <경향신문> 사장에 응모했다는 등 불교자본의 언론시장 진입이 가시화되고 있는 듯하다. 그 돈이 있으면 새 경인 지역 민방사업에 투자하여야 한다. 그것이 삼보대중이 보시한 청재를 더욱 효과적으로 쓰는 일이다.

나는 대한민국에서 최고의 부자 종교로는 불교계라고 알고 있다. 불교계는 기독교로부터 돈 쓰는 법을 한 수 배워야 한다. 불교자본의 일간지 시장 진입은 그래도 점잖은 편이다. <법보신문>이 황우석 박사의 연구 지원을 위해 100억 원을 모금하자는 운동은 아무래도 정신 나간 코미디 같다. 이처럼 돈 쓸 곳을 몰라 주체하지 못할 정도라면 교계가 돈이 없어 지상파TV에 참여하지 못한다는 말은 성립될 수 없을 것이다.

불교계가 장기적으로 이 땅에 종교의 틀을 형성하려면 당장 조계종 본부 건물을 팔아서라도 새 민방 사업에 참여하는 일을 서둘러야 한다. 만일 기독교측이 새 민방 사업자로 선정된다면 현재도 단군상을 '우상'이라 하여 목을 자르는 판에, 조만간 부처님을 우상이라 하여 절에 불을 질러대는 '방화선교'로부터 자유로울 수 없는 날은 시간문제일 것이다. 그렇다면 불교계는 생존을 위해서라도 경인 지역 지상파TV 사업에 참여할 필요가 있다고 하겠다.

아무튼 이를 계기로 불교계가 언론에 대해 무지한 눈을 떴으면 한다.

<2006. 1. 25. 불교닷컴.>

'낙산사' 산불과 문화재*

자연은 참으로 위대하다. 살을 에는 듯한 동장군도 한 발짝 성큼 물러나고, 어느덧 봄바람이 살랑살랑 거린다. 농부들은 겨우내 묵혀 놨던 농기구를 손질하기에 바쁘고, 도시인들은 '웰빙'이니 뭐니 하면서 산과 들을 찾는다. 봄나들이 철을 맞아 전국 곳곳에서 산불이 일어나고 있다. 산불은 대개 사람들의 부주의에서 비롯된다.

90% 이상이 고의적 인재(?)인 산불

인간이 다녀간 산하에는 온통 생채기만 남는다. 라면봉지, 소주병, 먹다 남은 삽결살 등 온갖 쓰레기가 그것이다. 입산시에 그토록 통제하는 '담배꽁초'도 빠지지 않는다. 산을 마치 쓰레기 하치장처럼 여긴다. 특히 한국인이 다녀간 자리는 더더욱 그러하다.

중국에서 백두산을 오를 때는 '입산료'를 낸다. 한국인이 가장 비

---

* 산불, 등산문화, 낙산사, 유홍준 청장, 내화림 조성, 목조문화재, 수막시설.

싼 입장료를 낸다고 한다. 그것은 1인당 쓰레기 배출량이 세계 최고이기 때문이라는 것이다. 이쯤 되면 한국인은 진정 산에 오르기가 부끄러울 정도이다. 심신의 건강과 호연지기를 기르기 위해 산에 오르는 것이 아니라, 쓰레기를 버리기 위해 산을 찾는 것이 한국인의 '등산문화'라 하겠다.

물론 이 말은 비약이 심하다. 쓰레기로 오염된 것이 보기 싫어 산에 불을 지른다(?). 이 말 또한 성립될 수 없다. 그러나 다시금 생각해 보자. 연중 산불이 가장 많이 발생하는 계절이 봄과 가을이다. 나들이 철에 산불이 집중되고 있다. 산불 가운데 자연재해는 10%도 채 안 된다. 90% 이상이 인재다. 사람이 주의하면 얼마든지 일어나지 않을 불이다. 이에 이르면 인간들이 방화하려고 산에 간다 해도 틀린 말이 아니다.

산불은 자연을 태운다. 문화재라고 하여 봐주지 않는다. 가리지 않고 모조리 태워 버린다. 산불은 우리의 재산뿐 아니라 정신마저 태우는 것이다.

태무심이 부르는 산불화재의 참화

사찰은 산불에 직접적으로 노출되어 있다. 지난해 식목일에 발생한 동해안 산불로 천년고찰 낙산사(洛山寺)가 불에 탔다. 1469년 조선 제8대 임금인 예종(睿宗)이 세조(世祖)를 기리기 위해 보시했던 동종(銅鐘·보물 제479호)이 완전 소실됐다. 일주문과 요사채가 전소됐고, 대웅전격인 원통보전(圓通寶殿)은 형체조차 알아볼 수 없을 정도로 처참하게 내려앉았다. 보타전과 원통보전을 에워싸고 있던 원장(垣墻·시도유형문화재 제34호), 홍예문(虹霓門·시도유형문화재 제33호)

불타는 낙산사 범종, 강원도민일보 자료

등 목조건물 대부분이 연기로 사라졌다. 화재발생 2시간 만에 사찰 내 건물 15채 가운데 바닷가에 위치한 4채를 제외한 11채가 한줌의 잿더미로 변했다.

이에 대해 유홍준(俞弘濬) 문화재청장은 화마로부터 사찰을 보호하기 위한 근본대책은 강구하지 않은 채 "동종의 모양과 크기 등에 대한 실측 자료가 남아 있으므로 6개월 이내에 복원할 것"이라고 하여 대수롭지 않다는 반응을 보였다. 그는 1993년에 펴낸 저서 『나의 문화유산 답사기』에서도 "낙산사는 6·25 전쟁 때 홀랑 타버린 절을 다시 세운 것이다. 지금의 낙산사는 20세기 후반기, 대수롭지 못한 안목으로 치장하고 복원해 놓은 별 볼일 없는 절집"이라고 혹평한 바 있다(황진영, 「양양고성 산불/낙산사의 눈물」, 동아일보, 2005년 4월 7일자, 18면).

대학교수이자, 손꼽히는 미술사학자로 널리 알려진 지식인이, 더구나 한 나라의 문화재 관리를 책임진 사람의 현실인식 수준이 이처럼 천박함을 개탄하지 않을 수 없다.

낙산사 화재는 얼마든지 막을 수 있었다. 낙산사를 삼킨 산불은 등산객이 버린 담배꽁초에서 시작됐다. 지정된 장소 외에서는 흡연과 취사를 금하고 있는 원칙만 지켰어도 산불은 발생하지 않았을 것이다. 원칙을 지키지 않는 한국인의 빗나간 심보가 수천억 원의 재산 피해와 수십만 명의 가슴에 평생토록 씻기지 않을 '검은 상처'를 남기게 한 것이다.

다음은 불을 끈 주체의 과오이다. 불이 사찰 주위에 몰려오자 소방당국은 헬기 10대와 800여 명의 인력을 동원해 대충대충 불을 끄고는 철수했다. 낙산사 정념 주지스님이 "확실히 진화하기 위해 소방헬기를 남겨 달라"고 부탁했음에도 묵살한 것이다. 잔불 정리를 하지 않은 소방당국의 무사안일한 적당주의로 꺼진 불이 다시 살아났다.

세 번째는 화재에 무감각한 스님들의 문제다. 스님들은 소방인력일 뿐 아니라 문화재 지킴이다. 그런데도 평소에는 소화기 한두 대로 형식적인 화재예방 흉내만 낸다. 그러다가 불이 낙산사를 겨냥하자 부랴부랴 이날 오전 소화기 150대를 구입, 자체 진압을 해보려고 시도했다. 무슨 코미디 같다. "천재를 어쩌겠느냐"라는 주지스님의 탄식은 스님들의 화재예방 현주소를 극명히 드러낸다(이재훈, 「식목일 산불/홍예문 등 문화재 잿더미」, 서울신문, 2005년 4월 6일자, 11면).

시급 다투는 방재설비 개체 작업

대부분 소나무가 병풍처럼 둘러싸고 있는 우리나라 사찰은 산불에 매우 취약하다. 울창한 소나무 숲은 화재 시에는 불쏘시개로 돌변한다. 소나무 숲의 화염 중심온도는 무려 1,200도에 이르며, 불길 외곽은 900도에 달한다. 일반적으로 방염처리되지 않은 목재의 발화온도가 300도라고 한다. 낙산사의 경우는 불길이 닿기도 전에 이미 목조 건물이 불타고 있었다고 봐야 한다.

전문가들은 산불로부터 사찰을 지키기 위한 자연적인 방법으로는 사찰에서 수백m나 수Km 떨어진 외곽지에 50m 내지 100m 폭으로 소나무를 베어내고, 참나무를 심는 등 '내화림(耐火林)'을 조성하라고 권유한다. 이는 전통적인 한국사찰의 경관을 볼품없게 한다. 따라서 그다지 권장할 만하지 않다. 소나무와 자연과 절묘한 조화를 이루고 있는 한국 사찰의 조형미를 지속적으로 담보하기 위해서는 인위적인 방재설비를 생각하는 것이 보다 현명하다.

현재 사찰의 화재방지 시설은 소화기 몇 대와 소화전이 고작이다. 최신 현대시설이라야 스프링클러가 고작이다. 이와 같은 원시적인 방재시설로 사찰을 안전하게 보호하기란 역부족이다. 스님들이 방재 훈련을 체계적으로 받느냐 하면 그것 또한 아니다. 민방위 훈련하듯 건성건성 대강대강하고 만다. 그러니까 불이 나면 불 끌 생각은 않고 우왕좌왕 허둥대기 일쑤다.

우리나라의 사찰은 대개 풍광이 좋은 산수 간에 위치해 있다. 이로 인해 불이 나면 소방차의 진입과 소방인력의 접근이 어렵다. 따라서 자체 소방시설과 방화설비가 매우 중요하다. 목조문화재가 유독 많은 일본은 최첨단 수막시설로 사찰을 완전히 둘러싸 화염과 열기로부터 전각을 보호한다고 한다. 일본이 설치한 수막시설은 건물 전체를 둘러싸면서 물을 분사해 줘 외부에서 어떤 화재가 접근하거나 불똥이 날아오는 부분을 사전에 차단해 주는 시스템이라 한다.

부석사 무량수전, 법주사 팔상전, 봉정사 극락보전, 해인사 장경각 등등은 이 세상의 무엇과도 바꿀 수 없는 귀중한 우리의 목조문화재다. 불교는 국가문화재의 60% 이상을 보유하고 있다. 따라서 사찰화재는 곧 불교가 불에 타는 것뿐만 아니라 우리의 민족문화가 연기로 사라진다는 것을 의미한다. 그러므로 산불은 인위적으로 문화재에 대해 '테러'를 가하는 것과 다를 바 없다. 문명의 세계에 살고 있는 우리는 테러로부터 문화재를 안전하게 보호하고, 또 고스란히 후손들에게 물려줄 의무가 있다. 이를 위해서는 최첨단 화재방지 시스템을 도입할 필요가 있다.

사찰화재는 민족문화에 대한 '테러'

문화재는 어느 개인이나 종교의 것이 아니다. 온 국민의 것이다. 우리나라에는 국보나 보물, 지방문화재 등으로 지정된 목조문화재가 3,300여 점이나 있다. 그런데 '낙산사의 화재'를 예로 보면 화재에 대해 '무방비'가 아닌가 한다. 문화재 관리의 첫걸음인 방염제를 6년에 한 번씩 도포해야 하나 낙산사는 7년이 지나도록 하지 않았다는 것이다. 속초시 당국은 국고의 지원이 없어서 못했다고 한다. 연간 문화재관람료 수입으로만 10억 원이나 거두는 낙산사가 돈이 없어 방염처리를 하지 않았다는 데 이르러서는 그저 아연할 따름이다.

화재가 발생하면 사찰은 당국의 관리 소홀과 무성의를 탓한다. 당국은 예산과 인원부족으로 둘러댄다. 결국 누구도 아무런 책임을 지지 않는다. 유야무야 흐지부지된다. 낙산사는 이번 화재로 보험금 5억 2,000만 원을 받았다고 한다. 정부는 국비 45억 원, 지방비 27억 원, 복권발행기금조성 및 기타 15억 원 등 총 87억 원을 투입해 이번에 소실된 건물을 복원한다고 한다. 그렇다고 연기로 사라진 낙산사가 되살아나는 것일까?

불사란 그런 것이 아니다. 민족상잔의 6·25동란 와중에 소실된 낙산사를 다시 지을 때 서원했던 불심을 어떻게 복원할 것인가 하는 것이다. 우리 힘으로 어쩔 수 없었던 전쟁이 삼킨 낙산사와 이번 산불로 인해 소실된 낙산사의 정체성은 비교할 수조차 없다. 새로 복원될 낙산사의 정체성은 유홍준 청장 자신이 표현했던 것처럼 그야말로 "대수롭지 못한 안목으로 치장하고 복원해 놓은 절집"이 아니고 무엇인가. 아무리 돈을 많이 들이고, 뛰어난 최신 현대과학기술을 동원한다 해도 한번 불에 탄 문화재를 원형대로 복원하기란 불가능하다. 대한민국을 대표하는 한국문화유산 감식가라는 유 청장이 이를 모를 리 없다. 그런데도 자신이 그토록 매도했던 그런 절을 다시 세우고 있어 참으로 아이러니와 모순의 극치를 보여주고 있다. 후일 그는 자신의 주도로 복원된 낙산사에 대해 어떻게 표현할까? 그 '해바라기성 낙산사 찬미가'가 미리부터 새삼 궁금해진다.

방화선교 근절에 불교언론 나서야

이처럼 천하에 쓸모없는 '탁상공론'이 '정론'과 '공론'으로 위장하고 우리 사회에 떳떳이 유통되고 있다. 과연 문화재에 대한 현실인식이 우리는 이것밖에 안 되는 것일까? 부처님을 '우상'이라며, '마귀'라며 계획적인 '방화선교'가 난무하는 이 땅에서 문화재를 이렇게 인식한다면 전국의 사찰이 화염에 휩싸이는 것도 시간문제일 것이다.

따라서 유홍준 문화재청장부터 보다 솔직해질 필요가 있다. 그리고 대한민국을 실질적으로 지배하고 있는 지식인들은 자신이 믿는 종교를 떠나 불교문화재도 곧 '민족문화'라는 사실을 새삼 가슴에 새겨야 한다. 그리하여 문화재를 화마로부터 어떻게 보호할지 과학적인 대책을 내놔야 한다. 불에 타면 새로 지으면 된다는 사고는 거론조차 할 가치가 없는 정책이다. 그것은 문맹사회에서나 가능한 9급 공무원적 발생임을 지적하지 않을 수 없다.

불교언론이 봄철 나들이가 많은 계절을 맞아 '산불예방', '문화재 보호' 캠페인을 체계적으로 전개해 어리석은 중생들을 일깨워주기 바란다. 불교언론 종사자는 그것이 불교언론의 존재론적 이유임을 명심해야 할 것이다.

<2006. 3. 16. 불교닷컴.>

불교홍보와 미디어위원회*

대한불교조계종 미디어위원회(위원장 동선스님)가 지난 2월 14일 발족되었다. 총무원장 지관스님은 문화부장 탁연스님, <한겨레신문> 손석춘 기획위원, <연합뉴스> 이희용 기자, <KBS> 이강택 PD, <MBC> 정호식 PD, <SBS> 오기현 PD, <EBS> 정책기획실 이승훈 씨, 한국방송기술인연합회 문효선 회장, 언론인 이형범 씨 등을 위원으로 위촉했다.

미디어를 통한 불교문화를 올바르게 알리고 효과적인 홍보활동을 전개하고자 하는 목적에서 출범한 미디어위원회에 대해 조계종은 △부처님오신날 특집프로그램 자문 △올바른 불교문화 정립 △불교관련 미디어 현안문제 자문과 방송언론인 템플스테이 △불교언론문화상 협조 및 자문 등의 역할에 큰 기대를 걸고 있다.

---

* 대한불교조계종, 미디어위원회, 홍보전쟁, 불교PR, 언론로비창구, <월간중앙>, 불자언론인.

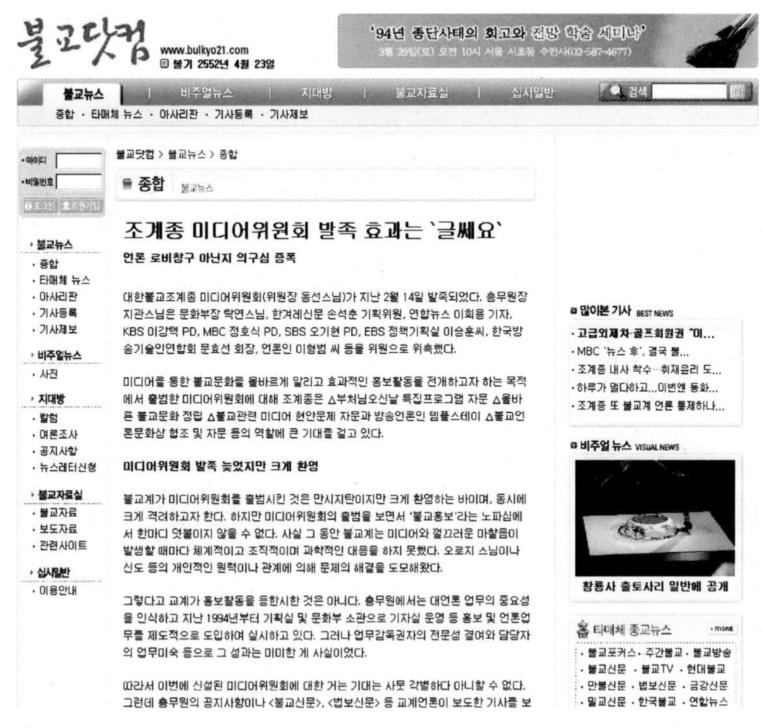

인터넷신문 〈불교닷컴〉 www.bulgyo21.com

미디어위원회 발족 늦었지만 크게 환영

불교계가 미디어위원회를 출범시킨 것은 만시지탄이지만 크게 환영하는 바이며, 동시에 크게 격려하고자 한다. 하지만 미디어위원회의 출범을 보면서 '불교홍보'라는 노파심에서 한마디 덧붙이지 않을 수 없다. 사실 그동안 불교계는 미디어와 껄끄러운 마찰음이 발생할 때마다 체계적이고 조직적이며 과학적인 대응을 하지 못했다. 오로지 스님이나 신도 등의 개인적인 원력이나 관계에 의해 문제의 해결을 도모해왔다.

교계가 홍보활동을 등한시한 것은 아니다. 총무원에서는 대언론 업무의 중요성을 인식하고 지난 1994년부터 기획실 및 문화부 소관으로 기자실 운영 등 홍보 및 언론업무를 제도적으로 도입하여 실시하고 있다. 그러나 업무감독권자의 전문성 결여와 담당자의 업무미숙 등으로 그 성과는 미미한 게 사실이었다.

이번에 신설된 미디어위원회에 대한 거는 기대는 사뭇 각별하다. 그런데 교계언론이 보도한 바에 따르면 걱정이 앞선다. 아직 갓 출범한 위원회가 정식 활동도 하기 전에 미리 '딴죽'을 거는 듯한 쓴소리를 내뱉는 것은 미안한 일이지만, 미디어위원회에 대한 기대가 그만큼 크기 때문이라고 이해를 해 주었으면 한다.

언론로비 창구가 아닌지 의구심 증폭

미디어위원회는 불교계와 언론을 잇는 '마담뚜'가 되어서는 안 된다. 교계와 언론의 가교역할은 언론인들이 하는 것이 아니라 홍보전문가·PR맨이 담당할 몫이다. '홍보전쟁'을 일선에서 수행하는 사람들은 'PR맨'이지 '언론인'이 아니다. 이를 착각해서는 안된다. 미디어위원회의 면면을 보면 '홍보맨'은 없고 온통 '언론인'들 뿐이다. 이로 미루어 짐작건대 혹시 조계종이 미디어위원회를 '대언론 로비창구'로 활용하기 위해 발족한 것 아니냐 하는 의구심을 지닐 수밖에 없다. 교계가 이 시점에서 절실하게 필요한 것은 대언론 PR을 강화하기 위한 '홍보기구' 내지는 '홍보제도'이지 결코 언론과의 유착을 강화하기 위한 '로비창구'가 아니다. 이는 본말이 전도된 것이다.

교계가 언론인을 내세워 언론과의 유대관계를 강화하겠다고 나선다면 시대착오적인 발상이다. 홍보의 요체는 사회적 헤게모니의 정당성을 선점하는 것에 있지, 언론인을 통해 영향력 확대를 도모하는 것에 있는 것이 아니다. 전자를 '홍보과학'이라고 한다면 후자는 '유착로비'일 따름이다. '촌지'를 매개로 한 언론인과의 친교·친목을 바탕으로 사회적 여론을 장악하거나 영향력을 확대하겠다는 것은 독재정권시대에나 가능했던 홍보수법이다. 오늘날처럼 언론자유가 언론사의 생존을 가름할 정도로 치열하게 전개되는 상황에 적응하기 위해서는 체계적이고 과학적인 홍보가 불가피하다. 언론인과의 '안면홍보'는 더 이상 통하지 않는 세상이다. 이번에 설립된 미디어위원회에 대해 처음부터 잘못 꿴 단추가 아닌지 하는 의구심을 질 수밖에 없는 이유가 여기에 있다.

따라서 조계종은 미디어위원회의 본격적인 활동에 앞서 위원회의 정체성과 성격에 대해 미리부터 곱씹어볼 필요가 있다. 미디어위원회가 대언론 로비창구인지, 아니면 불교홍보를 위한 PR기구인지를 명확히 해야만 위원회의 존재의미와 나아갈 방향을 찾을 수 있다. 위원회가 단지 구색을 갖추기 위한 '들러리용 생색기구'이거나, '대언론 로비창구'라면 그 용도는 이미 폐기되었다 해도 과언이 아니다. 미디어위원회가 불교PR을 위한 홍보제도일 때 비로소 그 설립목적을 달성할 수 있는 것이다.

지금 시급한 것은 미디어위원회를 언론인으로부터 홍보맨들에게로 되돌리는 것이다. 불교PR이 주목적이라면 PR전문가를 고용해 PR업무를 수행토록 해야 한다. 그런데도 이를 간과하고 언론인을 내세워 대언론 PR 창구로 활용하겠다면 이는 순기능보다 역기능만 더할 뿐이다. 왜냐하면 언론인은 '홍보전문가'가 아니기 때문이다.

미디어위원회의 업무는 미디어를 활용한 불교포교에 국한되어야 한다. 언론인들이 현업 언론활동에서 쌓은 지식과 노하우를 불교에 접목하여 어떻게 하면 효율적으로 불교를 포교할까에 대해 집중되어야 한다. 그럼에도 불구하고 미디어위원회가 불교홍보는 물론 미디어 현안까지 개입하겠다고 업무 영역을 확대한 것은 위원회의 성격과 정체성에 대해 의구심을 초래해 '유명무실'을 우려하지 않을 수 없게 하는 요인이 된다.

홍보는 언론인이 아니라 홍보맨이 담당

현대사회는 PR시대이다. 홍보의 중요성은 아무리 강조해도 틀린 말이 아니다. 지난해 8월 22일 발생한 '<월간중앙> 사태'에서도 홍보가 얼마나 중요한지 가늠해볼 수 있다. 당시 <월간중앙>은 8·9월호를 통해 잇단 불교 비판 기사를 쏟아냈다. <월간중앙> 8월호는 조선시대 스님과 양반 등의 성문화를 비꼰 백승종 서강대 교수의 기고 「갓 쓴 양반들의 성담론⑥ / 금단의 성」을 통해 스님들을 마치 성폭력범이나 성매매자 등으로 묘사했다. <월간중앙> 9월호의 「조계종 4대 의혹을 캔다」라는 기사에서는 2003년 총무원장 선거 때 각 선거캠프의 자금내역과 불교박물관 공사비가 부풀려졌다고 의혹을 제기했다.

조계종 직할교구 상임위원회 소속 스님들과 조계사 스님 및 신도 등은 <월간중앙> 사무실을 점거하고 △<월간중앙> 폐간 △사과문

발표 △8·9월호 전량 수거 △대표이사, 사장, 편집장, 기자 등 관련 자 사직 및 108참회 △즉각적인 보상 등을 요구하며 농성했다. <월간중앙> 측은 "수개월간의 취재로 증거도 완벽히 확보했고, 조계종 쪽의 반론도 기사에 반영했다"며 물러서지 않았다.

사회적 여론이 "언론보도가 잘못이 있으면 언론중재위원회나 검찰 등 적법한 절차를 따르면 될 것이지, 수십 수백 명의 신도와 스님이 무단으로 사무실을 점거해 업무를 방해하는 것은 언론자유를 침해하는 것 아니냐"는 쪽으로 정리되었다. 사태의 발달이 조계종 쪽에 불리하게 전개되자 항의 농성은 마침내 <월간중앙> 대표이사의 조계종 방문 사과 형식으로 마무리되었다. 애초 농성단이 요구했던 것 가운데 어느 하나 충족하지 못한 채 흐지부지 물러서게 된 것이다. 그리고는 오히려 '불교는 자신들에게 불리한 무슨 문제가 생기면 스님과 신도들이 우르르 떼거리로 몰려가 사무실을 무단 점거 농성하여 업무를 방해하는 무지막지한 집단'이라는 덤터기만 뒤집어쓴 꼴이 됐다.

이는 조계종이 위기관리 PR전략에서 완벽하게 <월간중앙> 측에 패했기 때문에 발생하는 결과치였다. '청정한 종교적 가치'와 '신성한 언론자유'가 첨예하게 부딪힌 '<월간중앙> 사태'에서 어느 것 하나 소홀히 할 수 없는 명제였다. 그 우위의 가름은 필연적으로 PR의 전술·전략에 따라 사회적 명분이 결정될 수밖에 없었다. 여기서 준비가 덜 된 조계종은 <월간중앙>에 완패해 사회적 여론의 지지를 확보하지 못한 것이다.

PR 실패로 부정적인 이미지만 덥터기

　<월간중앙> 사태는 홍보를 장악해야만 여론을 지배하게 되고, 여론을 지배해야만 언론을 장악할 수 있게 된다는 사실을 새삼 각인시켜주고 있다. 따라서 현 시점에서 교계가 가장 시급히 해야 할 일은 '홍보제도의 창안'이지, '언론창구의 강화'가 아니다. 그런 의미에서 미디어위원회의 구성면면은 아무래도 주객이 전도된 듯하다.

　오늘날 '종교'라는 이름 아래 자행되고 있는 '사회적 문제'를 낱낱이 파헤친다면 불교나 유교·대종교 등 전통민족종교는 기독교나 가톨릭 등 서양외세종교에 비해 견줄 바가 못 된다. 그런데도 서양외세종교는 '깨끗'하고, 전통민족종교는 그렇지 못하다는 사회적 이미지로 다가온다. 그것은 전통민족종교의 PR방법이 서양외세종교에 비해 현저히 뒤질 뿐 아니라 세련되지 못한 탓이다.

　종단의 홍보정책은 이를 자각한 바탕 위에 수립되어야 한다. 첫발을 내디딘 미디어위원회가 자칫 조계종의 대언론 로비창구로 기능한다면 오히려 설립하지 않았던 것만도 못한 결과를 초래할 수도 있는 양면성을 지닌 홍보기구임을 지적하지 않을 수 없다. 조계종이 이와 같은 시스템에 전문성이 떨어지는 문외한들이라면 미디어위원들이라도 이를 자각하고 업무에 임할 것을 당부하고자 한다.

<2006. 2. 28. 불교닷컴.>

DMB와 불교계*

지난 2006독일월드컵은 '축구의 제전'이기에 앞서 '최첨단 방송의 경연장'이기도 했다. IT기술이 세계적 수준(?)이라는 한국은 국가대표팀의 16강 탈락에도 불구하고 전 세계적으로 주목을 받았다. 그것은 다름 아닌 DMB 때문이었다. DMB란 Digital Multimedia Broadcasting의 준말로 '디지털 멀티미디어 방송'이다.

<KBS>를 비롯한 <MBC>, <SBS>, <EBS> 등은 월드컵 기간 동안 본격적인 지상파 DMB방송을 시험적으로 운용, 서비스했다. 이로 인해 음성과 영상만 내보냈던 각 사의 채널이 비디오 1-2개, 오디오 1-4개, 콘텐츠 채널 1개 등 6-7개로 늘어나 멀티미디어 기기를 소유한 시청자들은 다양한 방송서비스를 즐길 수 있었다.

---

* DMB, <불교방송>, 기독교, 삼보청재, 방송투자, 뉴미디어.

기독교의 뉴미디어 장악 강건너 불구경

DMB가 본격화되면 현재 10여 개 안팎의 TV채널이 200여 개로 확대된다. 방송사업자들은 휴대폰이나 노트북, 차량용 단말기, 퍼스널 TV 등 방송수신이 가능한 개인형 멀티미디어 기기의 등장으로 DMB 방송시장이 5년 내 가입자가 1,000여 만 명을 돌파하고, 장차 통신시장을 대체할 것이라고 전망한다. 한마디로 통신과 방송이 결합한 DMB는 21세기 개인형 주문방송시대를 여는 미래의 최첨단 미디어라는 것이다.

교계는 DMB를 주목할 필요가 있다. 불교계 지도부가 DMB에 대해 무지하고, 무관심한 것은 불교의 미래가 "암울하다"는 것과 다를 바 없다. 하기야 <불교방송>의 사장이라는 사람이 <기독교방송>의 <경인방송(구 iTV)> 사업자 선정을 쌍수들고 거들어주고 있는 현실임을 감안하면 크게 탓할 일도 아니다. 현대사회에서 종교가 미디어에 대해 무관심하면 종교로서의 토대를 근본적으로 상실할 위험에 처한다.

따라서 종교의 미디어포교는 아무리 강조해도 지나침이 없다. 한국의 기독교가 마치 '국교'처럼 행동하는 데는 언론산업에서의 압도적인 자신감을 바탕으로 한다. 예컨대 축구대표팀의 공식 서포터즈인 '붉은 악마'를 전국민과 분리시킨 것에서도 기독교의 힘을 엿볼수 있다. 기독교는 언론산업의 비교경쟁력을 앞세워 올드미디어 시장은 물론 지상파TV에서도, DMB에서도, 뉴미디어에서도 시장선점을 계속 확대재생산해 나가고 있다.

신문, 방송, 출판, 잡지, 영상 등 모든 미디어의 영역에서 기독교에 의해 시장선점을 당하고 있는 불교계가 자성할 기미는 보이지 않는 것은 비극이다. 돈이 없어서 그런가 하면 그것도 아니다. 윤리의식이 바닥나 이미 사형선고를 당한 것과 다를 바 없는 한 과학자를 되살리기 위해 600여 억 원이라는 뭉칫돈을 쓰겠다는 것이 불교계의 현주소다.

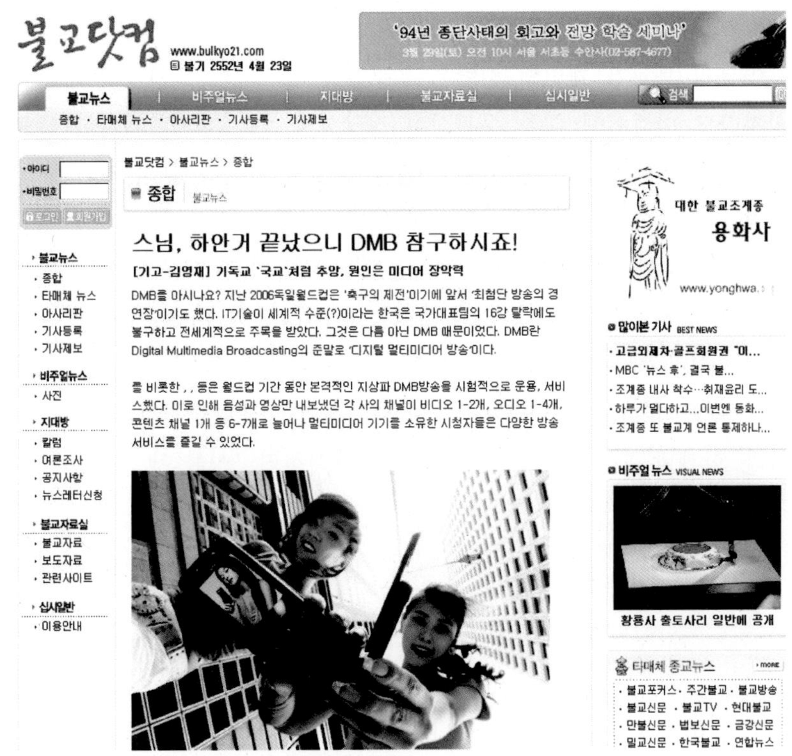

인터넷신문 〈불교닷컴〉 www.bulgyo21.com

삽보청재는 미디어 확장위해 사용돼야

세상은 급변하고 있다. 그 변혁을 추동하고 있는 것은 미디어이다. 통신과 방송, 컴퓨터와 정보기술이 융합하면서 끊임없이 새로운 미디어를 창출해내고 있다. 미디어는 세상과의 소통을 위한 커뮤니케이션의 도구이다. 종교가 인간과 인간을 잇는 미디어를 간과하고서는 사회적으로 존립기반을 담보하지 못함은 상식이다.

아무리 불교가 개인의 해탈을 추구하는 소극적이고 정적인 종교라 할지라도 미디어에 대한 무관심이 정당화될 수는 없다. 왜냐하면 불교는 깨달음에 이르려는 소수 스님들의 것이 아니라 삶의 세파에 시달리는 대다수 민중의 것이기 때문이다. 민중을 위한 종교라면 끊임없이 미디어에 대해 관심을 가져야 하는 이유가 여기에 있다.

풍광 좋은 산수갑산에 홀로 들어앉아 세상사의 온갖 시름을 잊고, "나무아미타불! 관세음보살!" 목탁을 두드린다고 하여 결코 '해탈'에 이를 수는 없다. 보다 능동적으로 세속적인 미디어를 장악해 민중의 삶과 함께할 때, 비로소 현대적이며 사회적인 '성불'이 이루어지는 것임을 교계는 자각할 때이다.

<2006. 7. 14. 불교닷컴.>

불교방송 사장의 조건*

　　<기독교방송(CBS)>의 <경인방송(iTV)> 인수에 '찬성' 성명을 발표함으로써 교계언론으로부터 퇴출되었던 <불교방송(BBS)> 이성언 전사장의 후임자 선출이 초읽기에 들어간 것 같다. 교계언론이 보도하는 바에 따르면 <불교방송> 사장 선임권을 쥔 대한불교진흥원은 지난 7월 25일 마감한 사장후보 공모에 응시한 13명을 대상으로 정밀 심사하여 7월 31일 이사회에서 4명의 면접대상자를 선임했다. 이 중 2명을 <불교방송> 이사회에 추천, 오는 8월 28일 최종 선정할 것이라 한다.

당연한 소양을 자격 요건으로 인식

　　<불교방송>의 새 사장 선임을 두고 교계 내·외부에서는 백가쟁

---

* <불교방송>, 대한불교진흥원, 개혁정신, 비판정신, 방송경영마인드, 방송인 자질.

명식 의견이 구구한 것으로 나타났다. 그중 대세는 '방송경영능력 + 불교마인드'를 지닌 참신한 인물을 뽑자는 것이다. 특히 <불교방송> 내부에서는 "검증 안 된 외부인물 영입보다는 방송에 대한 원력, 교계와의 친화력, 직원과의 융화 등을 명분으로 내부인물의 발탁을 희망하고 있는 것"으로 의견을 모으고 있다.

인터넷신문 〈불교닷컴〉 www.bulgyo21.com

교계 내·외부에서 제기하고 있는 <불교방송> 새 사장이 지녀야 할 조건 등에 대한 얘기를 종합해 보면 아직도 교계가 정신을 차리지 못하고 있다는 느낌을 지울 수 없다. <불교방송>의 새 사장이 지녀야 할 조건 가운데 방송경영능력과 불교에 대한 신심을 새삼 거론할 가치가 아니다. 이는 불교언론 종사자가 지녀야 할 당연한 소양이지, 결코 기본적인 자격 요건이 될 성질은 아니다.

그런데도 교계는 이것이 무슨 큰 선임 조건인 양 침소봉대하고 있다. 이는 <불교방송>이 그동안 그만큼 파행적으로 운용되어 왔음을 의미하는 것이다. 현재 <불교방송> 새 사장이 지녀야 할 본질적인 자격 요건으로는 방송경영인으로서는 '개혁정신'과 언론인으로서는 '비판정신'이다.

방송경영인으로서 <불교방송> 새 사장은 무사안일한 복지부동식 공무원형 조직과 인력으로 운영되고 있는 <불교방송>을 혁명적으로 개혁해 시장에서 자생적인 경쟁력을 갖춘 매체로 진화시킬 능력을 지녀야 한다. <불교방송>이 처한 문제점은 명색이 사장이라는 사람이 타종교 측의 지상파TV방송 인수를 공공연히 지지하고, 또 그가 '가톨릭 신자냐 아니냐'는 논란에 휩싸이는 것에서 단적으로 보여주고 있다. 사장부터 이 모양 이 꼬락서니인데, 그 조직이 어떠하리라는 것은 미뤄 짐작이 가고도 남는다.

언론인으로서 <불교방송>의 새 수장은 '비판정신'을 구현하여야 한다. 그래야만 <불교방송>이 언론으로서 구실을 하고, 언론 구실을 바르게 할 때 언론 대접을 받으며, 언론발전을 꾀할 수 있다. 교계 언론은 이른바 '호국불교'라는 허위 이데올로기에서 파생된 가부장적인 '보수주의' 아니, '수구'의 포로가 되어 있다. 무조건 문중의 어른은 존중받아야 하며, 그 행동이 어떠하던 간에 비판해서는 안된다는 이 망령은 조직의 발전과 불교의 융성을 저해하는 가장 큰 암적 요소다. 물론 개혁이라 하여 어른 아이 순서도 없이 무조건 뒤엎고 까부수라는 말은 아니다. 그것은 무지한 폭력이지 결코 진보가 아니다. 부처님의 말씀을 진리의 등불로 삼아 정법정언(正法正言)을 해하는 무리를 방지하는 것이 바로 비판정신이다.

가부장적 수구 척결이 불교의 본질

교계가 '화합'과 '안정'이라는 미명하에 불합리한 것을 침묵과 외면하는 것만이 능사는 아니다. 오히려 그 모순을 널리 공론화시켜 문제의 본질을 해소하는 것이 진정한 불교의 정신이며, 언론이 지향하는 목적이다. 여기서 '불교적'이라 함은 치열한 자기완성을 위한 '구도정신'에서 비롯된다. 구도정신은 냉철하고 이지적인 '이성'이 바탕을 두어야 한다. 그러기 위해서는 사물과 이치에 대한 비판적 시각은 불가피하다.

불교계가 <불교방송> 새 사장의 선임 조간으로 '방송경영능력 + 불교적 신심'이라는 당연한 사실을 문제의 본체인 양 인식하고 있는 것을 보면 불교언론에 대한 절망적인 마인드를 드러낸다. <불교방송>의 새 사장은 불교언론인으로서 반불교적인 현실을 척결하는 비판정신, 개혁을 통해 방송경영의 정상화를 달성할 개혁정신을 지닌 자가 선임되어야 한다. 여기에 더하여 미디어와 커뮤니케이션, 저널리즘에 대해 무지한 교계를 일깨워 줄 선구자라면 금상첨화일 것이다.

<2006. 8. 7. 불교닷컴.>

불교언론과 '걸레신문' 파문*

불교언론계에 '걸레신문'의 파문이 일파만파를 일으키고 있다. 대한불교조계종 중앙종회의원과 <불교방송> 이사장 직무대행 소임을 맡고 있고, 전직 <불교신문> 사장을 지낸 한 중진스님이 '불교언론＝걸레신문'이라고 말하자 교계언론이 분기탱천하고 있다. 불교언론인 모임인 한국불교기자협회는 발언의 당사자에게 공개참회를 요구하는 성명을 발표했고, 발언 당사자인 영담스님(경기도 부천 석왕사 주지)은 "사과할 뜻이 없다"고 팽팽히 맞섰다. 이 와중에서 선출된 지 한 달밖에 안 된 불기협 회장이 사퇴를 선언해 더욱 뒤숭숭하다.

대체로 이번 사건의 발달은 2005～2006년 불교중앙박물관 공사와 관련된 비리사건의 언론보도 내용이며, 발언의 배경은 "자신과 관련한 교계언론의 보도태도에 대한 불쾌감(신희권, 불교포커스, 2007년 5월 15일자) 때문"으로 요약할 수 있다. <불교포커스>, <불교닷컴>, <인터넷 법보신문> 등 교계언론이 보도한 바에 따르면 "부적절한

---

* <불교방송>, 대한불교진흥원, 개혁정신, 비판정신, 방송경영 마인드.

발언”과 “할 말은 했다”라는 두 가지 반응으로 나타난다.

‘적반하장’의 떼거리 반발 명분 없어

‘걸레신문’ 파문은 불교언론이 지닌 문제를 상징적으로 압축하고 있다. 사건을 유발시킨 영담스님의 “걸레신문” 운운은 말의 내용은 진실이나, 그렇다고 정당성을 지니기는 어렵다. 현재 불교언론은 ‘걸레신문’이라 표현해도 그다지 실례가 아닐 만큼 언론의 사명과 역할을 다하지 못하고 있다. 교계언론이 얼굴에 먹칠을 했다고 비분강개하려면 언론이 언론다운 언론구실을 하고 나서 연후에 일이다. 언론이 언론답지 못하면서 언론답지 못하다고 욕하는 사람에게 발끈하는 것은 모순의 극치이다.

교계언론 종사자들이 ‘걸레신문’의 발언에 대해 심각하게 모멸감을 느꼈으며, 명예를 훼손당하고, 언론인으로서 돌이킬 수 없는 자괴감을 느낀다는 주장이 성립되기 위해선 자신들의 언론행위가 언론다워야 한다는 명제가 전제되어야 한다.

언론의 존재 이유는 ‘비판성’에 있다. 비판정신의 유무에 따라 언론이냐 아니냐를 구분하는 척도가 된다. 비판성이 없으면 언론이 아니다. 예컨대 북한의 <노동신문>이나, 중국의 <인민일보>, 구소련의 <프라우다> 등 사회주의·공산주의권의 매체는 언론의 형상을 하고 있으나, 언론이 아니다. 비판성이 없기 때문이다. 오로지 선전하고 홍보하는 기사만 게재하고 있다. 언론학에서는 이를 프로파간다(*propaganda*)라고 한다.

권력과 체제에 대해 비판성이 없다는 면에서 불교언론도 언론의 형상을 한 '정치적 찌라시'인 프로파간다와 대동소이하다. 혹자는 이에 대해 '포교 제일주의'를 들어 종교언론의 특성이라고 운운할지 모른다. 이는 참으로 무식한 소리다. 종교언론이건 무슨 언론이건 간에 모름지기 언론이라면 비판성이 기본 중의 기본이다.

과문의 탓인지 모르겠으나 불교언론 가운데 비판성을 지닌 언론이 있다는 소리는 듣도 보도 못했다. 그나마 인터넷언론 <불교닷컴>이 비판성 있는 기사를 쏟아내고 있다. 물론 때에 따라선 편향되고 왜곡된 시각을 보이기도 하지만, 그래도 교계가 귀 기울여 들어야 할 소중한 소리다.

불교언론이 일방적으로 무조건 "부처님 만세"를 부른다고 하여 불교를 포교하는 행위라고 인식하는 언론인이 있다면, 이는 언론에 대해 무지하기 그지없는 자격미달·함량미달의 언론인이다. 그것은 불교를 홍보하는 것도, 부처님의 위의(威儀)를 찬양하는 것도 아니다. 불교를 안에서부터 죽이는 해종(害宗) 행위자들이다. 그것은 체제를 망하게 한 사회주의권 언론의 '일방적인 권력찬가 보도'에서 그 죄과를 증명할 수 있다. 불교언론의 진실은 활발한 비판성으로 부정과 비리가 교계에 발붙이지 못하도록 사부대중들에게 바른 여론을 형성·전개하는 데 있다. 그것이 진실로 불교를 사랑하고 포교하는 불교언론이 해야 할 일이다.

사적 동기서 비롯된 발언 '언론자유' 남용

좋은 게 좋다고 언론과의 유착이 일반화되고 있는 마당에 언론권력에 대해 '걸레신문'이라는 질타를 날린 영담스님의 용기는 찬양되

어야 한다. 그렇다고 그의 말이 정직을 담보하고 있다고는 할 수 없
다. 사람은 누구나 자유롭게 말할 권리를 지닌다. 스님 또한 예외는
아니다. 스님의 언론자유는 '천부의 권리'로서 어느 누구나, 어떤 제
도로도 막을 수 없다. 자유롭게 말한다 하여 아무 말이나 제멋대로
할 수 있는 것은 아니다. 말에는 고도의 책임과 의무가 뒤따라야 한
다. 특히 사회적 영향력이 큰 사람의 말일수록 더욱 그러하다.

스님의 말이 '언론자유'로 인정받기 위해선 도덕성을 지녀야 한다.
즉 말을 할 만한 자격이 있는가 하는 것이다. 스님의 말은 이를 결
여하고 있다. 스님은 현직 불교언론 가운데 영향력이 매우 큰 <불교
방송> 이사장 직무대행이라는 중책을 수행하고 있다. <불교방송>은
사태의 원인이 된 불교중앙박물관 공사 비리와 관련하여 타 불교매체
를 '걸레신문'이라 비난할 만큼 떳떳한 보도를 했는가 하는 점이다.

<불교포커스>와 인터뷰한 기사에 따르면 "<불교방송>의 보도 또
한 기존 불교언론의 보도태도와 다를 바 없다"는 것으로 요약할 수
있다. 초록은 동색이라고 <불교방송> 또한 기존의 불교언론과 다를
바 없는 보도로 일관했다는 얘기다. 옛말에 '수신제가치국평천하(修身
齊家治國平天下)'라고 했다. 자신이 최고 권력자로 재직 중인 언론사
조차 '언론의 자유'를 제대로 구현하지 못하면서, 타 언론사를 들먹이
는 것은 아무래도 '언론자유의 남용'이며, 자가당착의 모순이다.

불교신문의 정체성 찾기 고민할 때

이번 사태를 계기로 교계언론계는 <불교신문>은 정체성에 대해
고민할 필요가 있다. 근본적으로 <불교신문>은 대한불교조계종단의

기관지이다. 종단 기관지는 종단의 이익을 위해 복무한다. 종단을 대표하는 권력은 총무원이다. <불교신문>은 총무원 집행부의 눈이 되고, 귀가 되고, 입이 될 수밖에 없는 구조적 한계를 지니고 있다. <불교신문>이 지닌 문제점은 여기에 있다. 따라서 이를 어떻게 탈피할까 하는 것은 당면한 현안이라 아니 할 수 없다.

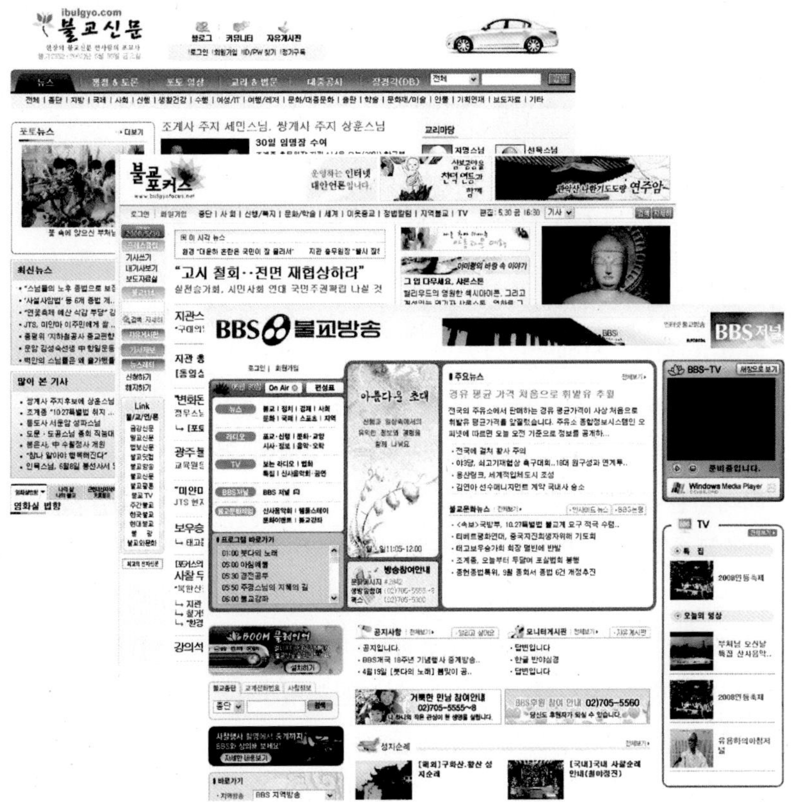

불교신문, 불교포커스, 불교방송 홈페이지

<불교신문>의 제자리 찾기는 조계종 총무원으로부터의 제도적 독립부터 논의되어야 한다. 이는 <서울신문>을 생각하면 쉽게 이해할 수 있다. <서울신문>은 정부여당의 기관지 노릇을 하다가 김대중 정부 들어 '민영언론'으로 탈바꿈했다. 그러나 아직도 '권력의 대변지로서 비판성이 결여된 신문'이라는 이미지에서 벗어나지 못해 시장 연착륙을 하지 못하고 있다. <불교신문>의 정체성 찾기는 이를 타산지석으로 삼을 필요가 있다.

내우외환의 위기 전화위복 계기돼야

교계언론은 내우외환으로 존폐의 갈림길에 처해 있다. 지난 연말엔 <현대불교신문>의 폐간 소식이 교계언론계에 큰 충격을 몰고 왔고, 최근에는 <불교신문>의 축소 발행이 불거져 심각한 위기상황을 초래하고 있다. 이와 같은 사태의 본질은 교계의 언론이 없기 때문이다. 언론이 없으니 언론경영 또한 당연히 없었고, 언론경영이 없었으니, 언제든지 언론의 존폐위기가 닥칠 수밖에 없다.

교계언론에 닥친 위기의 극복은 현재 '무늬만 언론' 꼴을 하고 있는 '프로파간다'를 언론으로 되돌리는 작업부터 비롯되어야 한다. 그 첫걸음은 '시시비비' 가운데 '시시'는 열심이었으나, 상대적으로 소홀히 했던 '비비'를 지면에 구현하는 비판정신의 회복이다. '시시비비'가 공정하게 지면에 게재되어야 언론이며, 언론이 존재하여야 언론위기가 발생하고, 그 대안을 논할 수 있다.

언론이 없는데 '언론의 위기'는 존재할 수 없다. 교계언론을 둘러싼 현실은 사회적 공공성을 담보하는 '언론의 위기'가 아니라 특정

목적을 위한 '프로파간다의 위기'이다. 프로파간다는 사회적 공익성을 지니지 못하므로 '여론화'가 될 수 없다. 한국불교가 '호국불교'라는 망령에서 헤어나지 못하듯이 불교언론이 "신심으로 일한다"라는 이데올로기에서 해방되지 못하면 언론으로서 결코 존재할 수 없다.

이번 사태를 계기로 불교언론인들은 이를 자각하길 기대한다.

<2007. 5. 21>

'조선일보 절독운동'과 불교민주화*

　《동학》지 편집장 스님으로부터 「동학칼럼」 원고청탁을 받고 덜 컥 수락했다. 그런데 곰곰히 생각해 보니 불교에 대해 상식조차 제 대로 갖추지 못한 내가 비록 학인이라고는 하나 불교에 대해 전문적 인 지식을 연마하고 있는 스님들을 대상으로 한 잡지에 과연 글을 쓸 수 있을까 하고 여간 조심스럽지 않을 수 없다. 그렇다고 이제 와서 되돌릴 수도 없는 노릇이다. 아무튼 그 독자가 이 나라 불교의 미래를 담보할 젊은 동량이라면 열심히 써 볼 도리밖에 없다.

웃어른 말씀 한마디에 문제를 해결

　편집장 스님은 원고청탁서에서 "최근 신정아 사건을 계기로 불교 의 가르침으로 생각해 보는 언론의 자세(또는 역할)에 대한 주제"로

---

* <불교방송>, 대한불교진흥원, 개혁정신, 비판정신, 방송경영 마인드.<조선 일보>, 절독운동, 《동학》, 신정아사건, 언론수용자운동, 불교폄하, 대웅 전, 부처님

동학, 2007년 겨울호.

글을 써달라고 했다. 나는 무엇을 쓸까를 고민하다가 단 소리보다는 쓴 소리를 하기로 했다. 그것이 우선은 받아들이기 거북살스러울지는 모르겠지만, 불교의 먼 미래를 위해서는 참소리라 여기기 때문이다. 나는 이번 기회에 불교 바로세우기를 위한 본질론을 말하고자 한다. 이는 불교를 공부하는 학인 스님들에 대한 보다 근본적인 예의이며, 또한 이 글을 통해 사회와 언론을 한 번 더 침구해 볼 수 있는 '화두'라고 믿기 때문이다.

최근 '신정아 사건'을 둘러싸고 조계종 교구본사주지회의는 '조선일보 절독운동'을 결의했다. 주지회의는 성명서에서 "조선일보는 '신정아 사건'을 보도함에 있어서 관련성 유무나 사실 여부에 대한 확인 없이 불교계에 관한 기사를 추측해서 보도함으로써 불교의 명예를 실추시킨 언론"이라고 규정하고, 그 예로 △월정사 문화재 보수비를 신정아 관련된 것이라고 하여 허위 왜곡보도함 △변양균 고급숙소 '서머셋' 대난의혹 보도 등을 들었다. 주지회의는 또 <MBC>에 대해서도 불교 훼손 폄하보도하고 있다며 엄중 경고했다.

이는 한국불교사상 전례가 없는 매우 의미 있고 가치 있는 언론수용자운동이다. 그런데 그 전개 방식에서 종래의 구태의연한 방식을 답습하고 있어 문제 제기의 의의를 훼손하고 있다. 한국언론은 기독교나 천주교에 비해 불교를 가볍게 보고 우습게 여겨 종교적 차별을 정당화한다. 그것은 전적으로 한국사회를 지배한 중추세력이 정신적, 종교적으로 사대주의 망령에 젖은 서양외세종교 신자이므로 언론이 그들의 눈치를 보는 탓도 있겠지만, 결코 그에 못지않게 불교계의 위기PR 전략이 전무한 탓도 있다.

불교계는 문제가 발생하면 제도적으로 사태의 본질을 해결하기보다는 웃어른의 말씀 한마디에 따라 결말을 짓는 방식을 택해왔다. 전국 본사를 중심으로 야단법석을 떨며 요란스럽게 시작한 '조선일보 절독운동'이 교계에 제도적으로 뿌리내려 <조선일보>에 실질적으로 타격을 주는 수용자운동으로 정착될 것을 기대하는 것은 너무나 순진한 발상이다. '신정아 사건'이 대충 마무리되고, 세인들의 관심에서 어느 정도 멀어지고 나면 곧 <조선일보> 고위 관계자와 불교계 지도자가 만나 "서로 오해였다"며 화해의 악수를 하고 나면, 그 일이 언제 있었냐는 듯이 흐지부지 유야무야로 끝막음한다.

이처럼 전근대적이고 봉건적인 인적 시스템에 의해 문제를 해결하는 구조는 껍데기만 봉합하고, 알맹이는 수면 아래 고스란히 앙금처럼 남게 된다. 언론이나 우리 사회가 불교를 우습게 여기는 원인은 여기서 찾아야 한다. 따라서 불교계는 이번 사건을 계기로 불교현안에 대해 보다 근원적이고 본질적인 문제 해결방안을 모색할 필요가 있다.

불교계의 '<조선일보> 절독운동'이 의미하는 바는 한국언론이 불교 문제를 보도함에 있어서는 민족전통종교로서의 가치를 제대로 존중하는 가운데서 언론행위를 전개해 달라는 것이다. 이런 주장이 현실적으로 실질적 효과를 거두기 위해서는 앞서 얘기했듯이 현안 해결 방안이 제도적, 시스템적으로 전개되어야 한다. 현재처럼 '웃어른 결정방식'은 식이어서는 1회성 '반짝 이벤트'라는 한계를 지닐 수밖에 없다. 불교계는 여태껏 이런 방식에 따라 현안 해결을 시도해 왔

다. 이는 결과적으로 불교 폄하라는 왜곡된 인식의 고착화만 초래하
는 결과를 빚었다.

불교가 우리 사회에서 정당한 대우를 받기 위해선 스스로 그 권익
을 쟁취하여야 한다. 불교의 존엄은 가만히 있는데 누군가가 거저 가
져다주지는 않는다. 스스로 정립하여야 한다. 그러기 위해선 민주적
가치관의 확립과 제도적 시스템에 의해 사태의 본질을 해결하려는
체계를 갖춰야 한다. 이번 사건을 계기로 불교계는 환골탈태하여야
한다. 누가 옳고 그름을 떠나 '학문의 전당'이라는 대학이, 더군다나
'인간 양심의 상징'인 종교인이 스캔들에 연루되어 세인들의 입방아
에 오르내리는 것 그 자체가 창피스러운 일이다. 부끄러움을 모르면
사람이 아니다. 세속의 필부들조차 이러할진대 하물며 부처님의 말씀
을 생활화하는 스님에게는 두말할 나위가 없다.

대웅전 부처님을 욕되게 하지 말라

불교 바로세우기의 요체는 불교를 나의 것이 아닌 사부대중의 것
으로 돌리는 데 있다. 불교는 부처님의 것이 아니다. 스님의 것은
더더욱 아니다. 부처님이 깨닫는 순간 불교는 이미 사부대중의 것이
되었다. 기독교가 '종교개혁'을 통해 '성직자의 종교'에서 '민중들의
종교'로 거듭났듯이, 불교 또한 스님으로부터 사부대중의 것으로 돌
리는 것이야말로 진정한 불교적 가치를 우뚝 세우는 일이다.

더 이상 부처님을 욕되게 해서는 안된다. 부처님은 언제나 대웅전
에 가만히 앉아 계신다. 그런데 우리는 자꾸만 부처님을 욕되고 곤
욕스럽게 한다. 언론이여, 불자들이여, 스님들이여! 제발 부처님을

참람하게 하지 말라. 가슴 아프게 하지 말라. 너나 할 것 없이 우리 사회 모두가 입으로만이 아닌, 가슴으로 치열한 실천이 뒤따르는 참회정진이 요구되고 있다.

"부처님께 사죄하라!!!"

<2007. 10. 17. 동학지 겨울호>

제5부

커뮤니케이션 & 저널리즘 세상

공영방송 KBS론
월간중앙과 사이비언론
청와대일보 '인터넷 국정신문'
'황우석'과 한국언론
'용역깡패'의 폭력과 시민
'론스타'와 정치권력 그리고 언론
포털저널리즘
월드컵의 정치사회학

족벌사영방송 SBS를 해체하라
북한 간첩과 미국 간첩
한미FTA와 출판업계
저술과 출판
무료신문과 포털뉴스
TV수신료와 KBS개혁
「태왕사신기」 시청소감
「태왕사신기」의 사회학

공영방송 KBS론*

한국외국어대학교 신문방송학과 김우룡 교수는 22일자 <동아일보>에 게재한 시론, 「KBS, 정말 공영방송인가」를 통해서 방송법상 '국가기간방송'으로 한국 방송을 대표하는 <KBS>가 '국가방송'으로 추락하고 있는 것 아니냐고 문제를 제기했다.

그는 이 칼럼에서 △정치적으로 편향된 인물을 기용해 논란을 초래한 방송진행 미숙 △전두환 전 대통령의 출연을 요구한 「시민프로젝트, 나와 주세요」의 방송폭력 △대통령 주례방송을 단독으로 맡겠다고 나선 일 △다음 총선에서 여권의 전위대로 나설 것이라는 평이 자자한 정치단체를 위한 무리한 방송 등을 예로 들면서 <KBS>의 공정성과 공익성 확보가 시급하다고 주장했다.

백번 구구절절 옳은 말이다. <KBS>는 입이 열 개라 해도 할 말이 없을 것이다. 김 교수는 내친 김에 나아가 <KBS>는 '공영방송'이 아

---

* 김우룡 교수, 국가기간방송, 공영방송, 시청료, <EBS>, <MBC>, <SBS>, 방송위원회, 방송개혁.

니며 '상업방송'이라고 비판했다. 그는 그 근거로 <KBS>-2TV의 오락프로그램 편성비율이 59.6%나 돼 <SBS> 51.6%, <MBC> 48.1%에 비해 월등히 높은 것을 들었다. 수입의 60% 이상을 광고에서 확보하기 때문에 <KBS>는 광고수입을 위해 시청률을 의식할 수밖에 없고, 시청률을 높이기 위해서는 오락프로그램의 편성이 첩경이라고 지적했다. 김 교수는 대안으로 2TV의 광고는 연차적으로 축소해야 하며, 현행 월 2,500원의 시청료를 적어도 신문구독료 수준으로 조정해야 한다고 역설했다.

KBS 사옥 본관

공영방송을 담보하기 위해 시청료를 인상해야 한다는 김 교수의 논리는 무책임하기 그지없는 단견이며, 궤변이다. 시청료는 단순히

시청자가 <KBS>를 시청하는 대가로 지불하는 개인적 성격의 돈이
아니다. 시청료는 공익을 위해 국민들이 부담하는 공공적인 세금 성
격을 지닌다. 공적인 성격을 지닌 돈은 소비자 물가 상승에 엄청난
파급효과를 지니고 있다. 시청료를 2,500원에서 일간지 구독료 수준
인 12,000원으로 480%를 인상한다면 어떻게 될까? 물가 폭등을 초
래하고, 국민경제에 심각한 타격을 줄 것임은 자명하다.

〈표 13〉 지상파 방송 3사의 매출액 구성 내역

방송명	과목	금액(억 원)	구성비율(%)
KBS	방송사업수입	10,807.1	98.8
	수신료수입	(4,687.5)	(42.9)
	광고방송수입	(5,849.7)	(53.5)
	전파료수입	(0.1)	(-)
	기타	269.8	2.5
	부대사업수입	(129.3)	(1.2)
	교향악단·국악단 수입	(9.5)	(0.1)
	일반 부대사업	(119.8)	(1.1)
	계	10,936.4	100.0
MBC	광고수입	5,734.7	96.8
	네트프로판매수입	2.8	0.1
	사업수입	184.7	3.1
	계	10,936.4	100.0
SBS	방송광고수입	4,773.2	98.0
	사업수입	87.9	1.8
	농구단수입	11.3	0.2
	계	4,872.4	100.0
합계		21,731.0	

* 출처: 『2002/2003 한국신문방송연감』, 한국언론재단, 2003, 276~277쪽.

시청료 인상안은 무책임한 궤변

그의 논리를 또 들어다 보자. 위의 <표>에서 보다시피 <KBS>의 연간 수입은 1조 936억 원이다. 시청료를 12,000원으로 올리면 연간 시청료 수입만 하더라도 2조 2,497억 원에 달한다. 광고수입 5,849억 원을 상계해도 연간 1조 6,648억 원이 더 느는 셈이다. 물론 김 교수는 시청료를 한꺼번에 인상하는 것이 아니라 수년간에 걸쳐 점진적으로 인상하는 것이라고 할 것이다. 하지만 어떻게 인상하든 최종적으로는 고스란히 "국민들이 부담해야 할 몫"이다. 다시 말해 국민들이 과외로 연간 1조 6,648억 원을 더 거둬 <KBS>에 주어야 한다는 소리다. 그의 시청료 인상안이 얼마나 한심한 잠꼬대인지 알 수 있을 것이다.

도로교통 위반에 세계적인 수준이 이르고 있는 우리나라에서 이를 일거에 없앨 수 있는 획기적인 방안이 있다. 그것은 범칙금을 대폭 인상하면 된다. 예컨대 신호위반의 경우 타인의 안정성에도 심각한 위험 요소를 초래할 수 있으므로 범칙금은 현행 7만 원에서 480% 인상한 336,000원으로 올린다. 국민들이 연간 담배로 인해 발생하는 피해가 막대하므로 담배 값을 현행 2,000원에서 480% 인상한 9,600원으로 인상한다. 만일 정부가 이런 정책을 편다면 즉각 범칙금이 무서워서라도 교통위반은 현저히 줄어들 것이며, 담배 값이 만만찮아 금연하는 사람 또한 속출할 것이다.

국민들의 생명과 건강을 위해서 이보다 더 좋은 정책이 어디에 있겠는가. 그런데도 정부는 그렇게 하지 않고 있다. 정부가 몰라서인가. 아니다. 정부도 다 알고 있다. 정부가 이를 시행하지 않는 것은 그렇게 했을 경우 우리 사회에 몰고 올 엄청난 파장을 우려하기 때문이다. 범칙금과 담뱃값 또한 공공재적인 성격이 강하므로 국가경제의 골간을 뒤흔들 정도로 파급력을 지녔다. 이에 인상에 신중을 기하고 있는 것이다. 따라서 김 교수의 시청료 인상안은 국가경제를 거시적인 안목에서 보지 못한 단견이라 아니 할 수 없다.

오락방송 딴죽은 국수주의적 발상

김 교수는 또 <KBS>가 오락방송을 많이 하고 있어 공영방송과 상치된다고 주장하고 있다. 그의 논리가 전혀 근거가 없는 허무맹랑한 것은 아니다. 상당히 설득력을 지니고 있다. 그러나 조금만 달리 생각해 보자. 방송의 철학적 이념과 목적 가운데 "방송은 시청자가 원하는 것을 준다"(*to give the public what it want's*)는 것과 "시청자가 원하지 않더라도 시청자에게 유익한 것을 줘야 한다"(*to give the public what he thinks good for it*)는 논리가 있다. 전자는 미국 등의 상업방송에서, 후자는 제3세계 등의 국가방송·관제방송을 떠받치는 논리로 원용되고 있다.

21세기 정보사회의 도래와 함께 인터넷 등 뉴미디어의 발달로 매스미디어가 어떤 목적을 지닌 채 시청자·이용자·수용자에게 군림하던 시대는 지났다. 방송 또한 시청자가 요구하는 것을 줄 수밖에 없는 환경으로 내몰리고 있는 것이 시대적 대세이다. 아무리 프로그램을 잘 만들었다 하더라도 시청자가 외면하면 별 의미가 없는 것이 현실화된 것이다.

이를테면 <EBS(교육방송)>는 <KBS>에 비해 교육과 교양이 넘쳐

난다. 그러나 <EBS>를 시청하는 사람은 2~3%에 불과하다. 예를 들어 방송면허를 취소시켜야 할 경우가 도래했다고 가정할 때 과연 <KBS>를 먼저 취소시켜야 한다는 것인가. 김 교수의 논리에 따르자면 그렇게 해야 한다. 왜냐하면 <KBS>는 공영의 탈을 쓴 상업방송이고, <EBS>는 교양이 충만한 공영방송이기 때문이다. 만일 정부가 이따위 방송정책을 폈다면 국민들로부터 뭇매를 맞을 것임은 두말할 나위 없다.

따라서 김 교수의 "광고수입＝시청률＝오락프로그램"이라는 도식은 정당성을 지니지 못한다. 문제의 본질은 오락프로그램이 아니라 그 프로그램 속에 어떤 메시지를 담느냐 하는 것이다. <MBC>의 오락프로그램 가운데 「이경규가 간다」, 「책! 책! 책! 책을 읽읍시다」 등은 오락프로그램이라 할지라도 만들기에 따라 얼마든지 오락과 재미, 그리고 교양을 함께 추구할 수 있다는 것을 실례로 보여줬다. 프로그램 제작자의 철학적 신념과 아이디어가 문제이지 그 형식이 본질을 구속하는 것은 아니라는 얘기다.

사영방송 채널 환수해 시민방송화해야

지난해 <KBS> 사원들의 연간 평균 인건비는 8,213만 원이라고 한다. 이는 한 달 월 급여가 684만 원에 이른다. 월 급여가 684만 원은 결코 적은 돈이 아니다. 물론 <MBC>의 1인당 평균 수령액 9,039만 원에 비한다면 적다고 불평할 수 있다. 하지만 월 684만 원의 급여는 우리 사회에서 조그마한 중소기업체 사장 수준임을 알아야 한다. <KBS> 사원들은 움직이는 중소기업체라고 할 수 있다. <KBS> 사원들은 고임금을 받는 만큼 우수한 프로그램 제작에 보다 심혈을 기울이는 것이 그들의 사명이다.

국회에 제출된 자료에 의하면 <KBS> 사원들의 생산성은 <SBS>에 비해 3분의 1에 불과하다고 한다. 물론 공영방송과 상업방송의 생산성을 단순히 수량화하는 것은 문제가 있지만 그래도 <KBS>의 조직에 심각한 동맥경화증이 시작되고 있는 것은 분명하다. 이런 가운데 한나라당은 최근 <KBS>의 예산승인을 부결시킨 데 이어 TV 시청료 폐지, <KBS>-2TV, <MBC>의 민영화 추진 등을 골자로 한 새 방송정책을 들고 나왔다. <KBS>로서는 위기가 아닐 수 없다.

어떤 이유에서건 공영방송을 포기할 수 없다. 아무리 문제가 있는 공영방송이라 할지라도 그 폐해는 상업방송·사영방송에 비하면 훨씬 덜하다. 오히려 사영방송인 <SBS>의 채널을 환수해 공영방송화 해야 마땅하다. 전파는 국민의 것이기 때문이다. 한나라당이 사영방송 <SBS>를 환수해 시민방송·국민방송화를 추진하지 않고, 오히려 방송을 재벌에게 돌려주자고 하는 것은 방송장악이라는 정치적 속셈에서 비롯된 처사라 아니 할 수 없다.

방송사 내부 시스템이 공익성을 저해

지금 우리가 논의해야 할 것은 방송 공영화의 강화이다. 그 첫걸음은 방송위원회를 정치권력으로부터 명실상부하게 독립시켜 헌법기관화하는 일이다. 방송위원회는 독립된 국가기구로써 방송인·방송학자·수용자 대표 등 방송전문가로 조직되어야 한다. 공영방송의 수장 또한 대통령이 임명할 것이 아니라 방송전문 경영인을 방송사

소속 구성원들이 선출하도록 하여야 한다.

　방송을 완전히 방송인들에게 돌려주기에 앞서 먼저 해야 할 일이 있다. 그것은 과거를 청산하는 일이다. 현재의 방송시스템을 장악하고 있는 독재정권에 부역했던 방송인, 기득권에 유착되어 나팔수 노릇을 했던 방송인, 반민족적·반민주적·반민중적 이데올로기의 확대재생산으로 민주시민을 억압하는 데 앞장섰던 방송인들을 방송계로부터 완전히 쫓아내는 일이다. 이들이 방송의 주요 핵심 포스트로 군림하는 한 방송개혁은 요원하다.

<2003. 7. 24.>

월간중앙과 사이비언론*

언론전문지 <미디어오늘> 23일치(제404호) 1면 머리기사에 의하면 '<중앙일보>의 자매지 <월간중앙>이 굿모닝시티 윤창렬 회장의 홍보성 인터뷰 기사를 게재하는 조건으로 <월간중앙> 100부 1년치 구독료 1,100만 원을 받은 것으로 드러났다'고 보도했다. 상가분양 비리혐의로 검찰서 수사를 받고 있는 한 파렴치범의 '신화 만들기'에 국내에서도 유수한 매체가 부화뇌동, 책 몇 권을 팔아먹는 대가로 이에 동조한 것이어서 언론계에 큰 충격을 주고 있다.

서민 등친 사기꾼을 '대박 신화'로 포장

이 기사에 따르면 "<월간중앙>의 김모 부장과 굿모닝시티 전모 전본부장, 김모 전홍보실장은 지난해 2월 28일 굿모닝시티에서 만나

---

* <미디어오늘>, <월간중앙>, 책 강매, 사이비언론, 지방언론, 언론비리, 검찰, 사정.

2002년 4월호에 윤창렬 대표의 경영철학, 사회관, 지역사회 및 경제 공헌에 대한 인터뷰 기사를 싣는 조건으로 군·관공서 등 100개 단체에 <월간중앙>의 1년 구독료 1,100만 원을 지불하기로 합의했다. 그러나 이 합의사항은 <월간중앙>의 요청에 따라 연기됐으며, <월간중앙>은 올해 1월호에서 「쇼핑몰 분양 '성공신화' / 굿모닝시티 윤창렬 회장 / '유통혁명 향한 새 도전 계속할 터'」라는 제목의 인터뷰 기사를 4페이지에 걸쳐 게재했다"는 것이다.

서민들이 피땀 흘려 모은 돈을 '상가분양'이라는 속임수로 갈취한 사기꾼이 그 돈으로 국내 유수의 언론사를 이용하여 자신의 '신화'를 창조하는 사기행각에 아무런 검증절차도 없이 흔쾌히 동조한 언론사는 자그마한 자사의 이익을 위해 다수의 공익을 짓밟았다는 비난에서 자유로울 수 없게 됐다. 이는 제도언론의 본질적인 한계를 보여주는 극명한 사례다.

<조선일보>가 24일치 A10면 상자기사에서 보도한 <중앙일보>측의 해명자료에 의하면 "기사에 호감을 가진 굿모닝측으로부터 '책을 구입하겠다'는 제의를 받고 1,240만 원어치를 판매한 것은 사실이지만 이것이 마치 <월간중앙>과 사전에 합의한 것처럼 비치는 것은 옳지 않다"고 발뺌했다. 당시 기사를 쓴 윤모 기자도 "검정고시 출신임에도 불구하고 복합 쇼핑몰을 개발해 총 분양대금 9,800억 원의 '대박'을 터뜨린 사람이라 충분히 화제의 인물이라고 여겼기 때문에 기사화했을 뿐 윤창렬 회장이 대가로 구독료를 지급했다는 것은 금시초문"이라고 해명했다.

전형적인 사이비 행각 지탄 마땅

<중앙일보>측의 궁색한 해명에도 불구하고 이는 사이비언론 행각이라 아니 할 수 없다. 건전한 상식으로 판단해 보자. 아무리 자신에게 호의적인 기사가 게재됐다 할지라도 한꺼번에 1,240만 원어치의 책을 판매하고 구입하는 것이 정상적이라 할 수 있겠는가. 그것은 정당하고 떳떳한 거래가 아니라 뇌물성·촌지성 등 부정한 내용이 포함된 부당거래·부패거래다.

만일 지방에서 이번 사건과 같은 '비리'가 들통났다면 단박에 검찰로부터 '사이비언론'이라는 철퇴를 맞았을 것이다. 지방언론은 경찰은 비교적 쉽게 생각하나 검찰은 '저승사자'처럼 두려운 존재로 여긴다. 검찰이 휘두르는 사이비언론이라는 사정에 한번 찍히면 빠져나갈 구멍이 없기 때문이다. 그래서 70~80만 원에 불과한 월급을 받으면서도 <월간중앙>처럼 내놓고 당당하게 기사쓰고, 판매할 엄두를 못 낸다. 검찰이라는 칼날에 '쉬쉬' 눈치보며 알아서 요령껏 소리소문 없이 해야지, 조금만 바스락거려도 검찰이 달려들기 일쑤다. 그럴 때면 여지없이 중앙일간지는 근엄하게 지방언론의 사이비언론 행각을 개탄한다.

대개 지방언론의 사이비는 생존을 위한 부패이다. 형법을 위반한 경우가 대부분이다. 이는 형벌적 도구로 얼마든지 치유가 가능하다. 그러나 사이비가 아니라고 우겨대는 중앙일간지의 사이비는 대부분 국민과 공익을 위해 사용해야 할 언론의 자유를 자사와 사주의 이익을 위해 사용한다. 곧 헌법을 위반하는 사이비 행각을 자행하고 있는 것이다. 어떤 사이비가 더 해로울까?

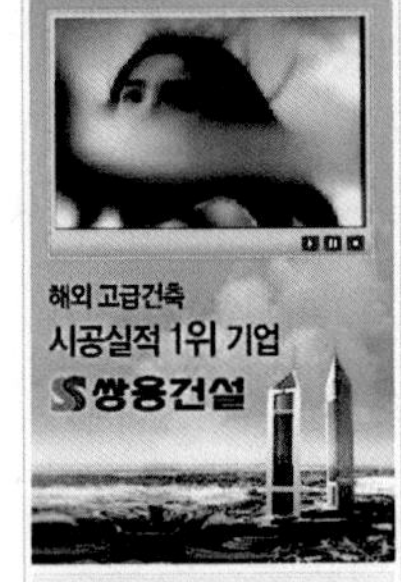

참말로

사이비언론을 척결하라

서민 등친 사기꾼을 '대박 신화'로 포장

김영재 기자 ✉

언론비평전문지 <미디어오늘>은 23일치(제404호) 1면 머리기사에서 "<중앙일보>의 자매지 <월간중앙>이 굿모닝시티 윤창렬 회장의 홍보성 인터뷰 기사를 게재하는 조건으로 <월간중앙> 100부 1년치 구독료 1,100만원을 받은 것으로 드러났다"고 보도했다. 상가분양 비리혐의로 검찰서 수사를 받고있는 한 파렴치범의 '신화 만들기'에 국내에서도 유수한 매체가 부화뇌동, 책 몇 권을 팔아먹는 대가로 이에 동조한 것이어서 언론계에 큰 충격을 주고 있다.

서민 등친 사기꾼을 '대박 신화'로 포장

이 기사에 따르면 "<월간중앙>의 김 아무개 부장과 굿모닝시티 전 아무개 전본부장, 김 아무개 전홍보실장은 지난해 2월 28일 굿모닝시티에서 만나 2002년 4월호에 윤창렬 대표의 경영철학, 사회관, 지역사회 및 경제공헌에 대한 인터뷰 기사를 싣는 조건으로 군·관공서 등 100개 단체에 <월간중앙>의 1년 구독료 1,100만원을 지불하기로 합의했다. 그러나 이 합의사항은 <월간중앙>의 요청에 따라 연기됐으며, <월간중앙>은 올해 1월호에서 [쇼핑몰 분양 '성공신화' / 굿모닝시티 윤창렬 회장 / 유통혁명 향한 새 도전 계속할 터]라는 제목의 인터뷰 기사를 4페이지에 걸쳐 게재했다"는 것이다.

서민들이 피땀 흘려 모은 돈을 '상가분양'이라는 속임수로 갈취한 사기꾼이 그 돈으로 국내 유수의 언론사를 이용하여 자신의 '신화'를 창조하는 사기행각에 아무런 검증 절차도 없이 흔쾌히 동조한 언론사는 자그마한 자사의 이익을 위해 다수의 공익을 짓밟았다는 비난에서 자유로울 수 없게 됐다. 이는 제도언론의 본질적인 한계를 보여주는 극명한 사례다.

<조선일보>가 24일치 A10면 상자기사에서 보도한 <중앙일보>측의 해명자료에 의하면 "기사에 호감을 가진 굿모닝측으로부터 '책을 구입하겠다'는 제의를 받고 1,240만원어치를 판매한 것은 사실이지만 이것이 마치 <월간중앙>과 사전에 합의한 것처럼 비치는 것은 옳지 않다"고 발뺌했다. 당시 기사를 쓴 윤 아무개 기자도 "검정고시 출신임에도 불구하고 복합 쇼핑몰을 개발해 총 분양대금 9,800억원의 '대박'을 터뜨린 사람이라 충분히 화제의 인물이라고 여겼기 때문에 기사화했을 뿐 굿모닝시티 윤창렬 회장이 대가로 구독료를 지급했다는 것은 금시초문"이라고 해명했다.

전형적인 사이비 행각 지탄 마땅

<중앙일보>측의 궁색한 해명에도 불구하고 이는 사이비언론 행각이라 아니할 수 없다. 건전한 상식으로 판단해보자. 아무리 자신에게 호의적인 기사가 게재됐다 할지라도 한꺼번에 1,240만…

인터넷신문 〈참말로〉 www.chammalo.com

형법을 위반하는 사이비는 '처벌'로써 얼마든지 단죄가 될 수 있지만, 헌법을 유린하는 사이비는 구조적인 제도개혁 없이는 '근절'이 불가능하다. 언론개혁이 요구되는 소이이다. 아직까지 노무현 정부가 언론개혁을 하겠다는 소리가 들리지 않는다. "나는 잘하고 있는데 언론이 잘못 쓴다"는 불평과 불만의 소리만 가득할 뿐이다. 무릇 형법을 위반하건 헌법을 위반하건 모든 사이비는 척결되어야 한다.

<2003. 7. 27.>

청와대일보 '인터넷 국정신문'*

이해성 대통령홍보수석비서관은 지난 7월 27일 기자들과 만나 "이르면 오는 9월 1일부터 정부 각 부처와 청와대의 정책결정과정 등을 소개하는 가칭 '인터넷 국정신문'을 발간키로 하고 대통령에게 보고했으며, 대통령도 '좋은 아이디어'라며 적극 추진하라고 지시했다"고 밝혔다. 이에 따라 국정홍보처는 인터넷 국정신문의 형태와 기사 게재 방법, 정책기사의 게재범위, 운영 방식 등 각종 사안에 대한 세부적인 검토작업에 착수한 것으로 알려지고 있다.

"국민 혈세 탕진한 대통령 일보" 매도

정부의 인터넷 국정신문 창간 소식이 알려지자 <조중동>은 일제히 반발했다. <조선일보>는 29일자 A5면 주요 기사에서 일부 언론

---

* 국정홍보처, 인터넷 국정신문, 관변매체, 비판정신, 언론자유, 발표 저널리즘, 언론개혁.

계와 언론학계, 야당 등의 입을 빌려 "대통령 일보", "국민의 혈세 낭비", "언론의 여론전달기능 침해" 등 비판이 잇따라 제기되고 있다고 주장했다.

<중앙일보>는 28일자 3면 머리기사에서 「청와대 '인터넷신문' 추진 논란 / "비판 없는 직영언론 만드나"」에서 "국정홍보처가 편집국이 되고, 각 부처 담당 공무원들이 기자가 되는 인터넷신문 발행은 언론의 비판에 대한 대체의 성격이 있는 것으로 분석된다"고 말하고, 특정언론 공격수단으로 변질될 우려가 있다고 지적했다. 「'인터넷 국정신문' 왜 만드나」라는 이 날짜 사설은 "기존 언론매체에 대한 불신 때문에 기존 매체와 경쟁하고, 정부의 입맛에 안 맞는 보도와 논평에 대항하고 비판하기 위해 새로운 관변매체를 만들려는 것"이라고 비판했다.

29일자 A5면에서 「"국민 세금 들여 비판언론 맞대응" / 공무원 동원 '정부직영 홍보매체' 구상」이라는 머리기사로 정부의 인터넷신문 창간을 비판한 <동아일보> 역시 「인터넷 국정신문 의도 뭔가」라는 사설에서 "정부와 견해가 다르다고 해서 언론의 시각을 잘못된 것으로 몰아가는 것은 상식에 반하는 일"이라고 말하고, "언론의 비판을 정당한 비판으로 인정하지 않고 똑같이 비판으로 맞서려는 발상으로는 합리적인 국정이 뿌리내리기 어렵다"고 주장했다.

8월 1일자 A6면 백선기 객원논설위원·성균관대 교수의 「금요칼럼 / 정부가 언론 역할까지 하나」는 "인터넷 국정신문이 기존언론의 역할과 기능에 대해 비판을 하겠다는 것은 정부의 활동에 대한 언론의 정상적인 기능을 훼손시키고 민주주의의 근간인 언론자유를 위축시킬 수 있는 우려가 있으므로 즉각 중지되어야 마땅하다"는 논지를 펴고 있다.

'인터넷 국정신문' 반대 명분 없다

기존 매체와의 관계설정이 논의의 초점돼야

이해성 대통령홍보수석비서관은 지난 7월 27일 기자들과 만나 "이르면 오는 9월 1일부터 정부 각 부처와 청와대의 정책결정 과정 등을 소개하는 가칭 '인터넷 국정신문'을 발간키로 하고 대통령에게 보고했으며, 대통령도 '좋은 아이디어'라며 적극 추진하라고 지시했다"고 밝혔다. 이에 따라 국정홍보처는 인터넷 국정신문의 형태와 기사 게재 방법, 정책기사의 게재범위, 운영 방식 등 각종 사안에 대한 세부적인 검토작업에 착수한 것으로 알려지고 있다.

조중동, '인터넷 국정신문' 창간에 반발

정부의 인터넷 국정신문 창간 소식이 알려지자 조중동은 일제히 반발했다. 먼저 <조선일보>는 29일치 A5면 주요 기사에서 일부 언론계와 언론학계, 야당 등의 입을 빌려 "대통령 일보", "국민의 혈세 낭비", "언론의 여론전달 기능 침해" 운운하며 강하게 비판하고 나섰다.

<중앙일보>는 28일치 3면 머리기사에서 [청와대 '인터넷신문' 추진 논란 / "비판없는 직영언론 만드나"]에서 "국정홍보처가 편집국이 되고, 각 부처 담당 공무원들이 기자가 되는 인터넷신문 발행은 언론의 비판에 대한 대체의 성격이 있는 것으로 분석된다"고 말하고, 특정언론 공격수단으로 변질될 우려가 있다고 지적했다. ['인터넷 국정신문' 왜 만드나]라는 이 날짜 사설은 "기존 언론매체에 대한 불신 때문에 기존 매체와 경쟁하고, 정부의 입맛에 안 맞는 보도와 논평에 대항하고 비판하기 위해 새로운 관변매체를 만들려는 것"이라고 비판했다.

29일치 A5면에서 ["국민 세금 들여 비판언론 맞대응" / 공무원 동원 '정부직영 홍보매체' 구상]이라는 머리기사로 정부의 인터넷신문 창간을 비판한 <동아일보> 역시 [인터넷 국정신문 의도 뭔가]라는 사설에서 "정부와 견해가 다르다고 해서 언론의 시각을 잘못된 것으로 몰아가는 것은 상식에 반하는 일"이라고 말하고, "언론의 비판을 정당한 비판으로 인정하지 않고 똑같이 비판으로 맞서려는 발상으로는 합리적인 국정이 뿌리내리기 어렵다"고 주장했다.

8월 1일치 A6면 백선기 객원논설위원·성균관대 교수의 [금요칼럼 / 정부가 언론 역할까지 하나]는 조중동의 인터넷 국정신문 창간반대 논리를 저널리즘 측면에서 제공하고 있다. 이 칼럼은 "인터넷 국정신문이 기존언론의 역할과 기능에 대해 비판을 하겠다는 것은 정부의 활동에 대한 언론의 정상적인 기능을 훼손시키고 민주주의의 근간인 언론자유를 위축시킬 수 있는 우려가 있으므로 즉각 중지되어야 마땅하다"는 논지를 펴고 있다.

인터넷신문 〈참말로〉 www.chammalo.com

비판 뒤에는 '기득권 옹호'가 속셈

<조중동>의 인터넷 국정신문 창간비판 이면에는 언론권력으로 군림하고 있는 현재 상황, 즉 기득권의 옹호가 그 본질적 속셈에서 비롯되고 있다. 먼저 인터넷 국정신문이 기존언론의 잘못된 보도에 대해 비판적 기능을 지니겠다고 하는 것에 대해 <조중동>은 "균형 있는 여론형성과 언론의 견제기능이 무너질 수 있다"며 반발한다. 이

는 언론의 비판기능을 오로지 언론만이 지녀야 한다는 오만한 발상에서 비롯된 논리이다.

그것이 비록 관변매체라 할지라도 모름지기 모든 매체는 비판정신과 비판기능을 지닐 권리와 의무가 있다. 비판기능이 배타적으로 독점되면 언론으로서의 생명을 잃고 만다. 우리는 그동안, 특히 전두환 정권하의 5공언론일 때 제도언론이 비판기능을 독점해, 이를 무기로 자신들에게 반대하던 세력들에 대해 "좌경·용공"이라며 무자비하게 매도하고 억압했던 '언론범죄'를 생생히 기억한다.

오늘날 <조중동>이 말하는 언론자유 침해란 5공언론 때처럼 언론이 국민에게 무소불위의 권력으로 군림하려는 것을 인정하지 않는 것에 대한 반발의 '기호'인 것이다. 따라서 <조중동>의 "언론의 여론전달기능 침해", "언론 위축" 운운은 당치도 않는 궤변에 불과하다.

'필경사' 기자질 종식에 비판 분풀이

다음으로 <조중동>은 정부가 언론을 거치지 않고 국민들에게 직접 정책을 홍보하려 한다면 균형 있는 여론형성과 언론의 견제기능이 무너질 수 있다고 반발한다. 이 또한 언론의 배타적인 독점논리에 다름 아니다. 인터넷 국정신문이 창간되면 먼저 기존 언론시스템에 대해 획기적인 변화를 초래한다. 그것은 무엇보다 기자들의 취재관행에 일대 혁신을 초래할 것으로 전망된다.

예컨대 인터넷 국정신문이 딱딱하기 그지없는 보도자료에서 벗어나 일반 대중매체처럼 국민 누구나 다 알 수 있는 기사형태로 제공된다면 기존 언론 매체종사자들의 '필경사' 노릇에 그치고 있는 '기자질(?)'

은 더 이상 설 자리를 잃게 된다. 그동안 기자들은 보도자료를 윤색하거나, 대변인의 발표자료를 요약해 보도하는 것으로 언론인 생활을 해왔다. 인터넷 국정신문이 그와 같은 일을 대신하겠다고 나섰으니 기자들의 재래식 취재보도 패러다임은 쓰레기통으로 직행할 누란의 위기를 맞게 됐다. 이에 기자들의 반발이 극심한 것은 어찌 보면 당연하다.

바야흐로 기자들도 선진국처럼 보도자료는 그야말로 참고자료에 그치게 하고, 발로 뛰어 기사를 발굴해야 하는 시대를 맞고 있는 것이다. 그런 의미에서 인터넷 국정신문의 창간은 한국언론의 발전을 견인할 촉매제로서 기능할 개연성이 다분하다. 좀 비약해서 의미를 부여한다면 인터넷 국정신문의 창간은 인터넷 활용으로 대통령까지 당선된 노무현 대통령이 다시 인터넷을 활용한 '노무현식 언론개혁'이라고까지 할 수 있겠다.

기존 사이트와의 관계설정이 초점

인터넷 국정신문이 정부의 일방적인 홍보나 대통령의 정치수단으로만 전락하지 않고, 국민과 정부를 잇는 건전한 매체로서의 쌍방향 커뮤니케이션을 실현하면 아무런 문제가 될 것이 없다. 오히려 발표 저널리즘으로 버티는 기존 언론에 대해 심층성과 전문성을 강화하는 긍정적인 영향을 미칠 수 있다. 따라서 인터넷 국정신문에 대해 미리 색안경을 끼고 "새로운 관변매체의 탄생" 운운은 성급한 판단이다. 다만 정부는 정보의 독점생산 주체로서 정보를 왜곡됨이 없이 충실하게 공개하고, 전달하여야만 인터넷 국정신문과 관련한 <조중동>의 비난을 불식시킬 수 있다. 이를 소홀히 하면 <조중동>의 비난에서처럼 언론자유를 억압하는 흉기가 될 수 있음을 지적해 두고자 한다.

또한 예산낭비란 측면에서도 <조중동>의 충고를 경청할 만하다. 청와대를 비롯하여 정부 각 부처의 사이트와 이를 통괄 홍보하는 국정홍보처의 사이트가 있는데도 굳이 새 인터넷 매체를 창간하겠다면 그 예산은 어디서 나오느냐 하는 것이다. 대통령이 발행인이라고 해도 사비를 낼 리 만무하고, 편집국 기자로 참여할 공무원들이 사이비언론 창간 때처럼 '우리 사주'라는 명목 아래 십시일반 갹출해 창간할 리도 없을 것이다. 결국은 국민들의 세금으로 충당할 수밖에 없을 것이다.

그렇다면 인터넷 국정신문과 기존 정부의 각 사이트의 정체성은 어떻게 할 것인가 하는 것이다. 그게 그거라면 노무현 정부가 시도하는 인터넷 국정신문 창간은 <조중동>이 말하는 비판의 논리에서 벗어나지 못하게 된다. 아무튼 <조중동>이 참여정부의 인터넷 국정신문을 비판하려면 그 논의의 초점을 여기에 두고 감시하여야 할 것인데도 엉뚱한 곳에 가서 엉뚱한 곳을 긁으며 자신들의 밥그릇이 뺏길까 봐 비판의 칼날을 곧추 세우고 있는 것이라고 정리할 수 있다.

<2003. 8. 3.>

'황우석'과 한국언론*

　'세계적인 석학', '국보급 과학자' 등으로 칭송되던 '황우석 박사'가 재기불능의 상태로까지 몰락하고 있다. 지난해 11월 22일 <MBC>-TV의 「PD수첩」이 난자매매의혹을 제기함으로써 촉발된 과학자의 윤리문제에 대한 시비 논란이 연구의 진실성 문제에까지 이른 것이다. 이로 인해 전 세계적으로도 '독보적인 생명과학자'로 추앙되던 '황우석 신화'는 양파껍질 벗기듯 하나하나 속살이 드러났고, 급기야 '논문조작'이 들통 나고, 과학적 업적과 실체가 없다는 허망한 '과학 사기극'으로 매듭지어지고 있다. 그 과정에서 진실을 갈구하는 한국언론의 활약은 참으로 '위대(?)'했다.

　황우석은 그동안 한국언론에 의해 '살아 있는 신화'로 각인되어 있었다. 한국언론은 지난 2005년 봄, 환자 체세포를 복제하여 배아줄기세포 배양에 성공했다고 <사이언스>에 황우석 논문이 게재되자 '산

---

* 황우석, PD수첩, 논문조작, <사이언스>, 노벨상, 과학권력, 줄기세포, 언론횡포, <MBC>

업혁명과 비견될 쾌거’로 치켜세웠다. 어디 그 뿐인가. 한국언론은 과학보도의 생명이라 할 필요한 논리와 정확성 따위는 아예 거들떠보지도 않고 「‘신의 손’ 황우석, 질병의 고통에서 인간을 해방시킬 것인가」, 「‘질병 정복의 역사’ 새로 쓰는 황우석」 등 장밋빛으로 색칠한 ‘황우석 신화’를 통해 ‘황우석 신드롬’에 집단적으로 마취케 했다. 온 국민을 ‘황우석 교도’로 만드는 데 누구보다도 광신적인 한국언론이 앞장을 섰던 것이다. 그랬던 한국언론이 이번에는 180도 정반대로 ‘황우석 죽이기’에 나선 것이다. 물론 그 명분은 ‘진실찾기’를 표방하면서 말이다.

과학은 당연히 사실에 근거하여야 한다. 진실이 국익보다 앞서야 한다는 명제는 눈물나도록 당연하다. 여기에 딴 말을 덧붙일 생각은 추호도 없다. 그런데 무엇이 과학이고, 무엇이 사실이냐 하는 것에 이르면 한국언론의 무지한 폭력에 소름이 끼칠 따름이다. 결론부터 말하면 ‘과학 황우석’은 이 땅에 태어난 게 잘못이다. 그가 만일 미국에서 태어났더라면, 아마도 지금쯤 ‘노벨상을 예약한 과학자’로 대접받고 있을 것이다. 이 글은 이처럼 ‘과학 황우석’ 편들기로 일관하고 있다. 그러나 미리 말해두거니와 ‘인간 황우석’은 편들지 않는다. 이제 그 논리적 정당성을 한번 따져 보자.

합량미달의 심판관이 ‘아웃’을 판정

먼저 시비의 초점은 과연 ‘과학 황우석’이 과학적 진실을 가지고 있느냐 하는 것이다. 서울대 조사위원회는 “줄기세포가 없다”고 하여, 그의 연구 실체가 허위라고 판정했다. 그러면 여기서 황우석의 논문을 게재한 미국의 <사이언스>는 뭐냐 하는 것이다. 서울대 조사위의 발표가 진실이라는 무게를 지니려면 <사이언스>의 검증 시스템을 능가할 정도의 권위를 지니고 있어야 한다. 과연 그럴까? 서울대 조사위 위원들조차 일생동안 <사이언스>에 논문 한 편만 게재되어도 '가문의 영광'으로 여긴다. 그런 잡지에 대해 조사위는 '엉터리'라고 판정했다.

<사이언스>가 어떤 잡지인지 잠시 알아보자. 세계적 과학잡지인 미국의 <사이언스>나 영국의 <네이처>는 한국의 학회지처럼 논문만 제출하면 그냥 게재되는 그런 잡지가 아니다. 전세계 최고 권위자 집단에 의해 본문 논문은 3~4개월, 표지논문은 최소한 6개월 이상 검증을 거친다. 이 같은 철저한 검증시스템 때문에 <사이언스>나 <네이처>는 오늘날 전 세계 모든 과학자들의 과학전문지로서의 권위와 명성을 지니고 있다. <사이언스>에 게재된 논문은 곧바로 '과학적 진실'로 인정된다. 그래서 모든 과학자들의 꿈이 일생동안 <사이언스>에 논문 한 편 싣는 것이다.

이런 과학저널이 서울대 조사위가 밝혀낸 과학적 진실을 검증하지 못했다면 믿을 수 있을까? 다시 말해 <사이언스>의 검증시스템이 서울대 조사위의 검증시스템보다 정교하지 못하다면 서울대 조사위가 <사이언스>의 검증시스템을 대신하여야 마땅하다. 과연 서울대 조사위가 <사이언스> 검증시스템을 대신하겠다고 하면 세계 과학계는 무어라 말할까? 이건 한마디로 웃기는 얘기다. 한국에서나 통할 법한 '3류 코미디'이다. 좀 극단적으로 말해 '과학 황우석'이 <사이언스>를 상대로 사기칠 만큼 정교했다면 그것 또한 '과학'이다.

다시 말하거니와 <사이언스>가 황우석의 말만 믿고, 그의 논문을 표지논문으로 게재할 만큼 허술하지는 않다. 전미과학자협의회(*AAAS · American Association for the Advancement of Science*) 회원들이 만들고, 또 일반인들이 아무리 돈 많이 준다고 해도 받아볼 수 없으며, 그들 회원들만이 구독 가능한 <사이언스>가 황우석이 사기치고 있는지 아닌지 그것조차 구분하지 못하고 표지논문을 싣는다면, 회원들로부터 질타를 받아 망해도 수십 번은 더 망했을 것이다. 따라서 서울대 조사위의 신뢰보다 <사이언스>의 편집진에게 진실의 무게를 두는 것이 더 자연스러운 현상이다.

무릇 남을 비판하기 위해서는 비판대상자 못지않게 그 내용에 대해 잘 알아야 한다. 그래야만 바른 비판을 할 수 있다. 마찬가지로 '과학 황우석'의 연구실적을 검증하려면 '과학 황우석'을 능가하는 실력을 갖춰야 한다. 서울대 조사위가 '과학 황우석'을 능가할 정도의 실력을 갖췄다면 자신들이 '과학 황우석'의 실존이 되지, 왜 '과학 황우석'의 뒤꽁무니나 캐는 시답잖은 일을 할까? 여기서도 이미 결론은 났다. 한마디로 '과학 황우석'을 검증할 능력도 없는 사람들이 심판관이 되어 판정을 내렸다는 것이다.

왜 그랬을까? 여기에는 '사촌 땅 사면 배 아프고, 남 잘되는 꼴을 못 보는 한국인의 뒤틀린 심사'가 있다. 그것은 두말할 나위 없이 왜곡된 식민사관의 잠재적 심리이다. 그렇다고 미국(사이언스)이 옳고 한국(서울대 조사위)이 그르다는 맹목적인 사대주의 또한 바람직하지 않다. 미국이 틀리고 한국이 옳을 만큼 과학적 진실을 보는 눈이 우리가 앞서가고 있다면 그보다 더 좋은 일은 없을 것이다. 그러나 현실적으로 불행하게도 그것이 그렇지 않다는 사실이다.

과학적 진실이란 단번에 100%를 요구하지 않는다. 그것이 최소한

1%의 이론적 성립 가능성이 있다면 <사이언스>는 과학적 진실로 받아들인다. 황우석의 논문이 100% 진실을 다 담고 있지는 않을지라도 과학적 진실이 성립하기에 충분한 근거가 있기에 <사이언스>가 게재를 한 것이다. 아인슈타인의 '상대성 이론'도 최초의 논문이 발표된 후 무려 15년간이나 부분적으로 보완하고 보완해서 비로소 완성되었다. 과학적 진실이 이와 같음에도 불구하고 서울대 조사위의 검증 판정은 단번에 100%의 과학적 진실을 요구했다. 이는 '둔재'를 '천재'로 만들어도 국내외적으로 경쟁하기 어려운 판국에, 천재를 둔재로 둔갑시키는 참으로 무지한 행위이다. 이와 같은 풍토에서 '과학한국'이 어떻게 가능할까? 따라서 서울대 조사위의 판정은 다름 아닌 '과학 몰살'에 대해 최종적으로 '확인 사살'해 댄 것과 다를 바 없다. 그들의 판단 논리에 따르면 아인슈타인의 상대성 이론조차 진실이 아니기 때문이다.

진실이란 미명하에 '과학몰살' 자행

다음으로 진실은 국익에 우선한다는 언론윤리의 정당성에 관해서이다. 본질적으로 그 말에 대해서는 다른 이론이 있을 수 없다. 그러나 이번 사건에 있어서는 얘기가 근본적으로 다르다. 먼저 국익이 무엇이냐 하는 점이다. <MBC>의 「PD수첩」이 황우석 신화가 지닌 거짓과 기만과 허위를 폭로하여 진실을 추구한 것을 나무랄 일은 아니다. 아니 오히려 진실찾기를 포기하지 않은 불굴의 언론정신을 칭찬해야 할 것이다. 그런데 그것이 과연 책임 있는 언론으로서 할 일인가 하는 점은 의문을 되짚어보지 않을 수 없다.

　미국의 유수한 언론조차 해내지 못한 일을 「PD수첩」이 해냈다고 하여 그들의 '위대한(?)' 업적에 흠집을 낼 의도는 전혀 없다. 오히려 <사이언스> 논문조차 검증을 하여 진실찾기를 마다 않은 그 언론정신에 경의를 표할 따름이다. 하지만 현실적으로 「PD수첩」 공적에 대해서는 아무래도 '경의'보다는 '경멸'을 퍼부어야 할 것 같다.

　<MBC>의 「PD수첩」이 존경을 받으려면 앞으로 <사이언스>에 게재되는 논문에 대해 이번처럼 검증할 능력을 계속 보여줘야 한다. 그래야만 「PD수첩」이 제기한 진실찾기가 지닌 정당성이 입증되고, 그 언론정신이 존경을 받게 된다. 그런데 아무래도 「PD수첩」의 취재 능력은 의심스럽기 짝이 없다. 미국의 <abc>, <CBS>, <NBC>, <뉴욕타임스>, <워싱턴포스트>, <보스턴글로브> 등 유수한 언론조차 <사이언스>의 논문을 검증하지 못하는 판국에, 설령 그러한 제보가 있다고 해도 검증하려고 달려들지 않는다. 왜 그럴까? <MBC> 「PD수첩」처럼 기자정신이 없어서일까? 아니면 '국수적인 징고이즘' 때문일까?

　미국의 유수한 언론이 <사이언스>의 논문을 검증하겠다고 덤벼들지 않는 것은 과학을 사랑하고, 과학자를 존중하기 때문이다. 과학과 과학자에 대한 애정이 없다면 과학적 진실은 결코 열매를 맺을 수 없다는 것을 잘 알기 때문이다. <MBC>의 「PD수첩」이 이번 사태에 대해 주장하는 진실이 정당성을 지니려면 국익을 운운하며 진실에 대해 눈감고 있는 미국언론을 검증하여 그 진실을 만천하에 밝혀야 한다. 그렇지 않고선 「PD수첩」이 진실성을 지니기 어렵다.

　단언하자면 <MBC>의 「PD수첩」은 차후로 게재될 <사이언스>의 논문을 검증할 능력이 없다. 더더구나 월급 받을 땐 민영방송을 표방하고, 구조조정 때는 공영방송을 표방하는 그러한 정체성과 도덕성으로는 상업주의에 찌든 미국언론의 실체를 폭로할 명분도 자격도 없다. 그렇다면 「PD수첩」이 제기한 '과학 황우석 죽이기'의 실체적 진실은 무엇이냐 하는 점이다.

이번 사태로 '인간 황우석'은 재기불능의 상태로까지 철저히 파괴되고 형해화되었다. 여기서 '개인 황우석'의 몰락은 아무런 의미가 없다. 문제는 '황우석'이라는 과학적 코드로 연결된 한국의 생명공학 시스템이 입은 손실이다. 한국의 생명공학은 '황우석'이라는 창구를 통해 21세기 생명과학의 허브로 기능할 토대를 갖추고 있었다. 그런데 이번 사태로 그 기회를 우리 손으로 우리 스스로에 의해 무참하게 송두리째 뽑아 버렸다. 「PD수첩」이 한국의 생명과학에 대해 무슨 짓을 했는지 여기에 이르면 무지한 한국언론의 폭력에 전율할 따름이다.

「PD수첩」은 한국과학을 뿌리부터 처참하게 짓밟았다. 한국언론이 한국과학에 가한 무자비한 폭력과 테러는 이미 예견된 것이었다. 지난 2004년 '과학 황우석'의 논문 발표 때 과학자를 보호해야 할 정부가 수수방관하고 있는 사이, 보도자료 엠바고를 파기하면서까지 특종보도에 혈안이 됐던 <중앙일보>를 비롯한 광신적인 한국언론의 냄비보도가 그것이다. 이들은 이미 한 건 터뜨리고 보자는 '과학테러'를 착착 준비하고 있었던 것이다. 이번 사태는 그 연장선상에서 발생되었다고 봐야 할 것이다.

남 잘되는 꼴 못 보는 자학사관이 원흉

한 사람의 과학자를 키우기 위해 얼마나 많은 국력이 소모되는지는 새삼 거론할 필요가 없다. 미국의 언론이 <사이언스>의 논문을

검증하려고 덤벼들지 않는 이유가 여기에 있다. 그들이 <MBC>-
TV의 「PD수첩」만큼 능력이 없어서, 기자정신이 없어서 결코 가만있
는 것이 아니다. 그들의 침묵에는 그럴만한 이유가 있다. 그런데도
우리는 무지한 보도로 우리 스스로 우리 과학을 학살해댔다.

이런 풍토에서 노벨상을 타는 과학자가 나오길 기대하는 것은 연목
구어와 같다. 창조적인 한 사람의 위대한 과학자는 한 나라뿐만 아니
라 온 인류의 삶을 윤택하게 한다. 그래서 각국은 과학은 국력이라는
헤게모니를 선점하기 위해 과학자 양성에 온 힘을 기울이는 것이다.

과학자를 내모는 나라와 불러들이는 나라가 있다. 나라의 미래를
담보하려면 당연히 후자이어야 한다. 그렇다면 우리는 어떠한가. 아
마도 전자가 아닐까 한다. 가령 이번 사태를 야기한 황우석 연구팀
과 「PD수첩」팀이 미국으로 이민 신청을 하면 미국은 누구를 받아줄
까? 아무리 황우석 팀이 논문을 조작하고 국제적으로 사기를 친 파
렴치한 집단이라 할지라도 황우석 팀을 받아들이지 결코 「PD수첩」
팀을 받아들이지는 않는다. 그것이 한국의 과학자와 언론인에 대한
미국의 평가다.

그러면 이번 사태의 본질적 원인은 무엇이냐 하는 것이다. 아직도
자기비하를 마다 않는 식민사관에 찌든 일부 지식인은 누가 한 사람
이 뛰어나면 결코 좌시하지 않는다. 어떻게 해서든 끌어내려 자신과
눈높이를 맞춰야 한다. 과학 황우석이 세계적으로 뜨니까 봐줄 수
없다는 것이 이번 사태의 본질을 구성하는 심리적 요인이이다.

이와 같은 자학적인 인생관으로는 세계를 무대로 아무것도 할 수
없다. 박정희 전 대통령은 분명 독재자임에는 틀림없다. 그는 가슴으
로 나라를 사랑했다. 여기에는 의심의 여지가 없다. 국민들을 빈곤으

로부터 해방시키겠다는 신념 하나로 헌정 질서를 파괴하면서, 인권을 유린하면서까지 오로지 경제발전에 매달렸다. 그것을 가능케 한 것이 과학자였다. 그가 과학자를 진심으로 사랑하고 존경했기에 이국에서의 부귀와 영화를 마다 않고 많은 과학도들이 기꺼이 조국의 부름에 응한 것이다.

박정희를 독재자라고 매도해대는 정치인들은 어떠한가. 소위 '민주투사'라 자임하는 김영삼·김대중·노무현 대통령에 이르기까지 그들은 입으로만 나라를 사랑했지, 과연 그 독재자만큼 가슴으로 나라를 사랑했는가 하면 의문이 아닐 수 없다. 노무현 대통령이 가슴으로 나라를 사랑했다면 이번 사태는 발생되지 않았을 것이다. 머리로만 나라를 사랑한 노무현 대통령은 이번 사태를 막지 않았다. 김영삼 대통령이 IMF로 '국가를 부도낸 정권'이었다면, 노무현 대통령은 '과학한국을 학살한 정권'으로 기록될 것임은 의심의 여지가 없다.

쿠데타 책임은 과학권력에 물어야

무지막지한 어느 한 '개망나니 언론'이 휘두르는 칼날에 의해 '과학 황우석'이 재기할 수 없을 만큼 난도질되어 파멸되었다. 과학 황우석의 초토화와 함께 '세계줄기세포허브' 또한 붕괴되었다. 「PD수첩」이 저지른 만행이 안타까운 것은 과학한국의 인프라를 파괴한 것 못지않게 온 국민이 미래에 먹고살 밥그릇을 깨뜨렸다는 점이다. 줄기세포허브가 뭐냐? 전세계 난치병 환자들을 대상으로 환자맞춤용 세포로 불치병·난치병을 치료해 주겠다는 '최첨단 종합의료공장'이다. 자신의 유전자 샘플만 보내주면 치료용 줄기세포를 만들어 불치병·난치병을 치료해 주겠다는 것이 줄기세포허브였다. 여기서 창출될 부가가치는 반도체나 자동차의 수출이 비견할 수 없을 정도로 상상을 초월한다.

그것이 물거품이 됐다. 21세기 미래의 생명산업을 주도할 헤게모니 전쟁에서 과학 황우석에게 뒤진 미국의 입장에선 쌍수 들고 환영하겠지만, 우리는 우리 스스로, 우리 손으로 그 토대를 허물고 만 것이다. 「PD수첩」이 무슨 짓을 했는지 그 무지와 야만의 폭력성이 적나라하게 드러난다.

여기에는 굳이 한국언론만을 탓할 수 없다. 뭐니 뭐니 해도 가장 먼저 지탄을 받아야 할 사람은 '인간 황우석'이다. 그는 이번 사태와 관련, 시종일관 '거짓'으로 일관해 왔다. 뿐만 아니라 그는 과학한국의 대표적인 지식코드로 떠올랐으면 그에 걸맞은 처신을 하여야 했다. 그럼에도 그는 '대한민국 최고 과학자 제1호'라는 영예와 함께 '부'마저 독점한 '과학권력'으로 계속 군림하려고 했다. 이번 사태는 '인간 황우석'이 과학권력으로 군림하려는 것에 대한 쿠데타로 비롯되었다고 봐야 한다. 쿠데타의 주역이 '피보다도 더 가까운 형제애'로 맺어졌던 연구의 동반자 '노성일 사단'인 것에서도 '인간 황우석'의 결격 사유는 차고도 넘친다.

권력과 부는 함께 가질 수 없다. 따라서 그가 영예를 지녔다면 부는 자신의 동료와 한국의 과학계가 함께 나눠 가져야 했다. 「PD수첩」 제보자로 알려진 유영준 연구원, 노성일 미즈메디병원 이사장, 미국 피츠버그대학에 파견된 김선종 연구원, 박종혁 연구원, 윤현수 한양대 교수 등등은 모두 그와 함께 무덤까지 함께 갈 연구의 동반자였다. 그런데도 그들이 일제히 쿠데타를 감행해 '황우석 죽이기'에 나섰다. 반기를 든 패거리들의 윤리의식만 따지기에는 무리가 있다.

보다 원천적인 이유로는 '수신제가'에 실패한 황우석의 문제를 지탄하지 않을 수 없는 것이다.

황우석 연구팀이 발족한 이래 지금까지 460여 억 원이 지원되었다고 한다. 그 천문학적인 연구비가 지원됐음에도 불구하고 국가에서 정한 연구원 급여규정 운운하며 세계 최고의 '젓가락 기술'을 보유한 20대의 젊은 청춘들에게 60~80만 원의 월급을 주고, 밤낮을 가리지 않고 혹사시킨 시스템이라면 이건 뭔가 잘못돼도 아주 잘못됐다. 이런 처지에서 이번과 같은 사태는 언제든지 재발할 개연성을 다분히 내포하고 있다.

인간 황우석은 이와 같은 현실을 개선시키는 데 관심을 쏟기는커녕 과학권력으로 군림하려고만 했다. 이처럼 자기관리에 소홀했던 황우석은 한국 과학계의 리더로서도, 코드로서도 이미 그 자격을 상실했다. 따라서 이번 사태의 책임을 지고 그는 과학계로부터 퇴출되어야 마땅하다. 그리고 과학계는 '황우석 사례'를 두고두고 살아 있는 반면교사로 삼아야 과학한국의 미래를 담보할 수 있다. 인간 황우석을 과학계로부터 영원히 퇴출시키되, 과학 황우석이 지닌 과학적 인프라는 살리자는 것이 이 글의 요체이다. 이 글이 과학 황우석을 지지하는 것은 이와 같은 연유에서임일 새삼 지적해두고자 하는 바이다.

한국과학 난도질한 MBC 책임져야

다음에 국가는 물론 민족의 미래마저 마구잡이로 파괴하는 야만적인 한국언론의 만행을 경고하기 위해서는 이번 사태를 일벌백계의 타산지석으로 삼아 '방송권력' <MBC>를 해체하여야 한다. <MBC>의 정체성은 뭐냐. 민영방송이냐 공영방송이냐. <SBS>가 민영 사영방송이라면 <MBC>는 공영의 얼굴을 한 '권력의 시녀'로서 '해바라기 방송'이다. <MBC>가 '관제방송'이 아니라면 이번 사태를 계기로 <MBC> 스스로 권력과의 동거를 청산하는 모습을 국민들에게 보여줘야 한다.

그러기 위해서는 <MBC>는 권력으로부터의 독립을 선언하고, 권력의 예속에서 해방되기 위해 권력과의 투쟁에 나서야 한다. 이와 같은 형극의 길을 <MBC>가 선택할 리는 만무하다. 아무래도 <MBC> 스스로 권력과의 이혼을 선언하기를 기대하는 것은 무리일 것 같다. 그러면 스스로 시민사회권력이라고 자임하는 노무현 정권이 '이혼청구'를 하면 어떨까?

우리가 이런 주문을 하면 노무현 정권은 자신들의 뜻을 입안의 혀처럼 대변해 주는 선전선동대의 해체에 대해 알레르기적인 반응을 보일 것이다. 그러나 시민운동가로서 그토록 증오하는 독재자 박정희보다 더 나라와 민족을 사랑한다면 박정희가 안한 '권력의 주구'를 해체하고, '국민의 방송'으로 되돌려야 한다. <MBC>를 해체해 마구잡이로 휘둘러대는 개망나니의 칼을 제어하지 않는 한, 겨우 '오목'이나 둘 줄 아는 바둑 초보자가 '이창호의 바둑을 검증하겠다'고 달려드는 잔인한 '과학테러'를 막지 못한다.

따라서 노무현 정권의 나라사랑·국민사랑이 거짓말이 아니라는 것을 보려면 <MBC>의 해체 여부를 보면 그 진실성을 알 수 있다. <MBC>의 해체는 노무현 정권의 진실성을 가늠하는 '리트머스'라 하겠다. 그것을 국민들은 두 눈 시퍼렇게 뜨고 지켜볼 일이다.

<2006. 1. 19.>

※ 사족Ⅰ; 일부 불교계 일각에서 제기하고 있는 10만 명 100억 모금을 통한 황우석 박사의 연구재개와 줄기세포 특허 수호운동에 대해서 한마디 덧붙이고자 한다. 그것은 코미디다. 정말 웃기는 코미디다. 불교계의 황우석 짝사랑은 그가 단지 '불자'라는 사실을 전제로 한다. 불교계의 주요 홍보전략은 이른바 '스타 마케팅'에 크게 의존한다. 가령 '만해 한용운'이나 '성철스님' 등 대중적으로 널리 알려진 인물을 통한 불교홍보의 극대화를 추구하는 것이 그것이다.

현재 진행되고 있는 불교계의 '황우석 살리기' 또한 이 범주에서 봐야 한다. 물론 그 명분은 '대중요익'이라는 거창한 캠페인으로 위장하고 있다. '인간 황우석'은 과학자로서 기본적인 자질과 소양, 윤리의식조차 갖추지 못한 자격미달의 인물이다. 그런 사람이 또다시 한국과학의 코드로 행세한다면 우리나라 과학의 미래는 없다 해도 과언이 아니다. 따라서 불교계의 '황우석 살리기'는 과학적 진실과는 거리가 먼 '광대짓'일 따름이다.

※ 사족Ⅱ; 한국의 권력과 언론, 그리고 과학계가 공모하여 '과학 황우석' 죽이기에 열을 올리고 있을 때 2005년도 황우석 논문의 제2 저자로 활약했던 미국 피츠버그대학의 새튼 교수에 대해 미 피츠버그대 조사위원회는 지난 2006년 2월 10일 "어떠한 과학적 부정행위도 발견되지 않았다"며 무혐의 판정을 내렸다. 이는 무엇을 말하는가.

서울대 조사위의 눈으로 보면 황우석 교수팀의 맞춤형 줄기세포 관련 2005년 사이언스 논문과 2004년 복제개 스너피 논문에 공동 저자로 참여한 새튼은 주도적으로 데이터 조작 등 부정행위를 저지른 파렴치범이다. 그런데도 미국은 무혐의 처분을 함으로써 새튼의 과학이 사장되지 않도록 했다. 이것은 무엇을 말하는가. 서울대 조사위가 피츠버그대 조사위보다 도덕성을 더 많이 지녀서일까? 아니면 조사가 더 정확해서일까?

※ 사족Ⅲ; 서울대가 줄기세포허브를 샅샅이 파헤쳐 난도질해대며 파괴하는 사이에 미국의 하버드대학이 줄기세포 연구단지 짓겠다며 나섰다. 하버드대학은 2006년 2월 17일 "인류의 발전을 위해 줄기세포연구단지를 조성할 계획"이라며 1만 4000평 규모의 줄기세포 연구 단지를 내년에 착공할 계획이라고 공식 발표했다. 서울대학은 이미 만들어진 줄기세포허브도 파괴하는 데 왜 하버드대학은 무려 1억 달러를 들여 줄기세포 연구소를 만들려고 할까? 서울대 조사위의 줄기세포허브 말살이 얼마나 어리석은 짓인지를 극명히 보여주는 사례다.

※ 황우석 줄기세포 파문 보도일람표

- MBC 한학수 PD '올해의 PD' 선정 2006/07/24 24:10
- 최고과학자 명칭 1년 만에 사라져 2006/07/24 24:10
- 황우석 '2005 논문조작 포괄적 지시' 2006/07/04 04:15
- 황우석 전 교수, 내달 초 연구 재개 계획 2006/06/28 28:13
- '피고인' 황우석, 줄기세포 논문조작 첫 공판 2006/06/21 21:16
- 연구부정 땐 국가 R&D사업 3년간 참여 제한 2006/06/07 07:11
- '세계줄기세포허브 책임자 처벌하라' 2006/06/04 04:13
- 징계에 손놓은 한양대 2006/05/14 14:19
- 조사위 '당연한 결과'…… 수의대는 침통 2006/05/14 14:08
- 수사 기간 4개월 소환 연인원 950명 2006/05/14 14:08
- 논문 공저자들 연락 피한 채 침묵 2006/05/14 14:08
- '불교계 黃 맹목적 지지는 피해의식 때문' 2006/05/14 14:08
- '황우석 작년 10월에 파악, 모든 것 김선종에 의존' 2006/05/14 14:08
- 생명윤리법 이후에도 불법 난자 취득 2006/05/14 14:08
- 원천기술 실제 있나? 1번 세포의 정체는? 2006/05/14 14:08
- '연구하느라 돈세탁하느라 바빴을 것' 2006/05/14 14:08
- 황우석, '미즈메디 테라토마 사진사용' 지시 2006/05/14 14:08
- 사기 · 횡령 혐의 '억울'……'黃, 경기도 모처 휴식 중' 2006/05/12 12:12
- '줄기세포 수사결과' 시민들 '허탈' 2006/05/12 12:12
- MBC '검, 잘했다' KBS '지켜보자' YTN '홀가분' 2006/05/12 12:11
- 류영준 전연구원 '물질, 권력 유혹 이기지 못한 결과' 2006/05/12 12:11
- 향후 줄기세포 연구 어떻게 되나 2006/05/12 12:11
- [검찰 수사결과 발표문 요약] 2006/05/12 12:11
- 연구성과주의가 낳은 줄기세포 '섞어심기' 2006/05/12 12:11

- 문신용 '진실성 바탕 줄기세포 연구 활성화해야' 2006/05/12 12:10
- '바꿔치기' 아닌 '섞어심기'인 이유 2006/05/12 12:10
- 황우석 박사 논문조작 지휘……28억 사기·횡령 2006/05/12 12:10
- 서울대 줄기세포허브, 유전자치료센터로 새 출발 2006/05/01 01:19
- '줄기세포 연구 범정부대책 수립' 2006/04/21 21:16
- '황우석 팀 난자채취' 피해여성 국가 등 상대 손배소 2006/04/21 21:16
- 다투는 와중에 황 박사 특허 '물 건너 가' 2006/04/21 21:15
- '논문 말고 다른 것 많다' 황우석·김선종 기소방침 2006/04/15 15:11
- 문형렬 PD의 핵폭탄급 '제3의 카드' 실체는? 2006/04/14 14:15
- 문형렬PD, 줄기세포편 영상 공개 파문 2006/04/12 12:09
- 소설로 끌어들인 '황우석 파문' 2006/04/08 08:11
- '추적 60분' 내용도 근거도 아리송 2006/04/08 08:11
- '1번 줄기세포 처녀생식 단정한 것 아니다' 2006/04/08 08:10
- 韓·美 '줄기세포 특허권' 분쟁 조짐 2006/04/05 05:17
- KBS 추적60분 '황우석 특허관련' 방영않기로 2006/04/05 05:17
- '추적60분' 황우석 특허권 방송원고 공개 2006/04/05 05:17
- 서울大, '줄기세포 특허' 출원 유지 2006/04/03 03:11
- 국가 줄기세포은행 설립, 연구에 속도낸다 2006/03/30 30:18
- '줄기조작' 분노끓은 과학계 이번엔 경징계에 화났다 2006/03/23 23:19
- 황우석 최고과학자 지위 공식 박탈 2006/03/23 23:19
- 서울대 황우석 교수 파면 2006/03/21 21:09
- 권대기 등 서울대 연구원 실수로 줄기세포 오염 2006/03/21 21:09
- 황 교수 징계위에 첫 출석 '과학자 도리 망각 깊이 사과' 2006/03/18 18:10
- 복지부 '황 교수 복제배아연구 못한다' 승인취소 2006/03/16 16:18
- 브라운아이드걸스 앗! '황우석 논란' 2006/03/10 10:10
- '스너피 효과'로 바이오 테마주 일제 급상승 2006/03/10 10:10

- '스너피는 진짜 체세포 복제 개' 2006/03/10 10:10
- 김선종 '줄기세포 바꿔치기 주도' 시인 2006/03/09 09:11
- 검찰 '줄기세포 바꿔치기' 협조 정황 포착 2006/03/08 08:10
- 황우석 줄기세포 시료조작 지시 시인 2006/03/06 06:16
- 줄기세포조작 수사 막바지……향후 전망은 2006/03/06 06:10
- 줄기세포 수사결과 발표 월말로 늦출 듯 2006/03/06 06:10
- 줄기세포 '핵심 4인' 중 일부 내주 사법처리 2006/03/03 03:21
- 줄기세포 핵심 4명 동시소환 왜 했나? 2006/03/03 03:14
- '줄기'조작 주도자 사전영장 방침. 3일 재소환 2006/03/03 03:14
- 올해의 최고의 PD상에 PD수첩 최승호·한학수 2006/03/02 02:10
- 노벨賞기관 '황우석 후원금인줄 몰랐다' 2006/02/28 28:13
- 檢 '김선종 자살시도설, 진상파악 했지만……' 2006/02/28 28:13
- 문신용·안규리 교수 등 서울대 교수 5명 '연구정지' 2006/02/28 28:13
- 과학계원로 15명 참여 과기연구윤리委 출범 2006/02/28 28:13
- '황우석 참 열심히 한 교수……성과 인정해 줘야' 2006/02/28 28:13
- '황우석 논문 조작 불거진 후 스웨덴에 5억 송금' 2006/02/24 24:10
- 젊은 과학도와 의사에게 꿈을 주자 2006/02/22 22:23
- 노정혜, 황우석 지지자에 머리채 잡히고 폭행당해 2006/02/22 22:23
- 황우석 팀 연구원 '2004논문 줄기세포 처녀생식 아니다' 2006/02/22 22:19
- 국과수 연구실장 '줄기 조작' 개입 가능성 2006/02/21 21:11
- 황우석 교수, 서울대 징계위원회 출석일 연기 재요청 2006/02/20 20:10
- '황우석 연구재개' 범국민 궐기대회 2006/02/18 18:18
- 황우석 사태로부터 배우기 2006/02/18 18:10
- 현역 의사 180여 명 '황우석 지킴이' 나서 2006/02/18 18:10
- 檢 '서울대 조사委 진술 눈여겨 볼 것 많아' 2006/02/16 16:21
- 黃교수, 김선종에게 '줄기세포 팀장' 제안 2006/02/16 16:21

- 황 교수 '정부와 타협해 6개월 벌어보겠다' 2006/02/16 16:21
- '1번 줄기세포 정체는' 또 불거지는 논란 2006/02/15 15:21
- '김선종, 2005논문 줄기세포 조작 주도' 2006/02/15 15:13
- 피츠버그大, 새튼에 특허권 등 의식 '면죄부' 의혹 2006/02/13 13:09
- 검찰, 김선종 '바꿔치기' 주도 혐의 포착 2006/02/13 13:09
- 피츠버그대 '새튼 과학적 실수는 없었다……처벌 안 해' 2006/02/11 11:11
- 서울大, 황우석 교수 등 논문조작 교수 7명 직위해제 2006/02/10 10:20
- '3번 줄기세포 테라토마 처음부터 조작' 2006/02/10 10:09
- 천주교 '황우석은 원래 천주교 신자' 2006/02/09 09:13
- '미즈메디, 2·3번 줄기세포 해외로 빼돌려' 2006/02/09 09:10
- 검찰, 노성일 '논문조작 인지 시점' 등 14시간 조사 2006/02/09 09:10
- '불교계의 천주교 비난은 와전됐거나 오해' 2006/02/08 08:11
- 국가 차원의 연구지원 시스템 구축이 필요한 때 2006/02/08 08:09
- 검찰 '박을순, 1번 줄기세포 수립' 2006/02/08 08:09
- '황 교수 사태 언론보도 무엇이 문제인가' 2006/02/07 07:21
- '누군가 줄기세포 섞어 심었다' 2006/02/07 07:10
- '김선종 연구원, 고의로 줄기세포 오염' 2006/02/07 07:10
- 황우석, 연구비 25억 횡령 의혹 2006/02/06 06:20
- '황우석 팀 연구 후원을 위한 범불교 국민연대' 출범 2006/02/06 06:18
- '황우석 지지 사이트, 해괴한 신앙공동체 변모' 2006/02/06 06:13
- '황 교수, 줄기세포 없다는 것 11월까진 몰라' 2006/02/06 06:10
- 황우석 연구재개 위한 범국민 촛불문화 행사 2006/02/04 04:19
- 생명과학계 강력 요구로 '금지'에서 '허용' 선회 2006/02/04 04:10
- '한양대 4인방' 줄기세포 조작 입 열까 2006/02/04 04:10
- 줄기세포 연구 주도했지만 '빈손' 2006/02/04 04:09
- '새튼, 지난해 1월 줄기세포 2개 받아' 2006/02/04 04:09

- 광화문 앞 분신자살 '줄기세포 왜곡말라' 2006/02/04 04:09
- 검찰, 황우석 교수 자택 등 추가 압수수색 2006/02/03 03:09
- 국가생명윤리위원회 전체 회의 2006/02/02 02:19
- '체세포 복제연구 허가 근본적 검토해야' 2006/02/02 02:19
- 문신용 '내가 논문사진 조작에 개입했다니' 2006/02/02 02:19
- '문신용 교수 논문 사진도 조작' 2006/02/01 01:17
- 'PD수첩' 취재 후 줄기세포 배양 시도 2006/02/01 01:13
- 이유진·박을순 '1번 줄기세포 내가 만들었다' 2006/01/31 31:19
- 권대기 연구원 '황우석 지시로 시료 조작했다' 2006/01/31 31:19
- 권대기 연구원 참고인 신분 첫 소환 2006/01/31 31:09
- 감사원, '황우석 박사 연구비 일부 의혹 확인' 2006/01/27 27:19
- '황우석 박사의 진실은 이렇습니다' 2006/01/27 27:11
- MBC 'PD수첩 음성변조 인터뷰' 복원 강력대응 2006/01/25 25:18
- 네티즌 'PD수첩 음성변조 인터뷰' 복원 2006/01/25 25:13
- 김선종 '배양액 色 달라 바꿔치기 불가능' 반박 2006/01/25 25:13
- '황우석 후원금' 계좌 가압류 결정 2006/01/25 25:13
- 김선종 연구원 거주지 압수수색 2006/01/25 25:13
- 황우석 교수팀 복제배아 연구 못할 듯 2006/01/24 24:10
- '줄기세포' 관련자 말맞추기 정황 포착 2006/01/24 24:00
- 오염사고 前 김선종이 줄기세포 일부 가져가 2006/01/23 23:11
- 옮겨 붙는 '황우석 불똥' 2006/01/23 23:11
- YTN '1번 줄기세포주 테라토마 외배엽 있었다' 2006/01/21 21:15
- 혼돈 속에서 삼매를, 버림 속에서 기회를 2006/01/20 20:22
- '황 교수 음모론 있다면 이권관련일 것' 2006/01/20 20:21

* 출처: http://www.bulkyo21.com

'용역깡패'의 폭력과 시민*

어젯밤 방송된 <추적60분> 「2006 용역실태보고 "폭력을 서비스해 드립니다"」편은 재개발현장과 공사현장, 노사분규현장, 건물주와 세입자 간의 이권다툼 등에 투입되는 폭력적인 용역경비업체의 실상을 적나라하게 보여줬다. 돈만 주면 사람을 사람으로 여기지 않고 무자비한 폭력을 휘두르는 이들의 정체는 한마디로 인간이 아니었다. 그들은 악마가 현실에 나타난 것이었다.

팔 한쪽이 없는 사람, 목발 짚은 사람, 심지어 휠체어를 탄 장애인까지 돈만 되면 아무나 마구잡이 동원해 폭력을 휘두르는 이들은 말이 좋아 경비업체 직원이지, 그 실상은 돈에 사고 팔리는 "용역깡패"이다. 용역깡패가 시민들을 개 패듯이 해도, 경찰은 '법' 운운하며 팔짱끼고 '나 몰라라' 하고 있다. 도대체 대명천지 문명사회에서 가당찮은 폭력이 '상식'으로 위장하고 국민들을 위협한다.

현재 우리나라 경찰청에 등록된 경비업체 수는 2250개. 경비업에

---

* 용역깡패, 경비업체, <KBS>, 추적60분

종사하는 사람 수만도 12만 명에 이른다고 한다. 이 중에 경호다운 경호를 하는 업체는 1%도 안된다. 대부분 철거나 노사분규 등 본말이 전도된 일거리로 밥벌이하고 있다. 미친개처럼 사람을 사람으로 여기지 않고 잔인하게 짓뭉개는 이들 용역깡패를 더 이상 방치할 수 없는 수준에 이르렀다.

시민들은 용역깡패와의 싸움에 앞서 법 타령을 하며, 용역깡패의 '폭력'을 방치하는 경찰에 대해 단호하게 저항할 시점이다. 그리고 용역깡패들에게 폭력을 하청주고 있는 공무원들을 우리 사회에서 퇴출시키는 운동을 전개해야 한다. 시민들의 싸움은 적극적으로는 투표행위로 하고, 소극적으로는 세금거부운동 등을 통해 전개할 것을 제안한다. 주민소환제를 실시하여 국민을 우습게 보는 그 우두머리를 처단하여야 한다.

5·31지방선거가 눈앞에 다가 왔다. <추적60분>에서 소개된 경기도 남양주시와 서울 세종로2가의 시민들은 누굴 찍어 주겠는가. 우리가 대통령을 뽑고, 국회의원과 시장을 뽑는 것은 그들이 국민을 대신해 우리의 삶을 보다 풍요롭고 편안하게 해달라는 의미에서다. 지금도 전국의 어느 곳에서 백주대낮에 벌어지는 용역깡패의 폭력을 방치하는 그 책임은 대통령부터 져야 한다. 국민들은 이번 선거를 통해 그 책임을 단호하게 물어야 위정자가 국민을 두렵게 여기고, 국민들은 존중할 줄 알게 된다.

용역깡패가 횡행하는 것은 결국 우리 스스로의 책임이다.

<2006. 4. 27.>

'론스타'와 정치권력 그리고 언론*

아무리 생각해도 한국사회는 '술 권하는 사회'인 것 같다. 한잔하지 않고 맨 정신으로 이 땅을 살아간다는 것은 여간 녹녹치 않다. 대부분의 민초가 술로 스트레스를 풀려다 보니, 유독 술이 원인이 되어 사망하는 돌연사가 많다. 술을 마시지 않고 맑은 정신으로 어쩌다가 집에 일찍 들어가는 날이면 무료한 시간을 보내기 위해 TV를 켠다.

TV는 스트레스 해소보다는 대개 스트레스를 주는 도구로 기능한다. 그것은 TV가 국민을 위해 방송하는 것이 아니라, 권력의 총애를 받기 위해 방송을 하기 때문이다. TV는 말로는 '공정방송', '공영방송'을 표방한다. 그러나 실제로는 '권력의 시녀방송', '해바라기방송', '어용방송'이다.

최근 문제가 되고 있는 다국적 투기자본인 '론스타의 외환은행 매각사건을 둘러싼 보도'만 해도 그렇다. 미리 말하면 왜 권력의 책임

---

* 공정방송, 해바라기 시녀방송, 어용 목소리, 론스타, 친미 사대주의, 진념, 김진표, 외환은행

을 묻지 않는가 하는 것이다. 외환은행을 론스타에 팔아넘긴 궁극적 책임은 다름 아니라 정치권력이 져야 할 몫이다. TV는 이에 대해 침묵함으로써 면죄부를 주고 있다. 이 이야기는 여기에 대한 미디어 비평이다.

본질보다는 겉으로만 도는 공영방송

공영방송 <KBS> - 2TV 「추적60분 / 외환은행을 떠난 693명 - 내 가슴엔 아직도 장미가 있다」(5월 3일 방송)는 2004년 2월 당시 1조 8,500억 원에 거저줍다시피 하여 2006년 6조 4,100여 억 원에 매각, 4조 5,000여 억 원에 이르는 이익을 눈앞에 둔 '론스타 사건'을 조명했다.

방송은 론스타가 외환은행을 인수한 이후 구조조정과정에서 금융산업 평균 6,700여 만 원이라는 어마어마한 연봉을 받던 노동자들이 '철밥통'을 빼앗긴 이후의 눈물겨운 삶을 조명하는 데 초점을 두었다. 이건 진실이 아니다. 론스타가 외환은행을 매각하여 이익을 얻는 4조5,000여 억 원의 돈이 의제의 중심이어야 했다.

론스타의 실체는 국제투기자본이다. 따라서 론스타는 국내법상 은행을 인수할 자격이 없다. 그런데도 론스타는 외환은행을 꿀꺽 삼키고, 2년 남짓 만에 4조 5,000여 억 원에 이르는 수익을 챙기고 있다. 어떻게 해서 이런 일이 일어날 수 있을까? 론스타는 무슨 요술방망이라도 지녔을 것일까?

근본적으로 인수할 자격도 없는 투기자본이 은행을 인수할 수 있었던 것은 권력의 실체가 숭미사대주의의 주구이었기에 가능했다. 노벨평화상을 받고, 6·15남북공동선언을 이끌어 내 국민들에게 벅

찬 감동을 주었던 DJ정부, 국민주권의 참여를 통해 열린 민주주의를
진보적으로 구현하고 있다는 노무현 정부는 "외자 유치만이 살길이
다"라며, 알짜배기 기업을 무더기로 해외에, 그것도 지나치게 싸구려
로 팔아먹기에 급급했다. 이 따위 경제정책은 알고 보면 오히려 전
두환·노태우 씨가 부정축재했던 것보다 더 죄질이 나쁜 '악질적인
범죄'이다.

권력과 관료가 국부 팔아먹은 주범

외환은행을 론스타에 팔아넘긴 당사자로 이름이 오르락내리락 거
리는 사람은 2004년 2월 당시 이강원 외환은행장, 김석동 금융감독
위원회 국장, 변양호 재정경제부 금융정책국장 등 '3인방'이 실무책
임자로 떠오른다. 이강원 행장은 론스타가 외환은행을 인수하고 3일
뒤 퇴임하면서 전별금·자문료 등의 명분으로 17억 9,000여 만 원을
챙겼고, 김석동 국장은 승진하여 현재 재경부 차관으로 재직 중이며,
변양호 국장은 론스타가 자금을 댄 보고펀드 회장으로 재직 중이다.
이들 다음에 오름이 오르내리는 사람은 재정경제부와 기획예산처
등의 장관을 지낸 이헌재 김&장법률회사 고문과 진념 삼일회계법인
고문, 당시 재정경제부 장관이었던 김진표 현 교육부총리가 있다. 이
들이 론스타의 외환은행 인수에 구체적으로 어떤 역할을 했는지에
대해 방송은 침묵했다. 다만 김진표 장관은 2003년 7월께 재경부와
금감위, 청와대 관계자 등이 참석한 회의를 갖고 "론스타가 인수할
자격이 있다"고 유권해석을 내린 장본인이다.
론스타 문제가 '투기자본감시센터'라는 한 시민단체에 의해 사회

여론화 되자 하나같이 이들은 책임회피에 급급하고 있다. 더욱 파렴치한 것은 '죽은 자는 말이 없다'고 외환은행 매각의 근거 자료가 됐던 서류를 작성한 허모 씨(2005년 8월 사망)에게 그 책임을 모두 떠넘기고 있는 것이다. 이들에 의하면 국내랭킹 5위의 은행이 일개 은행원이 팔아먹었다는 것이다. 참으로 해괴한 논리다.

방송은 이를 제대로 짚지 못했다. 정부는 어떻게 하든 론스타 문제를 쉬쉬 덮으려고만 한다. 왜 그럴까? 론스타의 진실이 밝혀지는 것을 원하지 않기 때문이다. 국민들이 책임추궁을 할까 봐 겁이 나 쉬쉬하기에 급급하다. 뇌물을 받고 외환은행, 곧 국익을 투기자본에게 팔아넘긴 정치세력은 대를 이어 권력을 쟁취했고, 론스타를 위해 발 벗고 나서 힘껏 뛰었던 고급관료들은 장관·차관 등으로 승진했으며, 은행임원들은 1인당 3만 주에서 1만 5,000주까지 스톡옵션을 행사해 '떼부자'가 됐다.

론스타는 국민들의 빗발치는 비난에 크게 생색을 내듯 세금(1,400여 억 원 예상)을 내고, 1,000억 원을 사회발전기금으로 희사하겠다고 한다. 론스타의 큰 '아량(?)'에 크게 '감읍(?)'이라도 할까?

5·31선거로 부패권력 퇴출해야

이건 아니다. 외환은행을 론스타에 팔아넘긴 진실은 결국 정치권력의 책임이다. 국부를 '권력안보'를 다지기 위해 무분별하게 팔아먹은 그 책임을 통감해야 한다. 이는 우리 시대의 독재자였던 박정희 정권이 용공조작으로 정권안보를 획책했던 것과 근본적으로 다르지 않는 정치적 행위이다. 다만 다른 점은 박 정권은 국민들을 희생시켰으나, 요즘 정권은 국가의 재산을 탕진시킨다는 점이다.

국민들은 이를 자각하여야 한다. 그리하여 다가오는 5·31지방선거를 통해서는 이런 권력을 심판하여야 한다. 말로는 민주주의를 가장하며, 실제로는 매판적인 정치권력을 심판하지 않는다면 그 '덤터기'를 고스란히 뒤집어쓰게 된다.

5·31선거 때 깨어 있는 눈으로 바르게 보고, 바르게 찍자. 제 나라 국민을 보호하는 것보다 주재국의 입장에 더 신경을 쓰고 있는 외교부 공무원, 자신에게 이익이 된다 싶으면 온갖 핑계를 명분으로 삼아 나라를 팔아먹는 재경부 관리들조차 제대로 관리감독하지 못하는 정치세력에게 권력을 안겨 줘 봐야 국민들에게 돌아오는 것은 찌든 '고통'뿐이다.

<2006. 5. 4.>

포털저널리즘*

포털사이트(*Portal Site*)의 정체성에 대한 논쟁이 언론계와 IT업계를 중심으로 활발하다. 논쟁의 쟁점은 포털이 과연 언론인가 아닌가 하는 것이다. 포털저널리즘은 사이트의 '관문(關門)'에, 뉴스를 수집하여 한곳에 모아놓은 '뉴스 유통'으로 시작했다. 최근에는 제목달기와 기사배치 등을 통해 실질적인 편집기능까지 수행하고 있다.

IT업계에서는 포털이 뉴스의 유통자라고 규정하며, 언론계에서는 뉴스의 생산자이므로, 그에 따른 책임과 의무를 다해야 한다는 주장이다. <네이버(*naver*)>, <다음(*daum*)>, <파란(*paran*)>, <야후(*yahoo*)>,

---

* <네이버>, 제목장사, 포털사이트, 가문여론, 언론황제, 언론권력, 사회공론, 뉴스장사.

<엠파스(*empas*)> 등 5대 포털에 접속하는 사람은 하루 2,500여 만 명에 이르며, 점유율 1위인 <네이버>의 1일 방문객은 1,250만 명을 넘는다고 한다. 무려 국민들의 절반이 포털을 찾아가는 것이다.

포털은 뉴스의 유통과 영향력에서 기존 언론을 압도한다. 지난 2005년 초 공개된 인터넷뉴스 이용방식 조사 결과치를 보면 응답자의 85.7%가 포털을 통해 뉴스를 얻고, 단 10.3%만이 신문사 사이트를 이용한다고 답했다. 인터넷 이용자의 90%는 뉴스를 보고 싶을 때 포털에 먼저 들른다. 하루 8,000여 개 가량의 기사를 80여 개 언론사로부터 공급받아 사이트에 올리는 포털은 언론이 전혀 경험해보지 못했던 '저널리즘의 돌연변이'라 할 수 있다.

인터넷은 한국의 미디어 권력지도와 산업구조도 바꾸고 있다. 미디어로서의 포털의 위력은 전 세계에서도 한국이 가장 강력하다. 많은 젊은이들은 하루의 일과를 포털로 시작한다. 메인 페이지에 오른 관심 있는 기사를 읽은 뒤 메일을 확인하고, 가입한 카페를 둘러보고, 자신의 블로그나 미니홈피를 검색한 다음 비로소 다른 일을 시작하는 것이다. 미국의 <구글(*google*)>이나 <야후>가 한국의 포털을 벤치마킹할 정도로 한국의 포털은 저널리즘의 새로운 도구로 인식되고 있다.

포털이 언론의 영향력에서 '절대 권력화'되면서 많은 문제점을 노출시키고 있다. 먼저 포털이 기사의 취사선택권에서부터 문제가 제기된다. 포털의 메인 화면에 선택되는 기사는 많아야 수십 개에 불과하다. 어느 기사를 앞세우고, 어느 기사를 뒤에 놓을지는 오로지 포털의 손에 달렸다. 포털은 뉴스의 가치기준을 무엇보다도 '선정성'에 둔다. 센세이셔널한 기사를 선호하는 것이다. 인터넷 저널리즘은 근본적으로 '제목장사'라는 특성을 지닌다. 사람들은 뉴스의 제목만 보고 기사를 클릭한다. 그러므로 포털뉴스는 선정적일 수밖에 없다. 클릭수가 많아야 수익을 창출할 수 있기 때문에 사람들의 주목을 끌기 위해서는 불가피하다.

포털뉴스는 대개 친정부적 성향을 띤다. 이미 대기업으로 성장한 포털의 모 기업이 정부의 정책에서 자유로울 수 없어 권력의 눈치를 보지 않을 수 없다. 포털뉴스에서는 정치적으로 친여매체 기사가 전면에 많이 배치되고, 정부여당의 목소리가 큰 비중을 차지하는 성향이 자연스럽다. 특히 노무현 정부 들어서는 정부여당에게 유리한 기사가 '진보'라는 허울 좋은 가면을 쓰고, '정론'을 위장하는 사례가 빈번해지고 있다. 반면 야당의 주장은 '보수반동 수구의 작태'라 하여 업신여기거나, 무시되기 일쑤이다.

이러한 부작용으로 인해 포털사이트에 대한 저널리즘으로서의 윤리와 책임, 공정성 등을 우려하는 목소리가 정당성을 얻고 있다. 다른 한편으론 뉴스의 저작권을 근거로 직접적인 규제를 요구하고 있다. 지난 2005년 6월 서울에서 열린 세계신문협회 총회에 참석하기 위해 내한한 <뉴욕타임스>의 아서 설츠버거(*Arthur Salzberger Jr*) 회장은 "<야후>나 <구글> 같은 포털사이트를 통한 접속자들은 포털에 연계된 기사만 보고 나갈 뿐, 소스를 확인하는 경우가 거의 없다"며 "특정신문 사이트를 선택해 접속하도록 만들어야 한다"고 말해 포털 저널리즘을 강하게 비판하기도 했다.

실제로 미국의 <구글>, <야후> 등 포털사이트는 뉴스의 제목과 기사 한 단락만 자신의 사이트에서 보여줄 뿐, 그 전문은 출처인 각 언론사의 사이트를 링크해 볼 수 있도록 한다. 그러나 한국의 포털

사이트는 뉴스의 수집뿐 아니라 기사의 위치, 제목변경 등을 통해 실질적으로 뉴스를 편집하는 기능을 수행한다. 한국의 포털은 뉴스를 수집해 유통시키는 기능에서 한 걸음 더 나아가 뉴스를 생산하는 언론으로서의 역할을 수행하고 있다. 한국에서 포털사이트는 강력한 미디어로서의 기능과 역할을 수행하고 있다(최정훈, 「포털의 뉴스서비스 어떻게 볼 것인가」, 국회주최 토론회 자료, 2005, 2쪽).

포털의 이러한 공세에 기존 언론은 다른 한편으로는 살아남기 위해 인터넷에 기반을 둔 정보매체로의 진화를 위해 치열하게 변신 중이다. <조선일보>는 지난 2006년 3월 1차적으로 편집국 기자 130명에게 디지털 캠코더를 지급했다. 동영상 콘텐츠를 제작해 자회사인 '조선닷컴TV'는 물론 DMB, IP-TV, 와이브로 등 다양한 미디어 플랫폼에 제공하겠다는 것이다. <중앙일보>도 최근 '탐사다큐'를 동영상으로 제작해 서비스하는 등 신문·인터넷·방송을 관통하는 융합 콘텐츠를 송출하기 시작했다. 신문사가 단순히 재래식 정보유통기업에 머무르지 않고, 멀티미디어시대를 대비한 첨단 뉴스정보제공 플랫폼 업체로의 변신을 시도 중인 것이다. <동아일보>도 '동아eTV'를 통해 '시사 논평', '3분 논평', '전문기자 코너' 등 자사 웹사이트에 제공하는 동영상 콘텐츠를 강화고 나섰다(김택환, 「미디어의 미래」, 뉴스위크 한국판, 제17권 제17호(통권 727호), 중앙일보사, 2006년 4월 26일자, 53쪽).

포털은 그동안 저널리즘과 인터넷의 사각지대에 기생하면서 뉴스의 사회적 파급효과에 따른 영향력만큼의 책임과 의무가 제기될 때마다 침묵으로 일관해왔다. 현실적으로 막강한 언론기관으로서의 역할을 수행하면서도 편집자가 누구인지, 편집기준은 무엇인지에 대해서도 말이 없었다. 권리만 있고 책임이 전혀 없는, 마치 족벌언론의 황제와 다를 바 없는 포털을 이대로 둘 순 없다. 포털은 언론으로서의 윤리와 그에 따른 의무를 져야 한다. 지금 포털을 둘러싼 기존 언론, 특히 <조중동>의 매몰찬 이데올로기 공세는 순수하지 못하다. 그것은 마치 '똥 묻은 개가 겨 묻은 개를 나무라는 꼴'과 다를 바 없다.

오프라인 매체의 포털 공격은 한마디로 언론권력을 온라인에서까지 독점하겠다는 저급한 발상에서 기초한다. 인쇄매체의 사주는 매개 한국의 여론시장을 독점적 배타적으로 지배하는 무소불위의 언론권력으로 기능한다. 개인의 '가문여론'은 곧장 '사회공론'으로 작용하는 것이 한국언론의 현주소다. 이들 언론황제가 향유하는 언론권력이 붕괴되고 있는 현장이 다름 아닌 포털이다. 따라서 포털에 대한 국민들의 쏠림현상은 기존 언론에 대한 반발과 저항의 결과치라고도 할 수 있다.

기존 언론은 포털을 탓하기에 앞서 그동안 국민들 위에 군림하며 '뉴스 장사'를 해왔던 언론마인드부터 자성할 필요가 있다. 이를 간과한 기존 언론의 포털에 대한 공세는 아무래도 작위적인 권력투쟁과 다를 바 없다. 그와 같은 명분이 국민들을 설득할 수 없음은 명약관화하다. 포털은 분명 실제적인 저널리즘으로서의 역할과 기능을 수행하고 있으므로, 그에 따른 사회적 책임과 의무를 성실히 다해야 한다. 기존 언론이 자의적인 잣대로 포털저널리즘의 규제 목소리를 내는 것은 본말이 전도된 현상이다.

<2006. 5. 15.>

월드컵의 정치사회학*

2006 독일 월드컵, 제18회 FIFA 월드컵에서 토고와 첫 경기를 치르는 날이다. 월드컵에 처녀 출전한 아프리카 대표 토고는 경기를 일주일 남짓 앞두고 감독이 사임했다가 복귀(?)하는 등 안개 속 행보를 보이고 있다. 그것이 G조의 최약체로 평가되는 팀의 정신력 극대화를 위한 주술(?)인지, 술수인지는 모르겠으나, 그 행태는 유령이나 도깨비와 같다는 생각이다.

토고의 행위는 '월드컵에 출전한 국가'라는 존경을 받을 수 없다. 그로 인해 정정당당하여야 할 스포츠가 '이기면 본전'이고, '지면 개망신'인 지저분한 경기로 전락하게 됐다. 그래서 토고와의 첫 경기를 치러야 할 우리 팀은 더더욱 큰 심리적 부담을 안게 됐다.

2002 한일 월드컵에서 '4강 신화'를 창조한 우리나라는 객관적으로 전력이 2002년 팀보다 더 강하다고는 하나, 그동안 평가전에서

---

* 2006독일월드컵, 거스 히딩크, 월드컵 4강신화, '대~한민국', 16강 목표, 대한축구협회

보여준 '졸렬한 경기력'으로 인해 '과연 16강에 들 수 있을지'라는 우려를 주고 있다. 세계의 주요 전문가들은 한국팀의 "16강 진출 불가"에 더 많은 무게 중심을 두고 있다.

2006 독일월드컵 응원 출처: blog.naver.com/idkisuny/10005211274

'월드컵 장삿속' 에 광분한 TV언론

월드컵에 미쳐 광분하는 언론, 특히 TV방송의 작태를 보면 섬뜩한 '광기' 바로 그 자체이다. 지상파·위성 할 것 없이 온통 채널마다 '축구'로 도배질이다. TV는 뉴스는 물론 다큐멘터리, 오락 프로그램 구분 없이 모조리 '월드컵 특집'이다. 아무리 236억 짜리 중계료 본전뽑기를 위해서라 하지만 해도 해도 너무했다. 도무지 시청자의 볼권리를 무시해도 유분수다.

월드컵을 개최하는 독일은 자국에서 열리는 경기임에도 우리처럼 '축구'로 날을 새지는 않는다. 각 방송사가 번갈아 가며 하루 한 채널만 중계한다. 일본 또한 각 방송사가 순번을 정해 방송하며, 축구 열기가 높은 프랑스나 영국도 자국 경기를 중심으로 마구잡이 축구 편성을 지양한다(동아일보, 2006년 8월 12일자, A4면 참조).

한국에서 축구가 이들 국가만큼 인기 스포츠냐 하면 그것도 아니다. 한국축구를 대표하는 K리그 관중석은 한국축구의 현실을 적나라하게 웅변해 준다. 한국축구는 국가대표팀 경기만 인기 스포츠일 뿐이다. 축구는 스포츠이다. 그러나 한국에서의 대표팀의 축구는 단순히 스포츠가 아니다. 그것은 정치사회적으로 축구 이상의 의미를 지니고 있다.

한국인들이 국가 대표팀 축구경기에 열광하는 것은 정치권력이 국민들을 쉽게 조종·통제하기 위한 '축구를 통한 내셔널리즘 고양'과, 기회주의적 상업주의 세력이 부추기는 상업성이 빚어내는 정치쇼·장사쇼에 중독·세뇌된 탓이다. 현재 온 국민이 월드컵을 열광하는 것은 바로 국가 대표팀 축구가 정치와 상업주의에 오염되어 있기 때문인 것이다.

정치사회적으로 오염된 한국의 축구

미디어가 축구를 오염시키는 주범이어서는 곤란하다. 월드컵을 앞두고 우리는 해결해야 할 문제를 하나 둘 지니고 있는 게 아니다. 우선 5·31 지방선거 이후 수구언론이 선거결과를 들먹이며 노무현 정권을 퇴출시키려는 악랄한 음모를 제거해야 한다. 수구언론은 연일 "국민들이 노 정권을 버렸다"고 매도하기에 바쁘다.

'오만하고 독선적인 대통령', '앞뒤, 선후조차 구분할 줄 모르는 싸가지 없는 정권', '배타적인 극렬 운동권 정권', '좌파 친북 세력이 장악한 권력' 등 추잡한 '포퓰리즘 캠페인'으로 노 정권의 시장퇴출을 공공연화하고 있는 것이다. 아울러 이미 '식물정당화'된 집권여당의 지리멸렬상을 확대재생산해 두 번 다시 살아나지 못하도록 확인사살을 해대고 있는 것이다.

수구언론의 이 같은 '작태'는 두말할 나위 없이 노 정권이 스스로 초래한 '재앙'이다. 본디 지방선거란 '토호세력'이 구조적으로 유리한 선거다. 따라서 양심적인 시민사회세력은 지방의 토호를 중심으로 한 기득권 세력에 비해 처음부터 불리한 게임이었다. 이것이 5·31지방선거의 본질이다.

선거를 앞두고 한나라당과 수구언론은 '사이비 진보정권 죽이기' 캠페인을 대대적으로 전개했다. 이른바 노 정권 심판론이 그것이다. 그런데 더욱 한심한 것은 수구세력의 이와 같은 농간에 집권여당이 부화뇌동한 꼬락서니다. 노 정권은 지자체 선거에 장당 추천 등 정치적 의미를 부여하고, 부패한 지방정권의 심판론을 제기했다.

국민들이 노무현 정권에 대해 '신물'을 내는 것은 사실이다. 그것은 노 정권에 부여한 시대적 소명의식을 헌신짝처럼 내동댕이쳤기 때문이다. 국민들이 노무현 정권을 탄생시킨 것은 썩어빠진 수구세력의 역사적 청산을 위한 개혁을 주문하기 위해서였다. 노 정권이 국민들의 이러한 바람에 성실히 부응했더라면 지금쯤 수구세력은 이 땅에서 퇴출되었을 것이다.

노 정권은 실제로는 진보적이지도, 좌파적이지도, 개혁적이지도 않으면서 스스로 그러하다고 자침함으로써, 오히려 양심적이고 개혁적인 시민사회세력의 입지를 없애고 말았다. 그리고는 자신의 '코드'에 따르는 일부 권력 추종자들을 양산해 시민사회의 도덕성과 양심에 '불량'이라는 덤터기만 안기게 했다. 노 정권의 원죄는 여기에 있다.

수구언론의 집권여당 퇴출 캠페인

월드컵 장사를 하는 TV방송은 신이 났다. 아니 광기로 미쳤다. 온 국민에게 붉은 옷을 입고 거리로 나와 하나된 마음으로 "대~한민국"을 외치자고 주문한다. 그 틈새로 그동안 숨죽이고 있던 수구세력이 서서히 권력을 접수할 조짐을 보이고 있다. 5·31지방선거의 충격을 털고, 전열을 재정비하여 국정을 책임 있게 수행하여야 할 집권여당은 토고팀처럼 갈피를 잡지 못하고 '갈짓자' 행보를 거듭하고 있다.

"한국 팬을 위해 일본은 반드시 꺾겠다"던 2002년의 영웅 히딩크 감독은 자신이 약속한 대로 일본을 3대 1로 이겼다. 전반 26분 나카무라가 프리킥한 골이 호주의 골네트를 갈랐다. 이때 문전에서 일본의 다카하라와 야나카가 호주의 골키퍼 슈워처를 차징했다. 누가 봐도 명백한 파울이었음에도 이집트의 파타 주심은 골인을 선언했다. 주심이 일본으로 기우는 석연찮은 판정 이후 호주는 열두 명과 싸우느라고 고전했다.

압도적인 체력의 우위가 후반들어 바닥을 드러내는 사이 거짓말 같은 '히딩크의 마술'이 시작됐다. 지난 2002년 이탈리아 전에서 보여준 것처럼, 이번에도 수비수를 빼고 공격수를 투입, 과감한 승부를 마다 않았다. 84분께 후반 교체 멤버로 출전한 케이힐이 동점골을 뽑은 데 이어, 86분에는 역전 골을 성공시켰다. 호주는 이 여세를 몰아 역시 후반에 공격수로 투입된 알로시가 92분에 쐐기 골을 뽑아 3대 1로 경기를 마무리했다.

히딩크처럼 노 정권도 약속지켜야

"독도는 일본땅"이라는 일본과는 지구촌 같은 하늘 아래 사는 것만으로도 자존심 상하는 일이다. 따라서 히딩크가 일본을 이긴 것은 통쾌하기 그지없는 "쾌거"다. 여기에다 설상가상으로 체코가 미국을 3대 0으로 샷아웃시킨 것은 더할 나위 없는 청량제다.

미국과 일본이 패한 것에 대해 누구보다 가슴 아파할 인간들이 있다. 다름 아닌 숭미사대주의자들과 친일 앞잡이 패거리들일 것이다. 대부분 고학력 전문직 지식산업 종사자들인 이들은 미국과 일본을 혈맹이며, 선린 우방이라고 한다. 이승엽의 19호 홈런을 빼앗아 가는 일본이 선린 우방인가. 김동성의 피땀 어린 금메달을 훔쳐 가는 미국이 맹방인가 말이다. 민중들은 그런 감정으로 미국과 일본을 생각하고 있다.

더구나 미국은 한미FTA로 이 땅의 농민을 아예 말살시키려고 덤벼들고 있다. 그런데도 더욱 한심스러운 것은 대부분 우리 사회의 오피니언 리더층으로 군림하고 있는 지식인층이 FTA만이 살길이라며 국민들을 기만하고 있다는 사실이다.

FTA는 미국의 국익이나 미국민중을 위한 제도도 아니다. 오로지 미국을 지배하고 있는 극소수의 자본세력을 위한 '파티'일 따름이다. FTA가 실시되면 우리뿐만 아니라 미국민중의 삶 또한 피폐해진다. 왜냐하면 FTA는 돈의 국적도, 성격도 가리지 않고 오로지 9,900원을 가진 자본가가 100원을 가진 노동자의 돈을 빼앗아 10,000원으로 채우자는 것이기 때문이다.

일본은 인류에게 치명적인 바이러스

외교부를 비롯한 재정경제부, 청와대 등 정부의 주요 포스트에 자리잡고 있는 FTA 추진론자들은 분명 대한민국의 공복일 터이다. 그런데 그들의 눈에는 이 땅의 국익보다는 미국 섬기기를 하늘처럼 하고 있다. 그렇게 함으로써 자신의 기득권을 공고히 하여 대를 물려 세습하고자 하는 것이다. 이들은 어젯밤 미국의 패배에 피눈물을 쏟았을 것임은 눈에 훤하다.

일본의 패배에 대해서도 '동북아의 선린 이웃' 운운하며, 일본과 한 몸이 되지 못해 안달인 친일 앞잡이 세력들이 땅을 쳤을 것이다. 역대 독재정권에 빌붙어 일본놈 앞잡이 노릇을 한 대가로 그동안 호의호식했던 이들의 몰락은 역사의 필연이다. 그것이 역사의 순리다.

미국과 일본이 이 땅의 민중들로부터 존경을 받으려면 국익에 걸맞은 처신을 하여야 한다. 정치학 교과서의 고전이라 할『노자』에는 이르기를 큰 나라가 진실로 큰 나라의 대접을 받기 위해서는 자신을 낮추고, 작은 나라를 큰 나라처럼 섬기라고 했다(『老子』第61章; "大國以下小國, 則取小國, 小國以下大國, 則取於大國"). 무릇 군사적 힘만으로 천하를 얻을 수는 없는 것이다(『老子』, 第30章; "不以兵强天下").

FTA를 강요하는 미국과, 독도가 일본땅이라는 일본이 이를 제대로 인식할 때, 비로소 그들은 이 땅의 민중으로부터 진정한 '친구'가 될 것이다. 그에 앞서 내부적으로 외세에 빌붙어 자신의 사리사욕을 채우려는 일부 지식인층의 일탈에 대해 민중들의 인내와 분노가 한계에 달하고 있음을 강력히 경고하지 않을 수 없다.

일본 꺾은 호주 파이팅!
미국 이긴 체코 파이팅!

한국축구는 오늘밤부터는 말로만 이길 것이 아니라 경기에서도 토고와 프랑스, 스위스를 꺾고 16강 넘어 8강, 4강, 결승으로 진군하길 진심으로 기원한다. 그리하여 '6월의 신화'를 2006년 여름밤에도 찬연하게 새기기를 누구보다 기대한다.

<2006. 6. 13.>

족벌사영방송 SBS를 해체하라*

족벌사영방송 <SBS>가 2010년 남아공 월드컵과 2014년 월드컵 독점 중계권을 1억 3천만 달러(1,250억 원)에 사들인 것으로 알려졌다. 7일 한국방송협회에 따르면 <SBS>는 아시아 중계권을 소유하고 있는 일본의 광고회사 덴쓰(電通)로부터 월드컵 2개 대회 중계권을 매입했으며, FIFA(국제축구연맹)의 공식 확인 절차만 남은 것으로 확인되고 있다. 이번에 <SBS>가 사들인 중계권료는 2002 한일월드컵 3,500만 달러, 2006 독일월드컵 2,500만 달러보다 3배 이상 차이가 나는 초고가 계약이다.

이에 앞서 <SBS>는 자회사인 SBS인터내셔널(SBSi)를 통해 2010년 벤쿠버 동계올림픽부터 2012년 하계올림픽, 2014년 동계올림픽, 2016년 하계올림픽 등 올림픽 4개 대회 독점 중계권을 7,250만 달러(710억 원)에 확보했다고 밝혔다. 이는 2002년 솔트레이크 동계올림픽, 2004년 아테네 올림픽, 2006년 토리노 동계올림픽, 2008년 북경

* 족벌방송, 사영방송, <SBS>, 독점중계권, 코리안 풀, 국제올림픽위원회(IOC).

올림픽까지 4개 대회 중계권료보다 2배 이상 인상된 금액이다.

돈만 되면 물불 안 가리는 천박성 드러내

월드컵이나 올림픽 등 사람들의 관심을 끄는 스포츠의 중계권료는 해마다 폭등하고 있다. 이에 세계 각국은 단일 컨소시엄을 구성해 중계권료 협상에 나선다. 일본은 재팬 컨소시엄을, 유럽은 EBU 등을 통해 중계권료 협상을 단일화하고, 보다 싼 가격으로 중계권을 확보한다. 우리나라도 <KBS>를 비롯하여 <MBC>, <SBS> 등 지상파 방송 3사가 '코리안풀(Korean Pool)'을 결성, 지난 5월 30일에는 3사 사장단이 모여 과도한 외화유출을 방지하기 위해 중계권료 협상을 공동으로 진행키로 각서까지 교환했다.

그러나 <SBS>는 두 달 만에 각서를 파기하고 자회사를 앞세워 올림픽 4개 대회 독점 중계권을 확보했다. 뒤통수를 맞은 <KBS>와 <MBC>는 <SBS>를 격렬히 비난했고, <SBS>는 "자회사 계약한 것이어서 그 사정을 몰랐다"고 해명했다. 이에 대해 국제올림픽위원회(IOC)는 홈페이지에서 계약주체가 <SBS>라고 밝혀 <SBS>의 해명이 '새빨간 거짓말'임을 말해 주고 있다.

미국 할리우드 영화의 아시아 견본시장은 일본 동경에 있다. 세계적으로 인기를 끌 만한 영화가 출시되면, 미국 영화사들은 대만 배급업자는 첫 손님과 무조건 계약을 하고, 한국 배급업자와는 계약을 최대한 늦춘다고 한다. 이게 무슨 소린가 하면, 가령 대만업자는 첫 손님이 100만 달러를 불렀다면, 두 번째 찾아가는 배급업자는 80만 달러를, 세 번째 배급업자는 60만 달러에 네고를 낸다는 것이다. 갈수록 가격이 내려간다.

반면 한국 배급업자는 첫 번째 방문했던 딜러가 100만 달러를 제시했으면, 두 번째는 120만 달러를, 세 번째는 140만 달러를 제시하는 등 갈수록 비싼 값을 부른다는 것이다. 그래서 똑같은 영화라도 한국은 대만에 비해 평균 2배 이상 더 비싸게 사들여 오고, 또 그만큼 비싼 값에 영화를 보고 있다는 얘기다.

이는 '경쟁이 미덕'이라는 자본주의를 배워도 더럽게 배웠기 때문이다. 대만인들의 자본주의는 첫 번째 사업자가 계약을 포기한 것은 그만큼 영화가 돈 값어치를 못하기 때문이라는 논리고, 한국은 돈만 된다면 그 과정이야 어떠하든 간에 경과만 좇는 습성 때문에 비싸게 영화를 사들여 오는 것이다. 이번에 <SBS>가 IOC와 계약한 금액은 코리안풀이 계획하고 있던 예정가보다 무려 950만 달러나 더 웃돈을 얹어주고 맺은 계약이다.

상업주의 사영방송 국민의 품으로 돌려야

<SBS>의 반칙 세치기 중계권 확보에는 돈벌이에 혈안이 된 천박하기 그지없는 기회주의적 상업언론의 탐욕이 스며 있다. 따라서 우리 방송이 <SBS>와 <MBC> 등 사영상업방송 형태를 버리지 않는 한 이번 일과 같은 외화 탕진과 전파의 상업적 도구화를 막을 수 없다. 차제에 방송위원회는 <SBS>와 <MBC>의 채널을 환수하여 국민의 품으로 되돌리는 방송구조개편에 착수하여야 한다.

한 가지 예를 들면 <SBS>의 채널을 환수해 시민단체 등에게로 돌리면, 방송의 공영화뿐만 아니라 NGO는 튼실한 재정과 대사회적

인 공식 발언대를 지닐 수 있어 '도랑치고 가재 잡는 일석이조의 효과'를 기대할 수 있다. 아울러 낮에는 야당하고 밤에는 여당하는 듯한 <MBC>의 애매모호한 정체성도 확고히 재정립하여야 한다. 민영방송의 탈을 쓰고 있는 <MBC>는 상업방송인지, 공영방송인지 그 성격을 분명히 하여야 한다.

예컨대 <MBC>로 하여금 <교육방송(EBS)>의 운영비용을 충당케 한다든지, 아니면 방송발전을 위해 제도적으로 공익성을 제고할 의무를 강력하게 부과하여야 한다. 원래 방송 중계권 협상에서 새치기 원조는 지난 2000년 메이저리그 중계권(2001~2004년)을 무려 3,200만 달러라는 당시로는 파격적인 가격으로 독점 계약해 공동 협상을 하던 방송계에 뒤통수를 친 <MBC>다. 그런 <MBC>가 <SBS>를 나무라는 것은 '똥 묻은 개가 겨 묻은 개를 나무라는 것'과 다를 바 없다. <KBS> 또한 지난 2월 3사 합의를 깨고 'IB스포츠'로부터 AFC 패키지와 미국 메이저리그야구(MLB) 중계권을 샀다가 비난을 산 적 있다.

방송에는 '보편적인 시청권'이라는 말이 있다. 축구나 야구, 농구, 올림픽, 월드컵 등 국민통합에 기여하는 주요 스포츠에 대해 국민들은 무료로 시청할 권리를 지니고 있다는 것을 의미한다. 따라서 이러한 스포츠는 온 국민이 볼 수 있는 지상파 TV가 중계방송을 우선할 권리를 지녀야 하는 것이다. 이미 유럽이나 선진 각국은 시청자의 볼권리 확보를 위해 지상파 방송을 중심으로 공동 컨소시엄을 구성하고, 보다 저렴한 '보편적 시청권' 확보를 위해 노력하고 있다. 더럽게 배워 처먹은 이 땅의 방송업계는 '자본주의'를 내세워 케이블TV, 위성TV 등 일부 시청자를 대상으로 한 방송이 주요 스포츠를 독점 중계하고 있다. 그리고 사회적 여론이 비등하면 지상파 방송은 독점 중계권을 확보한 특수방송에 구걸해, 막대한 대가를 지불하고 중계하는 실정이다. 이런 절름발이식 스포츠 중계 현상은 타파되어야 한다. 차제에 방송위원회는 국익확보 차원에서 방송정책을 바르게 수정하든지, 아니면 직접 중계권 협상의 주체가 되어 국민들의 볼권리 확보에 이바지하여야 한다. 그것이 방송위원회가 존재하는 까닭이다.

전파는 공공재(公共財)이다. 전파가 어떤 특정 개인의, 가문의 돈벌이 수단이 될 수 없다. 나아가 특정집단의 치부 수단이 되거나 밥벌이로 전락해서도 안된다. 전파는 그 주인을 위해 사용되어야 한다. 공영과 민영의 탈을 필요할 때마다 번갈아 가며 바꿔 쓰는 <MBC>의 정체성과 방송을 돈벌이와 권력창출의 도구로 활용하려는 족벌사영방송 <SBS>를 그대로 두고 언론개혁을 입에 담는 것은 위선적 구호다.

<SBS>는 반칙을 했다. 시청자의 볼권리를 자사의 이익확보와 맞바꿨다. 스포츠에서 반칙을 하면 퇴장이다. 그렇다면 방송에서 반칙을 저지른 <SBS>를 어떻게 해야 할까? 마땅히 퇴장시켜야 한다. 그것이 원칙이다. 공정한 룰이 깨지면 스포츠는 성립되지 않는다. 족벌방송 <SBS>는 우리 사회에 아무런 도움이 되지 않는 '암 덩어리'임은 이번 사태로 백일하에 드러났다. 차제에 족벌사영방송 <SBS>를 국민의 품으로 돌리는 것이야말로 전파낭비는 물론 외화유출도 막을 수 있는 유일한 방법이다.

<2006. 8. 7.>

북한 간첩과 미국 간첩*

지난 31일 국회 문화광광위원회의 방송위원회에 대한 국정감사에서 신현덕 <경인TV> 공동대표(54)가 보도자료를 통해 "<경인TV> 1대 주주인 영안모자 백성학 회장(64)이 국내 정치상황과 북한 관련 정보 등을 수집해 미국 정보기관에 전달한다"고 밝혔다. 신 대표는 "백 회장이 영문으로 작성된 문건을 보여주며 '내일이면 미국 부통령 책상에 올라갈 것'이라고 해 경악했으며, 자신이 직접 미 8군에 가서 전달하기도 한다고 말해 더욱 놀랐다"고 주장했다.

'미국 간첩' 출현 주장에 국민들 충격

신 대표는 백 회장의 미국 간첩행위에 대한 구체적인 증거라며 'D'라고 표시하는 사람이 47번째로 보내온 것으로 보이는 「정국동향」

---

* <경인TV>, <CBS>, 북한간첩, 미국간첩, 친미 사대주의, 반공신문, 1류신문, 민족언론, 기독교인.

등 관련자료를 공개했다. 이 자료에 따르면 지난 8월 29일자로 작성된 문건에는 전시작전권 이양과 관련한 노무현 정권의 의도와 한미 정상회담에 관련한 주문 사항이 적시돼 있다. 이 문서에는 특히 작전권 이양이나 북한 핵실험과 맞물려 한국 내 미국 자본에 대한 주식부동산투자 등이 재평가돼야 한다는 요구가 적시돼 있다.

신 대표는 "백 회장이 '만일 이 일이 밖으로 나가면 3대, 4대까지도 보복을 받고, 국내에 있는 조직이나, 해외에 나가서도 보복을 받을 것'이라는 협박 때문에 그동안 사실을 밝히지 못했으며, 검찰에 정식으로 신변보호를 요청해 보호받고 있는 상황"이라고 덧붙였다.

이에 대해 함께 증인으로 출석한 백 회장은 「D-47」 등 문제의 문건을 외부로부터 제공 받은 사실은 인정했다. 그는 "더러 아는 분들이 있어 그 문건만이 아니라 여러 문건을 우리는 따로 받는 게 있다"고 밝혔고 "'악의적인 정보로 한국의 신인도를 떨어뜨리려 했다'는 주장 등은 자신에 대한 음해"라고 강력 반박했다.

백 회장은 이어 "(신 대표가) 정신적으로 이상이 있는 것 같다"며 강력하게 반발했다. 그는 "신 대표가 오랫동안 외신(기자)을 했기 때문에 국내와 해외가 연관된 정세를 알려줬으면 좋겠다고 했고, 내가 국내 정세를 모르니 때때로 보고해 줬으면 좋겠다고 했던 것"이라고 주장했다.

노무현 정부 들어 방송시장에서 퇴출된 <iTV(경인방송)>의 새 사업자로 올 4월 경인민방 사업자로 선정된 <경인TV> 컨소시엄은 영안모자가 22.6%의 지분으로 1대 주주며 미디어윌(12.4%), 경기고속(12.3%), 매일유업(7%), CBS(5.4%) 등이 주요 주주에 포함됐다. 사업자 선정 이후 영안모자와 CBS(신현덕 공동대표 측)는 주도권을 잡기 위한 갈등을 겪어 온 것으로 알려졌다.

의혹 덮기에 급급한 언론 냄새만 솔솔

언론계에서는 이번 사태를 대체로 경인방송 주도권을 장악하기 위한 과정에서 불거진 갈등 정도로 이해하고 있다. 그러나 이는 문제의 껍데기만 보고, 속은 애써 외면하는 꼴이다. 문제의 본질은 과연 <경인방송>의 1대 주주가 미국 스파이냐 아니냐 하는 것이다. 신 대표는 "백 회장의 정보 수집활동을 입증할 수 있는 구체적인 물증이 있다"며 "수사기관에서 모든 진실을 밝히겠다"고 말했다. 따라서 정확한 것은 수사당국의 결론을 지켜봐야 하겠지만, 그가 만일 미국의 간첩이라면 지상파 방송사업을 맡겨서는 안 된다는 것이다.

아무리 미국이 우리와 '혈맹관계'라 할지라도, 미국의 간첩이 공공연하게 방송언론인으로 행세하는 것은 주권 침해이며, 좀 극단적으로 말하면 한국이 미국의 식민지와 다를 바 없다는 것을 의미한다. 신 대표의 증언이 사실로 밝혀질 경우 국내외적으로 상당한 파장이 예상되는 이유다.

신 대표의 주장과 백 회장의 변명이 첨예하게 대립되는 가운데 무엇이 진실이고, 거짓인지 판가름이 치열할 것이다. 언론은 이 진실 게임에 대해 사실의 진실 여부를 국민들에게 알려줘야 할 의무가 있다. 그런데 언론보도가 침묵하고 있어 국민들을 기만하고 있다. '386 일부가 북한의 고정간첩'이라며 연일 지면을 '매카시 광풍'으로 도배질하면서, 정작 '미국의 간첩' 의혹에 대해서는 쉬쉬 덮기에 급급하다.

이는 뭔가 잘못돼도 한참 잘못된 것 같다. 언론이 '노 정권＝친북

=386 간첩'이라는 이미지 조작이 정당성을 지닌 사회적 아젠다가 되려면 '우리 사회 중견기업인의 대미 공작원 의혹 제기' 또한 같은 비중으로 진실찾기에 나서야 한다. 이를 간과하면 이 땅의 언론 스스로 언론이기를 포기하는 것이며, 나아가 친미 사대주의 '주구'라는 비판에서 자유롭지 못하게 된다.

386 북한 간첩이건, 미국 간첩이건 간에 이 땅의 국익 수호를 위해선 '간첩'은 모조리 색출하여 이 땅으로부터 격리시켜야 한다. 우리 민족의 자주적·주체적 공동이익과 가치관을 지키기 위해선 간첩을 발본색원하여 처단하지 않을 수 없다. 그런 의미에서 언론이 386 북한 간첩을 물고 늘어지는 것에 대해서는 시비 걸 생각이 없다. 그렇다면 '미국 간첩'의 의혹 제기에 대해서도 맹견처럼 달려들어 진실을 파헤쳐야 마땅하다.

천박한 윤리의식 기독교인 명예 훼손

자유민주주의와 반공, 애국을 전세 낸 양 입으로 개 거품을 물면서 '좌파 용공'을 비난해대던 언론이 여기에 대해 쉬쉬하고 있다. 반공신문을 자임하는 <조선일보>는 아예 기사화하지도 않았고, 1류신문이라는 <중앙일보>는 겨우 2단기사로 처리했으며, 민족신문이라는 <동아일보>는 386 고정간첩 혐의를 받고 있는 장민호 씨가 <경인방송> 2대 주주인 미디어월의 영향력을 활용해 <경인방송>을 지배하려 했다는 기사와 연계해 보도하는 데 그치고 있다.

<경인방송> 1대 주주의 대미 간첩 행위가 사실이라면 방송위원회는 마땅히 사업자 선정을 즉각 취소하여야 한다. 그러나 방송 주도

권을 둘러싼 단순 해프닝이라면 출범도 하기 전에 국민들에게 큰 충
격을 준 <경인방송> 사업자는 도덕적 책임을 져야 한다. 더구나 <경
인방송> 사업자로 선정된 그들은 하나같이 하나님을 신봉하는 기독
교인들이다. 따라서 그들이 국민들로부터 "예수쟁이"라는 소리를 듣
지 않도록 건강하고 모범적인 '기독교인'으로 거듭나는 계기로 삼아
야 한다. 하나님의 참된 말씀을 전하는 사도로서의 바닥난 윤리의식
을 다잡아야 할 때이다.

<2006. 11. 1.>

한미FTA와 출판업계*

출판업계가 '한미FTA'라는 '종성자탄'을 맞고, 속에서부터 붕괴될 우려를 낳고 있다. 중성자탄은 겉은 멀쩡하나 속은 철저히 파괴한다. 출판업계에 '쓰나미'처럼 들이닥친 한미FTA가 그러하다. 노무현 정부는 한미FTA 문화부분 협상에서 저작권 보호 기간을 현행 50년에서 70년으로 20년 더 연장에 합의했다. 이는 출판계를 뿌리부터 흔들 조짐을 보이고 있다.

현재 우리나라에서 발행되는 출판시장에서 번역서가 차지하는 비중은 약 30%에 이른다. 출판업계는 해마다 약 215억 원가량을 저작권 로열티로 지불하고 있다. 대한출판문화협회에 납품된 '2006 신간 도서 출판통계'에 의하면 해외번역서 발행종수는 10,482종으로 나타났다. 이 중 일본도서가 4,324종, 미국 및 영국도서는 3,547종이었는데, 출판계는 미국도서가 약 2,600여 종일 것으로 추산하고 있다.

---

* 저작권, 번역서, 출판시장, 문화부, 출판산업, 해외서적, 국내서 저자, 출판인.

노 정권의 한미FTA로 출판계는 내년부터 당장 200여 억 원의 추가 로열티 부담과 연간 7%의 제작비 상승이라는 핵폭탄을 맞게 됐다고 아우성이다. 출판계의 격앙에 대해 문화부는 재빨리 대책 마련에 나섰다. 당장 올해부터 2011년까지 5년 동안 1,600여 억 원을 투자해 2020년까지 세계 5대 출판지식강대국으로 도약하겠다며 10대 청사진을 제시했다.

문화부는 △현재 3조 8000억 원 출판시장 규모를 10조 원으로 △4만 5000종 발행종수를 15만 종으로 △76%인 국민연간독서율을 90%로 △1억 8000만 달러 수준인 출판수출액을 5억 달러로 늘리겠다고 발표했다. 문화부는 이어 △독서 정보시스템을 구축하는 출판문화지수 개발과 '한국출판지식 정보센터' 설립 △저작자와 출판사를 연결하는 '출판원고은행(*Text Bank*)' 개설 △출판유통 시스템 구축과 도서정가제의 지속적인 실시 △전자책 시장 활성화를 위한 '유비쿼터스 출판센터' 설치 △방송매체에 독서관련 프로그램 편성 제도화 △2008년 IPA(국제출판협회) 서울 총회 지원과 외국어 출판 정기간행물 '코리안 북스 매거진' 발행 △'출판지식대학원대학' 설립 △우수도서 선정사업에 '지역출판' 부문 신설 △간행물윤리위원회를 확대·개편한 한국출판진흥위원회 설립 △전자출판물 면세범위 확대를 포함한 출판관련 세제 개선 △전국민 1인 1책 쓰기 운동 전개 △저작자 고과 평점 가산제 실시 등을 정책으로 내놨다.

이에 대해 출판계는 다분히 '정치적인 쇼'라고 인식하고 있다. 가령 전국민 1인 1책 쓰기 운동은 캐치프레이즈에 가깝고, 출판원고은행과 저작자 고과 평점 가산제 또한 실현 가능성은 불투명한 것으로 보고 있다.

한미FTA의 타결로 출판시장이 근본적으로 변화할 한 가운데 서게
됐다. 즉 그동안 해외서적을 부단 복제 출판하던 것은 꿈도 꿀 수 없는
처지가 됐음은 이미 오래전의 얘기다. 이제는 저작권료를 꼬박꼬박 주
고, 추기로 로열티를 더 부담하게 생겼다. 이로 인해 번역서는 책값 인
상이 불가피해졌다. 번역서 시장의 위축과 함께 국내서 시장의 활성화
가 예견되고 있다. 한미FTA는 출판시장의 구조조정을 가속화하는 촉
매제로 다가오고 있다.

<2007. 4. 6.>

저술과 출판*

나는 언론인이다. 언론의 미관말직을 차지했던 지방의 한 무명언론인에 불과하다. 그것도 현직에 있는 것이 아니라 재야에 있다. 언론계에는 꼭 있어야 할 언론인이 아니라 있어도 그만 없어도 그만인 그저 그런 '보통 언론인'에 불과하다.

언론인이 존재하는 이유는 독자와 커뮤니케이션을 하기 위해서이다. 언론인의 실존은 독자와의 의사소통을 통해 이뤄진다. 그런 의미에서 나는 매체를 갖지 못한 재야언론인이므로 '책'을 통해 독자와 커뮤니케이션을 할 수밖에 없었다.

나는 그동안 여섯 권의 책을 펴냈고, 앞으로도 여남 권은 더 펴내려고 한다. 그런데 책을 펴낼 때마다 무척 힘이 든다. 독자여러분에게 책의 원고쓰기가 더 어려울까, 아니면 출판이 더 어려울까를 묻는다면, 아마도 바보 같은 질문이라고 할 것이다. 자비로 책을 출판

---

* 지식사대주의, 출판시장, 교보문고, 영풍문고, 언론유학, 부교재, 자비출판, 연구기금, 언론재단, 저작권.

할 수 없는 입장인 나에게는 단연코 후자가 더 어렵다.

쓰기보다는 출판하기가 더 힘든 지식시장

내가 '저술사업(?)'에 본격적으로 나선 것은 1년에 한 권 정도는 펴낼 수 있다는 자신감과 함께, 현실적으로 책 한 권을 펴내면 공부할 때 소용되는 학비(?) 정도는 자급자족 될 줄 안 착각에서부터였다. 책을 집필해 인세로 언론독학 비용에 충당하고, 독자와 커뮤니케이션을 하겠다는 나의 소박한 꿈은 착각 중의 착각이었다. 나는 여섯 권의 책을 펴내는 동안 변변한 인세를 받은 바 없다. 아니 인세는 고사하고 책이라도 좀 활발히 유통시켜 저자가 이러 이러한 책을 펴냈구나 하는 의미조차 찾기 어려운 형편이다.

나는 출판계가 단군 이래 최대의 불황이라는 말에 동의하지 않는다. 그동안 내가 경험한 바에 의하면 아무리 책이 팔리지 않더라도 출판인들이 결코 자기 돈 드려 내 책을 출판해 주지는 않았으리라 믿는다. 최소한 본전치기 이상은 되어야만 내 책을 펴냈을 것이다. '교보문고'나 '영풍문고'의 대구지점에 조차 내 책이 진열되지 않는데도 내 책을 통해 흑자경영을 지향하는 뭔가의 출판영업 노하우가 있기 때문에 책을 펴냈을 것이라는 게 내 짐작이다.

다음으로 '지식사대주의'에 걸린 출판풍토를 지적하지 않을 수 없다. 출판인들은 이 땅의 학문과 진실보다는 서방선진국의 학문수입에 더 열을 올리고 있다. 국내서 출판보다는 외서의 번역출판을 더 선호하는 행태에서 출판인들의 자폐적인 '정신적 노예주의'를 극명히 엿볼 수 있다. 아무리 우수한 선진이론이라 할지라도, 그것은 서구인들 자신을 위한 토양일 뿐 결코 이 땅을 위한 소금은 아니다. 그런데도 출판인들은 로열티를 지불하면서까지 서구의 어설픈 저서를 펴내기 위해 안간힘이다. 출판인들의 의식구조가 이처럼 우리 현실과는 동떨어져 있는 탓으로 인해 출판계의 불황은 당연한 자업자득의 결과치이다.[1]

"언론진흥" 빈말 유착창구로 전락한 재단

나는 내 책이 출판되지 않는 것은 전적으로 나의 탓으로 여긴다. 나는 언론학 박사도 아니고, 대학교수도 아니다. 나는 언론에 대해 겨우 눈을 뜬 언론유학(言論幼學)이며, 그 흔하디흔한 '보통 사람들'을 지칭하는 선생일 따름이다. 이는 내가 내 책을 '교재'나 '부교재'라는 명분으로 일정하게 팔아줄 고정판매처를 지니지 못하고 있다는 것을 의미한다. 내가 일정한 판매시장만 담보하고 있었다면 출판환경은 달라졌을 것이다.

내가 자비로 출판할 수 없다면 외부로부터 출판기금을 지원받아 책을 펴내는 방법이 있다. 대학교수가 연구기금을 지원받아 저서를 펴내는 것과 같다. 나는 스스로 언론이라 여기고, 또 언론활동을 하

---

1) '지식사대주의'는 지식의 유통상인 출판인들만 오염된 것은 아니다. 지식의 생산자라 할 이 땅의 지성인들조차 그 고질병에서 자유롭지 못하다. 많은 지식인들은 이 땅의 지식을 천시한다. 외국의 지식을 참지식인 양 주워섬기고, 이 땅의 지식은 보잘것없는 지식으로 업신여긴다. 그것은 지식인들이 외국에서 서양원서로 학문해 학위를 받았다는 우월감에 취해, 국내에서 한국어로 공부한 박사를 우습게 여기고, 서울박사는 지방박사를 무시한 데서 비롯된 현상이라 하겠다.

고 있다고 자부하므로 언론관련 문화재단의 언론인 저술지원기금을 확보하여 저서를 펴낼 수 있다고 생각했다.

나는 이와 관련해 무척 할 말이 많다. 언론관련재단의 존재이유는 대부분 '언론의 진흥'에 그 목적은 둔다. 그 가운데 언론인들의 저서 발간 지원은 언론의 초석 중의 초석이라는 점에서 가장 소중하고 의미 있는 일이다.

언론관련재단의 언론인 저술지원은 유력언론사에 재직 중인 유력 언론인들을 중심으로 이뤄지고 있다. 저술지원은 나 같은 사람, 즉 재야에서 아무런 수입도 없이 홀로 공부하는 사람을 찾아내 우선적으로 지원해 주는 것이 참된 지원일 것이다. 물론 그 저술이 지원을 받기에 합당할 만큼의 지적 수준과 내용을 담보하고 있어야 함은 두 말할 나위 없다.

그런데도 나 같은 사람은 외면하고, 유력언론사 유력언론인을 중심으로 지원하는 것을 보면, 이것은 언론의 진흥에 목적이 있는 것이 아니라, 지원을 매개로 유력언론사 유력언론인과의 유착이 그 속셈이라고 할 수밖에 없다. 나는 언론관련재단의 이와 같은 속셈도 헤아리지 못하고 절박한 심정으로 지원신청서를 보냈다가 모조리 퇴짜 맞았다. 중앙일간지의 유력언론인이 집필하였다 하여 '소설'이나 '신변잡기'까지 언론진흥이라며 지원하면서, 나의 현장언론학 실무도서의 지원을 외면하는 언론관련재단의 실체에 대해 뭐라 해야 할까.

물론 모든 언론관련재단이 '짝퉁'이라는 것은 아니다. 나는 지난 2003년도에 '관훈클럽 신영연구기금'을 통해 『대구경북언론사』의 저술지원기금을 받아 책을 펴냈다. 그것은 관훈클럽이 지역의 언론발전을 위해선 반드시 필요한 책이라는 사실을 절감했기에 지원했으리

라 본다. 이는 언론진흥이라는 본래의 목적에 충실한 재단임을 나타
내는 것이다.

번역서 시장 급랭 속에 국내서 각광 전망

내가 오늘 이 글을 쓰는 것은 지난 1989년부터 천착해왔던 『시민
언론 창간론』을 출판하기 위해 출판인을 찾다가 '진'이 빠져 신세한
탄이라도 한바탕 풀어내기 위해서이다. 나는 책을 1권 쓰면, 그것을
펴내려고 출판인을 찾는 데 평균 5~6년이 걸린다. 보통 100여 통의
출판제안서를 송부하면 겨우 한두 사람의 출판인들이 관심을 나타낸
다. 이와 같은 한국사회의 지식유통시스템에 정말 넌덜머리가 난다.
이는 뭔가 잘못된 시스템이다.[2]

그런데 한 가지 희망적인 것은 '한미FTA'로 출판계의 패러다임이
근본적으로 변화될 조짐을 보이고 있다는 사실이다. 노무현 정권이
타결한 한미FTA는 출판인들에게 거대한 '재앙'을 예고하고 있다. 한
미FTA의 타결로 출판시장이 근본적으로 변화할 한가운데 서게 됐
다. 즉 그동안 해외서적을 부단 복제 출판하던 것은 꿈도 꿀 수 없
는 처지가 됐음은 이미 오래전의 얘기다. 이제는 저작권료를 꼬박꼬

---

2) 졸고 『시민언론 창간론』은 로열티를 지불하지 않는 순수 국내서이다. 이
   책은 세계 최초로 오프라인에서의 시민언론 창간을 제시하는 저자의 독
   창성이 돋보이는 사회과학서이다. 이 책에는 <오마이뉴스>에 의해 구체
   화된 시민기자론을 비롯한 시민언론상이 담겨져 있다. 이 책은 저널리즘
   이라는 전문적인 내용을 담고 있으면서도, 누구나 쉽게 읽을 수 있도록
   대중성을 담보하고 있다. 언론에 관심 있는 독자라면 누구나 한 번쯤 읽
   고 싶은 설득커뮤니케이션의 책이다.

박 주고, 추기로 로열티를 더 부담하게 생겼다.

해마다 약 215억 원의 해외도서 수입로열티를 지불하고 있는 출판계로서는 저작권의 연장으로 당장 내년부터 200여 억 원가량의 추가 저작권료 지불을 예상하고 있다. 이로 인해 20~30여 %에 이르는 해외도서 시장의 원가상승이 불가피해졌고, 이는 번역서의 책값 인상을 부채질해, 독자가 시장을 떠나는 '악순화의 고리'로 이어질 전망이다.[3]

출판산업은 본디 원고(저작권)를 토대로 성립하는 산업이다. 원고가 없으면 출판업은 존재할 수 없다. 우수한 원고를 확보하는 것이야말로 출판업의 전부라 해도 과언이 아니다. 아무리 우수한 출판인이라 할지라도 원고를 확보하지 못하면 출판으로서는 존재할 수 없다. 때문에 출판인들은 양질의 원고를 찾기 위해 심혈을 기울인다.

한미FTA로 번역서 시장이 급속히 위축될 전망인 가운데 그동안 출판시장에서 찬밥신세를 면치 못했던 국내서 시장은 정당한 대우를 받을 날이 현실화되고 있다. 이러한 시류를 읽을 줄 아는 현명한 출판경영자는 이미 유능한 국내서 집필 저자의 확보에 발 빠르게 나섰다. 왜냐하면 원고를 확보하지 못한 출판사는 '개점휴업'이 불가피하기 때문이다. 한국의 출판시장 시스템에 대해 냉소적으로 절망하고 있는 나는 속으론 고소해한다.

<2007. 5. 16.>

---

3) "大邱新聞研究院의 커뮤니케이션&저널리즘" 블로그 blog.naver.com/tgpress
   가운데 「한미 FTA와 출판업계」참조.

무료신문과 포털뉴스*

신문사의 가판시장이 알게 모르게 하나 둘 사라지고 있다. 이런 추세라면 머지않아 신문가판대는 박물관에서나 볼 수 있는 풍경이 될지 모른다. 신문의 가판시장이 사라지면서 가장 직접적인 타격을 입는 것은 '스포츠신문'이다. 대부분 가판에 의존하는 스포츠신문은 가판대가 사라짐으로써 신문판로의 원천을 잃게 됐다.

신문가판대가 사라지고 있는 것은 신문이 팔리지 않기 때문이다. 가판시장의 쇠퇴 주범은 '무료신문'과 '인터넷'이다. <메트로>, <데일리포커스>, <AM7>, <데일리줌>, <스포츠한국>, <데일리노컷뉴스> <더시티>, <일일경제> 등 무료신문의 폭발적인 증가는 출퇴근 길 독자의 손에 쥐어 있던 스포츠신문을 대신하게 했다.

무료신문이 스포츠신문을 가판대에서 퇴출시켰다면 인터넷의 포털 뉴스는 종합일간지를 '명퇴'시키려고 한다. 인터넷의 포털은 뉴스의

---

* 신문가판시장, 스포츠신문, 무료신문, 퍼뮤니케이션, 공룡저널리즘, 포털사이트, 포털권력.

종합백화점이다. 각종 미디어에서 '퍼온' 뉴스와 정보에 제목을 붙이고, 위치와 크기를 조정하는 포털사이트는 뉴스의 변종이다. 그러나 포털은 결코 자신은 저널리즘이 아니라며 손사래를 친다.

'퍼뮤니케이션(펌＋커뮤니케이션)'이라고도 하는 포털은 기존 매체의 매개를 재매개함으로써 저널리즘은 물론이고 편집과 게이트키핑, 하이퍼링크, 인터넷 기사작성에 이르기까지 새로운 미디어의 역할을 담당하고 있다(김택환·이상복, 『미디어빅뱅』, 커뮤니케이션북스, 2005, 40쪽).

실제적으론 막강한 '공룡저널리즘'으로 기능하면서도 저널리즘이 아니라는 포털의 속셈은 언론에 부여되는 사회적 책임과 의무를 회피하기 위해서이다. 언론으로서의 권력과 특혜는 지속적으로 향유하면서, 그에 따른 윤리와 도덕은 아예 '나 몰라라' 하겠다는 소리다. 포털이 언론이 아니라면 결코 언론의 기능을 수행해서는 안 된다. 즉 뉴스의 게이트키핑과 편집기능 등을 해서는 안된다.

포털은 현실적으로 막강한 언론권력으로 군림하고 있다. 지난 제16대 대선에서 그 영향력을 이미 경험했듯이 다가오는 제17대 대선에서 가장 영향력이 큰 매체로 대두될 것임은 의심의 여지가 없다. 따라서 포털은 언론에 부과되는 책임과 의무에 대해 자유로울 수만은 없으며, 그에 따른 엄격한 윤리적 잣대와 도덕성이 요구된다.

언론사도 포털에 헐값으로 뉴스를 판매하고 있는 뉴스공급정책을 재검토할 필요가 있다. 가령 시장퇴출위기로 내몰리고 있는 스포츠신문이 포털사이트에 뉴스공급을 중단하고, 자신들이 출자한 공동포털사이트를 개설하여, 자신들의 강점인 스포츠와 대중연예기사를 공급한다면 새로운 돌파구를 찾을 수 있는 전기를 마련할 수 있다.

고급인력이 생산한 양질의 콘텐츠를 헐값에 판매해 포털만 돈 벌

고, 신문사는 죽어가는 현실은 어떤 형태로든 극복되어야 한다(김택
환·이상복, 『앞의 책』, 41쪽). 또한 관문이라는 본래의 역할에서 벗
어나 뉴스의 전문을 보여주는 횡포도 시정되어야 한다. 이는 포털권
력의 또 다른 횡포이다. 포털이 자체 생산한 기사가 아닌 퍼온 정보
의 경우는 뉴스전문이 기사를 제공한 언론사의 홈페이지를 통해서만
볼 수 있어야 한다. 이를 방기하면 언론의 위기는 가속화된다.

　이제 변혁의 헤게모니는 언론사 스스로의 자각에 달려 있다. 어떤
선택을 할 것인가? 필자는 이미 그 해답을 제시했다.

<2007. 7. 4.>

TV수신료와 KBS개혁*

<KBS> 이사회가 지난 7월 9일 TV수신료를 현행 월 2,500원에서 4,000원으로 60% 인상하는 안을 확정했다. <KBS> 수신료는 방송위원회와 9월 정기국회에서 통과되면 최종 확정된다. <KBS>는 해마다 준조세 성격인 TV수신료를 2007년 기준으로 5,348억 원을 거둬들인다. 이번에 수신료가 인상되면 연간 약 3,000억 원의 수입이 더해질 전망이다.

<KBS>의 수신료 인상안에 대해 사회적 비판 여론이 비등하고 있다. <KBS>는 연일 방송을 통해 △공영성 강화 △수신환경 개선 △난시청 해소 △고품질 프로그램 제작 △디지털 전환 △2TV 광고 축소 △<EBS> 지원 확대 등 입에 발린 소리로 인상안의 당위성을 설명하고 있다. 여기에 더하여 일부 친여적인 해바라기 지식인들을 동원, "물가상승 등은 감안하면 26년 만의 인상은 불가피한 상황"이라

---

* TV수신료, KBS개혁, 공영방송, 관제방송, 홍위병, 철밥통, 언론귀족, BBS, NHK, 구조조정.

는 논리를 펴고 있으나 설득력이 전혀 없다.

수신료 받는 KBS '꼴찌경영'

방송위원회 국감자료

작년 41개 지상파중 유일하게 적자로 돌아서
내년 국고지원까지 받아… 경영합리화 시급

정연주 사장

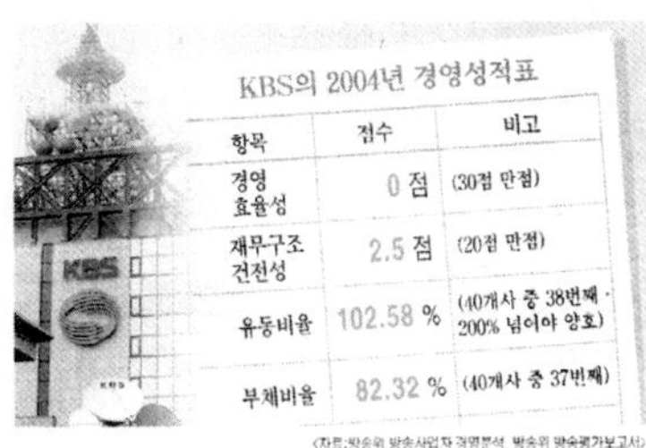

KBS의 2004년 경영성적표		
항목	점수	비고
경영효율성	0 점	(30점 만점)
재무구조 건전성	2.5 점	(20점 만점)
유동비율	102.58 %	(40개사 중 38번째·200%넘어야 양호)
부채비율	82.32 %	(40개사 중 37번째)

〈자료:방송위 방송사업자 경영분석, 방송위 방송평가보고서〉

KBS의 방만한 경영이 작년 지상파 방송사들의 경영상황에 대한 방송위원회의 보고서를 통해서 재확인됐다. KBS는 "국책방송 비용은 국가 부담"이라며 국가 예산 91억원 등 수백억대 국고보조금을 신청했으나, 경영부터 합리화해야 한다는 지적이 나오고 있다.

◆경영효율성 0점

열린우리당 민병두 의원이 공개한 방송위의 '방송평가 심사보고서'는 매년 방송사의 재허가나 재승인 심사를 위해 작성되는 것이다.

KBS는 흑자나 적자를 얼마나 냈는지, 인력은 적정한지 등을 보는 '경영 효율성' 항목이 0점이었다. MBC는 11.25점, SBS는 18.75점을 받았다. 전주민방과 제주민방 등 2개사는 30점 만점, 20점~30점도 4개사였다. KBS처럼 0점을 받은 곳은 8곳이 더 있었는데 절반은 규모가 작은 특수방송들이었다. '재무구조의 건전성'(20점 만점)에서도 KBS는 2.5점으로 작년 재허가가 취소된 경인방송과 재정난을 겪고 있는 기독교방송에만 앞섰다. 이들 2개사는 0점이었다. MBC는 10점, SBS는 7.5점을 받았다. 극동방송·평화방송 등 22개사가 15점으로 가장 높았다.

◆최대 적자내고도 인건비 늘어

한나라당 박형준 의원이 공개한 방송위의 '2004 방송사업자 경영분석'에 따르면 41개(서울시 교통방송본부는 조사서 제외) 방송사 중 KBS만 전년도 흑자에서 적자로 전락했다. KBS 외에 적자를 낸 5개사는 계속 적자를 내던 곳이었다. 작년 638억원의 사상 최대 적자를 낸 KBS는 2003년에 비해 당기순이익이 935억원 감소했다고 보고서는 밝혔다. MBC, EBS, SBS 등 흑자를 낸 35개사의 순익규모도 줄었지만, 이 정도는 아니었다.

경영수지가 악화되는데도 KBS의 인건비는 4403억원에서 4617억원으로 200억 이상 증가한 것으로 나타났다. KBS와 달리 MBC나 SBS 인건비 지출은 줄었다. 보고서는 "KBS는 인건비의 적정성을 검토해야 할 것"이라고 지적했다.

기업의 신용을 보여주는 지표인 유동비율의 경우, KBS는 102.58%로 조사대상이 된 40개사 중 진주 MBC(85.30%), 기독교방송(40.07%)에만 앞섰다. 보고서는 "유동비율은 200%가 넘어야 양호한데, 5개사만 200% 미만"이라며 "KBS는 유동성 관리에 주의해야 할 것"이라고 지적했다. KBS의 부채비율은 82.32%로, 경인방송(자본완전잠식)과 기독교방송(386.64%), EBS(94.05%)에만 앞섰다. 나머지 방송사는 부채비율이 50% 이하였다.

이영진기자 (블로그)milee.chosun.com

안용현기자 (블로그)justice.chosun.com

방송위원회 국감자료에 나타난 KBS의 방만한 경영난맥을 지적한 조선일보. 2005년 9월 23일자, A4면.

껍데기만 공영방송 실제론 관제방송

<KBS>는 수신료를 인상하기 전에 <KBS> 개혁부터 단행했어야 했다. <KBS> 개혁의 첫 단추는 뭐니 뭐니 해도 '공영방송'이라는 외피를 쓴 '관제방송·국영방송'의 탈피이다. <KBS>는 '권력의 선전선동대'다. 공영방송이면서 기꺼이 '정권의 나팔수'를 마다 않는다. 이는 전형적인 '해바라기형 권력추종방송'이다. <KBS>는 월급 받을 때만

공영방송일 것이 아니라, 방송 내용에서 공영방송이어야 한다. 유감스럽게도 <KBS>의 방송 내용은 국가와 국민의 이익보다는 '정권의 안보'를 먼저 챙긴다.

공영방송의 전제조건은 권력과 자본으로부터의 독립이다. <KBS>가 구호로만 공영방송이 아니라 실제로 공영방송이기 위해선 '권력의 주구'로서 '정권의 홍위병' 역할을 하는 임무를 과감히 포기하여야 한다. 그러기 위해선 '땡전뉴스' 때의 '5공언론인'부터 현재의 정연주 사장까지 그 본질이 동일한 '해바라기 방송인'을 축출하여야 한다.

자본으로부터의 독립을 쟁취하기 위해선 상업광고에 의존하는 2TV를 분리하여야 한다. 광고는 광고주의 영향으로부터 결코 자유스러울 수 없다. 오늘날 실질적으로 프로그램을 지배하는 것은 광고주이다. 자본주의 체제의 매스미디어 환경에서 광고주의 의사에 반하는 프로그램이란 근본적으로 존재할 수 없다. 따라서 상업광고방송 체제를 그대로 두고 공영방송을 하겠다는 것은 애당초부터 성립되지 않는 명제이다.

<KBS>의 방송 알맹이가 이러하므로 <KBS>는 껍데기만 공영방송이지 실질적으로는 국영방송이라 할 수 있다. <KBS>를 둘러싼 끊임없는 편향적인 정치보도와 저질 오락 프로그램으로 시청률 경쟁에 뛰어드는 반공영성부터 개혁한 후 수신료 인상을 말해야 하는 것이 바른 순서이다.

두 번째, <KBS>는 '철밥통' 조직을 개혁해야 한다. 2006년도 기준으로 <KBS>는 4,646억 원을 인건비로 지출했다. 총비용의 33.7%에 이른다. 이는 <MBC> 23%, <SBS> 13%에 비해 지나치게 많다. 직원 평균 연봉은 6,000만 원 이상으로 '신이 내린 직장'에 속한다. 온 국

민이 주인인 까닭으로 누가 간섭하는 사람이 없다. 복지부동 무사안일로 큰 말썽만 일으키지 않으면 정년이 보장된다. 그것도 빵빵한 보수와 복지가 동시에 보장되는 '철밥통'이다. 그러니 공무원형 근무형태가 일반화되어 있다.

한 사람이 할 일을 세 사람이 하는 구조

다음의 기사를 한번 보자. 똑같은 내용의 뉴스를 두 사람이 밤낮으로 사이좋게 나눠서 한다. 민영방송에서는 한 사람이 할 일을 세 사람이 하는 짓거리다.

* 7월 11일 「뉴스광장」, KBS "공영방송 본분 다하겠다"

앵커 멘트; 수신료 인상을 추진하고 있는 저희 KBS가 대국민 약속을 발표했습니다. 디지털 수신 환경을 획기적으로 개선하고 공정성과 신뢰성을 강화해서 공영방송의 역할을 다하겠다는 의지를 담았습니다. 박석호 기자입니다.

리포트; 거대 자본의 압력과 외국 프로그램의 홍수 속에서 KBS는 27년째 동결된 수신료로는 시청자 권익을 지켜내기 힘들다며 수신료 인상의 불가피성을 호소했습니다. 수신료 인상을 시청자 권익 확대로 보답하겠다는 10가지 대국민 약속도 밝혔습니다. 최대 중점 사업은 품격 높은 디지털 방송 서비스, 해마다 6백억 원을 투자해 난시청을 획기적으로 해소하고 제작비 비중을 높여 수준높은 프로그램을 만들겠다고 약속했습니다.

<녹취> 정연주(KBS 사장): "디지털 환경과 글로벌 시대에 걸맞은 고품격 프로그램 개발과 제작에 연간 5백억 원 이상을 집중 투자한다는

계획도 세워 놨다.”

공정성 지수 개발을 통한 신뢰성 향상, 소외계층 방송과 재난재해방송의 강화, EBS 지원확대, 그리고 2TV 광고 대폭 축소 등도 이번 국민과의 약속에 포함했습니다.

<녹취> 정연주(KBS 사장): “저소득층과 장애인, 노인 등 사회적 약자를 위한 프로그램을 다양화해 공적 서비스가 국민들에게 골고루 돌아가도록 최선을 다하겠습니다.”

KBS는 또 공시제도를 통한 경영 투명성 제고 등도 함께 약속하며 공영방송으로서 책무를 다하겠다는 전 직원의 의지를 새롭게 다졌습니다. KBS 뉴스 박석호입니다.

* 7월 10일 「뉴스9」, KBS “고품격 디지털 방송을 국민 품으로”

앵커 멘트; 최근 KBS 한국방송이 수신료 인상을 추진하자 안타깝게도 일부 언론이 악의에 찬 보도로 사실을 왜곡하고 있습니다. KBS는 시청자의 진심어린 비판과 조언은 항상 겸허하게 받아들일 것입니다. 오늘 KBS가 국민께 드리는 10가지 약속을 발표한 것도 바로 이런 시청자의 바람에 따라 공영방송의 책무를 다하기 위해서입니다. 이윤희 기자입니다.

리포트; 수신료 인상안의 이사회 의결에 이은 KBS의 대국민 기자회견, 먼저, 27년째 동결돼 온 수신료로는 시청자 권익을 지켜내기 힘들다며 인상의 불가피성을 호소했습니다. 수신료 인상을 시청자 혜택으로 보답하겠다는 10가지 약속도 밝혔습니다. 먼저 품격높은 디지털 방송 서비스, 해마다 6백억 원을 투자해 난시청을 획기적으로 해소하고 제작비 비중을 높여 수준높은 프로그램을 만들겠다고 약속했습니다.

<녹취> 정연주(KBS 사장): “디지털 환경과 글로벌 시대에 걸맞은 고품격 프로그램 개발과 제작에 연간 5백억 원 이상을 집중 투자한다는 계획도 세워 놨다.”

공정성 지수를 개발해 프로그램 신뢰성을 더욱 높이고 지역 방송과

재난 재해 방송을 강화하는 등 공영 방송 본분에 충실할 것을 약속했습니다. 이 밖에 2TV 광고 축소와 EBS 지원 확대, KBS 경영 혁신 방안 등도 포함됐습니다.

　　<녹취> 정연주(KBS 사장): "저소득층과 장애인, 노인 등 사회적 약자를 위한 프로그램을 다양화해 공적 서비스가 국민들에게 골고루 돌아가도록 최선을 다하겠습니다."

　　기자회견에 앞서 KBS 전 직원은 시청자 권익을 지키는 공영 방송의 책무를 다하겠다는 의지를 다졌습니다. KBS 뉴스 이윤희입니다.

* 7월 10일 「뉴스광장」, KBS 이사회, '수신료 인상안' 의결

앵커 멘트; 27년째 2천5백 원으로 동결돼 온 KBS 수신료 인상안이 KBS 이사회에서 의결되며 오늘 KBS는 수신료 인상안에 대한 대국민 설명의 자리를 마련할 예정입니다. 수신료 인상안은 방송위원회 심의를 거쳐 국회에 제출될 예정으로 공영방송의 적정한 재원 마련을 위한 사회적 논의가 한층 심도 있게 진행될 것으로 보입니다. 보도에 김성모 기자입니다.

리포트; 월 2,500원인 KBS 수신료를 4천원으로 올리는 인상안이 KBS 이사회에서 의결됐습니다. 프로그램의 공익성을 높이고 디지털 방송 서비스 확대와 난시청 해소를 위해서는 27년째 동결된 수신료의 인상이 필수적이라는 게 의결 이유입니다.

　　<인터뷰> 이기욱(KBS 이사): "공영방송 프로그램의 질적 향상을 위해서는 재원 확대가 불가피하다는 데 동의를 한 것입니다."

　　KBS 이사회는 또한 새로운 각오도 밝혔습니다. 경영의 효율성과 투명성 제고, 그리고 프로그램 공정성 향상을 위해 노력하겠다고 다짐했습니다. KBS는 이와 관련 오늘 대국민 기자회견을 열어 수신료 인상의 필요성과 재원 확충으로 새로 추진할 사업계획 등을 직접 설명할 예정입니다. KBS 수신료 인상안은 앞으로 방송위원회에서 60일 이내에 검

토를 한 뒤 국회에 보내져 승인을 받게 됩니다.

이에 따라 수신료 인상안에 대한 외부 논의도 한층 심도 있게 진행될 것으로 보입니다. 이미 어제만 해도 3건의 토론회와 기자회견이 열렸습니다. 이 자리에서 재원 안정을 통해 공영 방송의 창의성을 이끌고 역할을 보장해야 한다는 의견과 수신료 인상에 앞서 경영쇄신이 먼저 이뤄져야 한다는 주장 등이 이어졌습니다. KBS 뉴스 김성모입니다.

* 7월 10일 「뉴스9」, 'KBS 수신료 인상안' 이사회 통과

앵커 멘트; 27년째 2천5백 원으로 동결돼 온 KBS 수신료 인상안이 오늘 KBS 이사회에서 의결됐습니다. 이 수신료 인상안은 방송위원회를 거쳐 국회에 제출될 예정입니다. 이윤희 기자입니다.

리포트; KBS 수신료 인상안이 오늘 KBS이사회에서 의결됐습니다. 현재 월 2500원인 KBS수신료를 4천 원으로 올리는 게 안건의 핵심, 프로그램의 공익성과 공공성을 높이고 디지털 방송 서비스 확대와 난시청 해소를 위해서는 수신료 인상이 필수적이라는 게 의결 이유입니다.

<인터뷰> 이기욱(KBS 이사): "공영방송 프로그램의 질적 향상을 위해서는 재원 확대가 불가피하다는 데 동의를 한 것입니다."

수신료 인상을 통해 앞으로 경영의 효율성과 투명성을 높이고 프로그램 공정성 향상에 노력하겠다는 다짐도 밝혔습니다. 지난 1981년부터 27년간 동결돼 온 KBS 수신료 인상안이 이사회에 상정돼 의결 절차를 밟기는 이번이 처음입니다. 오늘 이사회를 통과한 KBS 수신료 인상안은 방송위원회에서 60일 이내에 검토를 한 뒤 국회에 보내져 승인을 받게 됩니다.

이에 앞서 KBS는 수신료 인상안에 대한 공청회와 여론 조사를 실시하는 등 각계 의견을 수렴해왔습니다. KBS는 내일 대국민 기자회견을 열어 수신료 인상의 필요성과 재원 확충으로 새로 추진할 사업계획 등을 직접 설명할 예정입니다. KBS 뉴스 이윤희입니다.

이는 생산성이 전혀 담보되지 않는 <KBS>의 방만한 경영 실체를 극명히 보여주는 사례다. <KBS>의 인적 시스템이 이와 같아서는 안 된다. 급변하는 방송환경을 맞아 세계의 공영방송, 특히 <KBS>가 그토록 신줏단지처럼 공영방송 모델로 떠받들고 있는 영국의 <BBC>나 일본의 <NHK>도 시장 생존을 위해 구조조정을 마다 않는다. <KBS>는 공영방송이라는 보호막 안에 개혁의 무풍지대에서 안주하고 있다.

구조조정 외면 개혁의 사각지대서 성장

<KBS>는 지난 30여 년 동안 경영합리화·경영과학화를 위해 변변한 자구노력을 하지 않았다. 치열한 구조조정 없이 '몸짓 불리기'로 일관해 왔다. 권력과 유착한 대가로 개혁의 사각지대에서 음습하게 성장을 추구한 결과 오늘날 기업으로서는 독자 생존이 불가능한 '기형 공룡'화됐다.

<KBS>는 2004년 한 해를 빼곤 해마다 수백 억 원의 흑자를 냈다. 그때마다 방송에 재투자할 생각은 않고, 종사자들끼리 각종 수당을 늘려 나눠 갖기에 급급했다. <KBS>의 돈은 '먼저 보는 게 임자'였다. 올 들어서도 이사들의 수당을 50~100% 인상했다. 매년 국정감사에서 이런 방만한 조직과 고삐 풀린 경영이 지적되지만 <KBS>에겐 오불관언이다.

<h2 align="center">〈표 14〉 KBS임직원 평균 연봉</h2>

단위 : 천 원

연도		기본급	수당 등	기타성과 상여금	경영평가 상여금	합계	평균근속기간
2002년	사장	98,328	49,164	16,338		163,880	
	감사/부사장	85,440	42,720	14,240		142,400	
	본부장	79,536	39,768	13,256		132,560	
	직원	23,633	34,013	4,029		61,675	16년 4개월
2003년	사장	98,328	49,164			147,492	
	감사/부사장	85,440	42,720			128,160	
	본부장	79,536	39,768			119,304	
	직원	24,755	35,251			60,006	16년 7개월
2004년	사장	103,248	51,624			154,872	
	감사/부사장	89,712	44,856			134,568	
	본부장	83,520	41,760			125,280	
	직원	26,925	35,782			62,707	16년 8개월
2005년	사장	107,892	53,946			161,883	
	감사/부사장	93,756	46,878			140,634	
	본부장	87,276	43,638			130,914	
	직원	27,399	40,371			67,770	16년 11개월
2006년	사장	112,860	56,430			169,290	
	감사/부사장	98,076	49,038			147,114	
	본부장	91,290	45,648			136,994	
	직원	28,157	43,749			71,906	17년 4개월

* 수당 등 : 정기상여금과 급여성 복리후생비 등 포함(단, 시간외, 연월차 등 실적 수
당 등은 제외)
** 기타 성과 상여금 : 경영실적에 따라 지급되는 특별성과급
*** 2003년 임원 임금 동결
**** 사장, 감사, 부사장 등 임원의 업무추진비는 제외
***** 결산서 상 상시종업원 수에 의한 평균 금액임
****** 출처 : KBS 홈페이지 경영공시사항

감사원의 특별감사와 국회의 국정조사 등을 통해 드러난 <KBS>의 비리를 보면 특별성과급·격려금 등을 규정을 어기면서까지 제멋대로 지급하는 것으로 드러난다. 거기다가 퇴직금 누진제, 자녀학자금 및 개인연금 지원 등 갖은 명분 아래 틈만 나면 과잉 사원복지로 '신이 점지한 직장'의 품위를 더하고 있다. 전체 직원 5,12명 중 간부가 67.93%인 3,483명이고, 하위직은 32.07%인 1,644명에 불과한 직장이 <KBS>이다.

이처럼 기형적인 <KBS>는 역으로 공영방송이 처한 현실을 상징적으로 압축해 보여주고 있다. <KBS>의 사장을 비롯한 주요 간부들은 정치권력으로부터 선택받은 인물들이다. 공영방송을 책임질 CEO가 방송 전문경영자가 아니라 정치권력을 대신한 낙하산 인물로 지명되므로 공영방송의 왜곡은 피할 수 없게 된다. 즉 공영방송이 국민들보다는 정치권력의 눈치를 먼저 보게 될 수밖에 없는 구조에 놓이게 되는 것이다. 왜냐하면 정치권력이 낙하한 정치인 방송사장이 인사권을 주무기로 방송인들을 통제하기 때문이다. 이런 구조라면 <KBS>의 정체성이 왜곡되고 변질되는 것을 막지 못한다.

낙하산 사장이 정치권력의 입맛에 맞는 방송을 수행하기 위해선 <KBS> 내부로부터 강력한 제동을 거는 세력과 부딪히게 된다. 바로 공영방송·민주방송의 전위대를 자임하는 노동조합이다. 낙하산 사장은 노조를 우군화하기 위해 '개혁과 진보'를 들먹이며 명분을 주고, 시도 때도 없이 여유 돈만 생기면 알뜰살뜰하게 보살펴 준다. 해괴한 이름 아래 돈으로 입막음 잔치를 하는 것이다. 결국 공영방송·민주방송의 실체는 '권력의 나팔수' 노릇을 한 대가로 노조는 '철밥통'을 못이긴 채 챙긴다. 그 과정에서 '국민의 알권리'가 철저히 유린되고, 파괴되고, 왜곡된다. <KBS>의 정치인 사장, 권력지향적인 해바라기형 방송인이 뿌리는 폐해는 국민들의 입을 왜곡하는 횡포로 나타나게 된다.

합리적인 기구개편과 조직 통폐합 등을 통해 <KBS>는 최소한 30% 이상의 직원을 구조조정하여 퇴출시켜야 한다. <KBS>의 경영은 투명하게 공개되어야 하며, 공영방송에 종사하는 방송인으로서 바닥난 윤리의식을 되잡아야 한다. 끊임없이 '정권의 시녀', '권력의 들러리'라는 따가운 시선을 받고 있는 1TV는 '권력의 방송'이 아닌 '국민의 방송'으로 거듭날 필요가 있다. '저질상업방송'이라는 지탄에서 자유롭지 못한 2TV를 <KBS>에서 떼어내고, <EBS>를 흡수 합병하여 교육적 기능과 공익적 정체성을 강화할 필요가 있다.

지금은 <KBS>의 TV수신료 인상을 말할 때가 아니다. 단연코 <KBS> 개혁부터 먼저 단행할 때이다. 양식 있는 방송인이라면 누구나 다 <KBS>의 개혁에 동의한다. <KBS>는 개혁을 통해 권력과 자본으로부터 독립하고, 그리하여 명실상부한 공영방송으로 거듭나야 한다. 방송인들이 '언론귀족'화되어 국민들 위에 군림하면서 공영방송의 소임을 다하겠다는 것은 언어도단이며, 어불성설이다. 고임금·저생산성이라는 <KBS>의 인적 시스템은 재조정되어야 한다. 비방송적인 관료형 조직과 시스템은 방송을 위한 조직과 시스템으로 구조조정하는 것 또한 빠트릴 수 없는 <KBS> 개혁의 당면과제다.

<KBS>의 수신료 인상은 이와 같은 치열한 자구노력 이후에 입에 담아야 옳다. <KBS>가 지닌 구조적인 문제점은 여전한 데도, 뼈를 깎는 '자기 개혁' 없이 "디지털방송 전환에 1조 원이 든다", "수신료 인상은 좋은 품질의 방송으로 시청자에게 되돌아간다"는 등의 말을

빌미로 국민들에게 손을 내미는 것은 아무런 명분도, 정당성도, 도덕
성도 없는 후안무치한 짓이다. 그것은 국민들을 기만하는 '말의 성
찬'일 따름이다.

<2007. 7. 12.>

「태왕사신기」 시청소감*

　시청자와 세 번이나 방영 약속을 어겼던 <MBC>의 「태왕사신기」
가 마침내 전파를 탔다. 어제(2007. 9. 11.) 첫 방송을 시작으로 매주
수·목 드라마로 편성돼, 앞으로 24부작으로 방송될 예정이라 한다.
430여 억 원 투자, 3년 여 제작, 컴퓨터 그래픽 도입 등 화제를 몰
고 온 「태왕사신기」 첫 회를 본 느낌은 한마디로 "기대 이하의 국적
없는 드라마"라고 압축할 수 있다.

　먼저 스트리텔링이 너무나 엉성했다. 그다지도 창의력이 빈곤했던
지 할 얘기를 억지로 꿰맞춰 가며 드라마를 구성하고 있었다. 고구
려 소수림왕 시대인 서기 385년께의 관점에서 단군시대의 신화를
전개하는 과정에서 작가나 연출자는 '한국의 신화'에 대한 기본적인
상식조차 갖추지 못했음을 드러냈다. 서기 385년이라면 현대문명(?)
이 출현할 시점인데도 구석기나 신석기시대의 문명을 묘사하고 있

---

* '태왕사신기', <MBC>, 스토리텔링, 신화, 컴퓨터그래픽, '겨울연가', 배용준,
　<SBS>, 고구려

다. 이는 무지의 극치이자 문명사의 왜곡이다. 드라마니까 이해해 달
라는 얘기는 너무나 무책임하다. 변명꺼리도 못된다.

〈MBC〉의 「태왕사신기」 홈페이지

　　동양의 신화는 서양의 신화와 근본적으로 다르다. 동양의 신화가
현세의 살아 있는 사람 위주로 전개된다면 서양의 신화는 눈에 보이
지도 않고, 아무런 실체도 없는 신을 중심으로 전개된다. 「태왕사신
기」는 황당무계하기 그지없는 '하나님의 기적'을 보여주는 식의 '기
독교문화', '예수신화'를 차용해 보여줬다. 「태왕사신기」가 풀어낸 신
화적 해석법은 무늬만 '한국의 신화'이지, 그 알맹이는 '유태인들의
신화'였다.

「태왕사신기」가 자랑하는 컴퓨터 그래픽 또한 돈만 잡아먹었지, 성의라곤 찾아볼 수 없었다. 마치 온라인 게임에서 보는 것과 같은 단조로운 화면이 대종을 이루었다. '3D' 스트레오가 아니라, '2D' 모노였다. 따라서 입체적인 느낌을 전혀 주지 못했다. 밤과 낮의 구분도 없었다. 천편일률 똑같은 컬러가 화면에 구현되었다. 배경화면으로 걸개그림을 그려놓고 방송했던 SBS의 「연개소문」에 비하면 제작비를 많이 잡아먹어서인지 한층 진보된 것임은 틀림없다.

그러나 총체적으로 말해 돈값은 못했다. 시청자들의 숨 돌릴 틈도 없는 볼거리만 제공하려다 보니 무대 세트의 배경이 대지에서 산으로, 절벽으로 일관성 없이 장면마다 제멋대로 표현됐다. 명색이 민족의 운명을 수호하는 사신을 그린다면서, 현무는 '멍청한 거북이' 꼴로 그렸고, 백호는 보도 듣도 못한 해괴한, 마치 할리우드에서 창조한 괴상야릇한 동물 형상으로 그려 놨다. 이는 제작자의 창의성과 성의 부족 때문이라 아니 할 수 없다.

50분 드라마 한편 출연에 출연료만 몇 억 원을 챙긴다는 주인공 배용준의 사극 연기력이 미숙해 어색하기 그지없었다. 그의 깔끔한 얼굴과 목소리는 「겨울연가」에서나 어울리지 「태왕사신기」에는 어울리지 않았다. 수억 원의 출연료에 버금하는 프로로서 화면을 지배하는 카리스마라곤 어디에서도 찾아볼 수 없었다.

배우의 얼굴은 천의 얼굴이라고 한다. 유능한 배우란 얼마만큼 변신을 잘 하느냐로 구분한다. 「태왕사신기」 첫 회에 비친 주인공 배용준의 얼굴은 「겨울연가」류에서 한 치도 벗어나지 못했다. 이는 하루아침에 개선될 성질의 것이 아니어서 시청자들은 아마도 드라마가 끝날 때까지 거북살스럽고 억지스러운 주인공의 모습에 인내심을 지니고 「태왕사신기」를 봐야 할 것 같다.

우리 속담에 "소문난 잔치에 먹을 것 없다"라는 말이 있다. 공영방송 <MBC>가 '주인 없는 회사'라고 떼돈을 들여 제작한 「태왕사신기」는 앞으로 어떻게 전개될지 조금 더 두고 봐야겠지만 아무래도 '날림공사 드라마'라는 느낌이 든다. 우리 역사의 유일한 정복군주였던 국강상광개토경평안호태왕(國岡上廣開土境平安好太王)의 일대기를 그린다면서 호태왕의 정식 이름조차 제대로 쓸 줄 못하는 드라마(드라마에서는 國岡上廣開土好太王이라고 불렀다)에 <MBC>는 430여 억 원이라는 엄청난 돈을 아무래도 잘못 투자한 것 같다.

<2007. 9. 12.>

※ "「태왕사신기」 시청 소감"에 게재된 누리꾼들의 댓글

▶ 생보대: 반대로 예수를 신성시하는 성경도 이스라엘왕의 신화윈 픽션이라 생각할수도 있을수있습니다.. 어느국가나 태초의 왕들은 신성시되어 백성들을 다스려 왔습니다. 2007/09/13 01:16

▶ 미야우: 죄송하지만 이 글은 블로그 라이브에 어울리지 않는 목적이 담긴 글인듯 합니다. 태그에 SBS 라고 적혀있는것도 그렇고, 시청소감으로 보기 힘들정도로 분명하게 드러나는 공격성이 담긴 글인것 같으니 블로그 라이브에서 조속히 내려주셨으면 좋겠습니다. 2007/09/13 01:20

▶ 이난: 흠.. 저도 마음에 안든건 사실인데요. 서기 385년에는 소수림왕이 다스린걸로 나온거 맞구요.. 그보다 2천년전에 있었던 일이라며 단군신화 이야기를 설명해주죠. 드라마를 잘 안보셨나보네요? 2007/09/13 01:26

▶ 아멜리에: 미야우님, 이건 극히 개인적인 포스팅인데 그저 블로그 라이브에 뜬 글 아닌가요? 자신의 의견과 다르다고 해서 이 글이 내려져야 한다고 보는 건 옳지 않다고 봅니다. ^^ 흠, 아무튼 전 배용준이 너무 미스캐스팅인데다가 좀.. 이야기가 뒤죽박죽인 것 같아서 어제 보고서 오늘 2화는 보지 않았다죠. 1화 하기도 전에 스페셜을 하는 등.. 별별 걸 다 하더니.. 별로인 것 같습니다. 2007/09/13 01:27

▶ 뱀: 태사기의 경우 24부작에 제작비가 무려 430억입니다. 대조영은 120부작에 400억... 인데 요란한건 태사기가 한수 위지만 자연스럽고 깔끔한건 대조영이 낫더군요. 2007/09/13 01:28

▶ 잿빛회색: 저도 지금 스페셜편부터 쭉 포스팅하고 있는데... 첨에는 짜증나 죽는줄 알았습니다~~신화에 있어 특정 종교의 특색을 띤다는 것을 포함해 어느 정도 공감합니다...오늘 2화에서도 확실히 그런 장면이 있더군요...하지만 저는 더 이상 이 드라마를 사극

이 아닌 보통 판타지 드라마로 보기로 했습니다~~그냥 있기엔 정신 건강에 너무 해로워서리~~~ㅋㅋㅋ 2007/09/13 02:03

▶ 지우개: 저 역시 굉장히 실망?...아니 원래 기대도 안했지만 예상을 한치도 벗어나지 못한 진짜 쓰레기 더군요. 구역질을 유발하는 짱깨스런 특수효과..최악의 미스캐스팅 '욘사마' 하며...뭐 더 말할것 있습니까? '불멸의 이순신' 반쪽 완성도 라도 되었다면 이리 스트레스 받지는 않았을 것입니다. 연출자가 '디워'와 애써 비교 당하시고 싶은 마음을 떠벌이던데...디워는 가짜를 진짜처럼 만든 작품이고, 태사기는 그 반대 입니다. < - - - 즉, 실존했던 우리의 자랑스런 역사를 SF로 만들어 버린 이상한 '역사드라마'란 예기죠. 일본놈들 반응이 뜨겁다던데..당연한 결과지요. 알아서 우리 상고사를 없애주어 '임나일본부'의 당위성에 힘을 실어주는 드라마 거든요 - _ -. 김종학인가 그치에게 한번 묻고 싶습니다. 왜 하필 민감한 이 시기에 이따위 쓰레기 드라마를 만들었는지........... 2007/09/13 04:59

▶ 셜키: 글이 다소 공격적이라도 틀린 말은 하나도 없군요. ' - ' 저도 보고 이건 그냥 단지 "판타지 드라마"로 일축되더이다. 볼 거린 있어서 보는 재미는 있었지만(아마 이건 감독 자체의 연출력이 그나마 배어 있기 때문이겠죠. 뭐, 그다지 잘한 연출로 보이진 않지만요. 심형래씨보다 약간 더 나은 수준..? ㅡ,.ㅡ;;), 역사극이라던가 대서사시라던가 붙이기엔 비슷한 이유로 무리가 많다고 생각하죠. 역사도 고증도 어느 하나 제대로 된 게 없습니다. 심지어 우리나라 배경 분위기도 아니더군요. 2007/09/13 06:34

▶ radiouu: 글쎄... 역사적 시각으로만 잣대를 활용하면 그럴 수 있겠지만 구지 그렇게까지 세세하게 근거들을 끄집어내며까지 비판할 필요가 있을까요? 그냥 "바람의 나라" 보듯이 즐겁게 봐도 충분한 드라마인듯 합니다.(애초에 정통이 아니란 말입니다.) 옳고 그름을 떠나 이런 공격적인 글이 블로그 라이브에 오르다니 의외네

요... 블로그씨가 늦더위 먹었나~ 2007/09/13 09:07

▶ 맥: 각자 드라마를 보고 느낀바가 다르듯이 여긴 개인블로그고 글쓴이의 생각을 포스팅 한 것인데, 자기의견과 맞지 않는다고 블로그 라이브에서 내려라 마라 하는 건 좀 웃기는 일 아닌가요? 태왕사신기가 수작이라 생각하는 사람도 있을테고, 저나 글쓴이처럼 졸작이라 느끼는 분들도 있는게 현실인거죠. 더군다나 어제 2화에서는 슈리켄을 날리는 장면이 나오던데.. 참나 무슨 닌자들도 아니고, 말도 안 되는 판타지에 일본문화까지 자연스럽게 섞여 들어간다는 설정에 헛웃음만 나오더군요. 또 제일 중요한건 배용준이란 미스 캐스팅.. 24부작이라니 참 다행이네요. 혹시라고 판타지 사극이라는 탈을 쓰고 4 - 50부 정도 하면 어떡하나 걱정이 앞섰는데.. 간만에 속시원한 포스트 잘 보고 갑니다. 2007/09/13 09:29

▶ 붕어만: 저역시 공감하는 부분이 많습니다. 2007/09/13 09:32

▶ 가애: 한회만 보고서 단정짓기엔 무리가 있지 않나 싶습니다. 실제로 1회보다는 2회에서 더 태왕사신기의 분위기가 앞으로 어떨지 느낄 수 있었고 어제 방송후에는 호평들만 즐비하던데.. 좀더 지켜보시죠^^ 2007/09/13 10:01

▶ 타츠미: 백호는 무슨 흰족제비같다는 느낌밖에..-_-. 사신 너무 제멋대로 처리한 거 같더군요. 2007/09/13 10:09

▶ 팜팜: 맥 님 리플 보고 완전 공감했습니다.;;;; 진짜 쌩뚱맞게 수리검을 날리더군요... -_-옆에서 남친이 보고있는거 구경하다가 그 장면 보고 '뭐야 저거 닌자여? -_-' 라고 생각했네요... 글쓴이님 글도 공감갑니다. 여튼 글 잘보고 갑니다. 2007/09/13 10:36

▶ 코이: radiouu님. 바람의 나라와 같은 일맥이라니 조금 납득하기 어렵습니다. 앞으로의 진행은 어떻게 될지 모르겠지만 바람의 나라와 태사기를 같은 맥락으로 보기에는 송지나 작가 등의 역량과 역사적 고증을 바탕으로 한 상상력 자체가 의심스럽다고 할까요.

제가 바람의 나라 팬이기 때문에 과민반응하는 것일 수도 있지만 왜 위의 포스팅에 대해 굳이 바람의 나라와 태사기를 연관시키셨는지 의도를 알 수 없네요. 위 포스팅에 대해서는 저도 전면적으로 공감하는 바입니다. 2007/09/13 11:35

▶ 얼음레몬: 저도 어제 보다가, '이거 참 만화로군' 이라는 생각밖에 안들었습니다. 너무 선전을 해서 기대가 컸던 탓인지.. 욘사마의 둥둥 떠다니는 연기는, 앞으로 저를 태왕사신기에서 멀어지게 할 것 같습니다. 다만, 같은 시간에 그닥 볼게 없다는 이유로 보게 되는 경우가 아니라면. 2007/09/13 11:54

▶ 씨어마나: 공감 가는 부분이 절대적으로 많네요. 사극이 아닌 판타지로 봐야 옳을 것 같습니다. -_-;; 3D, 3D 자랑을 해대길래 어떤가 봤는데....ㅜㅜ; 말씀대로 사신이 무슨, 야생동물도 아니고 그렇게 밖에 표현을 못해놨는지. 에휴... 2007/09/13 13:27

▶ 정의: 뭐, 글쓴님의 의견에 동감합니다. 애초부터 역사를 만드는게 아니라 '판타지'를 만들겠다고 제작사 측에서 말했으니까요. 근데 솔직히 1화보고, 실망해서 때려치웠죠. 주몽보다 더 이상하다고 생각 되더군요. 2007/09/13 15:05

▶ 은채: 바람의 나라 보듯이 라는 말은 개인적으로 저도 거슬리네요. 안그래도 초기 시놉시스가 바람의 나라와 똑같아서 난리났던 작품인데. 지금은 많이 바꿨다니 어떻게 전개될지 모르겠지만 사신에 관한것이나 전체적인 기둥이 너무흡사해서 맘이안좋네요. 차라리 원작료를 제대로 지불하고 만들지말야... 영상에 관한것은 그래도 이제까지의 것들중에서는 드마라치고는 제법이라고 생각해요. 백호도 호랑이 얼굴이라기보다는 예전 해태상을 더 참조한거같고... 2007/09/13 15:05

▶ 맥: 백호는 사실.. 족제비같이 생겼죠; 그게 무슨 백호란 말인가; 2007/09/13 15:07

▶ 투온원펏: 자고로 언론, 평론 한다는 人들은 글들이 대개 이러하다는 것은 익히 아는 바이지만, 글의 전개 자체가 너무 엉성하네요. 드라마 비평하기보다는 자기 글을 먼저 함 비평해보심이 어떨지..., 글고, 1편 보고 비평하는거 자체도 비평자의 태도는 아닐듯... 2007/09/13 15:32

▶ 짱구: 화요일 부터 시작 했는데. 한번 봤었는데. 재밌어요.. 환웅의 아들인가? 단군이 아기 였을때. 현무 용무 뭐였지..ㅋㅋㅋㅋㅋㅋㅋㅋㅋㅋㅋㅋㅋ 아무튼 잼있게 잘볼께요.. 저희 블로그도 많은 사랑과 관심 현조 부탁 부탁...드립니다. ㅋㅋㅋㅋ 2007/09/13 15:47

▶ 미쯔: 픽션이라 생각하고 재밌게 보는중, 영화는 뭐 다 진짠가 ㅎ. 보다보면 재밌던데! ㅋ. 아역배우 캐스팅도 맘에들구요, 사람들 목소리가 신기해요 2007/09/13 15:50

▶ 겔러리쭈: 뭐 보는 사람마다 관점의 차이는 있겠지만 개인적으로 나쁘지 않다는 느낌입니다. 확실히 역사적인 고증보다는 환타지쪽에 무게를 더 둔거 같고.. 고구려 역사에 단군 신화를 접목시킨 점은 개인적으로 상당히 신선했습니다. 환웅의 배용준도 괜찮았습니다. 하늘에서 내려온 신이라고 해서 무조건 동화속의 신령같은 필요는 없겠죠.... 그리고 CG부분은 트랜스포머 같은 헐리우드 영화덕에 너무 기준치가 높아진 우리들의 눈을 탓해야지 않을까요? TV 드라마에서 헐리웃 영화 수준의 CG를 바라면서 제작비에 대해 운운하는 것도 좀 무리가 있지 않을까 싶습니다. 그리고 이제 겨우 24편 중에 2편 했잖아요... 더 두고 봐야죠... 2007/09/13 15:52

▶ 로사리아: 저두요 보는 사람마다 관점의 차이가 있듯이 저같이 감성적인 사람은 짜임새있는 스토리와 배우들의 연기에 흠뻑 빠지겠던데요 ~ 문소리가 배용준과 첨에 사랑하는 사이로 나와 좀 매치가 안되지만 연기를 잘하니 참을만 하더군요 사랑을 끄집어내

어 재미를 주었다는 감독님말씀처럼 역사와함께 남녀의 사랑이야기가 잘 어울려저 새로운 시도의 드라마가 될듯해요 꼭 대박나길 바래용 ~~ 2007/09/13 16:00

▶ 날쌘도리: 개인 블로그에 자기 의견을 적는거야 나무랄거 없겠지만..뭔가 사회에 불만이 많으신가봐요? 드라마는 안봐서 잘 모르겠지만, 아무느낌없이 읽기엔 공격성이 너무 다분하시네요.. 아니면 MBC를 많이 싫어하시는지..저도 MBC는 많이 싫어하므로 그렇다면 패스~ 2007/09/13 16:11

▶ 사월: 저는 내용은 재미있었다고 생각되네요. 물론 그래픽의 효과에 너무 많은 돈을 투자한 것과 약간 어설픈 연기력이 문제점이라고 생각 되기는 하지만 관심을 가지고 보시면 그래도 너무 비판적인 생각만을 가지시지는 않으실 것 같네요. 그래도 태왕사신기 대작이고, 관심을 가지고 볼 수 있을 만한 드라마라고 봅니다. 2007/09/13 16:24

▶ 밤비우유: 제가보기엔 태왕사신기 재미있다고 생각되는데요. 티비에서만 보던 벽화를 cg작업으로 사신을 부활해낸게 신기하고 판타지멜로드라마라 좋아요 긍정적생각말고 너무 비판적 생각많이 머릿속에 박혀계신듯하네요 속히 블로그 라이브에서 내려주셨음 하네요.. 2007/09/13 16:34

▶ 시즈: 그저 '사극'이라고 생각 안하고 보면 딱일 듯. 2007/09/13 16:40

▶ 이터널 사람에 따라 평가도 다른데 자기 마음에 안 든다고 블로그라이브에서 내려달라니요.. 이 의견도 있으면 저 의견도 있는거지 자신과 같은 의견만 찾고 어울리며 다른 생각은 몰아붙이고 읽기싫어하는 행동은 상식적으로 이해할 수 없네요. 알아서 수렴하고 자제 좀 합시다. "저는 재미있던데요? 님은 재미없나보죠? 님 참 이상하네요" 쯔쯔. 공교육의 주입식 교육의 부작용인가... 2007/09/13 16:53

▶ 이정표: 전적으로 공감 합니다. 환타지적 대작이 청소년들에겐 익숙한 그래픽으로 재미있고 흥미로울수 있지만 좀 지나친 느낌 이군요. 더 두고 보겠습니다. 2007/09/13 16:54

▶ 린: 정말 스텝분들에겐 죄송하지만 저도 정말 공감하네요 진짜 제가 생각하고 있던걸, 말로 잘 설명못하겠던걸 다 속시원하게 풀어주셨어요 - 근데 50분이었군요..좀 길게 느껴졌지만. cg도 cg나름대로..ㄷㄷ 지만 그 시쥐때문에 작품성까지 너무 떨어져서 2007/09/13 17:20

▶ 극악호랭: 역사관도 불확실하군요. 까델려면 똑바로 까대시구려,, 왜냐하면,단군이야기를 조명하는 부분에서 구신석기 묘사가 부적절했단말인가? 무엇이 부적절했는데? 움집이 없어서? 아무런 구체적 사실도 언급하지 않고 무턱데고 떠들기 일수군..내 생각에는 소수림왕때 시대상을 묘사해야 하는데 구석기,청동기 시대적 표현이 나와서 저렇게 문제제기 하는것 같은데.. 이봐.. 조선조까지도 오색빛깔의 옷이 없었지. 그 의상도 시대에 맞지 않지.. 누추한 의상으로 나와야 했지. 건축양식도 죄다 테클걸 만한 거지. 역사적 잣대로 보면 얼마나 많은 테클사항이 있는지 모를꺼다. 그럼 거기서 사용하는 마술같은 것들은 과연 그 시대에 비추어 정당하다 말할 수 있을까? 그것 역시 불확실하다. 그런식으로 까델려면 다큐멘터리를 써야지 안그래? 뭐하러 드라마를 보면서 역사관점에 문제있다고 떠드는거지? 역사소설이 역사인가? 소설인가? 허구인가? 픽션인가? 다 알면서 어둡잖은 지식으로 말하는건가? 사실 풍백, 우사, 운사라는게 네개의 신물로 표현되는것 자체가 모순이지. 그 생김이 어찌되었던 서로 연관성 조차도 없는거지. 내가 말하고 싶은것은 이런거다. 드라마다. 역사드라마다. 시대상이 언제나 반영되지는 않는다. 그리고 다수 국민은 그걸 역사로 인식하기도 한다. 하지만 엄연히 드라마다. 이게 드라마라는 사실조차 잊고 떠드는 모습이 유치하군.. 2007/09/13 18:05

▶ 레 몽: 역사에 대해서는 잘 모르지만, 어제 2화를 봤어요. 근데 너무 휙 휙 지나가버리고 아이들도 갑자기 커버리고.. 누가 누군지도 모르겠더군요. 스크랩 해갈께요~ 2007/09/13 18:20

▶ wngml8525: 전 그냥 재밌던데 2007/09/13 19:34

▶ 거성홀릭: 전..괜찮던데...흠 뭐 좀그런말씀인지몰라도 보기 싫으시면 안보시면될듯....그냥 시즈님말처럼 사극이라고 생각안하고 보면될듯...쩝;; 2007/09/13 19:50

▶ 설탕: 결국 하네요 이 드라마... 참 2005년 첨에 바람의나라 표절 시비 나왔을때부터 설마설마했는데 에휴; 뭐 많이 가슴아프네요 2007/09/13 20:22

▶ 구구: 글을 보니 3가지로 압축이네요. 스토리텔링이 엉성하다. 그래픽이 별로다. 연기를 못한다. 1. 스토리텔링이 엉성하다며 쓴 예가 좀 우습군요. 서기 385년 시점에서 구,신석기 문화를 표현했다고 역사왜곡이다.라는 예제 자체가 좀 말이 안 맞지 않은가요? 님계서 드라마를 좀 잘못 이해하신 것 같은데 말그대로 소수림왕 시대에 어느한명이 옛시절에 대해 설명하는 부분인데 서기385년도 시대를 표현 못했다고 왜곡이다라는 건, 잘못된것 같습니다. 차라리 그냥 신화적 표현법이 맘에 들지 않는다라고 쓰는게 더 나을 뻔했습니다. 그것때문에 스토리텔링이 엉마이다. 라는 것도 부족한 예이군요. 이제 1회보셨을텐데. 스토리텔링을 보시려면 좀 더 지켜보시죠. 2. 돈준만큼 그래픽에 성의가 없다? 이 부분은 보는 사람마다 다를터이니 언급안하겠습니다. 참고로 그래픽에 대한 아무 기대없이 본 저는 상당히 훌륭한 느낌이었습니다만, 3. 연기가 엉망이다. 배우의 연기가 엉망이면 그 얘기만 하시지 출연료와 MBC는 왜 또 걸고 넘어가십니까. 출연료를 얘기하셨으니, 배용준의 출연료가 엄청 높긴 하지만 그의 인지도와 수출을 생각했을때 어련히 알아서 계약했을라구요. 물론 저희같은 일반인의 월급과비

교했을때 딴나라같은 느낌이어서 시샘이 들긴 하지만. 이건 특별
히 걸고 넘어갈일은 아닌듯 하네요. 연기부분역시 1회보고 잘한다
못한다 결정지을 부분은 아니라고 생각합니다. 1회의 배용준은 일
반사람이 아닌 신화의 단군으로서 그려졌고 감정의 희노애락이
불분명한 상태에서 최대한 자애로운 모습으로 표현하려다보니 조
금은 밋밋한 모습으로 나온게 아닌가 싶습니다만. 2회부터 본격적
으로 실생활이 등장하니 좀 나아지겠지요. 배용준의 연기가 뛰어
나다고 생각하는 것은 아닙니다만은. 기본적으로 별로 길지 않은
님의 글을 읽었을때 애정을 담은 비판이 아니라, 그냥 까기위해
안좋은점들만 골라 찾는듯한 느낌을 받아서 한마디 적고갑니다.
뭐 드라마를 어떻게 보건, 모두 개개인별로 느낌들은 틀릴테니.
님께서 그렇게 보신다고 하여, 제가 머라 할말은 없습니다만은.
바람의 나라 만화책은 읽었습니다만 게임은 뭔지도 몰라서 비교
할수도 없고 김종학, 송지나 콤비의 또다른 드라마를 기대하는 저
로선. 뭐. 끝까지 애정을 갖고 지켜보고 싶네요 2007/09/13 20:54
▶ 카엔: 저만 그렇게 느끼는게 아니었군요'ㅅ' 고조선이 청동기시대
에 접어드는데 그 때까지 가죽옷 입고 우가우가하며 살진 않았을
겁니다-_-; 오늘부터 실 자아서 옷감짜서 옷입고, 청동기 만드
셈!!!! 이라는 것도 아니구요ㄱ-;랄까, 전 하늘을 좋아하기 때문에
그래픽으로 만들어진 하늘이 인위적이라해도 좋았습니다. 하지만
사신 cg를 보고 폭소했습니다. 백호는 척추도 안 구부러진 게임
애니 동영상이었구요, 생긴것도 무슨 페르시안고양이처럼 생겨서<
현무는 그래도 생각 외로 좋았던것 같습니다만 별 활약같은 것도
없었구요, 애초에 상성을 생각한다면 백호가 아니라 현무를 불렀
어야했어요-_-;; 7일 밤낮으로 비가 내려 세상이 물에 잠겼다는
거는 무슨 노아의 방주도 아니고.....[쿨럭] 신화 쪽이 황당했지만,
저는 고구려 쪽에서 국내성 그래픽이나 보면서 이지아씨나 문소리

씨 연기나 보려구요[배용준은 기대도 안합니다] 2007/09/13 21:03

▶ 절대강자: 고구려 시대에 책이라고 종이가 너무 흔한것도 좀...;;; 죽편이 더 많을 것 같은데... 2007/09/13 21:15

▶ 혜잔: 아직 2회밖에 시작을 안했는데 반도 가기전에 벌써부터 판단한다는건 참 이해가 안갑니다. 가면 갈수록나아지는 드라마가 있고 첨에 괜찮으나 가면갈수록아닌드라마가 있습니다. 태왕사신기를 준비한스탭들과관련자들이 이글을 보면 참 서글프지않을까싶습니다.평가도적당한선에서 해야 한다고생각합니다.이렇게 따지자면 괜찮은드라마가어디있습니까? 좋은 점을 적은점이 하나도 없어서 이렇게 글 한자 적고 갑니다. 우리나라뿐만 아니라 다른나라에서도 보는 드라마인데..이렇게 안좋은면만 보는것 같아서 조금 그렇네요 좀더 따뜻한 애정을 가지고 끝까지 보세요 이제겨우시작인데 다본것같은 평가는 이르다고 생각이 드네요. 2007/09/13 21:19

▶ 뤼시: 그래픽도 문제지만 남의 아이디어 베낀 그따위 쓰레기를 방송하는 초딩 엠비씨 2007/09/13 22:25

▶ 포도씨유: 오늘 좀 볼만하던데,, 2007/09/13 23:12

▶ 쇼코: 그냥 드라마는 드라마일뿐... 2007/09/13 23:44

▶ 육숭: 애시당초 판타지라는 장르를 내걸고 만든 드라마라고 알고 있습니다만. 제작자들도 ‘정통사극’으로 취급하지 않는다는 말이겠죠. 그런 작가적 상상력이 가미된 ‘판타지 드라마’에 역사 왜곡 운운이니 고증이니 하는 것은 좀 아니라고 봄. 물론 그것을 진짜로 받아들이는 사람들이 있다는 문제가 있기야 할테지만 구더기 무서워서 장못담근다고 그런 문제들 때문에 잘만든 판타지 드라마 못보게 된다고 생각하니 그것도 좀 그렇군요. 그리고 까대는 사람들보니까 환웅이랑 단군이랑 구분도 못하고 조선조까지 오색옷 없다고도 하고 이건 뭐. 좀 제대로 알고들 까시던가. 보다가 웃겨서 원. 2007/09/13 23:46

▶ 육승: 그리고 사신 이미지 뭐라하시는 분들, 서점가서 벽화로 보는 고구려 이야기라는 책 들여다보십쇼. 아니면 네이버에서 사신도 좀 찾아보시던가. 2007/09/13 23:48

▶ rkaksltkddk: 담아가요~ 2007/09/13 23:50

▶ 육승: 그리고 본문에서 유태인의 신화 어쩌구 하는거 설마 홍수이야기 때문? 세계 신화에 홍수 언급이 얼마나 많은데. 홍수 이야기는 유대신화의 전유물이 아닙니다. 2007/09/13 23:53

▶ 비욱: 저는 연기가 괜찮다고 생각했고 그래픽도 우리나라의 수준에서는 좋았다고 생각합니다. 그만큼 기대를 안 하시고 보면 되는거 아닐까요? 게다가 드라마로 역사공부 하는것도 아니고 세세히 하나하나 따져가며 살기엔 좀 어렵다고 봅니다. 뭐...제가 태왕사신기를 좋아해서 이런 덧글 썼을지도 모르는 일이지만요. 사신들도 그리 나쁘게 표현되지 않았고, 일본을 따라한 거는 드라마기 때문에 극적으로 재미를 더하기 위해서 한게 아닐까 싶어요. 바람의나라 표절은 어쩔수 없지만요. 2007/09/13 23:57

▶ 초코노미: 현무는 원래 거북이임. 멍청하게 보이는지 우직하고 신령스러워보이는지는 개인사정이지만 현묘할 현에 거북이 무라서 현무라고 하는 것입니다. 그리고 백호는 사신도에 나오는 백호를 옮긴 것인데 어떤 헐리우드에 호랑이를 저렇게 묘사했는지 보지를 못해서 모르겠지만 분명히 고구려풍 사신도에서는 백호를 몸이 날씬하고 길쭉하고 목이 길고 머리는 작지만 날카로운 이빨이 나있게 묘사하고 있습니다. 비판글을 쓰실려면 좀 기본적인 지식을 가지고 쓰시는게 좋을듯하네요. 2007/09/14 00:03

▶ 트라이온: 초코노미/ 그러게요 백호에 대한 이상한 편견에 빠져있는거같아요 그리고 처음에 우가우가했을때가 고구려도 고조선도 아니도 단군이 태어나기 전이니깐 예수태어나기 몇천년전 일아닌가? 제대로 보고 비판을 하시던가요. 2007/09/14 00:08

▶ 초코노미: 사실 개인적으로 고구려의 사신도의 이미지를 멋지게 재
현한 1화의 cg에 찬사를 보내고 싶습니다. 그런데 사실 스토리텔링
은 3화가 좀 엉성해서 실망이었습니다. 연씨부인의 왕 독살계획은
발각되는 과정에서 굉장히 엉성함을 보여줬고 담덕이 반역죄를 처
리하는 과정도 정말 엉성합니다. 그럼에도 담덕이 간교하다느니 하
는 것을 보면 약간 웃깁니다. 부자귀족 연개려?가 굳이 암살지불을
하사품으로 지불해서 괜히 들통나는 것과 담덕이 막강한 연개려의
귀족가문이 무섭다면서도 정작 반역죄로 다스릴때는 연씨부인 달
랑 하나만을 죽이고 연씨가문의 실세들을 고스란히남겨두는 우를
범하는등 말이죠. 그런부분에서 스토리텔링이 어색하다는 비판은
공감이가지만 스토리텔링이 빈약한 이유가 겨우 시대고증이 안맞
는것 같아서 엉성하다니 그건 좀 아닌듯 그건 고증내지는 픽션의
영역이지 스토리텔링이 아니지 않나요 ^^ㅋㅋㅋ 2007/09/14 00:11

▶ 플스페인: 1회 보시고선 국적없는 드라마라 하시고 스토리텔링이
엉성하다고 하시는건 이해할수가 없네요. 좀 더 보시고 비판하셔도
괜찮았을꺼라 생각합니다. 저도 1회땐 판타지성이 너무 강하고 마
치 게임의 세계관같아서 거부감이 조금 들었는데 2회때부턴 몰입도
도 좋고 극의 전개도 빨라서 재미있더라구요. 우리나라 드라마에서
이런 CG가 나올꺼라 생각도 못했구요. 사극이 역사적 고증을 바탕
으로 제작되어야 하는게 맞긴하지만 드라마 보면서 역사공부할 것
도 아니구요. 그럴꺼면 다큐멘터리로 만들어야 하지 않겠어요. 누가
드라마를 역사 그대로라고 믿는지 궁금하네요;; 2007/09/14 00:16

▶ 초코노미: 고구려 소수림왕시대인 서기 385년에 단군신화를 전개한
다고 하셨는데 윗분이 지적하신대로 말이 안맞습니다. 단군신화는
1화의 드라마 내에서도 신화로서 고구려시대의 사람이 자기 제자
에게 설명해주는 데에서 단군신화가 묘사되는 것입니다. 아마도 제
대로 안보시고 감상문을 쓰신듯 2007/09/14 00:33

「태왕사신기」의 사회학*

<MBC>는 공영방송이다. 비록 자본의 형태는 '주식회사' 꼴을 하고 있으며, 상업적 민영방송처럼 운용하고 있으나, 자본의 본질적 성격은 어디까지나 공익성을 지니고 있는 방송사업자이다. 따라서 <MBC>는 공공의 이익에 복무할 책임과 의무를 진 방송사이다.

MBC의 정체성을 상징하는 「태왕사신기」

나는 일전에 <MBC>가 '창사기념 특별기획' 운운하며, 무려 430여 억 원이라는 돈을 들여 제작한 「태왕사신기」 1회를 보고 그 시청소감을 나의 블로그에 게재한 바 있다. 내 블로그의 호스팅 업체인 네이버는 '태왕사신기에 고함'이라는 생뚱맞은 제목으로 '블로그 라이브'에 메인 블로그로 게재하였고, 하루에 20여 명 남짓 들락거

---

* 공영방송, <MBC>, '태왕사신기', 배용준, 광개토호태왕, <네이버>, 누리꾼, 댓글

리는 내 블로그에는 3,000여 명 가까운 누리꾼들이 방문하였으며, 댓글 또한 내 블로그 전체에 달린 개수보다 여남은 배나 많은 54개나 달렸다. 나는 누리꾼들의 폭발적인 성원에 감사하다는 뜻에서 한마디하고 넘어가지 않을 수 없다.

내가 모두에 <MBC>의 정체성에 대해서 새삼 '공영방송'이라고 지적한 것은 <MBC>의 방만한 경영형태를 말하기 위해서이다. 결론적으로 말해 <MBC>는 과연 「태왕사신기」에 430여 억 원이라는 돈을 투자할 만했는가 하는 점이다. 「태왕사신기」는 제작과 기획 단계에서부터 공영방송 <MBC>가 자신의 정체성을 대표하는 대중문화 콘텐츠라고 하여 나는 많은 관심을 기울였다.

나는 <MBC>가 「태왕사신기」에 430여 억 원을 투자한 것은 실패작이라고 보았다. 그 근거로 「태왕사신기」 제작자 측에서 자랑하고 있는 '배용준'이라는 배우의 상품성과 '한국 최초로 본격적인 컴퓨터 그래픽의 도입'이라는 문제점에 대해 낱낱이 그 허상을 실증적으로 예를 들었다. 이에 대해 일부 누리꾼들은 내가 감정적으로 <MBC>를 싫어해서 공격적으로 비판하는 것 아니냐 하고 이해하고 있다.

나는 본질적으로 모든 방송의 공공화를 주장하는 공영주의자이다. 따라서 내가 <MBC>를 싫어할 이유도 없고, 싫어하는 마음도 없다. 다만 <MBC>가 주식회사는 외투 아래 공영방송의 탈을 쓰고, 민영 상업방송처럼 하는 짓거리가 못마땅하고 싫을 뿐이다.

「태왕사신기」의 배용준 연기력 돈값못해

두 번째는 배용준이라는 배우에 대해서이다. 나는 개인적으로 배

용준이라는 배우를 좋아하고 싫어할 근거나 이유가 전혀 없다. 그와
는 일면식도 없을 뿐 아니라, 심지어 그의 나이나 출생지, 학력 등
기본적인 인적 사항조차 모르고, 또 알 필요도 없다. 다만 그가 「태
왕사신기」나 「겨울연가」 등 TV드라마를 통해 전해지는 '이미지로서
의 배용준밖에 모른다. 따라서 내가 말하는 배용준은 TV화면에서의
배용준이지, 인간실존으로서의 배용준은 아니다.

「태왕사신기」 한 회 출연료로만 2억여 원을 챙긴다는 배용준의
연기력은 내가 보기에는 전형적으로 돈 값을 못하는 '거품배우'다.
코스닥에 상장한 그의 자신이 수백억 원 대에 이르는 몸값을 지닌
배우라면 국내외에서 그만큼 상품성을 인정한 결과치라고 보아야 옳
을 것 같다. 하지만 배우로서의 배용준의 몸값은 한국의 영상문화를
근본부터 죽이는 '암세포'나 다름없다.

내가 보기엔 영화에서는 최민식이, 사극 드라마에서는 유동근이
배용준보다 훨씬 더 강력한 카리스마와 탁월한 연기력을 보이고 있
다. 그런데도 그들은 배용준만큼 몸값을 받지 않고(?), 아니 못하고(?)
있다. 왜일까?

언젠가는 한국영화를 짊어지고 있는 일부 주연급 배우들 몇몇이
스스로 영화출연료를 반밖에 받지 않겠다고 선언한 뉴스를 접한 적
이 있다. 그들은 천정부지로 치솟는 배우의 출연료로 인해 영화제작
이 위축되고, 그리하여 마침내 이제 막 일기 시작한 한류가 움츠려
든다면, 결국 자신들이 출연한 영화가 적게 제작되고, 이는 영화시장
의 축소를 가져올 것을 우려해서 출연료 자진 삭감을 결의했다는 것
이다. 한마디로 영화시장의 파이를 키우는 데 배우들의 출연료가 걸
림돌이 되어서는 안된다는 것이다.

그런 의미에서 배용준은 참으로 행복한 사나이임에는 틀림없다. 출연료 삭감을 걱정하지 않아도 된다. 온 국민이 주인인 방송사를 마치 아무 주인도 없는 방송사인 양 돈을 흥청망청 써대는 공영방송 <MBC>라는 든든한 물주를 만났기 때문이다. 배용준이 코스닥에서 수백억 원의 자산을 지닌 재력가로, 동시에 「태왕사신기」 한 회 출연으로 2억여 원을 받을 만큼 대배우(?)로 우뚝 서기까지는 치열한 자기 노력이 있었을 것이다. 그럼에도 나는 「태왕사신기」에 한해서만큼은 배용준이 '돈값 못하는 연기력 배우'라는 사실을 취소할 의향이 전혀 없다.

"드라마니까" 라는 변명은 무책임의 극단

세 번째, 나는 「태왕사신기」의 스토리텔링이 수준 이하라고 말한 바 있다. 이에 대해 일부 누리꾼들은 스토리텔링의 개념조차 지니지 못한 채 나에게 역사성이 부족하다고 나무라는 댓글을 달기도 했다. 참으로 유감이 아닐 수 없다. 「태왕사신기」가 '광개토대왕(이는 일제 식민주의 사관에 젖어 일컫는 명칭이다)', 아니 광개토호태왕을 칭하지 않고, 우리 민족사의 자긍심은 고구려를 내세우지 않고, 그냥 어느 고대시대를 배경을 한다면 내가 굳이 스토리텔링에 대해 시비걸 이유가 하등 없다. 그러나 분명 「태왕사신기」는 분명 서기 34년에 출생, 17세에 즉위하여 영락(永樂)이라는 연호를 쓰면서, 열여덟 살 되던 해인 392년엔 백제의 58성을 함락해 귀속시켰고, 26세인 400년에는 신라에 원병을 보내 한반도 침략을 도모하는 왜군을 일망타진했으며, 410년엔 동부여를 멸망시킨 후, 연나라의 숙군성, 현도성 등 50여 성을 함락시켜 동으로는 동시베리아와 북으로는 송화강 일대의 북만주, 서로는 요동반도를 평정한 광개토호태왕을 주인공으로 한다. 그리고 그 시대상은 분명 4세기 고구려이다.

일부 누리꾼들과 사극 제작자들은 "드라마는 드라마일 뿐 역사 교과서는 아니다"라고 둘러댄다. 이는 참으로 무책임하기 그지없는 소리다. 드라마는 이미지로 사실을 보여준다. 사람들은 문자로 역사를 인식하기보다는 눈앞에서 생생하게 보여주는 영상을 진실로 받아들이기에 주저하지 않는다.

본질적으로 TV드라마는 유사현실을 보여주는 매체이다. 시청자들은 TV드라마가 보여주는 유사현실을 통해 무의식적으로 그 메시지를 대리경험하고, 그 메시지가 전하고자 하는 내용을 공유하게 된다. 따라서 TV드라마가 무엇을 어떻게 보여주는가 하는 것은 매우 중요한 의미를 지니게 된다.

TV드라마는 그 시대의 사회를 나름대로 해석하여 허구적으로 재구성한 사회문화적 구성물이다. TV드라마는 '사회의 거울'로 한 시대를 반영하고 있으며, 수용자들에게 현실에 관한 특정한 신념과 가치관을 주입시키는 사회화의 도구이다. TV드라마는 현실을 반영할 뿐만 아니라 사회변화를 이끄는 요인이 된다. 이러한 TV드라마의 강력한 사회적 영향력은 곧 TV드라마에 대한 사회적 관심과 궤를 같이한다.

따라서 역사드라마를 제작할 때 철저한 고증을 바탕으로 신중을 기해야 하는 이유가 여기에 있다. 그런데도 일부 몰지각하고 무책임한 제작자나 작가는 자신에게 주어진 책임과 의무를 회피하고 모면하기 위해 "드라마는 역사 다큐멘터리가 아니라 창작물"이라고 에둘러댄다. 이건 진실이 아니다. 자기변명의 극치이다.

내가 황당무계하기 그지없고, 역사성마저 빈약하며, 얘기의 전개조차 졸렬하기 그지없는 「태왕사신기」의 스트리텔링에 대해 수준 이하라고 문제점을 지적한 이유는 여기에 있다. 제발 「태왕사신기」 제작자는 다음부터는 이따위 드라마를 만들지 말라. 얘기 전개에 그토록 자신이 없으면 나에게라도 자문을 구해라. 그러면 나는 무료로라도 응해 줄 용의가 있다.

<중앙일보>의 이여영 기자가 쓴 「광개토대왕이 유라시아 대제국 건설?」이라는 기자칼럼(2007년 9월 28일자)에 따르면 「태왕사신기」는 광개토호태왕의 주요 업적 가운데 하나인 중국 정복과 왜 토벌 전쟁을 다루지 않는다고 한다. 이는 국내에선 10만 원 권 새 지폐의 도안인물 누리꾼 추천 1위가 상징하듯 광개토호태왕의 인기를 등에 업고, 해외에선 한류의 원조인 배용준의 인기를 밑천 삼아 '드라마 장사'를 하겠다는 속셈이 그 이유가 아닌가 하고 묻고 있다. 한마디로 「태왕사신기」는 나라가 찌들고 움츠려든 역사에서 유일하게 밖으로 뻗어나간 정복군주에 대한 환상과 기대치를 담은 민족자부심의 원천을 얄팍한 상업주의에 악용하는 속 보이는 '상업드라마'라 아니 할 수 없다.

포털의 저널리즘 행위로 언론본질 변질

네 번째는 나의 블로그를 게재하는 네이버의 포털저널리즘 행위에 대해 짚고 넘어가지 않을 수 없다. 네이버는 내가 "「태왕사신기」 시청 소감"이라 제목붙인 게시물을 "「태왕사신기」에 고함"이라는 제목으로 블로그 라이브의 메인 블로그로 게재했다. 이는 명백히 네이버가 제목달기라는 편집기능을 수행한 셈이다. 즉 저널리즘 행위가 이뤄진 현장이다. '시청 소감'이라 함은 지극히 개인적이고 사적인 행위이다. 그러나 네이버에 의해 "……에 고함"이라 함으로써 사적인 감상 행위가 공적인 비평행위로 둔갑한 것이다.

무릇 어떤 사안이나 사물을 비평하기 위해선 스물넷 가운데 그 하나만 보고 이러쿵저러쿵 한다는 것은 모순의 극치이다. 따라서 네이버의 저널리즘 행위로 인해 나의 글이 졸지에 「태왕사신기」에 대한 과격한 공격적 비평행위라고 규정된 것에 대해 입이 열 개라도 나는 할 말이 없게 되었다. 이는 전적으로 네이버의 저널리즘 행위가 빚은 무책임의 소산이라 하겠다.

그런 의미에서 결과야 어떻게 됐든 배용준 씨나, 「태왕사신기」 제작자, <MBC>에 대해 '미안하다'는 말을 덧붙이지 않을 수 없다. 원래 블로그란 지극히 사적인 개인미디어 영역이다. 「태왕사신기」가 하도 동네방네 소문난 잔치라 그 첫 회에 들려 구경을 한 다음 내 실망감을 몇 자 토로한 것이 네이버에 의해 사회적 공론화되었고(물론 여기엔 내가 기꺼이 동의했다), 그로 인해 「태왕사신기」를 사랑하는 누리꾼과 관계자분들에게 마음의 상처를 안겼다면 어떤 이유에서건 유감을 피할 수 없게 된 노릇이다.

아울러 이 기회에 누리꾼 여러분께도 보다 생산적인 댓글달기를 통해 풍성한 사회적 담론과 여론이 생산될 수 있도록 힘써 달라고 부탁하고 싶다. 그리 그 방법으로는 대부분의 누리꾼들이 네티켓을 잘 지키고 있지만, 아직도 일부에서는 익명성 뒤에 숨은 폭력성에서 벗어나지 못해 안타깝기 그지없다.

<2007. 10. 4.>

닫는 글; 노무현 대통령의 언론관련 주요 발언록

노무현 정권의 언론정책은 크게 편가르기와 뉴미디어 활용, 수용자 주권의 구현, 시민사회세력 등용 등으로 요약할 수 있다. 노 정권은 자의적으로 '진보와 보수', '개혁과 실용'이라는 이념적 틀을 세우고, 친언론과 반언론을 구분해 특정언론을 배제하는 정책을 편다. 특히 스스로 '비판언론'을 자임하며 사사건건 권력에 발목을 잡고 늘어지는 기존의 수구언론을 기득권 세력의 첨병으로 여기고, 그들과의 격렬한 이념전쟁을 통해 민주와 반민주 구도로 편을 가르고, 자신을 중심으로 지지세력을 결집해 권력의 외연을 넓히고자 했다.

노 정권은 또 뉴미디어의 총아로 대두되고 있는 인터넷언론을 정치에 끌어들여 기존 언론을 견제·비판하는 제도로 활용한다. 다른 한편으로는 권력이 직접 매체를 창간, 대통령언론으로 사회적 여론 만들기에 주력하고 있다. 권력의 영향력이 미치는 매체를 동원해 수구언론과 의제 싸움을 벌이고, 대안언론을 육성해 적대언론을 누르려고 했다.

노무현 대통령은 댓글달기와 법적 시비 공방을 통해 수용자 주권도 적극적으로 구현했다. 국가 최고 지도자가 언론을 상대로 평균 이틀에 한번 꼴로 시비를 걸면서 언론개혁의 본질이 실종되고, 언론정쟁만 남게 된 부작용을 초래했다.

노 정권은 언론정책을 집행할 권력의 주체로 시민사회세력을 등용했다. 무능하고 언론에 대해 비전문인들이 이를 담당한 결과, 오히려 수구언론으로부터 "빨갱이·좌파 정권"이란 덤터기만 뒤집어썼다. 그럼에도 정언유착을 근절했다는 점은 큰 평가를 받아야 할 대목이다.

대한민국사에서 노무현 대통령은 역사 전개의 패러다임을 근본적으로 바꾼 대통령이다. 그의 정치적 정체성은 다름 아닌 '언론과의 전쟁'이라는 도구에 기인한다. 즉 민주주의의 골간이라는 '말'을 유용하게 제압함으로써 유리한 헤게모니의 장악을 기도한다. 그의 권력투쟁에서 말을 팔고 사는 언론은 늘 논리적인 정치의 대상이었다. 그런 까닭으로 그의 언론관은 민주주의를 신장하기 위한 언론제도의 건설이라는 당위성을 지니고 있음에도, 자신의 권력적 입지강화를 위한 정치투쟁이라는 한계를 나타내기도 한다.

대통령의 언론에 대한 인식은 말에 의해 언론정책화되었으며, 아마추어 언론운동가·비전문적인 언론인들에 의해 운용되었다. 그로 인해 노무현 대통령의 언론정책은 대부분 언론개혁의 대상인 수구언론과의 문명충돌로, 개혁의 본질이 실종되고 권력투쟁만 남게 되었다. 그리고 덤으로 수구언론으로부터 "빨갱이", "좌파정권"이라는 정치적 오물만 뒤집어쓰고, 아무런 개혁적 성과를 도출하지 못한 채 흐지부지되는 변죽만 울리는 처지가 됐다. 그것은 그의 말이 차분한 이성보다는 사뭇 격정적이고 감정적이며 논리적 당위성을 갖추는 데 실패했기 때문이다.

대통령의 말은 국가정책을 핵심적으로 압축하고, 그 방향을 제시하고 있다는 점에서 정책연구의 유용한 기초자료로 활용된다. 이 자료는

한국언론사상 최초로 언론과의 권력투쟁을 통해 대통령에 오른 참여
정부의 언론정책을 일목요연하게 볼 수 있다는 점에서 매우 중요한
사료적 가치를 지닌다. 가령 2003년 2월 23일 대통령 취임 이틀을 앞
두고 인터넷신문 <오마이뉴스>와 '언론개혁의 방향과 실천방안'에 대해
인터뷰한 내용에서는 참여정부의 언론정책 기본방향을 엿볼 수 있다.

　다음은 노무현 대통령의 취임 이후부터 현재까지 언론과 관련한
주요 발언록이다.

　♣ 2000년
　● 6월 24일 새천년민주당 상임고문단 회의
"언론개혁은 제2의 6월항쟁이며, 수구언론은 개혁의 저지세력, 반통일세
력이다."
　● 7월 25일 새천년민주당 확대 간부회의
"언론은 최후의 독재권력으로 남아 있다."
　● 8월 1일 새천년민주당 국정홍보대회 강연
"조선일보와 같은 신문을 그대로 두고는 이 땅에 진정한 민주주의와 개
혁은 없다."

　♣ 2001년
　● 2월 7일 해양수산부 출입기자 간담회
"언론과 전쟁을 불사할 수 있는 기개 있는 정치인이 필요하다."
"언론사는 대통령의 권한에 버금갈 만큼 막강하다. 누구나 천적관계가
있는데 언론만 천적관계가 없다."
　● 2월 9일 〈오마이뉴스〉와 회견
"언론이 사회의 보편적 공론을 형성하지 않고 자기 마음에 안 드는 사람

들에게 물매를 내리치고 있기 때문에 '조폭적 언론'이란 말에 공감한다. 나를 공격하는 언론들과 내 발언의 진의와 본질을 놓고 TV공개토론을 하고 싶다."

"언론들이 나에게 이지메를 가하고 있다. 더 이상 언론에 굽실거리지 않겠다."

"내가 언론과의 전쟁불사라고 말한 진의는 조폭적인 언론의 횡포와 맞서 싸워야 한다는 뜻이다."

● 2월 12일 MBC 라디오와의 인터뷰

"언론개혁의 본질은 몇몇 수구, 족벌 언론이 문제이며 그 이외의 언론은 본질적인 문제가 아니다."

"수구적 이익을 비호하고 자사의 이익에 맞지 않는 것은 공격하는 수구 언론과 족벌언론이 몇 개 있지 않느냐? 이것을 염두에 둔 것이다."

"언론들이 사회민주화 과정에서 내부 자정의 움직임이 있지만 대표적인 몇 개의 수구, 족벌언론은 그런 것이 아니라 사회 흐름을 바꾸려는 의도로 정치인과 개인을 공격하고 있다."

● 3월 27일 새천년민주당 상임고문 내정 후 기자간담회

"김대중 대통령의 철학적 사고와 행동에 따라 충실하게 살아왔고 그런 점에서 대통령께서 나를 상당히 신임한다고 생각한다."

"(언론과의 전쟁불사발언에 대해) 대통령(김대중)께서 소신발언이라고 칭찬했다는 애기를 지나가는 말로 들었다."

● 5월 23일 열린 국민정치연구회 월례 포럼 특강

"과거 김영삼 정부가 한완상 씨를 기용하고 이인모 씨를 북한에 보낼 때부터 수구언론의 공격이 집요하게 펼쳐졌고 그중 모 신문이 선봉에 섰다."

"금융실명제와 관련해서도 실시에 따른 불편을 보도, 국민이 반감을 갖도록 분위기를 조성했다."

"일제에 아부하고 독재에 결탁했던 수구언론들의 추악한 과거와 무한권

력에 시민들이 당당히 맞서야 하며, 대안 언론들과 정치인 개개인도 분연히 맞서야 한다.”

“정치는 존재하는 현실에서의 선택인데도 언론이 『정관정요』 같은 것을 꺼내들어 상황을 비교하는 것은 대안 없이 정권을 모략하고 흠집을 내려는 것에 불과하며 정권을 무너뜨리겠다는 의도이다.”

● 6월 24일 청와대 초청 새천년민주당 고문단 모임 발언

“언론개혁은 ‘제2의 6월항쟁’이다.”

● 6월 28일 언론노조 주최 제1회 열린광장 초청강연

“언론은 어디에 서 있어야 하는가? 언론은 항상 권력의 반대에 서 있어야 한다. 언론의 자유는 서구에서 경험을 통해 얻어진, 권력에 대한 불신을 토대로 견제장치의 하나로 만들어진 것이다. 왜냐하면 권력은 항상 남용될 소지가 많기 때문이다. 언론은 항상 시민사회의 편에 서 있어야 하고 권력과 맞설 때 여러 가지 특권이 부여되는 것이다. 다만 그 특권은 시민 위에 군림하는 것이 아니라 권력으로부터 제약을 받지 말아야 한다는 것이다. 이것이 언론의 특권이자 자유이다. 따라서 그 어떤 권력도 이것을 침해해서는 안 된다. 이것이 원칙이다.”

“언론의 자유는 세금을 탈세하고 국민들 위에 군림하고 초법적 특권을 행사하는 것이 아니다.”

“편향적 시각을 가진 1-2개 매체가 압도적 독점을 바탕으로 역사진전을 가로막고 있다. 이에 사회의 보편적 인식에 맞게 균형을 찾아야 한다. 공정한 경쟁을 위해서뿐 아니라 우리가 군사독재 사고의 한계를 뛰어넘어 세계적인 사고로 나아가기 위해서는 반드시 독점이 해체돼야 한다.”

“정치권은 여론을 수용해서 법과 제도를 바꾸는 일을 해야 한다. 역사발전을 가로막는 1-2개 수구특권 언론과는 맞서 싸워야 한다.”

● 6월 28일 〈민주당보〉 인터뷰

“조선일보는 이미 신문도 아니며 언론도 아니다. 조선일보는 수구세력의

선봉이며 한나라당 이회창 총재의 기관지다.”

- 9월 11일 노무현 홈페이지

“조선일보는 자신들의 친일행적 및 독재와 결탁한 어두운 과거를 TV토론을 통해 폭로할 수 있는 민주당 후보의 등장을 극도로 불안해하기 때문에 특정인 후보 만들기에 나선 것이다.”

- 8월 1일 새천년민주당 대통령후보 경선과정

“내가 집권하면 메이저신문을 국유화하겠다.”

♣ 2002년

- 2월 5일 〈오마이뉴스〉 인터뷰에 응하고자 하는 입장

“선관위에서 (인터넷신문인) <오마이뉴스>가 정간법상 등록된 언론이 아니라는 이유를 들고 있지만, <오마이뉴스>는 하루 50만 명이 방문하는 영향력 있는 언론매체이다. 21세기 디지털시대를 이야기해서 일반 신문, 방송에 대해서는 후보인터뷰를 허용하고, 인터넷매체에 대해서는 불허한다는 것은 시대를 역행하는 처사이다. 나는 곧 국회에서 이같이 많은 문제를 안고 있는 선거법이 개정될 것으로 본다. 그런 차원에서 나는 이 문제에 대한 국민여론을 환기할 필요가 있다고 보고 <오마이뉴스> 인터뷰에 참여하려는 것이다.”

- 6월 6일 새천년민주당 대통령후보 인천 경선

“<조선·동아>가 언론사 소유지분제한에 대한 나의 견해를 포기하라고 했지만 말을 듣지 않자 나를 모략하고 있다. <동아·조선>은 민주당 경선에서 손을 떼라.”

- 4월 7일 새천년민주당 경북경선시 기자실에 배포한 보도자료

“언론은 언론의 정도를 가고 정치인과 정부는 각각의 정도를 가야 한다는 것이 나의 소신이다. 상호 간 부당한 간섭이나 공격은 없어야 한다. 특히 언론은 정치권력의 창출과정에 언론 본연의 임무에서 벗어난 형태의 간

섭행위를 되풀이해서는 안 된다. 나는 일부 신문사의 부당한 압력과 공격에 굴하지 않고 정정당당하게 맞설 것이다. 국민과 힘께 끝까지 싸워 반드시 이길 것으로 확신한다.”

- 4월 9일 새천년민주당 충주지구당 기자간담회

“내가 집권하면 DJ와는 달리 부당하게 공격하는 언론에 대해서는 이 언론을 심판해 달라고 국민에게 명시적으로 호소할 것이다.”

“예전에는 몇몇 신문이 독점하고 있었으나 지금은 다양한 매체가 있어 몇 개 신문이 누구를 죽이고 살릴 수 있는 시대가 아니다.”

- 12월 1일 MBC「미디어비평」특별인터뷰

“몇 개 언론이 특정후보를 편파적으로 지원하고 심하게 말하면 줄서기를 하는 것이 아닌가 싶을 만큼 공정하지 못하다. 예를 들면 제가 어느 자리에서 언론을 국유화하겠다고 말한 것처럼 기정사실화하고, 또 저를 반미주의자로 거의 규정하는 등 전체 문맥을 왜곡해 제가 대단히 이상한 사람이 돼 있다.”

“정치권력과 언론권력과의 관계는 각기 정도로 가야 한다. 서로 덕 볼 생각을 하지 않아야 한다. 일부 언론이 개혁하지 않고 지금처럼 불공정한 언론, 사유물로 횡포를 부리는 활동을 계속하면 국민이 가만있지 않을 것이다.”

♣ 2003년

- 2월 23일 인터넷신문 〈오마이뉴스〉와 ‘언론개혁의 방향과 실천방안’에
  대한 인터뷰

“은근히 금융제제를 한다든지, 은근히 세무조사를 한다든지, 뒷조사를 통해 압력을 행사한다든지 그런 방법은 불법일 뿐 아니라 효과도 없었다. 그럼에도 불구하고 나는 언론개혁에 크게 한몫할 수 있다고 생각한다. 정권과 언론의 유착관계를 완전히 끊는 것이다. 옛날에는 정권에 불리한 보도가 나오면 그 보도를 ‘좀 빼 달라’, ‘고쳐 달라’며 앞으로 우호적인 기사를 써 줄 것

을 기대해서 자주 만나고, 소주 파티를 하고 향응을 제공하는 등 로비방법으로 이용해 왔다. 어떤 불리한 기사에 대해서도 어떤 인간적 관계를 통해 해소하려고 하지 않고 합법적인 방법으로, 예를 들면 정정보도를 청구하고 반론보도도 청구하고, 그렇게 대응하는 방식으로 문제를 풀려고 한다. 청와대 취임 후 한두 달 안에 청와대, 정부 모두 가판신문 구독을 금지할 생각이다. 언론들 제발 변화를 이야기하지 말거나 해야지, 지금 일부 언론을 보라. 무슨 족벌체제, 기득권 체제, 고스란히 갖고 앉아서 자기들이 무슨 변화의 기수인척 하고, 그러면서 실제로 변화와 개혁에 대해 사사건건 발목 잡고, 지금 오죽하면 인수위 브리핑이 나왔겠느냐. 청와대 브리핑도 낼 것이다.”

● 3월 4일 한국방송공사 창사기념 리셉션

“언론의 자유는 주변의 시기나 간섭이 있는 가운데서 지킬 때, 의미도 큰 것 아니냐?”

“KBS는 자본과 광고주로부터 크게 걱정을 하지 않아도 되는 곳이고 정권의 간섭도 없을 것이니 훌륭하고 공정한 방송이 되어 달라.”

“세월이 지나고 보니 거짓말을 하고 정권의 입노릇을 하는 방송이 없었다면 민주화가 불가능했을 것이란 생각을 갖게 되었고 방송에 대한 원망도 이제 다 잊어가고 있다.”

● 3월 7일 참여정부 국정토론회 강연

“어떻게 보면 오늘 대통령까지 된 것도 언론과의 긴장관계 덕분이 아닌가 하는 생각이 들기도 한다. 앞으로 대통령으로서도 여러 가지 완벽하지 않고, 여러 가지 실수나 결함이 있겠지만 그러나 나는 이 점에 관해서 적당하게 타협할 생각이 없다. 어떻든 욕먹을 것은 먹어가면서 긴장관계를 유지하면서 우리 정부도 긴장해 가자.”

● 3월 12일 청와대 홍보수석실 업무보고

“정부 각 부처는 정책상황 보고와 함께 자기부처 업무와 관련된 언론보도 중 오보성 기사와 왜곡보도에 대한 사안별 대응조치 내용을 청와대에 보고하도록 하라."

- 3월 13일 〈청와대 브리핑〉 기고문

"앞으로 각 부처는 정책상황 보고와 함께 자기 부처의 업무와 관련한 언론보도에 관해서도 망라해서 청와대에 보고토록 하라."

- 2003년 3월 29일 청와대 워크숍

"언론은 구조적으로 대단히 집중된 권력을 갖고 있지만 국민으로부터 검증이나 감사받은 적이 없기 때문에 대단히 위험한 권력이다."

"자기들 스스로 만든 권력이고 세습까지 하는 권력행사이기 때문에 그 권력이 공정하기를 기대하기는 매우 어렵다."

"적당하게 잘 지내려고 하지 마라. 적당하게 소주 한 잔 먹고 우리 기사 잘 써주면 고맙고 내 이름 한 번 내주면 더 고마운 시대는 끝나야 한다."

- 4월 1일 국무회의

"정부의 브리핑제 실시는 정부가 정보를 적극적으로 공개하고 취재의 편의를 도모하는 것이 기본적으로 전제되어야 한다. 기자의 취재 요청에는 업무에 지장이 없는 경우 적극적으로 응하라. 취재에 응한 공무원이 상부에 보고할지는 자율적으로 판단하도록 하라."

- 4월 2일 국회 국정연설

"정부가 할 수 있는 일이 있다면 오로지 언론과의 부당한 유착관계를 끊는 일이다. 정부는 오보에 대해서는 정정보도와 반론보도 청구로 대응하고 경우에 따라서는 민·형사상의 책임도 물어나갈 것이다. 이러한 조치는 언론개혁도, 언론탄압도 아니다. 굳이 설명한다면 정부와 언론의 관계를 정상화하는 것이다."

"군사정권이 끝난 후에도 몇몇 족벌언론은 김대중 전 대통령과 '국민의 정부'를 끊임없이 박해했고, 나 또한 부당한 공격을 받아왔다. 그 피해는 이루 다 말할 수 없다. 그리고 그 고통은 아직도 끝나지 않았다. 앞으로 정부는 정도를 걸어 갈 것이니 언론도 정도로 가주길 바란다."

- 4월 7일 '신문의 날' 기념사

"언론이 정치권력을 탄생시키겠다는 생각이나 정부를 길들이겠다는 생각은 버려야 한다."

"정부는 정부가 해야 할 일을 충실히 해나갈 것이다. 언론도 건전한 비판세력이 되어 달라."

- 4월 22일 국무회의

"각종 정보기관의 보고보다 언론보도가 훨씬 정보가치가 있어서 중요하며 보도는 정부활동에 대한 국민적 평가와도 관련되므로 더욱 중요하다."

"좋은 보도와 나쁜 보도를 구분하고 대응방안을 보고하도록 한 것은 언론과 대적하거나 갈등을 일으키자는 것이 아니라 그만큼 보도를 활용할 가치가 있기 때문이다."

- 5월 1일 MBC 100분 토론

"신문고시는 공정거래법에서 유일하게 신문만 예외를 인정받고 있다. 특권을 누리고 있다. 불공정거래행위를 하면서 어느 업체도 어느 업종도 신문처럼 예외적 대우를 받는 경우가 없는데, 딱 신문만 자율규제라는 예외적 대우를 받고 있다."

"언론이 나를 대통령 대접한 적이 있느냐. 언론이 어느 정권에 대해 지금처럼 적대적 기사를 쓴 적이 있느냐. 신문만 예외적인 대접과 특권을 누리고 있다."

- 5월 3일 차관급 공직자 워크숍

"언론과 싸우고 싶어 싸우는 게 아니고, 자꾸 싸울 일이 생긴다."

"권력과 언론이 카르텔을 형성하지 않도록 절제해야 한다."

"정부의 신뢰를 손상시키는 언론보도에 대해 적절한 조치를 취하지 않으면 직무유기이다."

- 5월 9일 언론인 간담회

"언론이 어떤 사안이나 정책을 놓고 구체적으로 평가하면 반론할 수 있

는데 '우왕좌왕', '혼선' 등 두루뭉술하거나 포괄적으로 평가해 반론하기가
어렵다."

"칭찬보다는 꾸중을 많이 들었다. 조언하고 비판하는 것이 언론의 사명
인 만큼 당연하다고 생각하지만 때로는 갖고 있는 정보와 관점이 서로 다
르기도 했다."

● 5월 30일 재경언론사 편집·보도국장 청와대 초청

"신문보도를 보고 늠름하면 가슴에 철판을 깐 것이다."

● 6월 2일 참여정부 100일 대통령 기자회견중 이기명 씨와 친형 노건평
  씨의 땅투기 문제와 관련한 답변에서

"긴 것도 아니고 아닌 것도 아니고, 당연히 흔히들 있는 일상적인 그런
거래의 내용을 놓고 마구 의혹만 제기하고, 이렇게 하면 어떻게 견딜 수 있
겠나. 정말 이 기사로 억울하게 당할 사람이 없는가. 한 번 진지하게 생각
하고 기사를 써 달라."

● 6월 5일 이기명 선생님. 기억하십니까?(인터넷 편지)

"언론과의 관계 측면에서 저의 입장은 확고합니다. 건강한 긴장관계입니
다. 건전한 라이벌 관계입니다. 언론은 언론의 자리에서 나라와 국민을 위
해 최선을 다하고 대통령은 대통령의 자리에서 나라와 국민을 위해 최선을
다하는 관계입니다. 나라와 국민을 위해 힘을 모아야 할 때는 과감히 협조
하지만 서로 야합하여 나라와 국민을 소외시키는 일은 어떤 경우에도 하지
않는 관계입니다. 이러한 긴장관계를 위해 저는 노력할 것입니다."

"옛날 대통령들이 가지려 했던 언론에 대한 음성적이고 초법적인 권한을
가지려 하지도, 쓰려 하지도 않겠습니다. 그것은 역사를 되돌리는 일이기
때문입니다. 대통령으로서 정당한 권한과 독자라면 누구나 가지고 있는 반
론권과 오보대응권을 가지고 언론문화의 발전에 일조하겠습니다. 원칙이 필
요할 때는 원칙으로 하겠습니다. 참고 기다려야 할 때는 인내로서 하겠습니
다. 가장 힘든. 그러나 가장 바람직한 관계를 만들어 내겠습니다."

- 6월 16일 전국세무서장 초청 특강연설

"요즘 언론을 통해서 청와대를 보면 시끄럽다. 말들이 많다. 우리 참모들은 저더러 일을 줄이라고 한다. 심지어는 신문을 보지 말라고 한다. 신문에 뭐 나쁜 일이 났다. 이런 얘기가 아니라 신문을 보면 대통령이 아침부터 열을 받게 되고, 그러면 그날 하루 종일 다니면서 높은 목소리로 지시하게 되고, 혹시 감정적 결정이 날 수도 있기 때문에 '꼭 봐야 되는 정보는 우리가 전해드릴 테니까 안 보도록 하십시오' 이렇게 말한다."

- 8월 2일 국정토론회

"부당하게 짓밟고 항의한다고 더 밟고 맛볼래 하며 가족 뒷조사하고 집중적으로 조지는 횡포를 용납할 수 없다. 이 횡포에 맞설 용기가 없으면 그만두라."

"언론에게 부당하게 맞아서 대통령이 하야하거나 장관이 그만두는 일은 결코 없을 것이다. 원칙을 가지고 당당하게 대응해 나가자."

- 8월 13일 김문수 의원, 〈조선·중앙·동아·한국일보〉상대 손해배상 청구
   소송 이유

"김문수 의원이 수개월 동안 근거 없고 사실과 전혀 다른 허위내용의 명예훼손 행위를 계속하고 해당 언론사들은 이렇다 할 사실 확인도 거치지 않은 채 김 의원의 신빙성 없는 주장을 일방적으로 보도해 명예에 큰 손상을 입었다."

- 8월 29일 전국 시·군·구 의회 의장들과 중식

"나는 언론을 탄압할 힘도, 의지도 없고, 다만 (언론과) 적당하게 지내지 않는 대통령일 뿐이다."

- 9월 3일 방송의 날 기념식 축하연설

"정치권력은 통제장치가 잘 발달돼 있으나 언론은 잘 돼 있지 않다. …… 시청자·독자의 견제도 생각해 볼 수 있지만 아직까지 시청자는 조직돼 있지 않고, 언론이 주는 정보를 수용하는 경향이 있어 잘 조직되기 어려

운 만큼 (언론 스스로의) 절제가 필……요하다. …… 날이 잘 선 칼을 지닌 사람은 칼을 쓸 때 조심해야 한다. 사실에 근거해야 하고, 냉정해야 한다고 생각한다. 대통령에 대해 여러 방향에서 비판을 하니 풀이 죽어 있었다. 가끔 방송도 대통령을 박살내 억울하다. 모른 체해 주면 좋은데 꼭 집어서 (보도해) 야속하다.”

“방송과 권력의 관계는 지난날 적절하지 않았던 때가 있었다. 민주주의 원리에 따라 서로 협력·견제하는 관계로 발전해야 한다. 방송사에 전화하지 않겠다는 약속을 앞으로도 지키겠다.”

“언론의 사명은 비판이지만 잘하라는 비판이었으면 좋겠다. 대통령도 비판을 받지만 그 비판이 감정적 공격으로 느껴질 때도 있다.”

● 9월 7일 청와대 출입기자 간담회

“나는 본래 자주 만나서 대화하고 서로 의견이 부딪치면 논쟁도 하고 술 한 잔 들어가면 싸움도 하는 체질이다. 그것이 여러 가지 부작용을 일으키고 참모들도 말려서 못했지만 결국 그것은 좋은 게 아닌 것 같다.”

● 9월 25일 민평통 해외자문 초청 다과회

“자꾸 거짓말로 비방하고 공격하면 신뢰가 떨어지고 지금과 같이 1년만 지나면 언론의 공격이거의 무력화 될 것이다.”

● 10월 28일 정치웹진 〈서프라이즈〉 창간 1주년 축하기고문

“인터넷이 신문, 방송과 함께 우리 사회의 여론을 형성하고 국민의 알권리를 충족시키는 핵심 언로로 자리 잡았다. 무엇보다 인터넷은 정보를 일방적으로 받는 입장에서 벗어나 수용자의 의견과 주장을 적극적으로 펼칠 수 있는 언론 공간이다. 정보흐름을 공급자 중심에서 소비자 위주의 시장으로 바꾸어 놓았다.”

“정보독점과 그로 인한 특권, 밀실 야합과 같은 구시대적 양태는 인터넷 공간에서 용인되지 않는다. 모든 정보가 숨김없이 공개되고 공유되며, 네티즌 한 사람 한사람이 감시자와 비판자 역할을 하고 있다.”

• 11월 4일 언론사 편집국장 초청 만찬

"그동안 언론과의 불편한 관계로 국민께 다소 불안을 드린 점이 있다. 여러 어려움이 많은 상황에서 앞으로 정부와 언론이 서로 협력해 국민에게 희망과 비전을 주도록 하자."

♣ 2004년

• 4월 7일 '제50회 신문의 날' 축하 메시지

"참여정부는 언론을 견제하는 힘겨운 일을 하고 있다. 다양한 기관과 시민사회에 권력이 분산되고, 그중 언론의 영향력이 막대하게 커진 사회에서는 언론 스스로 횡포가 가능한 우월적 권력이 되지 않도록 견제 받지 않으면 안 된다. 이 일은 소비자와 시민사회, 그리고 사법기관이 함께 할 일이지만, 각기 그 역할이 충분하지 못한 현실에서 정부의 역할은 중요한 의미를 가진다. …… 이런 노력이 진행되는 가운데 기사의 정확도와 분석·비판의 수준이 많이 높아지고, 정부와 언론과의 관계도 단순한 갈등관계를 넘어 선의의 경쟁과 창조적 협력관계로 발전하고 있다. 나는 이 시점에서 우리 신문에 '공정한 사실', '책임 있는 주장'을 주문하고 싶다. 공정한 사실을 주문하는 이유는 사실의 불공정한 취사선택으로 전체 사실을 부정확하게 보도하는 경우가 있기 때문이다. 책임 있는 주장을 주문하는 이유는 다각적으로 생각하지 않는 보도나 합리적인 대안이 없는 주장과 비판으로 사회일반의 인식과 여론에 혼란을 야기하는 경우가 적지 않기 때문이다."

• 5월 27일 연세대 리더십 특강

"오늘날 의제를 설정하고 의제를 주도하는 힘은 아직은 조·중·동이 갖고 있다."

• 6월 4일 주한 외교단 청와대 녹지원 초청 리셉션

"한국신문엔 위기가 아닐 때가 없었던 것 같다. 한국에서 신문을 보고 있으면 경제가 뒷걸음치고 정치가 파탄나는 등 굉장히 걱정스러운 일이 많이 보일 수 있는데, 지나고 보면 실제로 그렇지 않다."

- 7월 10일 〈청와대 브리핑〉 기고문

"<조선, 동아>는 저주의 굿판을 당장 걷어치워라."

- 7월 27일 국무회의

"언론의 부정적 보도에 대해서는 참고 견디면서, 언론에 게재되는 의견에 대한 신뢰성 게임을 해야 한다. 이견에 대해서는 반박하고, 기사를 쓴 사람 등에게 공식 반론을 제기하고, 정정을 요구해야 한다. (언론과) 적당한 관계는 안 된다. 우리는 완장문화에 도전하고 있으므로 참고 가야하고, 군림문화에 굴복해서는 안 된다. 이런 문화가 사라질 때까지 철저하게 할 생각이다. 시련을 감수하고 정부와 언론 관계를 새롭게 정립할 필요가 있고, 언론을 둘러싼 문화개혁, 일종의 행정개혁을 추진해야 한다."

- 8월 17일 한국기자협회 창립 40주년 기념식

"언론자유를 존중하는 정치인으로서 대통령직을 성실히 수행해 나갈 것이며 언론 또한 과거처럼 유착이 아니라 새 공동체를 위해 자기 역할을 다할 수 있도록 절제하고 협력해 나가자."

- 9월 15일 MBC 2580 특별대담

"국민들이 (언론에 대한) 태도를 바꾸지 않으면 법을 백 번 바꿔도 소용없다. 제도개혁은 정당과 국회에서 해 주기를 바란다. 적어도 정부권력과 언론 사이에 서로 존중하고 룰을 지키는 문화를 (조성)해 나가는 데 지금 굉장히 성공하고 있다고 평가한다."

- 12월 29일 내·외신 기자 청와대 송년 만찬

"어떤 기사는 '이건 아닌데'하고 짜증도 나고, 열도 받고 하지만, 한 지붕 밑에서 살면서 (기자들과) 팍팍하게 지냈다. 여러분과 건강한 긴장관계만이 아니라 건강한 협력관계, 좀 더 따뜻한 인간관계를 맺을 수 있도록 노력하겠다."

♣ 2005년

• 1월 14일 신상우 전 국회 부의장과의 면담

"언론과 대립각을 없애고 서로 이해하고 도움이 되는 방향으로 유도하는 게 좋다."

• 2월 25일 취임 2주년 기념 국회 국정연설

"적어도 권·언유착은 해소된 것 같다. 한때 일부 언론이 독재권력의 나팔수 노릇을 하고, 그 대가로 이런 저런 특권과 특혜를 누렸던 시절이 있었다. 하지만 요즘 우리 언론이 많이 달라진 것 같지 않느냐. 적어도 이제 고위 공무원이 기사 빼달라고 언론인들에게 매달리는 일은 없는 것 같다. 언론은 언론으로서, 정권은 정권으로서 재 갈 길을 가면서 건강한 긴장과 협력관계를 유지하고 있다. 2년 전에 비해 정책관련 기사의 정확성이 꽤 높아졌고, 분석과 비판의 수준도 상당히 높아졌다. 극단적이고 감정적인 비판이 없는 것은 아니지만 그것은 독자들이 잘 판단하는 것 같다."

• 4월 25일 청와대 국정홍보처 업무보고

"정부는 정부대로 고집이 있고, (언론)매체는 매체대로 성격이 있어서 충돌이 불가피하다. 정부와 매체는 적절한 규칙을 만들어 페어플레이를 해야 하고, 건설적으로 경쟁해 수준을 높여 나가야 한다. (건설적인 경쟁관계는) 언론에 끌려가는 '소방홍보'가 아니라 정부가 사회적 의제를 주도하는 '선제홍보'를 해야 한다."

• 5월 30일 세계신문협회 서울총회 개막식

"18세기 시민사회 이후 언론자유에 대한 보호는 강조됐지만 언론 자체가 시장의 독점과 독점적 지배구조를 통해 권력화할 수도 있다는 사실은 고려되지 않고 있다. (한국언론에 대해) 정부가 언론에 부당한 압력을 행사하는 일은 없지만 정부에 대한 언론의 비판은 지나칠 정도로 자유롭다."

• 7월 7일 청와대 초청 중앙언론사 편집·보도국장 간담회

"내가 느끼는 제일 큰 어려움은 나를 도와주는 언론이 없다는 것이다.

대통령을 편들어 (기사를) 쓰면 선명성이 떨어져 별 재미가 없는 환경에서 여러분이 글 쓰는 것 아닌가 생각한다."

"(그동안 언론이) 오로지 진실이냐 아니냐만 제시해 왔는데 이제는 이게 대안이냐 아니냐는 문제에 대해서도 한 번 고민해 달라고 제안 드리고 싶은 것은 정부 입장에서도 한 번씩 생각해 보는 그런 여유를 가져 달라는 것이다."

"옛날에는 군사령관과 제사장이 권력을 나누어 가졌던 시절이 있었는데, 지금은 언론의 역할이 제사장이 했던 역할, 지위 수준의 역할을 행사하고 있다. 스스로의 일에 대해 보람과 가치를 한 번 더 높이 설정해 보면 좋겠다. (참여정부와 언론은) 처음부터 좀 껄끄러웠던 부분이 있었다. 새로운 관계를 만들어 가는데 나도 좀 미숙했고, 차분한 설득과정이라든지 점진적 과정을 밟지 않고 일거에 무 자르듯 해 버렸다. 그 과정의 갈등이나 감정적인 앙금이 없지 않아 있을 것이겠지만, 이제 그 문제를 좀 풀었으면 좋겠다."

● 8월 9일 국무회의

"언론과 의제를 주도하는 경쟁을 하고 건전한 비판은 적극 수용해야 하며, 공개할 것은 적극적으로 공개하고 홍보하는 자세를 가져야 한다."

● 8월 18일 중앙언론사 정치부장들과의 오찬

"언론과 정부가 창조적 경쟁과 협력관계를 형성하면 좋겠다."

"언론이 전통적인 비판과 견제 역할에서 나아가 새로운 대안과 방향을 제시하고 대안에 대해 정부와 경쟁도 하고 방향에 대해 논쟁도 하고 합의를 찾아가는 과정에 함께 참여해서 창조적 경쟁과 협력의 관계가 설정되길 바란다."

"여러분에게 책임이 있다는 게 아니라 제 쪽에 책임이 있다. 일반 여론의 흐름을 봐도 문제로 생각하는 것이 내가 생각하는 것과 다른 것 같고, 언론에서 보도되고 있는 것과 초점이나 쟁점들이 가까이 있고 저는 좀 동떨어져 있다는 느낌이다."

- 11월 27일 줄기세포 보도 관련 기고문(청와대 브리핑)

"기자들은 기자들이 할 일이 있다. 그것을 인정하고 존중할 줄 아는 사회가 민주주의 사회이다. 서로 다른 생각이 용납되고 견제와 균형을 이룰 때 상식이 통하는 사회가 만들어진다."

♣ 2006년

- 8월 13일 〈경향·서울·한겨레·한국일보〉 4개 신문사 논설위원과의 오찬간담회

"보수언론은 권력화를 넘어 아예 정권교체 투쟁을 하고 있다. 언론은 시민사회의 영역으로 돌아가야 한다. 이것을 넘어 언론이 정치권력화하는 수준까지 가면, 언론과 정권이 함께 침몰할 수밖에 없다. 언론은 그 수단에 있어 최소한의 금도도 지키지 않고 있다. 설사 정치투쟁을 하더라도 자기의 윤리적 한계를 갖고 해야 한다. 그 이상의 것을 갖고 하면 안 된다. 정치권력과 언론권력 사이의 경계선을 지켜야 한다."

- 11월 27일 공무원에게 보낸 서신

"언론은 진실을 보도해야 하며 근거 없는 보도나 왜곡보도에 대해서는 엄격한 책임을 져야하며 정책비판은 대안을 가지고 해야 한다."

- 12월 14일 공무원 여러분 KTV를 자주 보십니까?(국정 브리핑)

"여러분은 많은 정책을 생산하고 있습니다. 그 정책들은 모두 국민생활에 밀접한 영향을 미치는 것들입니다. 당장은 관계가 없는 것처럼 보이는 정책들도 조금만 인과관계를 깊이 따져보면 국민들의 이익과 관계가 없는 것은 없습니다. 따라서 이런 정보들은 국민들에게 최대한 자세하게 전달되어야 합니다."

- 12월 21일 민주평통자문회의 연설

"요즘은 장관이 안 나오고 과장·국장·사무관이 또박또박 따지니까 (기

자들이) 괘씸해한다. 신문 보고 나서 참모하고 대화를 하면 자꾸 엇나가는데, 결국 내가 (신문에서) 부정확한 정보를 가지고 있다는 사실을 발견하게 된다.”

● 12월 27일 부산 북항 재개발종합계획 보고회 후 오찬 자리

“오늘은 (차를) 타고 간다고 긁고, 내려서 걸어간다고 긁고, 아침저녁으로 관점을 바꿔가면서 두드린다. 언론은 할 말 똑바로 해라.”

“제가 막말을 잘한다. 그러나 한쪽으로 보면 막말만 하는 것은 아니다. 좋은 말도 오늘 많이 하지 않았느냐? 소용없다. 내일 봐라. 노무현 막말했다고 날 것이다.”

“결탁에 거부하는 것뿐이고 부당한 공격에 항거하는 것이다. 왜 언론하고 싸우느냐? 가만히 분석해봐라. 저는 진실하다고 본다.”

“정부에서는 검찰이 좀 센 편이고 정부 바깥에서는 아무래도 제일 센 것이 재계고 그다음이 언론이지 않은가. 재벌 회장이 구속되면 언론사가 재미 보는 구조 위에 있지 않으냐”

♣ 2007년

● 1월 4일 과천청사 경제점검회의 후 공무원 격려오찬

“제가 찍힌 거다. 제가, 참여정부의 언론정책이 괘씸죄에 걸린 것이다. 어제도 제가 신년인사했는데 저는 살찐 건강한 돼지를 다음 정부에 넘겨주고 싶어 돼지 한 마리를 잘 그렸다고 생각했는데 (언론에 나온 것을 보니까) 돼지는 어디 가버리고 꼬리만 딸랑 그려놨다. 그것도 아주 밉상스럽게 그려 놨다.”

“사실과 다른 많은 사실이 마치 사실인 것처럼 기사로 쏟아지고 누구 말을 빌렸는지 출처도 불분명한 의견이 흉기처럼 사람을 상해하고 다닌다. 아무 대안도 없고, 대안이 없어도 상관없고, 그 결과에아무도 책임지지 않고, 배상도 안하는 그런 상품이 하나 있지요? 제 생각에는 미디어 세계인 것 같다.”

"부실한 상품이 돌아다니는 영역이 미디어세계다. 소비자 주권의 시대가 해결해야 할 가장 큰 분야는 이 분야(언론)다. 공직사회가 이 언론 집단에게 절대 무릎 꿇어서는 안 된다. 견제받지 않는 권력, 아무도 소비자 권력을 행사하지 않는 권력은 절대로 우리가 용납해서는 안 된다. 일반 국민이 소비자 권리를 행사하기가 쉽지 않기 때문에 정부권력이라도 가지고 있는 이만한 집단에서 소비자 노릇을 제대로 해 주길 바란다."

"민주주의 사회에서 제일 나쁜 것이 유착이다. 유착하지 말라."

"감시받지 않는 유일한 권력이 오늘 한국의 언론권력 아닌가? 견제 받지 않는 권력을 절대로 용납해서는 안 된다. 불량상품은 가차 없이 고발해야 한다."

● 1월 11일 개헌관련 청와대 출입기자 간담회

"개헌, 다 여러분이 필요하다고 했지 않았는가? 그래서 여러분께 부탁드리고 싶은 것은 안 된다는 전제로 말씀 좀 안 해 주셨으면 좋겠다. 안 된다는 전제로 기사 쓰고 안 된다고 하면 안 되는 거다."

● 1월 16일 청와대 국무회의

"(대통령의 임기를) 마감하는 것 중에서 가장 중요한 하나가 소위 특권과 유착, 반칙, 뒷거래의 구조를 청산하는 것인데 여기에 가장 완강히 저항하는 집단이 바로 언론집단이다. 87년 체제의 마무리가 되고 다음정부에 정권을 넘겨줄 것으로 생각하지만 언론분야하나만은 제대로 정리가 안될 것 같다."

"국민은 직접 정부를 볼 수 없고 반드시 거울을 통해 정부를 볼 수 있는데 그 거울이 지금 색깔이 칠해져 있고 일그러져 있다. 몇몇 기자들이 기자실에 죽치고 앉아, 있는 것을 보도하지 않고, 보도자료를 자기들이 가공하고 만들어 나가고 담합하고 있다. 이런 구조가 일반화되어 있는 것인지 조사해 보고하라"

"특권과 유착, 반칙과 뒷거래구조 청산작업에 가장 완강하게 저항하는 집단이 언론이다."

"여러분(국무위원)이 브리핑룸에서 보도자료를 갖고 충분히 브리핑을 할 때는 많은 내용이 있는데, 그것을 하나로 어느 방향으로 보도할 것이냐를 압축시키는 작용을 어디서 하냐면, 기자실이라는 곳이다. 브리핑룸은 모든 기자들이 다 올 수 있는 곳이지만, 거기서 몇몇 기자들이 딱 죽치고 앉아 기사의 흐름을 주도해 나가고 만들어 나간다."

● 1월 23일 신년연설

"부동산 (정책을 비판하는) 신문들이 흔들지 않았으면 더 강력한 정책이 안 나왔을 텐데 무력화시키니까 더 센 정책이 나왔다."

● 1월 31일 참여정부 4주년 기념 국정과제위원회 합동심포지엄

"언론이 앞으로 정확하고 공정한 언론, 책임 있게 대안을 말하는 언론, 보도에 책임을 지는 언론이 될 때까지 또 사주의 언론이 아니라 시민의 언론이 될 때까지 굴복하지 않을 것이다."

"언론이 시민사회의 권력이기 때문에 정부에 대해서는 항상 좀 비판적일 수밖에 없고 그것은 꼭 필요한 일이다. 그럼에도 불구하고 (언론이) 정말 좀 깊이 생각하는가 하는데 대한 우려가 있다."

"제가 걱정하는 것은 적어도 언론이 우리 사회의 공론을 선도하겠다고 하는 책임감은 가지고 해야 되는 것 아니냐는 것이다. 그러자면 정부가 다루고 있는 정책을 충분히 이해할 만큼 열심히 연구하는 것이 필요하다."

"기자실에서 공부해서 과연 기사를 쓸 수 있느냐 하는 것이 걱정이고, 그 보다 학습이라도 열심히 하면 되는데 정말 학습을 하는 자세가 돼 있는가, 귀를 열고 듣고 정확하고 균형 있게 보려는 노력을 하고 있는가, 이런 여러 가지 점에서 좀 걱정스럽다."

"우리 정부에 와서 처음 <국정브리핑>이라는 매체가 하나 생겼는데, 어떻든 국민과의 소통을 하겠다는 것인데 부처 홍보비도 깎아버리고 (국정브리핑도) 없애라 한다. 정부가 어지간한 위력 있는 매체를 가져야 된다고 생각한다. (정부가) 그것 가지고 국민 위에 군림하거나 속여먹고 할 수 있는 시대는 이미 아니지 않느냐. 어느 정부든 정부가 자기 정책을 방어할 수 있

는 매체 하나없이 한다는 게 너무 힘들지 않느냐.”

“국민이 요구하는 것은 법 위에 군림하거나 규칙을 지키지 않는 권력을 용납하지 말라는 것이다. 우리 정부가 국민의 시대적 요청을 대변하고 있기 때문에 여기선 (언론과) 부닥칠 수밖에 없다. 옛날에 서로서로 좋게 편의를 주고받으면서 하던 관계도 성립될 수 없는 것이고 그런 변화과정에서 부닥친 것이다.”

● 1월 31일 지역언론 편집국장 초청 청와대 간담회

“언론은 선수가 아닌데 요새 일부 언론들을 보면 운동장에 내려와서 공을 찬다. 그것만 해도 뭐한데 반칙까지 한다.”

● 2월 28일 인터넷신문협회 주최 토론회

“방송이든 신문이든 기자실에 앉아서 ‘이거 어떻게 써야 하나’고 하면 ‘이렇게 써야 한다’고 의견을 나눈다.”

● 5월 29일 국무회의

“언론이 기자실 개혁 문제와 관련해 보도하면서 세계 각국의 객관적 실태를 보도하지 않고 진실을 회피하고 숨기는 비양심적 태도를 보이고 있다. 많은 선진국들은 (기사) 송고실도 두지 않는다. 한꺼번에 바뀌면 (기자들이) 너무 불편할까봐 브리핑실 외에 송고실까지 제공하려는 것인데, 언론이 계속 터무니없는 특권을 주장한다면 정부도 원리원칙대로 할 용의가 있다.”

“이 조처(취재지원 시스템 선진화 방안)를 취하지 않으면 다음 정부에서 개방형 브리핑 제도가 무너질 가능성도 배제할 수 없다. 힘들더라도 좋은 제도는 정착시켜 다음 정부에 넘겨줘야 한다는 소신을 갖고 결정했다.”

<2007. 8. 7.>

• 저자 •

김영재　　　•약　력•

　　　(주)유통경제신문 편집국 기자
　　　한겨레신문 대구지사 자료조사실장
　　　우리신문 창간준비위원
　　　하나일보 문화부차장
　　　월간 대구예술 편집장
　　　한겨레신문전국독자주주모임 공동대표
　　　대구신문연구원 대표

　　　•주요저서•

　　　『현대사회와 민주언론』
　　　『조선시대의 언론문화』
　　　『대구경북언론사』
　　　『불교언론의 이해』
　　　『언론자유와 언론개혁』
　　　『해바라기 언론의 용비어천가』
　　　외 다수

웹2.0과 미디어2.0

• 초판 인쇄	2008년 7월 25일
• 초판 발행	2008년 7월 25일
• 지 은 이	김영재
• 펴 낸 이	채종준
• 펴 낸 곳	한국학술정보㈜
	경기도 파주시 교하읍 문발리 513-5
	파주출판문화정보산업단지
	전화　031) 908-3181(대표)·팩스　031) 908-3189
	홈페이지　http://www.kstudy.com
	e-mail(출판사업부)　publish@kstudy.com
• 등　　록	
• 가　　격	37,000원

ISBN　978-89-534-9643-9 93070 (Paper Book)
　　　　978-89-534-9644-6 98070 (e-Book)